महाभारत का अनावरण

।। श्रीवेदव्यासाय नमः।।

नारायणं नमस्कृत्य नरं चैव नरोत्तमम्।
देवीं सरस्वतीं व्यासं ततो जयमुदीरयेत् ।।

महाभारत का अनावरण

भारतवर्ष के प्रसिद्ध इतिहास के अज्ञात पहलू

अमी गणात्रा

B L O O M S B U R Y
NEW DELHI • LONDON • OXFORD • NEW YORK • SYDNEY

BLOOMSBURY INDIA
Bloomsbury Publishing India Pvt. Ltd
Second Floor, LSC Building No. 4, DDA Complex, Pocket C – 6 & 7,
Vasant Kunj, New Delhi, 110070

BLOOMSBURY, BLOOMSBURY INDIA and the Diana logo
are trademarks of Bloomsbury Publishing Plc

First published in India 2023
This edition published 2023

ISBN: PB: 978-93-56401-14-3
8 10 9 7

Typeset by Fortune Graphics, Ring Road, Naraina, New Delhi
Printed and bound in India by Gopsons Papers Pvt. Ltd., Noida

MIX
Paper | Supporting responsible forestry
FSC® C191020

अनुक्रमणिका

भाग ३: कुछ रोचक जानकारी

प्राक्कथन

भारतीय ज्ञान प्रणालियाँ माइथोलॉजी और इतिहास के बीच सुस्पष्ट अंतर करती हैं। महाभारत और रामायण को हमारे पूर्वजों का इतिहास (इति+ह+आस अर्थात 'ऐसा हुआ था') कहा जाता है। जैसा कि हम जानते हैं, महाकाव्य रामायण के रचयिता ऋषि वाल्मीकि हैं जो श्रीराम के समकालीन थे। महाभारत की अमर रचना ऋषि वेदव्यास द्वारा की गई थी, जिनका कौरवों और पांडवों से रक्त का संबंध था। इससे अधिक निष्पक्ष इतिहास का स्रोत हो ही नहीं सकता।

महाभारत को पंचम वेद भी कहा जाता है। ऐतिहासिक विवरण के माध्यम से, यह हमारी स्वयं की नैतिक दुविधाओं अथवा धर्म संकटों को समझने और उनका निवारण करने के लिए एक रूपरेखा प्रदान करता है। महाभारत में लोगों की भावनाएँ, उत्तेजनाएँ, प्रेरणाएँ और उनके सम्मुख प्रकट हुए धर्म संकट इतने प्रासंगिक और वास्तविक हैं कि आज भी लगभग 5,000 वर्ष बाद, या हाल के कुछ अनुमानों के अनुसार 7,000 वर्ष बाद भी यह लेखकों, कलाकारों और सामाजिक वैज्ञानिकों आदि को प्रेरित कर रहा है। आज भी महाभारत से प्रेरित प्रचुर मात्रा में लिखा जाने वाला साहित्य इसकी प्रासंगिकता का प्रमाण है। इस महाकाव्य की लोकप्रियता का अनुमान बी.आर. चोपड़ा के पुराने महाभारत सीरियल के हाल ही में हुए पुनर्प्रसारण के रिकॉर्ड तोड़ व्यूअरशिप से लगाया जा सकता है। जबकि इस सीरियल का निर्माण आधुनिक मानकों और टेक्नोलॉजी के आधार पर नहीं हुआ था।

आज भी हम इस महाकाव्य के पात्रों, उनके व्यक्तित्व और उनके कार्यों के बारे में गहन चर्चा करते हैं। महाभारत में हमारे अलग-अलग पसंदीदा व्यक्तित्व अथवा पात्र हैं। वास्तव में उनके साथ हमारा लगाव कुछ ऐसा है कि चर्चाएँ प्राय: भावुक हो जाती हैं। हम उनके लिए ठीक वैसे ही खड़े होते हैं जैसे हम अपने मित्रों और संबंधियों के लिए करते हैं; और ऐसा करें भी क्यों न? आखिरकार यह हमारे पूर्वजों की कहानी जो है।

महाभारत मूल रूप से संस्कृत भाषा में है और इसका स्वरूप विशाल है, जिसमें 100,000 से अधिक श्लोक हैं, जिनका अध्ययन या प्रस्तुतीकरण सामान्य व्यक्ति के लिए व्यावहारिक रूप से असंभव सा हो जाता है। हाँ, संक्षिप्त संस्करणों के माध्यम से ऐसा प्रयास किया जा सकता है। कुछ बहुत ही अच्छे लघु संस्करण उपलब्ध हैं लेकिन वे भी काफी बड़े हैं। इस रिक्त स्थान को कुछ सीमा तक टीवी श्रृंखला के साथ-साथ मूल विषय के आधार पर अनेक नवरचित कार्यों द्वारा भरने का प्रयास किया गया है। लेकिन यह सत्य है कि मुख्यधारा की कोई भी टीवी श्रृंखला इस महाकाव्य में जो कुछ भी है उसे पूर्ण रूप से प्रस्तुत नहीं कर सकती।

रूपांतर और पुनर्कल्पित कार्यों में विभिन्न अनुपातों में कलात्मक स्वतंत्रता का एक तत्व विद्यमान होता है। कई बार, कलाकार की कल्पनाएँ इतनी रोचक होती हैं कि एक पाठक या दर्शक उन्हें वास्तविक कहानी के रूप में मानना शुरू कर देता है। महाभारत के साथ भी ऐसा ही हुआ है, इसकी लोकप्रियता और अनेक संबंधित कार्यों को देखते हुए, कुछ कपोल कल्पनायें 'सच्चाई' बन गई हैं। गलत तथ्य गलत निष्कर्षों को स्थापित करते हैं। इसलिए इस तरह की विशिष्ट और प्रभावशाली कहानी के संबंधित तथ्यों को आज हमारे लिए उपलब्ध प्रामाणिक स्रोतों से ठीक उसी तरह जानना और भी महत्वपूर्ण है जैसा उन्हें महर्षि वेदव्यास द्वारा प्रस्तुत किया गया था। इस पुस्तक का उद्देश्य ही यही है कि पाठक उन घटनाओं और व्यक्तित्त्वों को यथावत जाने जैसा कि उन्हें महर्षि वेदव्यास द्वारा बताया गया था। इस पुस्तक के माध्यम से मैंने प्रायः पूछे जाने वाले कुछ प्रश्नों पर प्रकाश डालने का प्रयास किया है, साथ ही कुछ मिथकों को भी स्पष्ट किया है और आमतौर पर स्वीकृत और प्रामाणिक स्रोतों के आधार पर महाभारत से संबंधित व्यक्तित्वों और संबंधों के अज्ञात सूक्ष्म भेदों को प्रस्तुत करने का प्रयास किया है। कुछ प्रश्न जिनके उत्तर ढूँढ़ने का प्रयास मैंने किया है, वे निम्नलिखित हैं:

- महाभारत का जो संस्करण आज हमें उपलब्ध है उसका वर्णन करने वाला कौन है?
- क्या दक्षिण भारत किसी भी तरह महाभारत से जुड़ा हुआ था?
- क्या कर्ण के पतन का कारण उसकी 'कास्ट' (जाति) थी? क्या उसके साथ उसकी जाति के कारण भेदभाव होता था?
- अर्जुन को इतनी ख्याति और प्रेम क्यों दिया गया?

- युधिष्ठिर को धर्मराज क्यों कहा गया?
- कुरुक्षेत्र का सर्वश्रेष्ठ योद्धा कौन था?
- महाभारत में अन्य रानियों की तुलना में द्रौपदी को इतना महत्वपूर्ण स्थान क्यों दिया गया?
- क्या हम एक रानी के रूप में उसके जीवन के बारे में कुछ जानते हैं?
- क्या उन दिनों की स्त्रियाँ डरपोक और अधीन थीं?
- पांडवों के पुत्रों ने क्या भूमिकाएँ निभाईं?
- युद्ध समाप्त होने के बाद क्या हुआ?... और भी बहुत कुछ!

महाभारत के पात्रों के बीच संवाद इतने समृद्ध हैं कि उनसे वक्ताओं के व्यक्तित्व संबंधित लक्षणों और संबंधों का पटाक्षेप होता है। मैंने संवादों के मूल उद्देश्य, भावना, ज्ञान और गूढ़ता को बनाए रखते हुए संक्षेप में प्रस्तुत करने का प्रयास किया है।

महाभारत से मेरा परिचय टीवी धारावाहिकों के माध्यम से हुआ था। इससे मुझे जीवन में आगे चलकर महाभारत से संबंधित या उस पर आधारित दूसरे कार्यों को पढ़ने की प्रेरणा मिली और साथ ही रुचि भी बढ़ी। मैं जितना अधिक पढ़ती गई, उतने ही अधिक प्रश्न मेरे मन में उठते गए। मेरी इस जिज्ञासा को संतुष्ट करने का एकमात्र तरीके का मुझे जो एहसास हुआ, वह था मूल स्रोत पढ़कर जानना कि आखिर महर्षि वेदव्यास क्या कहना चाहते थे। मैं पढ़ने लगी और नोट्स बनाए। एक तरह से यह पुस्तक उन नोट्स का परिणाम है। इस प्रक्रिया में अनेक चौंकाने वाले क्षण सामने आये, जिससे यह तय करना कठिन था कि इस पुस्तक में क्या जोड़ना है और बाद के लिए क्या रखना है।

इस पुस्तक को कई भागों में विभाजित किया गया है, जिसकी शुरुआत महाभारत की समग्र कहानी और घटनाओं के अनुक्रम के साथ होती है। पुस्तक का यह भाग मुख्य कहानी का बिन्दुवार सारांश प्रस्तुत करता है और मुख्य पात्रों का परिचय भी देता है। इसका उद्देश्य इस कथा से अनभिज्ञ पाठक को संक्षिप्त में कथा से परिचित करवाना और इसके जानकर पाठकों को पुनःस्मरण करवाना है। इसके बाद पुस्तक की भूमिका है, जो इस महाकाव्य के अंतर्निहित विषय अर्थात 'धर्म' पर एक निबंध है। इस निबंध का उद्देश्य पाठकों के लिए इस शब्द की विस्तारपूर्वक व्याख्या करना है। पुस्तक के अगले भाग में ऐतिहासिक संदर्भ की बात की गई है, जैसे कि

इसका सर्वप्रथम कथन कब हुआ था? भारत कौन हैं और इस महाकाव्य का भौगोलिक विस्तार क्या था?

अगले खंड में महाभारत की कथाओं का संकलन किया गया है, जो घटनाओं के क्रमानुसार नहीं हैं। मैंने पात्रों, संबंधों और संवादों को प्रस्तुत करने के लिए इन कथाओं को चुना है। कुछ कथायें आमतौर पर ज्ञात एवं प्रचलन में भी हैं और कुछ कथायें ज्यादा प्रसिद्ध नहीं हैं लेकिन उनका विवरण बहुत रोचक है। नि:संदेह, जिन महाभारत प्रेमियों अथवा प्रशंसकों ने इसका सम्पूर्ण अनुवाद पढ़ा है, उन्हें इन कथाओं के बारे में भी जानकारी होगी। उनके लिए इन कथाओं का क्रम और चयन रुचिकर हो सकता है।

चूँकि ये कथायें घटना आधारित न होकर अधिकांशत: व्यक्तित्व आधारित हैं, इसलिए कई लोगों के सम्मिलित होने के कारण उन घटनाओं की पुनरावृत्ति हो सकती है। भले ही घटना की पुनरावृति हुई हो, मैंने उसमें व्यक्तित्व विशेष का विवरण प्रस्तुत करने का प्रयास किया है। पुस्तक का अंतिम भाग सामान्य ज्ञान से संबंधित है, जो इस महाकाव्य के बारे में प्रचलित किंवदंतियों, इसमें वर्णित युद्ध संरचनाओं अथवा व्यूह के नाम और विवरण तथा महाभारत के तिथि-निर्धारण (डेटिंग) के क्षेत्र में होने वाले कार्य का संक्षिप्त चित्रण प्रस्तुत करता है। इस पुस्तक के लेखन के लिए प्राथमिक संदर्भ के रूप में गीता प्रेस द्वारा प्रकाशित 'महाभारत' के संस्कृत और हिंदी अनुवाद वाले संस्करण का उपयोग किया गया है। कुछ श्लोकों की जाँच करने और अर्थ स्पष्ट करने के प्रयोजन से मैंने पुणे स्थित भंडारकर ओरिएंटल रिसर्च इंस्टीट्यूट के 'क्रिटिकल एडिशन ऑफ महाभारत' और किसरी मोहन गांगुली के अंग्रेजी अनुवाद 'द महाभारत ऑफ कृष्णद्वैपायन व्यास' का उपयोग भी किया है। यदि पुस्तक में किसी भी प्रकार की अनपेक्षित त्रुटि हो तो उसके लिए खेद है। मेरा पाठकों से विनम्र निवेदन है कि वे उन त्रुटियों को मेरे संज्ञान में लाने की कृपा करें ताकि भविष्य के पुनर्मुद्रण में उनका निदान किया जा सके।

मानव मनोविज्ञान का वास्तविक प्रस्तुतिकरण ही महाभारत की सुंदरता है। हम तकनीकी रूप से भले ही उन्नत हो गए हों, परन्तु इस सत्य को नकारा नहीं जा सकता कि नैसर्गिक वृत्तियाँ और मनोवैज्ञानिक लक्षण सहस्राब्दियों से समान रहे हैं। यही कारण है कि हमारे पूर्वजों की यह कथा आज भी हमें झकझोर देती है। उनमें हम अपने आप को देखते हैं। वास्तव में, कथावाचक उग्रश्रवा सौति ने शुरुआत में ही महाभारत के बारे में जो कहा था वह उचित

ही है। वह कहते हैं, 'इतिहास के इस जाज्वल्यमान दीपक से अज्ञान और मोह का अंधकार मिट जाता है और हमारे अंतःकरण का सम्पूर्ण अंतरंगगृह ज्ञान के आलोक से प्रकाशित हो जाता है।'

इतिहासप्रदीपेन मोहावरणघातिना।
लोकगर्भगृहं कृत्स्नं यथावत् सम्प्रकाशितम्॥

(आदि पर्व 1.87)

मुझे आशा है कि पाठकों को पुस्तक पढ़ने में उतना ही आनंद आएगा जितना मुझे इसे लिखने में आया है। इसके अलावा, मैं आशा करती हूँ कि यह पुस्तक पाठकों में महाभारत का सम्पूर्ण मूल संस्करण स्वयं पढ़ने की उत्सुकता जगाएगी और उन्हें प्रेरित करेगी।

पौष शुक्ल षष्ठी, **अमी गणात्रा**
विक्रम संवत, 2077

आभार

सर्वप्रथम, मैं महर्षि वेदव्यास और भारतवर्ष के महान ऋषियों को प्रणाम करती हूँ। उनके ही प्रयासों ने इस इतिहास और अमूल्य ज्ञान को हमारे लिए संरक्षित किया है। मैं गीता प्रेस, गोरखपुर; भंडारकर ओरिएंटल रिसर्च इंस्टीट्यूट, पुणे और उन सभी कलाकारों और लेखकों का आभार व्यक्त करती हूँ, जिन्होंने हमारे पूर्वजों की इस कथा को लोगों तक पहुँचाने में सहायता की है। मैं आज उनके ही कंधों पर खड़े होकर यह पुस्तक लिख पायी हूँ।

वेदव्यास जी द्वारा वर्णित महाभारत की कथा को बिना किसी कपोल कल्पना के प्रस्तुत करने के मेरे उद्देश्य को एक पुस्तक के रूप साकार करने का विचार ब्लूम्सबरी के श्री प्रवीण तिवारी का है। उनके इस विचार एवं मेरी लेखन क्षमता पर विश्वास करने के लिए मैं हमेशा उनकी आभारी रहूँगी।

मेरे मित्रों अजय दवे, पलक आहूजा और शिल्पा बोहरा को मेरा हार्दिक धन्यवाद, इन्होंने प्रारूप को पढ़ने के लिए समय निकाला और विषयवस्तु पर मूल्यवान टिप्पणियाँ दी। मेरे प्रिय मित्र और संस्कृत के प्रकांड विद्वान नित्यानंद मिश्र का उनके प्रोत्साहन और अनेक संदेह निवारण करने के लिए मैं आभार व्यक्त करती हूँ। ब्लूम्सबरी टीम के श्रेया चक्रवर्ती, नितिन वलेचा, राजबिलोचन प्रसाद, दिलशाद सईद और साथ ही उन सभी का हार्दिक आभार जिन्होंने इस पुस्तक को एक साकार मूर्त रूप देने में भूमिका निभाई है।

मेरी माँ कविता गणात्रा को धन्यवाद देने के लिए मेरे पास शब्द नहीं हैं। मैं केवल इतना कह सकती हूँ कि आज मैं जो कुछ भी हूँ वह केवल उनके रक्त और परिश्रम का ही परिणाम है। यह उनका ही दृढ़ विश्वास था कि मुझे लिखना चाहिए। मैं अपनी यह प्रथम पुस्तक उनको और भगवान श्रीकृष्ण को समर्पित करती हूँ।

श्रीकृष्णार्पणमस्तु!

महाभारतः कथा का सारांश और घटनाओं का अनुक्रम

भीष्म की प्रतिज्ञा

- हस्तिनापुर के राजा शांतनु को गंगा से प्रेम हो जाता है।
- गंगा उनसे इस शर्त पर विवाह करती है कि वह जो कुछ भी करे, राजा शांतनु उसे कभी भी रोकेंगे नहीं।
- गंगा सात पुत्रों को जन्म देती है लेकिन उन्हें नदी में प्रवाहित कर देती है।
- आठवें पुत्र का जन्म होने पर गंगा उसे प्रवाहित करने के लिए जाती है, लेकिन शांतनु उसे रोक लेते हैं।
- ऐसा करने से गंगा की शर्त का उल्लंघन हो जाता है और गंगा शांतनु को छोड़कर तथा शिशु को यह वचन देकर साथ ले जाती है कि जब यह बड़ा हो जाएगा तब वह उसे वापस लौटा देगी।
- अपने वचन के अनुसार, गंगा युवा देवव्रत को हस्तिनापुर लाती है और उसे राजकुमार बनाया जाता है।
- शांतनु को निषादों में मछुआरों के मुखिया दाशराज की पुत्री सत्यवती से प्रेम हो जाता है।
- दाशराज की शर्त है कि सत्यवती का विवाह राजा से तभी करेगा जब राजा सत्यवती से होने वाले पुत्र को अपना उत्तराधिकारी बनाने का वचन दें। शांतनु मना कर देते हैं।
- देवव्रत को शर्त के बारे में पता चलता है और वह आजीवन ब्रह्मचर्य की प्रतिज्ञा लेते हैं तथा अपने जीवन के अंतिम क्षण तक हस्तिनापुर के राजसिंहासन की सेवा करने का वचन देते हैं।
- शांतनु से विवाह के पूर्व सत्यवती को ऋषि पराशर द्वारा एक पुत्र होता है—कृष्णद्वैपायन व्यास, जिनका पालन-पोषण उनके पिता द्वारा वन में किया जाता है।

धृतराष्ट्र, पाण्डु और विदुर का जन्म

- सत्यवती और शांतनु का विवाह हो जाता है और विचित्रवीर्य तथा चित्रांगद का जन्म होता है।
- चित्रांगद की युवावस्था में ही मृत्यु हो जाती है।
- भीष्म काशी की तीनों राजकुमारियों का स्वयंवर से अपहरण करते हैं और उन्हें विचित्रवीर्य से विवाह कराने के लिए हस्तिनापुर ले आते हैं। इन राजकुमारियों के नाम अम्बा, अम्बिका और अम्बालिका हैं।
- अम्बिका और अम्बालिका राजकुमार से विवाह करती हैं। अम्बा राजा शाल्व के प्रति अपने प्रेम के कारण विवाह से आपत्ति करती है, शाल्व उसे अस्वीकार कर देते हैं क्योंकि वह भीष्म द्वारा जीती गई थी। अपने भाग्य पर अत्यंत कुपित होते हुए और इसके लिए भीष्म को उत्तरदायी ठहराते हुए, अम्बा भीष्म की मृत्यु का कारण बनने की प्रतिज्ञा करती है, भले ही इसे पूर्ण करने के लिए उसे कई जन्म क्यों न लेने पड़ें।
- विचित्रवीर्य की अपने उत्तराधिकारी के बिना ही मृत्यु हो जाती है।
- नियोग की परंपरा के अनुसार, सत्यवती अपने सबसे बड़े पुत्र व्यास से अम्बिका और अम्बालिका को गर्भ धारण कराने आमंत्रित करती है। जब व्यास अम्बिका के पास पहुँचते हैं, तब वह उनके भयानक रूप से भयभीत होकर अपनी आँखें बंद कर लेती है। उनके संगम से अंधे धृतराष्ट्र का जन्म होता है।
- व्यास को देखकर अम्बालिका का रंग भी उड़ जाता है। उनके संगम से पाण्डु का जन्म होता है।
- सत्यवती एक और संतान चाहती है, लेकिन रानियाँ व्यास को फिर से नहीं देखना चाहती हैं। इसलिए, वे अम्बिका की एक दासी को व्यास के पास भेज देती हैं। वह दासी प्रसन्नता और समर्पण के साथ व्यास की सेवा करती है। उस दासी के गर्भ से विदुर का जन्म होता है। वह अपने दैहिक (जैविक) पिता की तरह परम ज्ञानी था।

कौरवों और पांडवों का जन्म

- जब तीनों बालक बड़े हो गए और अच्छी तरह से शिक्षित हो गए, तब पाण्डु को राजा बनाया जाता है। हालांकि, धृतराष्ट्र बड़े थे, लेकिन अंधेपन के कारण उनको राजसिंहासन छोड़ना पड़ा।

- धृतराष्ट्र का विवाह गांधारी से होता है। जब गांधारी को अपने पति के दृष्टिहीन होने का पता चलता है, तब वह भी जीवनभर के लिए अपनी आँखों पर पट्टी बाँध लेती है।
- पाण्डु का विवाह कुंती एवं माद्री से हुआ, विदुर का विवाह सुलभा से हुआ।
- विवाह पूर्व, कुन्तिभोज के घर में, कुंती की सेवा से प्रसन्न होकर ऋषि दुर्वासा ने उसे एक वरदान दिया था, जिसके द्वारा वह किसी भी देवता का आह्वान कर सकती थी और उनके माध्यम से पुत्र प्राप्त कर सकती थी। जिज्ञासावश उसने उस वर का उपयोग सूर्यदेव को बुलाने के लिए किया और उसे सूर्यदेव से एक पुत्र प्राप्त हुआ। अपने कुल की प्रतिष्ठा के भय से वह उस शिशु को जन्म के समय ही छोड़ देती है। अंग देश में रहने वाले धृतराष्ट्र के एक मित्र अधिरथ को वह शिशु मिलता है और वह उसे अपने पुत्र के रूप में अपनाते हैं। यह पुत्र कर्ण है।
- भारतवर्ष के सभी राजाओं को पराजित करके पाण्डु चक्रवर्ती राजा बने। वह एक शक्तिशाली और न्यायप्रिय राजा के रूप में प्रसिद्ध हुए।
- एक बार शिकार पर गए हुए पाण्डु के हाथों अनजाने में अपनी पत्नी के साथ समागम में लीन एक ऋषि की हत्या हो जाती है। ऋषि पाण्डु को शाप देते हैं। श्राप के अनुसार, पाण्डु कामासक्त होकर अपनी पत्नी के निकट जाएंगे उसी क्षण उनकी मृत्यु हो जायेगी।
- शोकवश हताश होकर पाण्डु अपना राजसिंहासन धृतराष्ट्र को सौंप देते हैं और तपस्या करने के लिए वन में चले जाते हैं। कुंती और माद्री भी उनके साथ वन में चली गयीं।
- ब्रह्मचारी जीवन जीने के बावजूद भी पाण्डु संतान प्राप्त करना चाहते हैं। कुंती दुर्वासा ऋषि से प्राप्त वरदान का उपयोग करती है और युधिष्ठिर, भीम तथा अर्जुन को जन्म देती है। उसी वरदान का प्रयोग करते हुए माद्री जुड़वा पुत्रों नकुल और सहदेव को जन्म देती है। इन पाँचों को पांडवों के नाम से जाना जाता है।
- हस्तिनापुर में गांधारी सौ पुत्रों और एक पुत्री को जन्म देती है। दुर्योधन सबसे बड़ा पुत्र है और उसके बाद दुःशासन द्वितीय पुत्र है। इनकी बहन का नाम दुःशाला है। आयु में दुर्योधन और भीम समान हैं। धृतराष्ट्र का गांधारी की दासियों में से एक दासी से एक और पुत्र है। जिसका नाम युयुत्सु है। ये 102 बच्चे कौरव कहलाये।

- पाँचों पांडव अपने पिता और दोनों माताओं की देखभाल में वन में बड़े होते हैं। एक दिन, पाण्डु अपना संयम खो बैठते हैं और माद्री को अपने निकट खींचते हैं। ऋषि के श्राप के प्रभाव से पाण्डु की मृत्यु हो जाती है। माद्री भी जीवित नहीं रहना चाहती है और वह भी अपना जीवन समाप्त कर लेती है।

द्रोणाचार्य के साथ प्रशिक्षण

- पाण्डु की मृत्यु के बाद, कुंती बालकों के साथ हस्तिनापुर लौट आती है। सभी चचेरे भाई पहली बार मिलते हैं।
- कौरव और पांडवों की आपस में नहीं बनती। विशेषकर दुर्योधन उनसे बहुत ईर्ष्या करता है और अपने मामा शकुनि के साथ पांडवों को प्रताड़ित करने के लिए साजिश करता रहता है। वह एक बार भीम को विष देने और डुबोने का प्रयास करता है लेकिन भीम बच जाता है और इस घटना के बाद और भी पराक्रमी और बलवान होकर उभरता है।
- भीष्म सभी बालकों को युद्धकौशल की शिक्षा और प्रशिक्षण के लिए पहले कृपाचार्य और फिर द्रोणाचार्य के पास भेजते हैं।
- कौरवों और पांडवों के अलावा, वृष्णिवंशीय राजकुमार, कर्ण और अन्य विद्यार्थी भी द्रोणाचार्य के आश्रम में शिक्षा प्राप्त करने के लिए आते हैं।
- सभी राजकुमार युद्ध के विभिन्न रूपों में निपुण हो जाते हैं। अर्जुन सबसे श्रेष्ठ योद्धा के रूप में उभरता है। उसने धनुर्विद्या पर विशेष ध्यान देते हुए, युद्धकौशल की प्रत्येक कला में दक्षता अर्जित कर ली।
- कर्ण का मूल प्रशिक्षण गुरू द्रोण के पास हुआ, लेकिन जब गुरू द्रोण ने उसे महाविनाशकारी ब्रह्मास्त्र की विद्या सिखाने से मना कर दिया, तब वह परशुराम के पास जाने के लिए गुरू द्रोण को छोड़ देता है।
- शिक्षा पूर्ण होने के बाद राजकुमार हस्तिनापुर के नागरिकों के सामने अपने कौशल का प्रदर्शन करते हैं।
- कर्ण बिन बुलाए ही वहाँ आता है और अर्जुन को चुनौती देता है। अर्जुन को चुनौती देने वाले ऐसे व्यक्ति जो एक सक्षम योद्धा भी है, को पाकर दुर्योधन बहुत प्रसन्न होता है। वह कर्ण से मित्रता करता है और उसे अंगदेश के राजा बना देता है। इससे कर्ण जीवनभर दुर्योधन का ऋणी रहता है।

- पांडवों ने पांचाल नरेश द्रुपद को पकड़कर अपने गुरू द्रोण को गुरुदक्षिणा के रूप में सौंप दिया। द्रोण द्रुपद के राज्य का आधा भाग छीनकर उसे जाने देते हैं।
- यह द्रोण का पूर्व समय में द्रुपद के हाथों अपने अपमान का प्रतिशोध लेने का तरीका था।
- अपनी अवहेलना से क्रोधित द्रुपद एक ऐसा पुत्र चाहता है जो द्रोण को मार सके। एक ऋषि से परामर्श लेकर ऐसे पुत्र को प्राप्त करने के लिए द्रुपद अनुष्ठान करता है। उसी से धृष्टद्युम्न और द्रौपदी का जन्म होता है।
- द्रुपद का शिखंडी नाम का एक और बड़ा पुत्र है। शिखंडी का जन्म स्त्री रूप में हुआ था परन्तु स्थूणाकर्ण नामक एक यक्ष द्वारा दिए गए वरदान के कारण वह एक पुरुष बन गया।

द्रौपदी का स्वयंवर

- युधिष्ठिर को सर्वसम्मति से हस्तिनापुर का युवराज बनाया जाता है।
- ईर्ष्या और क्रोधाग्नि से जलता हुआ दुर्योधन पांडवों को जीवित जलाने की योजना बनता है। एक समारोह के बहाने पांडवों और कुंती को वार्णाव्रत भिजवाने का प्रबंध करता है। वार्णाव्रत में वह पुरोचन द्वारा अत्यंत ज्वलनशील लाक्षागृह बनवाता है।
- विदुर को इस कुटिल योजना के बारे में पता चल जाता है और वह युधिष्ठिर को सावधान कर देते हैं। पांडव पुरोचन की योजना के अनुसार ही चलते हैं। इस बीच, विदुर एक खुदाई करने वाले को भेजते हैं, जो कुंती सहित पांडवों के भागने के लिए महल के नीचे से एक सुरंग खोदता है। जब सुरंग तैयार हो जाती है, पांडव महल में आग लगाकर सुरंग के रास्ते से भाग निकलते हैं। पुरोचन आग में जलकर मर जाता है।
- वार्णाव्रत के महल में आग लगने का समाचार हस्तिनापुर पहुँचता है। वहाँ हर कोई मानता है कि पांडव मर चुके। अत: इसके बाद दुर्योधन को युवराज घोषित किया गया।
- पांडव कुछ महीने तक काम्यकवन में छिपे रहते हैं। वहाँ भीम एक नरभक्षी राक्षश हिडिंब को मारता है और उसकी बहन हिडिम्बा से

विवाह करता है। हिडिम्बा से भीम को घटोत्कच नामक पुत्र प्राप्त होता है।

- इसके बाद, ब्राह्मण वेशधारी पांडव एकचक्रा नगर में एक ब्राह्मण के घर में कुछ दिन बिताते हैं। यहाँ भीम बकासुर नामक राक्षस को मारता है और ग्रामीणों को उसके भय से मुक्त करता है।
- द्रुपद की पुत्री द्रौपदी के स्वयंवर के बारे में सुनकर, पांडव काम्पिल्य की ओर निकल पड़ते हैं। वहाँ वे एक कुम्हार के घर में आश्रय पाते हैं।
- स्वयंवर के लिए द्रुपद ने एक यंत्र निर्माण करवाया और उसमें एक लक्ष्य रखवाया। ऐसा ऐलान भी करवाया कि द्रौपदी से विवाह इच्छुक युवकों में से जो भी उस लक्ष्य को भेद पायेगा उसी को द्रौपदी अपना पति चुनेगी।
- द्रौपदी को अपनी पत्नी बनाने की कामना से सम्पूर्ण भारतवर्ष से क्षत्रिय राजकुमार स्वयंवर में भाग लेने आये। लेकिन कोई भी लक्ष्य को भेदने में सफल नहीं हो पाया। तब एक युवा ब्राह्मण के वेश में अर्जुन दर्शकों के बीच से आता है और लक्ष्य भेदन करता है तथा द्रौपदी को जीत लेता है।
- यद्यपि द्रौपदी को अर्जुन ने जीता उसका विवाह पाँचों पांडवों से हुआ। वह उन सभी की पत्नी बन जाती है जो उन्हें आपस में एकजुट रखती है।
- श्रीकृष्ण काम्पिल्य की सभा में पांडवों को पहचान लेते हैं और उनसे मिलने कुम्हार की कुटिया में जाते हैं।
- फिर द्रुपद को भी पांडवों की पहचान हो जाती है और आखिरकार उनके जीवित होने का समाचार हस्तिनापुर भी पहुँचता है।

द्यूतक्रीड़ा

- अपने से बड़ों और विदुर से परामर्श लेने के बाद, धृतराष्ट्र पांडवों को घर वापस बुलाकर राज्य का विभाजन कर देता हैं। दुर्योधन को हस्तिनापुर और पांडवों को खांडवप्रस्थ मिला। पांडव अपने परिश्रम से वहाँ इंद्रप्रस्थ नामक एक वैभव सम्पन्न राज्य का निर्माण करते हैं।
- एक दिन द्रौपदी के साथ भाइयों की निजता के संबंध में निर्धारित नियम का उल्लंघन करने के कारण अर्जुन बारह वर्ष वन में बिताने और तीर्थयात्रा करने निकलता है।

- इस दौरान वह सम्पूर्ण भारतवर्ष की यात्रा करता है और उलूपी तथा चित्रांगदा से विवाह करता है। उनसे उसे क्रमशः इरावान और बभ्रूवाहन नामक दो पुत्र प्राप्त होते हैं। यात्रा के अंत में, वह द्वारका जाता है और श्रीकृष्ण की बहन सुभद्रा से विवाह करता है। उससे उसे अभिमन्यु नाम का एक पुत्र प्राप्त होता है।
- इंद्रप्रस्थ में द्रौपदी भी पाँच बालकों को जन्म देती हैं। जिनके नाम प्रतिविन्ध्य, सुतसोम, शतानीक, श्रुतकर्मा और श्रुतकीर्ति हैं।
- अग्निदेव के आग्रह को पूर्ण करने के लिए श्रीकृष्ण और अर्जुन उन्हें खांडव वन को जलाने देते हैं। मयदानव उनसे आग्रह करता है कि वे उसे आग से बचने दें, इसके बदले वह पांडवों के लिए अत्यंत सुंदर महल बनाने का वचन देता है। वह उनके लिए 'मायासभा' का निर्माण करता है। अग्निदेव से श्रीकृष्ण को अपना सुदर्शन चक्र और अर्जुन को गांडीव धनुष और अक्षय बाणों का तूणीर मिलता है।
- युधिष्ठिर राजसूय यज्ञ का आयोजन करते हैं।
- यज्ञ के दौरान प्रथम पूज्य व्यक्ति कौन होना चाहिए, इसको लेकर शिशुपाल भीष्म और श्रीकृष्ण का अपमान करता है। श्रीकृष्ण अपने सुदर्शन चक्र से शिशुपाल का सिर काटने से पहले उसे अपने सौ अपमान करने देते हैं।
- इंद्रप्रस्थ में पांडवों की धन-संपदा और ऐश्वर्य को देखकर दुर्योधन ईर्ष्या की अग्नि से जलने लगता है और उनसे सब कुछ छीनने के लिए अपने मामा शकुनि, मित्र कर्ण और भाई दुःशासन के साथ षड्यन्त्र रचने लगता है।
- शकुनि द्यूतक्रीड़ा के खेल में निपुण था। वह छल से विरोधियों को हराने में माहिर था। वह पांडवों के साथ जुए के खेल का आयोजन करने का सुझाव देता है। कुछ संशयों के बाद धृतराष्ट्र द्यूतक्रीड़ा की अनुमति दे देते हैं। युधिष्ठिर उसमें आने के लिए सहमत हो जाते हैं।
- युधिष्ठिर अपना राज्य, धन, भाई, स्वयं और द्रौपदी को भी दाँव पर लगाकर अपना सर्वस्व खो देते हैं।
- दुःशासन द्रौपदी को उसके केशों से घसीटता हुआ हस्तिनापुर के सभागार में लाता है। दुर्योधन और कर्ण उसे दासी बुलाकर उसके पतियों सहित अपमानित करते हैं और दुःशासन को उसे निर्वस्त्र करने के लिए उकसाते हैं।

- दु:शासन द्रौपदी का चीरहरण करने में सफल नहीं होता है। धृतराष्ट्र पांडवों को दासता से मुक्त करते हैं, लेकिन दुर्योधन के आग्रह पर वह दोबारा जुए के खेल के लिए आदेश देते हैं। पांडव फिर से हार जाते हैं और तेरह वर्ष के वनवास के लिए वन में चले जाते हैं। इनमें से बारह वर्ष वन में और तेरहवाँ वर्ष अज्ञातवास में बिताना है। शर्त के अनुसार, यदि अज्ञातवास वर्ष के दौरान पांडव पकड़े जाते हैं तो उन्हें फिर से तेरह वर्षों के लिए वन में जाना होगा। यदि ऐसा नहीं होता है तो उन्हें अपना राज्य वापस मिल जाएगा।

वनवास का कालखंड

- पांडव वनवास के बारह वर्ष ऋषियों के सानिध्य और तीर्थयात्रा में बिताते हैं।
- इस बीच, वेदव्यास और युधिष्ठिर की सलाह पर अर्जुन अपने चचेरे भाइयों के साथ एक संभावित युद्ध की तैयारी के लिए दिव्य अस्त्र-शस्त्र एकत्र करने के लिए जाता है। यदि तेरह वर्ष बाद दुर्योधन उन्हें राज्य वापस नहीं देता है तो युद्ध अपरिहार्य रूप से होगा। वह इस प्रयोजन में बारह में से पाँच वर्ष बिताता है।
- एक दिन दुर्योधन और कर्ण अपनी पत्नियों और अन्य कौरवों के साथ वन में जाते हैं, जहाँ पांडवों का पड़ाव है। उनकी मंशा पांडवों के सामने अपने ऐश्वर्य का प्रदर्शन करने की थी।
- हालांकि, इससे पहले कि उनके शिविर लगाए जाते, उनका वन में गंधर्वों के साथ संघर्ष हो जाता है। कौरवों को पराजित कर शक्तिशाली गंधर्व उन्हें बंदी बना लेते हैं। कर्ण अपने प्राण बचाने के लिए वहाँ से भाग जाता है।
- उनके कुछ सैनिक भाग निकल कर युधिष्ठिर से सहायता माँगते हैं। युधिष्ठिर कौरवों को बचाने के लिए अपने चारों भाइयों को भेजते हैं। कौरव दल बुरी तरह से लज्जित होकर हस्तिनापुर वापस लौट आता है।
- एक दिन जब पांडव शिकार करने गए थे, द्रौपदी की सुंदरता से मोहित होकर दु:शाला के पति जयद्रथ ने उसका अपहरण करने का प्रयास किया। पांडव उचित समय पर आकर द्रौपदी को बचा लेते हैं और जयद्रथ को बंदी बना लेते है। अपने चचेरी बहन दु:शाला के बारे में

विचार करके युधिष्ठिर ने उसे दंड के रूप में अपमानित करके जाने दिया।

- पांडवों ने अंतिम वर्ष राजा विराट के मत्स्य देश में वेश बदलकर बिताया। युधिष्ठिर दरबारी बन जाते हैं, भीम रसोईया, अर्जुन एक किन्नर का रूप धारण करके राजमहल की महिलाओं के लिए नृत्य और संगीत का शिक्षक बन जाता है, नकुल घोड़ों की देखभाल करने वाला और सहदेव गौसेवक और रक्षक बन जाता है। द्रौपदी विराट की पत्नी सुदेष्णा की दासी बन जाती है।
- सुदेष्णा का भाई कीचक विराट का सेनापति था। एक बार उसने सुदेष्णा के महल में द्रौपदी को देखा। वह तुरंत उस पर मोहित हो जाता है और किसी भी मूल्य पर उसे पाना चाहता है।
- भीम द्रौपदी के अपमान के लिए कीचक की हत्या कर देता है।
- कीचक की मृत्यु के बाद, कौरवों ने इस संदेह से त्रिगर्तों के साथ मिलकर मत्स्य देश पर आक्रमण कर दिया कि उसका हत्यारा भीम हो सकता है। अर्जुन बृहन्नला के वेश में भीष्म, द्रोण, कृप, अश्वत्थामा, दुर्योधन, दु:शासन और कर्ण सहित सारी कौरव सेना को हरा देता है।
- युद्ध के बाद, पांडव अपने अज्ञातवास को सफलतापूर्वक पूर्ण कर के बाहर आते हैं।
- विराट अपनी पुत्री उत्तरा का विवाह अर्जुन के पुत्र अभिमन्यु से करते हैं।

शांतिवार्ता

- पांडव और उनके सहयोगी मत्स्य देश में उपप्लव्य नगर में एकत्र होते हैं और अपने राज्य को वापस लौटाने की माँग करने के लिए हस्तिनापुर में एक दूत भेजते हैं।
- इस प्रकार अनेक दूत आते-जाते हैं, लेकिन कोई लाभ नहीं होता। कर्ण द्वारा उकसाए जाने पर दुर्योधन कुछ भी वापस देने से मना कर देता है। युधिष्ठिर युद्ध टालने के लिए इंद्रप्रस्थ के बदले सिर्फ पाँच गाँवों की माँग करते हैं। दुर्योधन इसके लिए भी सहमत नहीं होता।
- अंतिम उपाय के रूप में श्रीकृष्ण बातचीत करने के लिए जाते हैं। दुर्योधन सुलह तो फिर भी नहीं करता उल्टा श्रीकृष्ण को बंदी बनाने का दु:साहस करता है।

- वहाँ से लौटने से पहले श्रीकृष्ण कर्ण को उसके जन्म की सच्चाई से अवगत कराते हैं। वह बताते हैं कि कर्ण कुंती का ज्येष्ठ पुत्र है और पांडवों का भाई है। वह कर्ण को पांडवों के साथ मैत्री करने के लिए मनाने का प्रयास करते हैं। बाद में कुंती भी उसके पास जाती है, लेकिन कर्ण दुर्योधन के साथ रहने का निर्णय करता है।
- युद्ध अब अवश्यंभावी है। सेनाएँ कुरुक्षेत्र में एकत्र होती हैं।

कुरुक्षेत्र का युद्ध

- भीष्म कौरवों और धृष्टद्युम्न पांडवों के सेनापति बनते हैं।
- भीष्म के साथ अहंकार टकराव के कारण कर्ण भीष्म के सेनापति रहने तक युद्ध से बाहर रहने का निर्णय करता है।
- अर्जुन स्वजनों को मारने के विचार से विषाद करता है। श्रीकृष्ण भगवत गीता का उपदेश देते हैं।
- युद्ध शुरू होता है।
- भीष्म युद्ध के दसवें दिन घायल होकर गिर पड़ते हैं। अर्जुन उन्हें बाणों की शय्या पर लिटा देता है। द्रोणाचार्य कौरवों के सेनापति बन जाते हैं। कर्ण युद्धभूमि में प्रवेश करता है।
- तेरहवें दिन जब अर्जुन त्रिगर्तों से लड़ते हुए चला गया होता है, तब द्रोण चक्रव्यूह का निर्माण करते हैं। अभिमन्यु उसमें प्रवेश करता है लेकिन छः योद्धाओं द्वारा घेरकर मार दिया जाता है।
- अगले दिन अर्जुन जयद्रथ का वध कर देता है। कर्ण जिस इंद्रास्त्र से अर्जुन को मारना चाहता था, उसी दिन वह उससे घटोत्कच को मार देता है।
- पंद्रहवें दिन द्रोणाचार्य का वध हो जाता है। तत्पश्चात कर्ण सेनापति बनता है।
- अर्जुन सत्रहवें दिन कर्ण का वध करता है। भीम अट्ठारहवें दिन दुर्योधन का वध करता है। उसी रात्रि अश्वत्थामा निंद्रालीन पांडव शिविर पर आक्रमण करता है और द्रौपदी के पुत्रों और भाइयों को मार देता है।
- अश्वत्थामा अभिमन्यु की पत्नी उत्तरा के गर्भ को भी नष्ट करने का प्रयास करता है लेकिन सफल नहीं हो पाता।
- युद्ध समाप्त हो जाता है।

- पाँच पांडवों सहित केवल ग्यारह योद्धा ही जीवित बचते हैं।
- गांधारी श्रीकृष्ण को श्राप देती है कि उनका यदुवंश भी कौरवों की तरह आपस में लड़कर नष्ट हो जाएगा।
- उत्तरा के गर्भ से परिक्षित का जन्म होता।

शांति काल

- युद्ध के कारण हुए विनाश से युधिष्ठिर बहुत दुःखी हैं। वह राजसिंहासन को त्यागकर एक तपस्वी का जीवन जीना चाहते हैं। बहुत समझाने के बाद, वह हस्तिनापुर के राजा बनने के लिए सहमत हो जाते हैं।
- इसी समय भीष्म तय करते हैं कि यह उनके शरीर छोड़ने और मृत्यु को स्वीकार करने का उचित समय है।
- कुछ वर्ष बाद युधिष्ठिर अश्वमेध यज्ञ का आयोजन करते हैं।
- पांडवों की देखरेख में कुछ वर्ष बिताने के बाद धृतराष्ट्र, गांधारी, कुंती, विदुर और संजय अपना शेष जीवन व्यतीत करने वन में चले जाते हैं।
- वन की आग से धृतराष्ट्र, गांधारी और कुंती की मृत्यु होती है।

युगांत

- युद्ध के छत्तीस वर्ष बाद, द्वारका के शक्तिशाली यादव आपस में लड़कर एक-दूसरे को नष्ट कर देते हैं।
- श्रीकृष्ण भी देहत्याग करते हैं।
- परिक्षित को हस्तिनापुर राजा बनाकर पांडव द्रौपदी के साथ अपनी अंतिम यात्रा के लिए निकल पड़ते हैं।

भूमिकाः धर्म क्या है?

महाभारत, भारतवर्ष के एक महान और पराक्रमी राजा 'भरत' के वंशजों का इतिहास है। 'धर्म' इस इतिहास की मूलभूत विषयवस्तु है। अतएव चचेरे भाइयों (कौरवों और पांडवों) के बीच का युद्ध, जो इस महाकाव्य का मुख्य भाग है, उसे 'धर्मयुद्ध' कहा गया है। हिंदुओं के सबसे पवित्र ग्रंथों में से एक श्रीमद् भगवद् गीता महाभारत का ही भाग है। इसमें कुरुक्षेत्र के युद्ध से पहले श्रीकृष्ण और अर्जुन के बीच का संवाद है–जब अर्जुन युद्ध के परिणाम और अपने कर्त्तव्यों को लेकर भ्रमित हो जाता है तब श्रीकृष्ण उसे धर्म और स्वधर्म के विषय में विस्तारपूर्वक समझाते हुए कर्त्तव्य भान करते हैं। भीष्म अपनी मृत्यु शय्या से ही राजधर्म पर युधिष्ठिर को उपदेश देते हैं। विदुर धृतराष्ट्र को राजा और कुल के स्वामी के रूप में अपने धर्म का पालन करने का परामर्श देते हैं। द्रौपदी और कुंती युधिष्ठिर को अपने धर्म का पालन करने के लिए प्रेरित करती हैं।

वास्तव में धर्म क्या है? धर्म को आमतौर पर 'रिलिजन' या कभी-कभी कानून/न्याय के रूप में अनुवादित किया जाता है। ये शब्द, जबकि पूरी तरह से गलत नहीं हैं, धर्म की व्याख्या करने के लिए उपयुक्त भी नहीं हैं। मरियम-वेबस्टर 'रिलीजन' को कुछ इस तरह परिभाषित करता है:

> 'एक गॉड या गॉड्स के एक समूह में विश्वासः उनकी उपासना की रीति रिवाजों, नियमों एवं मान्यताओं से युक्त एक संगठित प्रणालीः किसी व्यक्ति या व्यक्ति समूह की महत्वपूर्ण धारणा अथवा कार्यपद्धति।'

परन्तु 'धर्म' का अर्थ इससे अधिक गूढ़ और व्यापक है। धर्म शब्द मूल धातु शब्द 'धृ-धारणे' है, जिसका अर्थ होता है धारण करना, बनाए रखना या पालन करना। इसलिए धर्म को 'धारयति इति धर्मः' के रूप में परिभाषित किया गया है। जिसका अर्थ है 'जो धारण करता है, विश्व के संचालन का, सर्जन प्रक्रिया का, जन जीवन के निरन्तरता का आधारभूत बनता

है, वह धर्म है।' महाभारत में, श्रीकृष्ण धर्म को इस रूप में समझाते हैं– 'धारणाद्धर्ममित्याहुर्धर्मो धारयति प्रजा:'–धारण करने के कारण, इसे धर्म कहा जाता है, धर्म जीवन (प्रजा) को धारण करता है। इस अर्थ में धर्म वह तत्व है जो जीवन को गतिमान बनाने के लिए आवश्यक है।

श्री अरबिंदो धर्म को इस प्रकार परिभाषित करते हैं:

> 'यह अन्य प्राणियों के साथ, प्रकृति के साथ, भगवान के साथ मनुष्य के सभी संबंधों की पूर्ण सत्ता है, जिसे एक दिव्य सिद्धांत के दृष्टिकोण से माना जाता है, जो स्वत: गतिविधियों के रूपों और कानूनों, आंतरिक और बाह्य जीवन के रूपों, दुनिया में हर प्रकार के संबंधों के अनुक्रमों में काम करता है। धर्म दोनों है, जिसे हम धारण करते हैं और वह जो हमारी आंतरिक और बाह्य गतिविधियों को एक साथ रखता है।"[1]

जब एक समाज के सभी घटक आपस में सहजीवी बनकर रहते हैं, समाज चलते रहता है। पृथ्वी पर जीवन इसलिए है क्योंकि यह सूर्य से एक निश्चित दूरी पर है और एक निश्चित तरीके से घूमती है। हम जिन अन्य ग्रहों के बारे में जानते हैं उनमें जीवन के अनुकूल परिस्थितियाँ नहीं हैं। जब तक सूर्य और पृथ्वी इस तरह से व्यवहार करते हैं जिसके कारण प्रकृति जीवित रह सकती है और फल-फूल सकती है, तब तक यहाँ जीवन का अंकुरण होगा और टिका रहेगा, अन्यथा नहीं। इस प्रकार, जो जीवन-निर्वाह की इस आलौकिक (ब्रह्मांडीय) व्यवस्था को नियंत्रित करता है, वह धर्म है। इसी तरह एक देश, समुदाय, परिवार और यहाँ तक कि एक व्यावसायिक इकाई को बनाए रखने के लिए कुछ नियम, मानदंड, आचार-व्यवहार और विचार होते हैं जिनका पालन करने की अपेक्षा उसके अंगभूत घटकों से की जाती है। इन मानदंडों और प्रणालियों को ऐसा होना चाहिए जो इनमें शामिल तत्वों को पोषण दें। परस्पर-निर्भर तत्वों की ऐसी इकाइयों का व्यापक नियंत्रक सिद्धांत जो परस्पर क्रिया के लिए मानदंडों, व्यवहारों, कर्त्तव्यों और आचार संहिताओं अथवा मर्यादाओं को परिभाषित करने में सहायता करता है और उनके सहजीवी अस्तित्व को सुनिश्चित करता है, धर्म कहलाता है।

जब इसे किसी व्यक्ति के परिवेश जैसे परिवार, अवस्था, व्यवसाय आदि के सन्दर्भ में देखा जाता है तो वह स्वधर्म बन जाता है। जबकि सरकारों, राजाओं, प्रशासकों को उनके राज्य और नागरिकों के संबंध में राजधर्म बन

जाता है। व्यक्तिगत संबंधों के परिप्रेक्ष्य में यह पुत्रधर्म, पतिधर्म, पत्नीधर्म आदि कहलाता है।

व्यक्ति को एक सामाजिक प्राणी कहा गया है। प्रत्येक क्षण हम विभिन्न सामाजिक व्यवस्थाओं का हिस्सा होते हैं–किसी परिवार का, किसी राष्ट्र का, किसी संगठन का, किसी व्यवसायिक इकाई का–उनमें शामिल एक घटक के रूप में हमारे पास निभाने के लिए अनेक भूमिकाएँ होती हैं। कई बार तो इन अलग-अलग भूमिकाओं से संबंधित धर्म आपस में टकरा जाते हैं। इस टकराव या संघर्ष को हम धर्मसंकट कहते हैं।

कुरुक्षेत्र के युद्ध से पहले अर्जुन ने इसी का सामना किया था–किसको प्राथमिकता देनी चाहिए, कुटुंब धर्म या क्षत्रिय धर्म; दुर्योधन और धृतराष्ट्र को पांडवों के साथ अन्याय करने से रोकने का प्रयत्न करते समय भीष्म ने भी इसी का सामना किया था–कुरुवंश के बुजुर्ग की भूमिका निभाते हुए धृतराष्ट्र को न्याय के शासन का पालन करने के लिए विवश करना या एक निष्ठावान सेवक के रूप में राजा के आदेशों का पालन करना; जुए के खेल में खेलने के लिए निमंत्रण को स्वीकार करते समय युधिष्ठिर को भी इसी का सामना करना पड़ा–अपने ताया के आदेश का पालन करके एक श्रेष्ठ क्षत्रिय और पुत्र बनना या खेलने से मनाही करके अपने स्वार्थ की रक्षा करके अपनी प्रतिष्ठा को दाँव पर लगाना; धृतराष्ट्र तो हमेशा राज धर्म, कुटुंब धर्म और पिता धर्म के बीच जूझते रहे; महाभारत का हर एक पात्र किसी न किसी समय धर्म संकट का सामना करता है और उसी तरह हम भी हमारे व्यक्तिगत जीवन में भी हैं। हम हमेशा इस तरह के संघर्षों का सामना करते हैं। हमें इन परिस्थितियों में क्या करना चाहिए? कौन से धर्म को प्राथमिकता देनी चाहिए?

विदुर लोककल्याण को प्राथमिकता देने की बात करते हैं। वह कहते हैं, 'गाँव की रक्षा के लिए यदि अपने पुत्र का त्याग करना पड़े तो कर देना चाहिए, और अपने राष्ट्र की रक्षा के लिए यदि गाँव का त्याग करना पड़े तो कर देना चाहिए। लेकिन अपनी आत्मा की रक्षा के लिए सर्वस्व त्यागने के लिए भी तैयार रहें।' मनुष्य की आत्मा सर्वोपरि है। आतंरिक शान्ति तभी मिल पाती है जब आत्मा पर कोई भार न हो और मन में कोई अपराध न हो। इसलिए विदुर ने धृतराष्ट्र को परामर्श देते हुए कहा था, 'शुद्ध बुद्धि से प्रेरित होकर वह करो जो सभी के लिए कल्याणकारी हो और अपनी आत्मा को शान्ति देने वाला हो।' नैतिक दुविधाओं अथवा धर्म संकटों से निपटने

के लिए कोई भी सीधा संदर्भ-मुक्त उत्तर नहीं है। लेकिन रोचक बात यह है कि यदि हम वास्तव में अपनी अंतरात्मा की आवाज सुने, तो हमें पता चल जाएगा कि परिस्थिति विशेष में क्या करना चाहिए।

जो नैतिक मूल्य या आचरण धर्म को बनाए रखते हैं वह गुण है और जो इसे बाधित करते हैं वह दुर्गुण है। इसलिए सत्य, अहिंसा, करुणा और उदारता को प्रोत्साहित किया जाता है, क्योंकि ये गुण परस्पर कल्याणकारी व्यवस्थाओं का पोषण एवं संवर्द्धन करते हैं। असत्य, हिंसा, जमाखोरी, धोखाधड़ी, भोग और दुर्व्यसनों का कार्य अथवा प्रवृति विनाशकारी होती है इसलिए इन्हें नकारा और निरुत्साहित किया जाता है। एक प्रशासक की भूमिका अपनी व्यवस्था एवं समाज को स्थिर रखकर उसके उद्धार के लिए कार्यान्वित रहने की होती है। उसका कर्त्तव्य है कि जिन गुणों से उस व्यवस्था का पोषण होता हो उनका रक्षण करें और जो कोई उन गुणों, मूल्यों और नियमों का उल्लंघन करके व्यवस्था को अस्थिर करने का प्रयास करे उसे उचित दंड दें।

जबकि स्थापित मूल्यों और नियमों का आमतौर पर पालन किया जाना चाहिए, लेकिन हमें उनके संदर्भों के प्रति संवेदनशील प्रकृति के बारे में भी पता होना चाहिए। यदि विशेष परिस्थितियों में या समय के साथ, नियम या मानदंड लोगों के जीवन में बाधा डालना शुरू दें तो उन्हें भी बदलने और विकसित करने की आवश्यकता होती है। यह धर्म का अंतर्निहित लचीलापन है। धर्म का अर्थ बताते हुए श्रीकृष्ण ने स्पष्ट रूप से कहा है, 'यः स्यात् धारणसंयुक्तः स धर्म इति निश्चयः' जिससे धारण और पोषण सिद्ध होता हो, वही धर्म है।

हालांकि यह लचीलापन व्यक्तिगत पलायनवाद के लिए नहीं बल्कि व्यवस्था की निरंतरता के लिए है। गुणों और नियमों का यथासंभव पालन किया जाना चाहिए। यह जानने के लिए कि एक आदर्श अथवा नियम का उल्लंघन कब करना उचित है और कब नहीं, इसके लिए विवेक, बुद्धि और धर्म की सूक्ष्म समझ की आवश्यकता होती है। श्रीकृष्ण उद्देश्य पूर्ति और निष्पक्ष निर्णय लेने के लिए स्थिर और स्पष्ट बुद्धि अर्थात 'योगस्थ बुद्धि' विकसित करने पर बल देते हैं। यह भगवत गीता का सार है।

प्रत्येक व्यक्ति का कर्त्तव्य है कि वह उस समाज एवं व्यवस्था के धर्म का पालन करे जिससे उसे पोषण मिलता है। अगर नियमों की अवेहलना ही मानक बन जाए तो व्यवस्था ढह जाती है और परिणामस्वरूप घटकों का भी

नाश होता है। यही कारण है कि ऋषि वेदव्यास महाभारत में अनेक बार कहते हैं, 'धर्म एव हतो हन्ति धर्मो रक्षति रक्षित' अर्थात धर्म उन लोगों को नष्ट कर देता है जो इसे नष्ट करते हैं और धर्म उनकी रक्षा करता है जो इसकी रक्षा करते हैं। अतः धर्म की बारीकियों को समझने का प्रयास करें। धर्म को धारण करने का प्रयास करें। धर्म के माध्यम से स्वयं को ऊपर उठाएँ। यही महाभारत का और जीवन का भी सार है।

भाग 1

संदर्भ स्थापना

1

जनमेजय का प्रतिशोध और महाभारत का कथन

कुरुक्षेत्र का युद्ध समाप्त हो चुका था। विजयी होने के बावजूद भी युधिष्ठिर एक लुटे हुए व्यक्ति की तरह थे। यह एक अभूतपूर्व युद्ध था। भारतवर्ष के अधिकांश राजाओं ने इसमें भाग लिया था। ऐसा कहा जाता है कि अट्ठारह दिनों तक चले इस विनाशकारी युद्ध के बाद भारतवर्ष क्षत्रिय राजाओं से विहीन हो गया था। दुर्योधन ने मरने से ठीक पहले मुस्कुराते हुए कहा था, 'मैंने उत्तम ऐश्वर्यपूर्ण जीवन जिया है। मृत्यु के बाद मैं सुहृदों और सेवकों सहित स्वर्ग लोक में जाऊँगा और तुम लोग भग्नमनोरथ होकर शोचनीय जीवन बिताते रहोगे।'[1] युधिष्ठिर वास्तव में विधवाओं से भरे हुए राज्य के राजा बनने जा रहे थे।

पराजित और विजयी, दोनों तरफ विनाश एक समान था। पांडवों की दूसरी पीढ़ी नष्ट हो गई थी। अर्जुन के सुभद्रा और उलूपी से दोनों पुत्र अभिमन्यु और इरावन; हिडिम्बा से भीम का पुत्र घटोत्कच और द्रौपदी के पाँचों पुत्र, सभी युद्ध में मारे गए थे। केवल चित्रांगदा से अर्जुन का पुत्र बभ्रूवाहन ही बचा था। वह भी इसलिए क्योंकि उसने युद्ध में भाग नहीं लिया था। पांडवों की एकमात्र आशा उत्तरा और अभिमन्यु के अजन्मे बच्चे पर टिकी हुई थी। यह बच्चा जिसने कुरुवंशियों के वंश को आगे बढ़ाना था, यह अश्वत्थामा के छल के कारण नष्ट हो गया होता। अश्वत्थामा ने उत्तरा के गर्भ पर ब्रह्मास्त्र चलाकर इस अजन्मे बच्चे को लगभग मार डाला था। श्रीकृष्ण की कृपा से ही यह बच्चा बच पाया। श्रीकृष्ण ने उसका नाम परिक्षित[2] रखा।

युद्ध के छत्तीस वर्ष बाद युधिष्ठिर ने अपने भाइयों और द्रौपदी के साथ राज्य का त्याग कर दिया और अपने अंतिम दिनों को बिताने के लिए हिमालय में चले गए। परिक्षित को हस्तिनापुर का राजा बनाया गया। दुर्योधन के भाई और पांडवों के चचेरे भाई युयुत्सु को परिक्षित का मार्गदर्शन करने के लिए नियुक्त किया गया। अपने पूर्वजों की प्रतिष्ठा का अनुसरण करते हुए परिक्षित

एक न्यायप्रिय और लोकप्रिय राजा हुए। वह राजकौशल और अर्थशास्त्र दोनों में निपुण थे। उनके राज में राज्य खूब फला-फूला। उन्होंने एक दुर्भाग्यपूर्ण मृत्यु का शिकार होने से पहले चौबीस वर्षों तक शांतिपूर्ण ढंग से राज किया। एक बार परिक्षित शिकार पर गए हुए थे। किसी प्राणी का पीछा करते हुए वह अपनी सेना से बिछड़ गए और थके-हारे शमीक ऋषि के आश्रम जा पहुँचे। ऋषि के मौन व्रत से अनभिज्ञ परिक्षित ने उनसे उस प्राणी के विषय में पूछा जिसका वह पीछा कर रहे थे। उत्तर न मिलने पर क्रोध में आकर उन्होंने निकट ही मृत पड़े हुए सर्प को उठाकर ऋषि के गले में डाल दिया और वहाँ से चले गए। शाम को जब शमिक ऋषि के पुत्र ऋषि श्रृंगी आश्रम लौटे तो उन्होंने अपने पिता को गहन तपस्या में लीन पाया और उनके गले में लटकते मृत साँप को देखा। क्रोध में आकर उन्होंने ऐसा अपराध करने वाले को गरजते हुए श्राप दे दिया, 'जिसने भी मेरे निरपराध पिता के साथ ये नीच कर्म किया है, उस पापी को सात रात्रि बाद विषधर तक्षक नाग काट लेगा।' एक सिद्ध ऋषि का श्राप कभी व्यर्थ नहीं जा सकता था। जैसा कि भविष्यवाणी की गई थी, तक्षक ने परिक्षित के लिए किए गए सभी सुरक्षा प्रबंधों को पार करते हुए, ऋषि शमीक के आश्रम में घटित दुर्भाग्यपूर्ण घटना के ठीक सातवें दिन उन्हें मार डाला। परिक्षित के देहांत के बाद उनके पुत्र जनमेजय ने हस्तिनापुर की बागडोर संभाली।

श्रीमद् भागवत पुराण की कथा

जब परिक्षित को पता चला कि उनके पास केवल सात दिन का समय शेष है, तब वह घबराये नहीं। बल्कि, उन्होंने जनमेजय को हस्तिनापुर का राजा बनाया और उन सात दिनों को ऋषियों के सानिध्य में उपवास और ध्यान करने के लिए गंगा के तट पर चले गए। उन्होंने वहाँ उपस्थित ऋषियों से ऐसे मनुष्य के कर्त्तव्यों के विषय में प्रश्न पूछे जिनकी मृत्यु निकट हो। तभी वेदव्यास के पुत्र ऋषि शुकदेव गंगा तट पर स्थित उनके शिविर में आए। ऋषि शुकदेव की आयु सोलह वर्ष की ही थी परन्तु वे एक सिद्ध तपस्वी थे। परिक्षित ने उनका स्वागत किया और उनसे भी वही प्रश्न पूछे, 'शांति और संतोष प्राप्त करने के लिए मृत्यु के निकट पहुँचे मनुष्य को किन कर्मों में लीन होना चाहिए? उसे क्या करना चाहिए? उसे किस मंत्र का जाप करना चाहिए और किस पर ध्यान लगाना चाहिए?'

इसके उत्तर में शुकदेव ऋषि परिक्षित को श्रीकृष्ण की कथाओं और लीलाओं का वर्णन सुनाते हैं। यह कथा श्रीमद् भागवत पुराण के रूप में अमर है, जो हिंदुओं और विशेष रूप से वैष्णवों के लिए सबसे महत्वपूर्ण धार्मिक ग्रंथों में से एक है।

जनमेजय तक्षशिला यात्रा से लौटे ही थे कि उत्तंक नामक एक ऋषि उनके दरबार में आ गए। वह चाहते थे कि जनमेजय तक्षक को सबक सिखाए। तक्षक नाग एक संकट बन गया था। वह निर्दोष लोगों को भी परेशान करता था। एक बार तो तक्षक ने अकारण ही उन झुमकों को चुरा लिया था जिन्हें उत्तंक ऋषि अपनी गुरुमाता के लिए लेकर आये थे। केवल दैवीय हस्तक्षेप तथा उनके गुरू की कृपा से उत्तंक ऋषि ने झुमकों को पुनः प्राप्त किया और उन्हें नियत समय पर गुरुमाता को भेंट करने में सफल हुए। उत्तंक ने तक्षक के उत्पीड़न की अपनी कथा सुनाते हुए जनमेजय को याद दिलाया कि कैसे तक्षक ने उसके निर्दोष पिता को मार डाला था। उन्होंने परिक्षित की मृत्यु का बदला लेने के लिए जनमेजय को सर्पों के विनाश के सर्पसत्र करने के लिए उकसाया। यह विचार जनमेजय को अच्छा लगा। उन्होंने उत्तंक ऋषि से परामर्श लिया और शीघ्र ही सर्पयज्ञ की शुरुआत की। यह यज्ञ इतना शक्तिशाली था कि इसके पूर्ण होने पर पृथ्वी से सभी नागों का विनाश हो जाने वाला था।

यज्ञ

विशेष रूप से राजा द्वारा आयोजित यज्ञ भव्य सामाजिक आयोजन हुआ करते थे। जिसमें अग्निहोत्र, वैदिक मंत्रों के जाप के साथ ऋषियों, ब्राह्मणों, आम प्रजा और अतिथियों को बहुत सारा दान दिया जाता था। ऐसे राजसी यज्ञ आमतौर पर किसी इच्छा की पूर्ति या किसी संकल्प की सिद्धि होने पर आयोजित किए जाते थे। दान में धन का वितरण करना इन भव्य यज्ञों के उद्देश्यों में से एक होता था। इस तरह के दान यज्ञ कराने वाले का व्यापक प्रभाव निर्मित करते थे। विद्यार्थी, तपस्वी, भिक्षु, कलाकार और राज्य की जनता भी यज्ञ में दान प्राप्त करने के लिए आते थे। अनुष्ठानों के बीच सभी मनोरंजन और ज्ञानवर्द्धन के लिए ऋषिगण अतीत और

वर्तमान की कथाएँ सुनाते थे। विविध प्रकार के नृत्यों और अभिनय के द्वारा शास्त्रों तथा महाकाव्यों की कथाओं पर आधारित नाटकीय प्रदर्शन भी होते थे। इस तरह से ये भव्य यज्ञ राज्य की अर्थव्यवस्था को बढ़ावा देने में भी सहायक होते थे। ऐसे भव्य आयोजनों में सैकड़ों श्रमिकों, मूर्तिकारों, शिल्पकारों, कलाकारों, पुजारियों और व्यापारियों को काम मिलता था।

महाभारत में चार प्रमुख यज्ञ समारोहों का उल्लेख किया गया है:

1. इन्द्रप्रस्थ में युधिष्ठिर द्वारा राजसूय यज्ञ;
2. हस्तिनापुर में दुर्योधन द्वारा वैष्णव यज्ञ (जब पांडव वनवास में थे);
3. कुरुक्षेत्र के युद्ध के बाद युधिष्ठिर द्वारा अश्वमेध यज्ञ; और
4. जनमेजय द्वारा सर्पसत्र, जिसके दौरान ऋषि वैशम्पायन द्वारा महाभारत का वर्णन किया गया था।

जनमेजय का यज्ञ उतना ही भव्य था जितना कि कोई युधिष्ठिर के प्रपौत्र और हस्तिनापुर के राजा से अपेक्षा करता था। भारतवर्ष के विख्यात ऋषि, ब्राह्मण, राजा और उनके मंत्री इस भव्य यज्ञ को देखने के लिए एकत्र हुए थे। स्वयं ऋषि कृष्णद्वैपायन व्यास, जिन्हें वेदव्यास के नाम से भी जाना जाता है, राजा को आशीर्वाद देने के लिए अपने शिष्यों सहित इस यज्ञ में पधारे थे। सर्पयज्ञ के समय तक व्यास मुनि ने पहले ही कौरवों और पांडवों के इतिहास की रचना कर ली थी।

वह युद्ध और साथ ही कौरवों और पांडवों के जीवन के सबसे तटस्थ और समकालीन दर्शक थे। सबसे पहले, वह एक महाज्ञानी ऋषि थे जिन्होंने मोह और क्रोध की भावनाओं को पार कर लिया था। दूसरे, वह सभी कौरवों और पांडवों के साथ समान रूप से जुड़े हुए थे। इन्होंने ही कुरुवंश को परिक्षित से दो पीढ़ियों पहले विलुप्त होने से बचाया गया था। वेदव्यास ही धृतराष्ट्र, पाण्डु और विदुर के जैविक पिता थे।

उनके आगमन से अत्यंत प्रसन्न होकर जनमेजय ने ऋषि व्यास का विधिवत आदर सत्कार किया। जब ऋषि व्यास अपने शिष्यों सहित वहाँ विराजमान हुए तब जनमेजय ने उनसे विनम्र निवेदन किया, 'आपने कौरवों और पांडवों के युद्ध को यथावत देखा है। मैंने सुना है कि मेरे परदादा महान गुणसम्पन्न और संयमी पुरुष थे। फिर उन्हें इस तरह का विनाशकारी युद्ध

लड़ने के लिए किसने प्रेरित किया? मैं इस कथा को विस्तार से जानना चाहता हूँ।'

जनमेजय की जिज्ञासा से वेदव्यास अत्यंत प्रसन्न हुए और उन्होंने अपने शिष्य वैशम्पायन से भरतवंश के इतिहास अर्थात 'महाभारत' का वर्णन करने के लिए कहा। जैसा उनके गुरू द्वारा उन्हें निर्देश दिया गया था, वैशम्पायन ने उसी तरह भरतवंशियों की महान कथा का वर्णन करना शुरू कर दिया। इस प्रकार जनमेजय का सर्पसत्र में महाभारत का सर्वप्रथम सार्वजनिक प्रस्तुतिकरण हुआ। यह कोई प्रवचन नहीं था, बल्कि जनमेजय और वैशम्पायन के बीच एक संवाद था। जनमेजय पूछते थे और वैशम्पायन विस्तार से उत्तर देते थे।

सूत समुदाय के उग्रश्रवा सौति नामक एक अन्य ऋषि उन अतिथियों में से एक थे, जिन्होंने इस अवसर पर महाभारत की कथा सुनी। ऋषि उग्रश्रवा एक कथावाचक थे, जो जनपदों और वनों में घूमते हुए शास्त्रों में आने वाली कथाओं के साथ-साथ प्राचीन राजाओं और राज्यों के इतिहास की कथाओं का वर्णन करते थे। जनमेजय के यज्ञ से लौटते समय वह नैमिषारण्य में ऋषि शौनक के आश्रम में रुक गए। वहाँ, शौनक मुनि और उनके शिष्यों के निवेदन पर, उग्रश्रवा ऋषि ने उन्हें वेदव्यास रचित महाभारत की कथा सुनाई जो ऋषि वैशम्पायन द्वारा जनमेजय को सुनाई गयी थी।

आज हम जिस महाभारत को पढ़ते हैं वह ऋषि उग्रश्रवा सौति द्वारा प्रस्तुत किया गया विवरण है।

सर्पसत्र की समाप्ति और नागों का छुटकारा

जैसे-जैसे जनमजेय का सर्पसत्र आगे बढ़ा, अग्निहोत्र और मंत्रों के जाप का भयानक प्रभाव होने लगा और सम्पूर्ण नागलोक भय से काँपने लगा। साँप भय से बहुत व्याकुल होने लगे। किसी अज्ञात शक्ति के प्रभाव से वे अपने बिलों से बाहर निकलने लगे और जलते हुए यज्ञ कुण्ड में गिरने लगे। साँपों के झुंड के झुंड भस्म हो रहे थे। यद्यपि, मुख्य अपराधी अभी भी छिपा हुआ था। तक्षक अभी भी यज्ञ अग्नि में नहीं गिरा था। उसने अपने मित्र इंद्र की शरण ली। लेकिन जैसे ही अग्निहोत्रियों ने तक्षक को बुलाया, वह पूरी तरह शक्तिहीन हो गया। यज्ञ का प्रभाव इतना प्रबल था कि इंद्र भी बहुत अधिक सहायता नहीं कर सकते थे। तक्षक आकाश में प्रकट हुआ। जैसे कोई पत्ता हवा के झोंके से उड़कर गिरता है, ठीक उसी प्रकार तक्षक भी यज्ञ कुण्ड में गिरा जा रहा था।

तभी, आस्तीक नामक एक युवा ब्राह्मण बालक ने यज्ञ मंडप में प्रवेश किया। उसने जनमेजय और वहाँ उपस्थित सभी महानुभावों का स्तुतिगान करना शुरू कर दिया। इससे जनमेजय अत्यंत प्रभावित हुए। अपने सर्पसत्र के सफल संचालन से अति प्रसन्न जनमेजय ने उस बालक को वर देने की इच्छा प्रकट करते हुए कहा–'जो मन करे माँग लो, सब दिया जाएगा। रत्न, आभूषण, गऊएँ, जिसका नाम आप लेंगे। जब तक यह सर्पयज्ञ चलेगा, तब तक आप कुछ भी माँग सकते हो।'

आस्तीक ने उत्तर दिया, 'मुझे आपसे न तो रत्न, आभूषण चाहिए और न ही मैं गऊएँ चाहता हूँ। मैं केवल इस सर्पसत्र का अंत और मेरी माता के कुल की भलाई की कामना करता हूँ।' आस्तीक नागों के राजा वासुकी का भांजा था। उसकी माता जरत्कारु वासुकी की बहन थी।

जनमेजय ने आस्तीक से अपना मन बदलने और अन्य उपहारों की माँग करने का आग्रह किया। लेकिन आस्तीक अपनी इच्छा पर अटल था। अन्य ऋषियों और अतिथियों ने भी आस्तीक के पक्ष में अपना समर्थन व्यक्त किया और जनमेजय से यज्ञ को समाप्त करने और शेष जीवित बचे सर्पों को क्षमा करने का निवेदन किया। सबकी इच्छा को देखते हुए जनमेजय ने कहा, 'तथा एव अस्तु' और नागों तथा उपस्थित महान अतिथियों की प्रसन्नता के लिए यज्ञ को समाप्त करने का आदेश दे दिया। इस प्रकार आस्तीक ने उस दिन नागों को बचा लिया और उनके अस्तित्व को सुनिश्चित किया।

सूत कौन थे?

जैसा कि हमने अभी जाना, महाभारत के कथावाचक ऋषि उग्रश्रवा सौति हैं। वह ऋषि लोमहर्षण के पुत्र थे और सूत जाति से थे। इसलिए 'सौति' नाम उपाधि मिली। सूत जाति, ब्राह्मण माता और क्षत्रिय पिता की संतानों की 'मिश्रित जाति'[3] है। सूतों को निपुण 'सारथी' माना जाता था। प्राचीन भारत में सारथी की भूमिका बहुत महत्वपूर्ण थी। सारथी प्राय: जिसके साथ काम करते थे वे उस व्यक्ति के घनिष्ठ मित्र और विश्वासपात्र होते थे। युद्ध में तो उनकी भूमिका और भी महत्वपूर्ण होती थी। उनका काम न केवल रथ चलाना था, बल्कि यह भी सुनिश्चित करना था कि वे जिस योद्धा के सारथी हैं, वह सुरक्षित और युद्ध लड़ने के लिए प्रेरित

रहे। वे युद्ध में मार्गदर्शक के रूप में कार्य करते थे। युद्ध में सारथी का महत्व इस तथ्य से स्पष्ट हो जाता है कि अर्जुन ने श्रीकृष्ण को अपना सारथी बनने के लिए कहा था। श्रीकृष्ण की बराबरी करने के लिए कर्ण ने मद्रदेश के वृद्ध राजा शल्य से अपना रथ चलाने के लिए कहा था।

इसके अतिरिक्त, सूत राज दरबारों में कथाकार, इतिहास संकलक और मंत्रियों के रूप में कार्य करते थे। कई तो महान योद्धा और सेनापति भी हुए।

महाभारत के सुप्रसिद्ध सूत

1. संजय: धृतराष्ट्र के लिए भगवत गीता और कुरुक्षेत्र के युद्ध का वर्णन करने वाले संजय थे। उन्होंने धृतराष्ट्र के सारथी, मित्र, विश्वसनीय दूत और संरक्षक की भूमिका निभाई।
2. सुदेष्णा: मत्स्यदेश के राजा विराट की रानी, उत्तरा की माता और अभिमन्यु की सास। वह परिक्षित की नानी थी।
3. कीचक: मत्स्यदेश के राजा विराट का सेनापति। वह सुदेष्णा का भाई था और मत्स्यदेश में सबसे शक्तिशाली पुरुषों में से एक था।
4. कर्ण: हालांकि, कर्ण का कुंती के गर्भ से जन्म हुआ था, लेकिन अधिरथ और राधा के सूत परिवार में पालन-पोषण हुआ था। उसने सूत जाति की स्त्रियों से ही विवाह किया और उनकी संताने भी सूतों के रूप में में पली बढ़ी। दुर्योधन ने उसे अंगदेश का राजा बनाया। वह एक महान योद्धा था, जिसे अर्जुन के समतुल्य महान धनुर्धर माना जाता था और वह द्रोणाचार्य की मृत्यु के बाद कौरव सेना का सेनापति बना। न केवल कर्ण बल्कि उसके पुत्र एवं पालक माता-पिता के दूसरे पुत्र भी निपुण योद्धा थे। उन्होंने महाभारत के युद्ध में कौरवों के पक्ष में भाग लिया था।
5. ऋषि बंदी: एक महान ऋषि जिनकी कथा महाभारत के वन पर्व में सुनाई गई है।

रामायण में, अयोध्या के राजा दशरथ के निकटतम विश्वासपात्रों में से एक महत्वपूर्ण मंत्री सुमंत्र थे, जो सूत जाति से सम्बंध रखते थे।

2

भरत वंश की वंशावली

जनमेजय ने पूछा, 'भगवन! मैं पुरु वंश का विस्तार करने वाले महान राजाओं के बारे में सुनना चाहता हूँ। वे कैसे थे? उनका बल और पराक्रम कैसा था? मेरा विश्वास है कि मेरे महान पूर्वज सर्वगुण सम्पन्न रहे होंगे।' वैशम्पायन पुरु वंश की वंशावली (वंश वृक्ष) का निरूपण करने लगे। उन्होंने पुरुवंश में जन्मे महान राजाओं की कहानियों का वर्णन किया और यह भी समझाया की इस वंश को पौरव, कौरव, भारत ऐसे अलग-अलग नामों से क्यों जाना जाता है।

पुरु महान राजा ययाति के सबसे छोटे पुत्र थे। ययाति राजा नहुष के पुत्र और पुरुरवा के परपौत्र थे। पुरुरवा इला के पुत्र और मनु के पौत्र थे। मनु विवस्वान के पुत्र थे। विवस्वान का जन्म दक्ष की पुत्री अदिति और ऋषि कश्यप से हुआ था। ययाति की दो पत्नियाँ थीं–देवयानी और शर्मिष्ठा। देवयानी से उनके यदु और तुर्वसु नाम के दो पुत्र थे और शर्मिष्ठा से तीन पुत्र हुए जिनके नाम द्रुह्यु, अनु और पुरु थे। इन पाँचों के वंशजों को यदु से यादव, तुर्वसु से यवन, द्रुह्यु से भोज, अनु से मलेच्छ और पुरु से पौरव कहलाये। जनमेजय का जन्म पुरु वंश में हुआ था। श्रीकृष्ण और बलराम यदु के वंशज थे।

दुष्यंत का जन्म जनमेजय से कई पीढ़ियों पूर्व पुरु वंश में हुआ था। दुष्यंत और शकुंतला से भरत का जन्म हुआ था। भरत एक उदार और पराक्रमी राजा थे। कहा जाता है कि उन्होंने पृथ्वी पर उसी तरह राज किया था जैसे इंद्र स्वर्ग पर राज करते हैं। उन्होंने स्वयं को पृथ्वी के चक्रवर्ती सम्राट के रूप में स्थापित किया था। राजा भरत से यह भूमि भारत कहलायी। भरत को तीन पत्नियों के माध्यम से नौ पुत्र हुए। लेकिन भरत को उनमें से एक भी पुत्र उनका उत्तराधिकारी बनने योग्य नहीं लगा। उन्होंने एक योग्य पुत्र प्राप्ति के लिए कई भव्य यज्ञ अनुष्ठान आयोजित किए। अंततः ऋषि भारद्वाज के आशीर्वाद से भरत ने अपनी पत्नी सुनंदा से एक पुत्र प्राप्त किया। जिसका

नाम भुमन्यु[1] था। भरत के बाद भुमन्यु ने राजसिंहासन संभाला। भुमन्यु के पौत्र हस्ती हुए, जिन्होंने हस्तिनापुर नगर की स्थापना की थी। अजमीढ हस्ती के पौत्र थे और उनकी कई संतानें हुई। उनके पुत्र दुष्यंत और परमेष्ठी के वंशजों को पांचालों के नाम से जाना जाने लगा। उनके पुत्र ऋक्ष[2] और पौत्र संवरण ने पुरु-भरत वंश को आगे बढ़ाया।

महाप्रतापी राजा कुरु संवरण के पुत्र थे। कुरु ने अपने पुरुषार्थ और तपस्या से उस भूमि को शुद्ध किया जिस पर परशुराम द्वारा बहाए गए क्षत्रियों के रक्त से भरी पाँच विशाल झीलें थीं। उस क्षेत्र को कुरुजांगल के रूप में जाना जाने लगा। उनके वंश को कुरुवंश और उनके वंशजों को कौरव कहा जाने लगा।

देवव्रत भीष्म के पिता शांतनु आठवीं पीढ़ी के कुरु थे। उनके दो भाई थे। बड़े भाई देवापि ने संन्यास का मार्ग अपनाया और राज्य का त्याग कर दिया। शांतनु अपने पिता प्रतीप के बाद उनके उत्तराधिकारी बने। उनका सबसे छोटा भाई बाह्लीक, बाह्लीक देश का राजा बना। बाह्लीक का पौत्र और सोमदत्त का पुत्र भूरिश्रवा कुरुक्षेत्र के युद्ध में दुर्योधन के पक्ष में लड़ने वाले अग्रणी योद्धाओं में से एक था।

शांतनु एक महान राजा थे। उनके बारे में ऐसा कहा जाता है कि वे इतने कोमल और विनम्र थे कि केवल उनके स्पर्श मात्र से वृद्ध और दुर्बल ऊर्जावान हो जाते और सुख और शान्ति का अनुभव करते थे। इसलिए उन्हें शांतनु कहा गया। शांतनु को गंगा से देवव्रत भीष्म और सत्यवती से दो पुत्र हुए–विचित्रवीर्य और चित्रांगद। चित्रांगद आयु में बड़ा था, लेकिन उसकी युवावस्था में ही मृत्यु हो गई। विचित्रवीर्य ने काशी की दो राजकुमारियों अम्बिका और अम्बालिका से विवाह किया। वह भी बिना संतान के ही युवावस्था में ही मर गया। कुरुवंश को जीवंत रखने के लिए केवल दो ही विकल्प थे–या तो भीष्म के विवाह से, या फिर अम्बिका और अम्बालिका के नियोग की प्रक्रिया से। भीष्म अपनी प्रतिज्ञा पर अटल थे। इसलिए, रानियों को गर्भ धारण करने में मदद करने के लिए सत्यवती के पहले पुत्र, कृष्ण-द्वैपायन को बुलाया गया था। जिसके फलस्वरूप धृतराष्ट्र का जन्म अम्बिका से, अम्बालिका से पाण्डु और अम्बिका की दासी के गर्भ से विदुर का जन्म हुआ।

नियोग

शास्त्रों के अनुसार, ऐसे मामलों में जहाँ पति बिना संतान किये ही मर गया हो या नपुंसक हो, पत्नी अपने पति अथवा पति की मृत्यु होने पर अपने ससुराल वालों की अनुमति से गर्भ धारण करने में मदद करने के लिए एक महात्मा पुरुष को आमंत्रित कर सकती थी। इस प्रथा को नियोग कहा जाता था। हालांकि, इसके पालन को लेकर बहुत ही कठोर नियम थे। यह यौन सुख के लिए नहीं बल्कि केवल संतान प्राप्ति के लिए था। इस बारे में प्रतिबंध थे कि एक स्त्री द्वारा नियोग का अभ्यास कितनी बार किया जा सकता है। जैविक पिता को पैदा हुए बच्चे के साथ किसी भी सम्बंध को रखने की बाध्यता नहीं थी। बच्चे को उसकी वास्तविक माता और उसके वैध पति (जिसके नाम पर नियोग किया गया था) का नाम ही मिलेगा।

धृतराष्ट्र ने गांधारी से विवाह किया, जिनसे उन्हें सौ पुत्र और एक पुत्री प्राप्त हुई। दुर्योधन, दु:शासन, विकर्ण और विवंशती सभी भाई-बहनों में प्रमुख थे। दु:शाला उनकी पुत्री थी, जिसका विवाह सिंधुदेश के राजा जयद्रथ से हुआ था। युयुत्सु दुर्योधन का सौतेला भाई था, जो धृतराष्ट्र और गांधारी की वैश्य दासी से पैदा हुआ था। कुरुक्षेत्र के युद्ध में युयुत्सु ने पांडवों के पक्ष में युद्ध किया।

पाण्डु ने कुंती और माद्री से विवाह किया। कुंती यादव कुल के शूरसेन की पुत्री थी। वह वसुदेव की बहन और श्रीकृष्ण की बुआ थी। माद्री, मद्रदेश के राजा शल्य की बहन थी। पाण्डु एक ऋषि द्वारा दिए गए श्राप के कारण अपनी पत्नियों के साथ समागम करने में असमर्थ थे। पाण्डु और उनकी पत्नियों ने संतान उत्पत्ति के लिए नियोग का सहारा लिया। युधिष्ठिर, भीम, अर्जुन का जन्म क्रमश: धर्मराज, वायुदेव और इंद्रदेव के माध्यम से कुंती से हुआ था। नकुल और सहदेव का जन्म माद्री और अश्विनी कुमारों से हुआ था। पाण्डु के इन्ही पाँचों पुत्रों को पांडवों के नाम से जाना जाने लगा।

कर्ण सूर्यदेव और कुंती का पुत्र था, जिसका जन्म तब हुआ था जब वह कुंवारी थी। विवाह से पहले संतान होने के कारण भयभीत कुंती ने उसे जन्म के समय ही त्याग दिया था। कर्ण का पालन-पोषण सूतकुल के अधिरथ और राधा द्वारा किया गया था। अधिरथ धृतराष्ट्र का घनिष्ठ मित्र था। कर्ण दुर्योधन का सबसे निकटतम सहयोगी और मित्र बन गया था।

पांडवों ने द्रौपदी से विवाह किया, जो पांचाल नरेश द्रुपद की पुत्री और धृष्टद्युम्न की जुड़वां बहन थी। उसने पाण्डवों को एक-एक पुत्र दिया। युधिष्ठिर से प्रतिविन्ध्य, भीम से सुतसोम, अर्जुन से श्रुतकिर्ती, नकुल से शतानीक और सहदेव से श्रुतकर्मा।

पांडवों की अन्य पत्नियाँ भी थीं। युधिष्ठिर ने शैब्य राजा गोवासन की पुत्री देविका से विवाह किया। उनका उसके साथ एक पुत्र था जिसका नाम यौधेय था। भीम की दो और पत्नियाँ राक्षस जनजाति की हिडिम्बा और काशी की राजकुमारी वलंधरा थी। भीम के हिडिम्बा से घटोत्कच और वालंधरा से सर्वर्ग नामक पुत्र हुए। अर्जुन ने एक नाग राजकुमारी उलूपी, मणिपुर के दक्षिणी तटीय राज्य की राजकुमारी चित्रांगदा और श्रीकृष्ण की बहन सुभद्रा से विवाह किया। उन तीनों से अर्जुन को एक-एक पुत्र प्राप्त हुआ। जिनके नाम क्रमशः इरावन, बभ्रूवाहन और अभिमन्यु थे। नकुल ने चेदी राज्य की करेनुमति से विवाह किया और उनका निरामित्र नाम का एक पुत्र हुआ। सहदेव ने मद्रदेश के राजा द्युतिमान की पुत्री विजया से विवाह किया। उन दोनों का सुहोत्र नाम का एक पुत्र हुआ।

पांडवों के इन सभी पुत्रों में से अभिमन्यु ने कुरुवंश को आगे बढ़ाया। उसका विवाह मत्स्यदेश के राजा विराट और सुदेष्णा की पुत्री उत्तरा से हुआ था। परिक्षित उनका ही पुत्र था।

'जनमेजय! परिक्षित ने तुम्हारी माता मद्रावती से विवाह किया और तुम्हारा जन्म हुआ। तुमने वपुष्टमा से विवाह किया और उसके साथ तुम्हारे दो पुत्र शतानीक और शंकुकर्ण हैं। शतानीक का विदेह की राजकुमारी के साथ अश्वमेधदत्त नाम का एक पुत्र है। इस प्रकार, मैंने तुमको पुरुवंश की वंशावली सुनाई है। जैसा कि मैंने अपने गुरुवेद व्यास से सीखा है,' वैशम्पायन ने कहा।

लोक कथाओं के अनुसार द्रौपदी और युधिष्ठिर की एक पुत्री भी थी, जिसका नाम सुथनु था। कहा जाता है कि युद्ध के बाद उसका विवाह श्रीकृष्ण और सत्यभामा के पुत्र भानू से हुआ था। लेकिन महाभारत में द्रौपदी की पुत्री का कोई उल्लेख नहीं है। महाभारत में दुर्योधन के केवल एक पुत्र लक्ष्मण का विशिष्ट उल्लेख मिलता है। परन्तु श्रीमदभागवत पुराण में दुर्योधन के पुत्र लक्ष्मण और पुत्री लक्ष्मणा का उल्लेख है जिसका विवाह श्रीकृष्ण के पुत्र साम्ब[3] से हुआ था।

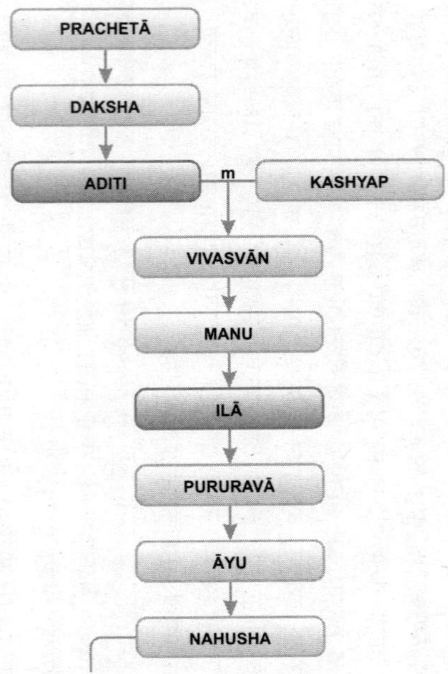
PRACHETĀ
DAKSHA
ADITI
m
KASHYAP
VIVASVĀN
MANU
ILĀ
PURURAVĀ
ĀYU
NAHUSHA

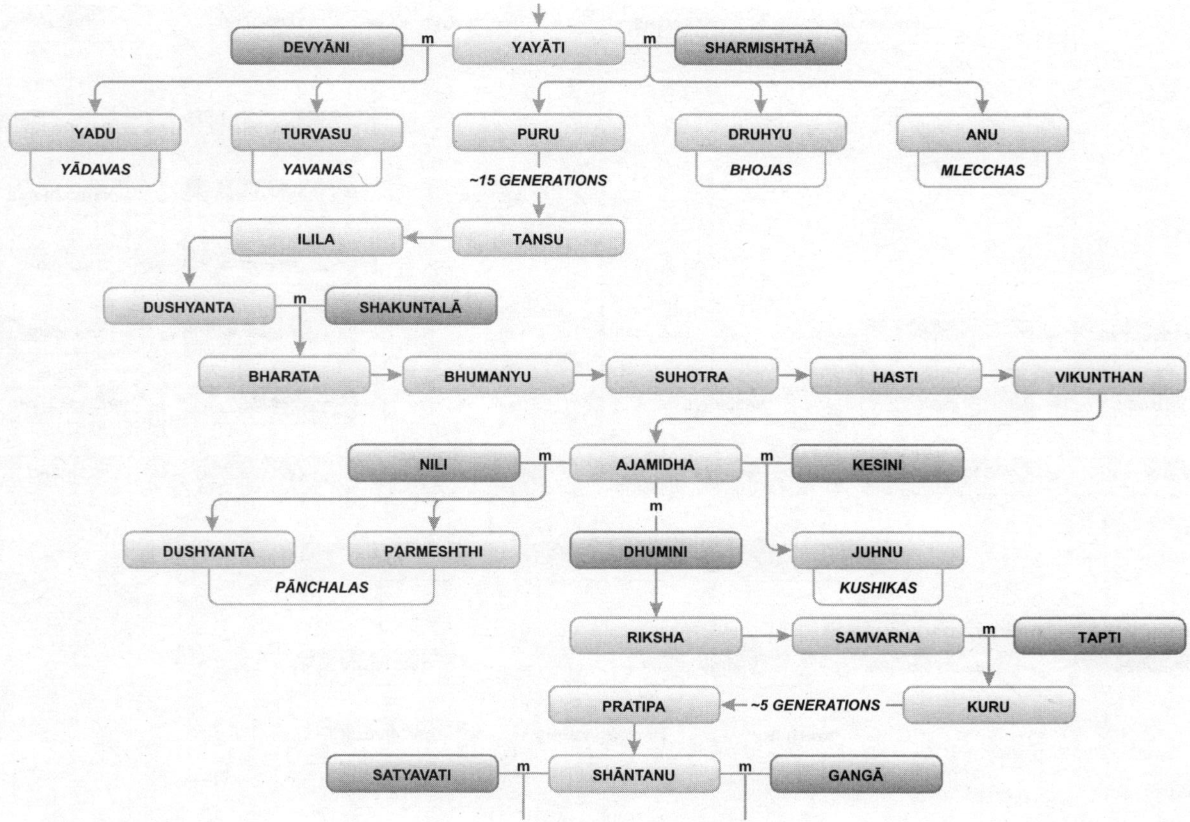

DEVYĀNI
m
YAYĀTI
m
SHARMISHTHĀ
YADU
YĀDAVAS
TURVASU
YAVANAS
PURU
~15 GENERATIONS
DRUHYU
BHOJAS
ANU
MLECCHAS
TANSU
ILILA
DUSHYANTA
m
SHAKUNTALĀ
BHARATA
BHUMANYU
SUHOTRA
HASTI
VIKUNTHAN
NILI
m
AJAMIDHA
m
KESINI
m
DUSHYANTA
PARMESHTHI
PĀNCHALAS
DHUMINI
JUHNU
KUSHIKAS
RIKSHA
SAMVARNA
m
TAPTI
PRATIPA
~5 GENERATIONS
KURU
SATYAVATI
m
SHĀNTANU
m
GANGĀ

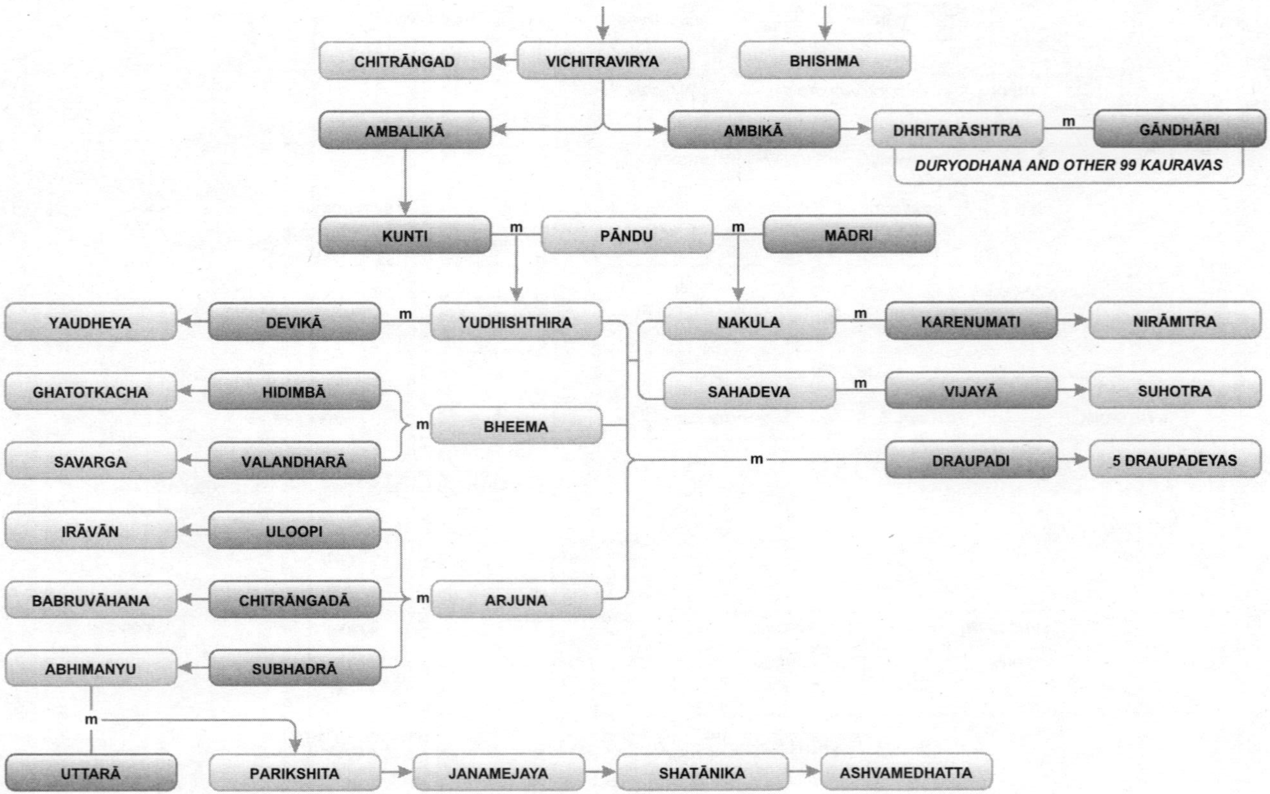

CHITRĀNGAD
VICHITRAVIRYA
BHISHMA
AMBALIKĀ
AMBIKĀ
DHRITARĀSHTRA
m
GĀNDHĀRI
DURYODHANA AND OTHER 99 KAURAVAS
KUNTI
m
PĀNDU
m
MĀDRI
YAUDHEYA
DEVIKĀ
m
YUDHISHTHIRA
NAKULA
m
KARENUMATI
NIRĀMITRA
GHATOTKACHA
HIDIMBĀ
m
BHEEMA
SAHADEVA
m
VIJAYĀ
SUHOTRA
SAVARGA
VALANDHARĀ
m
DRAUPADI
5 DRAUPADEYAS
IRĀVĀN
ULOOPI
BABRUVĀHANA
CHITRĀNGADĀ
m
ARJUNA
ABHIMANYU
SUBHADRĀ
m
UTTARĀ
PARIKSHITA
JANAMEJAYA
SHATĀNIKA
ASHVAMEDHATTA

3

महाभारत युद्ध का भौगोलिक विस्तार

कौरवों और पांडवों के बीच शांति स्थापित कराने की सभी वार्तायें विफल हो गई थीं। पांडवों के लिए केवल पाँच गाँवों की माँग करते हुए श्रीकृष्ण द्वारा किया गया अंतिम प्रयास भी दुर्योधन द्वारा उनके अपमान के कारण असफल हो गया था। यहाँ तक कि उसने कर्ण द्वारा उकसाने पर श्रीकृष्ण को बंदी तक बनाने का प्रयास किया। अब युद्ध अपरिहार्य हो गया था।

सामने खड़े युद्ध के लिए समर्थन माँगने के लिए मित्रों और शुभचिंतकों को सन्देश देने के लिए दूत भेजे गए। प्रत्युत्तर में सम्पूर्ण भारतवर्ष से सेनाओं ने कुरुक्षेत्र की ओर कूच किया। सेनायें उत्तर में बाह्लीक और काम्बोज (वर्तमान उत्तर-पश्चिम अफगानिस्तान और पाकिस्तान क्षेत्र) से दक्षिण में पांड्य (वर्तमान तमिलनाडु) और केरल, पश्चिम में सिंधुदेश (वर्तमान सिंध क्षेत्र) और पूरब में अंगदेश और पुंद्र (वर्तमान बिहार-बंगाल क्षेत्र) तक से आयीं। यहाँ तक कि मलेच्छ, यवन, चीन, हूण और शक राज्यों ने भी कुरुक्षेत्र के युद्ध में भाग लेने के लिए अपनी सेनायें भेजीं।

युद्ध शुरू होने तक अट्ठारह अक्षौहिणी सेनाओं ने रणक्षेत्र के चारों ओर अपने शिविर लगाए थे। इनमें से दुर्योधन ने ग्यारह और युधिष्ठिर ने सात अक्षौहिणी एकत्र की थीं।

एक अक्षौहिणी सेना कितनी बड़ी होती है?

एक अक्षौहिणी सेना में 109,350 पैदल सैनिक, 21,870 रथ, 21,870 हाथी और 65,610 घोड़े होते हैं। योद्धाओं के अलावा प्रति रथ एक सारथी और प्रति हाथी एक महावत मानते हुए, एक अक्षौहिणी सेना में 2.6 लाख लोग (260,000) होते हैं। दोनों पक्षों को मिलाकर 18 अक्षौहिणी थीं। इससे अनुमान लगाया जा सकता है कि प्राचीन भारत भर से कम से कम 47 लाख लोगों ने कुरुक्षेत्र युद्ध में भाग लिया था।

कुरुक्षेत्र के युद्ध में कौरवों और पांडवों के प्रमुख सहयोगी[1]

	कौरव	पांडव
पूरब	• अंगदेश से कर्ण • कोशल से बृहदबल (श्रीराम का वंशज कुश की पीढ़ी से)	• पञ्चाल से द्रुपद, धृष्टद्युम्न, शिखंडी • चेदी से धृष्टकेतु और चेकितान • मगध से जयत्सेन और सहदेव
पश्चिम	• यादव सेनापति कृतवर्मा • सौवीर के राजाओं के सिंधुदेश से जयद्रथ • मद्र से शल्य • त्रिगर्त से सुशर्मा और उसके भाई	• यादव सेनापति युयुधान सात्यकि
उत्तर	• बाह्लीक से भूरिश्रवा और सोमदत्त • यवनों और शकों के साथ काम्बोज से सुदक्षिण • गांधार से शकुनि • राज कर रहे केकय बंधू • किरात और चीन के योद्धाओं के साथ प्राग्ज्योतिष से भगदत्त	• निर्वासित केकय बंधू
मध्य और दक्षिण	• अवन्ति से विंद और अनुविंद • माहिष्मती के नील • द्रविड़ों और आन्ध्रों के साथ कलिंग	• मत्स्य से विराट और उसके पुत्र • कुंती से कुंतीभोज • चोल और केरल के सेनाओं के साथ पांड्य के तटीय राज्यों से मलयध्वज

इसके अतिरिक्त दोनों पक्षों को राक्षसों का भी समर्थन प्राप्त था। घटोत्कच और उसके योद्धा पांडवों के पक्ष में थे, जबकि अलम्बुष और उसके लोगों ने कौरवों का पक्ष लिया।

पांडवों की सात अक्षौहिणी सेना में से प्रत्येक अक्षौहिणी के सेनापति द्रुपद, विराट, धृष्टद्युम्न, शिखंडी, सात्यकि, चेकितान और भीम[2] थे। कौरव पक्ष में, उनकी ग्यारह अक्षौहिणी सेना के सेनापतियों में द्रोणाचार्य, कृपाचार्य, अश्वत्थामा, शल्य, जयद्रथ, सुदक्षिण, कृतवर्मा, भूरिश्रवा, शकुनि, बाह्लीक और भीष्म थे। कर्ण ने भीष्म के गिरने के बाद उनका स्थान लिया।[3]

कुरुक्षेत्र में युद्ध के अट्ठारह दिनों के बाद उसमें भाग लेने वाले योद्धाओं में से केवल ग्यारह योद्धा ही बचे। पांडवों के पक्ष में आठ अर्थात् श्रीकृष्ण, पाँच पांडव, सात्यकि और युयुत्सु; और कौरवों के पक्ष में तीन अर्थात् अश्वत्थामा, कृतवर्मा और कृपाचार्य। मृत योद्धाओं की विधवाओं के विलाप से भारतवर्ष का कोई भी भाग अछूता नहीं रहा। सम्पूर्ण भारतवर्ष की चहुदिशाओं ने एक समान क्षति का वहन किया।

योद्धा जिन्होंने कुरुक्षेत्र युद्ध में भाग नहीं लिया

बलराम: दुर्योधन और भीम दोनों उनके शिष्य थे। इसलिए वह किसी का भी पक्ष नहीं लेना चाहते थे। बलराम युद्ध में भाग लेने के स्थान पर तीर्थयात्रा पर चले गए।

रुक्मी: रुक्मी विदर्भ के राजकुमार और श्रीकृष्ण की पत्नी रुक्मिणी का भाई था। रुक्मी को श्रीकृष्ण ने हराया था जब उसने रुक्मिणी को श्रीकृष्ण के साथ भागने से रोकने का प्रयास किया था। युद्ध शुरू होने से पहले, रुक्मी पांडवों के पास आया और अपने पराक्रम के बारे में घमंड करते हुए बोला, 'मेरी सहायता से, आप निश्चित रूप से जीतेंगे।' अर्जुन ने इस पर हँसते हुए उसका यह प्रस्ताव ठुकरा दिया। फिर रुक्मी दुर्योधन के पास गया और फिर से अपने पराक्रम का घमंड किया। दुर्योधन भी प्रभावित नहीं हुआ और उसने भी रुक्मी को अपने पक्ष में शामिल करने से इन्कार कर दिया। इससे रुक्मी को विदर्भ लौटने के लिए विवश होना पड़ा।

विदुर ने भी युद्ध में भाग नहीं लिया था, परन्तु उन्हें महाभारत में एक योद्धा के रूप में नहीं जाना जाता है। वास्तव में, विदुर के किसी भी युद्ध में भाग लेने का कोई भी उदाहरण उपलब्ध नहीं है।

उडुपी के राजा के युद्ध में भाग न लेने के बारे में एक लोककथा प्रचलित है, जिन्होंने युद्ध के दौरान दोनों सेनाओं को भोजन प्रदान किया था। यह कहानी गीता प्रेस, भंडारकर ओरिएंटल रिसर्च इंस्टिट्यूट आदि से प्रकाशित महाभारत के किसी भी ज्ञात संस्करण में नहीं मिलती है।

कुरुक्षेत्र का युद्ध एकमात्र समय नहीं था जब भारतवर्ष के सभी राज्य एक साथ आए थे। महाभारत में द्रौपदी के स्वयंवर में भी सम्पूर्ण भारतवर्ष के राजाओं के प्रतिभाग का विस्तृत रूप से उल्लेख किया गया है। वे इंद्रप्रस्थ

में युधिष्ठिर द्वारा आयोजित राजसूय यज्ञ में अपार उपहार लेकर भाग लेने आये थे। यहाँ तक कि लंका ने भी यज्ञ के लिए उपहार भेजे थे। महाभारत में चारों पांडवों–अर्जुन, भीम, नकुल और सहदेव द्वारा भारतवर्ष की चारों दिशाओं में की गयी विजय यात्राओं का उल्लेख किया गया है। राजसूय यज्ञ से पहले पांडवों ने युधिष्ठिर के प्रति भारतवर्ष के विभिन्न राज्यों का सहयोग और समर्थन प्राप्त करने के लिए एक सफल अभियान चलाया था। उनकी विजय यात्राओं के पश्चात सभी राज्यों में से कुछ ने बल प्रदर्शन द्वारा तो कुछ ने कूटनीति के प्रयोग से युधिष्ठिर को सम्राट रूप में स्वीकार किया।

चारों पांडवों द्वारा जीते गए कुछ राज्यों के नाम इस प्रकार हैं:

1. उत्तर[4] दिशा में अर्जुनः कुलिंद, कालकूट, शाकलद्वीप, प्राग्ज्योतिष, उलूक, पुरु, काश्मीर, बाह्लीक, काम्बोज, दरद, लोह, ऋषिक, किम्पुरुष[5], हाटक, उत्तर कुरु (मानसरोवर झील की ओर से) और हिमालय के साथ अन्य राज्य।
2. पूरब[6] दिशा में भीमः पांचाल, विदेह, गण्डक, चेदी, कोसल, मल्लराष्ट्र, किरात, मगध, अंग, वंग, पुण्ड्र और लौहित्य।
3. पश्चिम[7] दिशा में नकुलः मरुभूमि (मारवाड़), शिबी, त्रिगर्त, दशार्ण, मालव, पंचनद (पंजाब), द्वारका और मद्र।
4. दक्षिण[8] दिशा में सहदेवः मत्स्य, अवंती, माहिष्मती, सुराष्ट्र, विदर्भ, पांड्य, केरल, द्रविड़, आंध्र, कलिंग और लंका।

सभी राज्यों का युद्ध में भाग लेने का कारण यह भी था कि वे सभी या तो विवाह, वंश, राजभक्ति या मित्रवत सम्बंधों के माध्यम से आपस में जुड़े हुए थे।

संजय द्वारा दिया गया भारतवर्ष का विवरण

भीष्म पर्व के अध्याय 9 में संजय ने धृतराष्ट्र को भारतवर्ष का वर्णन किया है। इसमें उन्होंने सिंधु, वितस्ता (झेलम), गंगा, सरस्वती, यमुना, सरयू, महानदी, चंद्रभागा, कावेरी और लोहित्य (ब्रह्मपुत्र) सहित लगभग 150 नदियों को सूचीबद्ध किया है।

संजय भारतवर्ष में लगभग 220 जनपदों को भी सूचीबद्ध करते हैं, जिसमें वे भी सम्मिलित हैं जो उत्तर और दक्षिण में स्थित हैं। वह

गैर-क्षत्रिय जनजातियों द्वारा शासित जनपदों का भी उल्लेख करते हैं। उत्तरी राज्यों में काम्बोज, चीन, यवन, कुंतल, हूण और अन्य मलेच्छ जनजातियों के प्रांत शामिल हैं। दक्षिणी क्षेत्र में पांड्य, चोल, केरल, कोंकण, विंध्य, द्रविड़ सहित अन्य राज्य शामिल हैं। अन्य गैर-क्षत्रिय राज्यों में काशमीर, कलिंग और पहलव सम्मिलित हैं।

महाभारत काल में भारतवर्ष

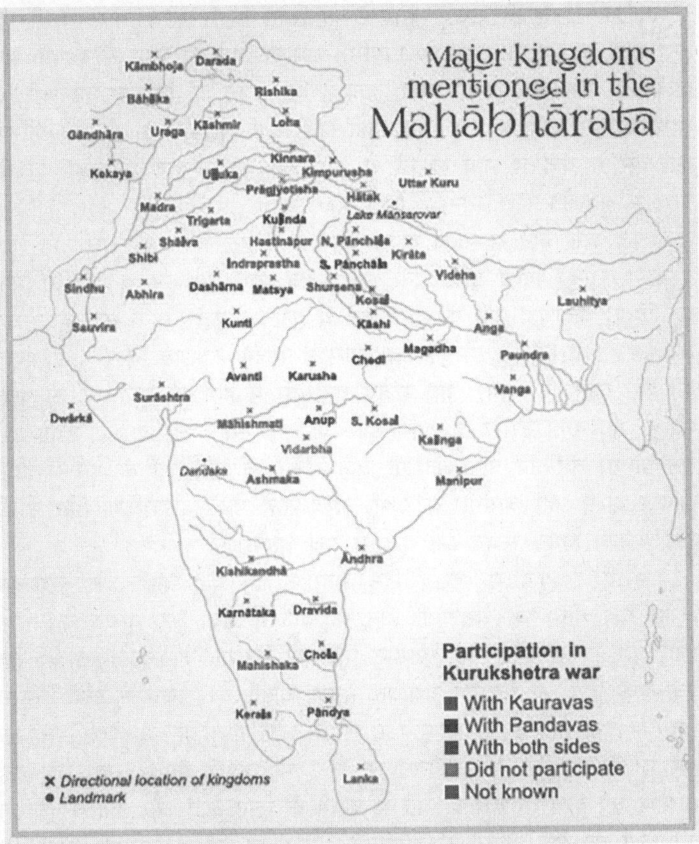

4

संजय द्वारा कुरुक्षेत्र युद्ध का वर्णन

कुरुक्षेत्र के युद्ध की घटनाओं को हम संजय के विवरण के माध्यम से जानते हैं। संजय धृतराष्ट्र के मित्र, विश्वासपात्र और सारथी थे। उन्हें राजा धृतराष्ट्र को युद्ध के नियमित समाचार देने का काम सौंपा गया था। हालांकि, जैसा कभी-कभी माना जाता है कि संजय का विवरण घटनाओं का सीधा प्रसारण (लाइव) था, ऐसा नहीं था। संजय युद्धभूमि में थे और कौरवों की ओर से युद्ध में भाग ले रहे थे। घटनाओं का विवरण देने वह युद्ध के बीच में कुरुक्षेत्र से हस्तिनापुर आते थे।

युद्ध शुरू होने से पहले व्यास धृतराष्ट्र से मिलने गए थे और उन्हें युद्ध देखने के लिए दिव्य दृष्टि देने का प्रस्ताव दिया, लेकिन धृतराष्ट्र ने मना कर दिया। वह युद्ध नहीं देखना चाहते थे, लेकिन युद्धभूमि में क्या हुआ वह सब जानना चाहते थे। इसलिए वेदव्यास ने संजय को यह दिव्य दृष्टि प्रदान की थी। व्यास ने कहा, 'जब संजय युद्धभूमि में होंगे तो वह वहाँ जो कुछ भी हो रहा होगा उसे देख पाएँगे और जो कुछ भी बोला जा रहा होगा उसे सुन पाएँगे। वह उन बातों को भी जान सकेंगे जो योद्धाओं के मन में होगी लेकिन बोली नहीं जायेंगी। कोई भी अस्त्र उन्हें मार नहीं सकेगा और न ही उन्हें थकान होगी। संजय इस युद्ध से बच जाएँगे।'[1]

संजय ने युद्ध के दसवें दिन धृतराष्ट्र को युद्ध का पहला समाचार दिया। वह भीष्म के धराशायी होने के बारे में राजा को सूचित करने के लिए कुरुक्षेत्र से लौटे थे।[2] धृतराष्ट्र युद्ध का विवरण जानना चाहते थे। वह एक-एक दिन का विवरण यथावत सुनना चाहते थे। संजय ने उन्हें विस्तृत विवरण दिया और फिर युद्धभूमि में वापस चले गए। वह द्रोण की मृत्यु के बारे में धृतराष्ट्र को सूचित करने के लिए भी वापस आए। इसके बाद वह धृतराष्ट्र को कर्ण के वध के बारे में बताने के लिए आए और अंत में दुर्योधन की मृत्यु के बाद आए।[3] वैशम्पायन ने जनमेजय को बताया कि संजय के पास ऐसे घोड़े थे जो हवा की गति से दौड़ते थे।[4]

भगवत गीता का पहला श्लोक धृतराष्ट्र का एक प्रश्न है। वह पूछते हैं, 'युद्ध की इच्छा से कुरुक्षेत्र में एकत्र हुए मेरे और पाण्डु के पुत्रों ने क्या किया था?'[5] यह प्रश्न भूतकाल में पूछा गया है, जो यह दर्शाता है कि घटना पहले ही हो चुकी थी।

संजय ने धृतराष्ट्र को यह भी बताया कि वह कैसे विरोधियों के हाथों में फँस गए थे। यदि वेदव्यास ने हस्तक्षेप नहीं किया होता और उनको न छुड़ाया होता तो वह मार दिए जाते। यह घटना युद्ध के सत्रहवें दिन हुई थी। कर्ण की मृत्यु के बाद भी देर शाम तक युद्ध चलता रहा। पांडव सेना का मनोबल अपने उत्कर्ष पर था। पांडव सेना अपने मार्ग में आने वाले हर किसी को और हर वस्तु को कुचलती चली जा रही थी। संजय कृपाचार्य के साथ युद्धभूमि में थे, जब धृष्टद्युम्न ने उन पर धावा बोल दिया। संजय धृष्टद्युम्न से बचने में सफल रहे, लेकिन सात्यकि ने उनको घेर लिया। यादव योद्धा सात्यकि उन्हें मारने की योजना[6] बना ही रहा था कि वहाँ अचानक व्यास प्रकट हुए और उसे रोक दिया।

अट्ठारहवें दिन की सुबह, संजय ने दुर्योधन को द्वैपायनकुंड[7] में प्रवेश करने से ठीक पहले देखा। यहाँ तक कि उनका संवाद भी हुआ। संजय दुर्योधन की अंतिम भेंट दुर्योधन के भीम द्वारा पराजित होने के बाद हुई। दुर्योधन की मृत्यु के साथ ही संजय की दिव्यदृष्टि भी चली गयी।[8]

युद्ध के बाद संजय और विदुर धृतराष्ट्र के घनिष्ठ साथी बने रहे। संजय और विदुर के साथ धृतराष्ट्र, गांधारी और कुंती वन में गए और अंत तक रहे। जब वे वन की आग में घिर गए थे, तब धृतराष्ट्र के आग्रह पर संजय ने स्वयं को बचा लिया। धृतराष्ट्र, गांधारी और कुंती वहीं रुके और अंततः आग ने उनके भौतिक शरीरों को भस्म कर दिया।

बर्बरीक की किंवदंती

महाभारत युद्ध से संबंधित एक कहानी प्रायः उद्धृत की जाती है और वह कहानी है बर्बरीक के बारे में। माना जाता है कि बर्बरीक घटोत्कच का पुत्र था। उसे संजय के अतिरिक्त एकमात्र दूसरा ऐसा व्यक्ति माना जाता है, जिसने एक पहाड़ी के ऊपर से कुरुक्षेत्र का युद्ध देखा था। कहानी के अनुसार बर्बरीक को वरदान था कि वह क्षण भर में विरोधियों का

नाश कर सकता है। लेकिन एक शर्त यह भी थी कि वह दुर्बल प्रतिद्वंदी के पक्ष में ही लड़ सकता था। इसलिए, वह पांडवों का समर्थन करने के लिए आया था, जिनके पास कौरवों की ग्यारह अक्षौहिणी सेना की तुलना में केवल सात अक्षौहिणी सेना ही थीं।

श्रीकृष्ण को इस स्थिति के खतरे का आभास शीघ्र ही हो गया। जिस भी पक्ष से बर्बरीक लड़ेगा, वह शक्तिशाली हो जाएगा और उसे इस तरह बार-बार पक्षों को बदलते रहना होगा, अंततः सब कुछ नष्ट हो जायेगा। इसलिए, उसे युद्ध में भाग लेने से रोकने श्रीकृष्ण ने दक्षिणा के रूप में उसका सिर माँगा। बर्बरीक ऐसा करने के लिए तैयार हो गया, लेकिन उसने श्रीकृष्ण से निवेदन किया कि वे उसे युद्ध देखने में सक्षम बनाएँ। इस पर श्रीकृष्ण सहमत हो गए। उन्होंने बर्बरीक का सिर काट दिया और उसे एक पहाड़ी की चोटी पर रख दिया। वहीं बैठकर बर्बरीक युद्ध का साक्षी बना। युद्ध समाप्त होने के बाद, उसे यह पूछा गया कि उसने क्या देखा? बर्बरीक ने उत्तर दिया कि उसने श्रीकृष्ण और केवल श्रीकृष्ण को देखा। जो मारे गए वह कृष्ण थे, जिन्होंने मारा वे भी कृष्ण ही थे–हर ओर बस कृष्ण ही कृष्ण थे।

हालांकि, यह कहानी व्यास-रचित महाभारत से नहीं है। यह स्कंद पुराण से आती है और राजस्थान तथा गुजरात की लोक कथाओं का हिस्सा है। व्यास के महाभारत में बर्बरीक का कोई उल्लेख नहीं है। इसमें घटोत्कच के पुत्र अंजनपरवा के बारे में उल्लेख जरूर है, जिसे युद्ध के चौदहवें दिन अश्वत्थामा द्वारा मार दिया गया था।

भाग 2

लोग, व्यक्तित्व और घटनायें

5

शकुंतला का साहस

दुष्यंत का जन्म पुरुवंश के इलिल नामक राजा के यहाँ हुआ था। अपने पूर्वजों की तरह, वह भी एक न्यायप्रिय और लोकप्रिय राजा थे। उन्होंने अपने राज्य की सीमाओं को म्लेच्छों के देश तक विस्तारित किया। उनके राज में प्रजा सुखी और समृद्ध थी। उनके प्रतिद्वंदी भी उन्हें सम्मान की दृष्टि से देखते थे। एक दिन, वह अपने सैनिकों और मित्रों के साथ अपनी राजधानी के पास एक घने वन में शिकार करने के लिए गए। अपने शिकार का पीछा करते हुए, वह अपनी सेना से बिछड़ गए और वन के बहुत भीतर तक चले गए।[1]

शिकार बच गया और दुष्यंत अपना मार्ग खो बैठे। थके और भूखे दुष्यंत वन में खाने की खोज में घूमने लगे। घूमते-घूमते वह एक स्थान पर पहुँचे जो ऋषियों के आश्रमों से शोभायमान था। वहाँ वृक्ष फूलों और फलों से भरे हुए थे। पक्षियों और कीटों के स्वरों के साथ वहाँ का वातावरण गुंजायमान था। ठंडी हवा के झोंकों ने दुष्यंत के शरीर और मन से थकावट को दूर कर दिया। हवा में फैली सुगंध दुष्यंत को मंत्रमुग्ध कर रही थी।

उन्होंने देखा कि वन का यह क्षेत्र मालिनी नदी के किनारे स्थित था। तट को देखते हुए उनकी दृष्टि एक सुंदर और रमणीय आश्रम पर पड़ी। दुष्यंत ने पाया कि यह उनके राज्य में रहने वाले एक महान ऋषि कण्व का आश्रम है। ऋषि के दर्शन की इच्छा से दुष्यंत ने अपने आभूषण और उनके राजा होने दूसरे प्रतीकों को हटा दिया और एक साधारण मनुष्य के रूप में आश्रम में प्रवेश किया, ताकि आसपास के लोगों का ध्यान आकर्षित न हो। यह स्थान अनेक गतिविधियों से जीवंत था। उन्होंने कुछ ऋषियों और उनके शिष्यों को सामवेद की ऋचायें गाते हुए देखा, जबकि कुछ अन्य ऋषि अग्निहोत्र में व्यस्त थे, लेकिन ऋषि कण्व कहीं नहीं दिख रहे थे। दुष्यंत आश्रम में आगे बढ़े जहाँ कोई भी नहीं था। 'क्या कोई है यहाँ?', उन्होंने उच्च स्वर में पूछा। तभी एक कुटिया से परम सौंदर्यवान एक युवती बाहर निकली। उसने स्वयं का परिचय ऋषि कण्व पुत्री शकुंतला के रूप में दिया।

युवती को देखकर दुष्यंत ने आश्चर्य से पूछा, 'जहाँ तक मैं जानता हूँ ऋषि कण्व तो आजीवन ब्रह्मचारी हैं। उनकी कोई पुत्री कैसे हो सकती है?' उनका हृदय उस सुंदर युवती पर मोहित हो रहा था। दुष्यंत के प्रश्न के उत्तर में शकुंतला ने अपने जीवन की कथा सुनाते हुए कहा, 'मैंने अपने जन्म के बारे में अपने पिता से जो सुना है, वह आपको बताती हूँ।'[2]

ऋषि विश्वामित्र कठोर तपस्या में लीन थे। उनकी तपस्या से देवराज इंद्र भयभीत हो गए। इंद्र को लगा कि विश्वामित्र की तपस्या सफल होने से वे उनसे अधिक शक्तिशाली हो सकते हैं। इसलिए, उन्होंने विश्वामित्र को विचलित करने और उनकी तपस्या भंग करने के लिए अद्वितीय सौंदर्य की प्रतिमूर्ति देवलोक की अप्सरा मेनका को भेजा।

मेनका उस स्थान पर गई जहाँ विश्वामित्र तपस्या कर रहे थे। अपने यौवन के मद में चूर युवती की तरह वह नदी में और वृक्षों के बीच में नृत्य करने लगी। यह सब करते हुए उसने यह सुनिश्चित किया कि वह ऋषि की दृष्टि में रहे। ऋषि विश्वामित्र ने मेनका को देखा। उसके शरीर के सौंदर्य और यौवन ने ऋषि को मोहित कर दिया। विश्वामित्र ने अपने तप से बहुत शक्ति अर्जित कर ली थी। लेकिन वह अभी तक अपने क्रोध और काम को वश में नहीं कर पाए थे। कामवासना की अग्नि में जलते हुए उन्होंने मेनका को अपने पास बुलाया। उन्होंने एक-दूसरे के साथ कई सुखद दिन व्यतीत किये।

इस प्रकार विश्वामित्र का संकल्प टूट गया और तपस्या भंग हो गयी। मेनका ने अपने उद्देश्य को प्राप्त कर लिया था। अब उसके वापस जाने का समय आ गया था। परन्तु उनके मिलन से एक बालिका का जन्म हुआ था। उस बच्ची को मालिनी नदी के किनारे छोड़कर मेनका अपने निवास स्थान लौट आई। इस परित्यक्त बालिका की देखभाल पक्षियों के एक समूह (शकुंत) द्वारा की जा रही थी। उन्होंने बालिका को वन में हिंसक जानवरों का भोजन बनने से बचाने के लिए अपने पंखों से ढक रखा था। तभी ऋषि कण्व अपने नित्य स्नान और पूजा-अर्चना के लिए नदी तट पर पहुँचे। पक्षियों ने उन्हें उस बालिका के जन्म वृतांत सुनाया। कण्व मुनि पक्षियों की भाषा को समझने की क्षमता रखते थे। इसलिए, करुणा से भरे हुए कण्व मुनि उस बालिका को अपने आश्रम में ले गए।

हिंदू धर्मशास्त्र तीन प्रकार के पुरुषों को पिता मानते हैं–एक जो जन्म देता है, दूसरा वह जो संकट से बचाता है और जीवन रक्षा करता है और तीसरा वह जो पालन-पोषण करता है। इस प्रकार कण्व उस बालिका के पिता हो गए। उस बालिका की रक्षा शकुन्तों द्वारा की गई थी, इसलिए उसे शकुंतला[3] के नाम में जाना जाने लगा।

शकुंतला द्वारा अपनी कहानी सुनाए जाने के बाद दुष्यंत आश्वस्त हो गए कि वह उनकी पत्नी बनने योग्य है। उन्होंने उसे विवाह का प्रस्ताव देते हुए कहा, 'मैं तुम्हें अपना सम्पूर्ण राज्य देने का वचन देता हूँ। मुझसे विवाह करो और मेरी धर्मपत्नी बनो। हम अभी गंधर्व विवाह कर सकते हैं। शास्त्र इस तरह के विवाह को सर्वश्रेष्ठ मानते हैं।' शकुंतला निर्णय नहीं ले पा रही थी क्योंकि यह एक बड़ा निर्णय था। वह इसके लिए प्रतिबद्ध होने से पहले अपने पिता की अनुमति लेना चाहती थी। इसलिए उसने कहा, 'मेरे पिता शीघ्र ही लौट आएँगे, कृपया उनके लौटने तक प्रतीक्षा कीजिये। मुझे विश्वास है कि वे स्वयं मेरा हाथ आपको दे देंगें।'

'तुम्हारी शालीनता और गुण अत्यंत प्रशंसनीय हैं, परन्तु तुम यह जान लो कि मैं यहाँ केवल तुम्हारी ही प्रतीक्षा कर रहा हूँ। तुम अपनी इच्छा से स्वयं को मुझे देने में सक्षम हो। हम क्षत्रियों के लिए वर और वधू द्वारा स्वयं चयन किए गए विवाह की अनुशंसा की जाती है। हमारी मित्र और मार्गदर्शक हमारी आत्मा होती है। तुम अपना निर्णय लेकर कुछ भी दोषपूर्ण नहीं करोगी। एक राजा होने के नाते मैं तुमको मुझसे विवाह करने के लिए विवश भी कर सकता था, परन्तु मैं चाहता हूँ कि यदि तुम्हारी भी इच्छा हो तो तुम मुझे स्वीकार करो।' दुष्यंत शकुंतला को उसी क्षण उनके प्रस्ताव को स्वीकार करने के लिए मनाने की कोशिश कर रहे थे।

शकुंतला भी रूपवान और युवा दुष्यंत की ओर आकर्षित हो गई थी। कुछ क्षण विचार करने के बाद उसने उत्तर दिया, 'यदि यह वास्तव में शास्त्रों द्वारा स्वीकृत है कि मैं अपनी पसंद से विवाह कर सकती हूँ और स्वयं को समर्पित कर सकती हूँ, तो मैं गंधर्व विवाह के इस मार्ग से आपसे विवाह करने के लिए तैयार हूँ। परन्तु आपको यह वचन देना होगा कि केवल मेरा पुत्र ही आपके राज्य का उत्तराधिकारी होगा।'

इस पर दुष्यंत ने वचन दिया, 'जैसा तुम कहती हो वैसा ही होगा।' वह इतने अधिक अधीर थे कि उन्होंने बिना किसी विचार के ही यह वचन दे दिया था। उन दोनों ने एक-दूसरे को स्वीकार किया और विवाह कर लिया।

'मैं शीघ्र ही अपनी सेना के साथ वापस आऊँगा और तुम्हें अपने राज्य और राजमहल में ले जाऊँगा।' दुष्यंत ने शकुंतला को यह आश्वासन दिया और चले गए।[4]

हिंदू शास्त्रों में वर्णित विवाह के विभिन्न प्रकार

1. **ब्रह्म विवाह:** एक विवाह जिसके अंतर्गत एक परिवार की वस्त्र और आभूषणों से सुशोभित कन्या का दूसरे परिवार के एक योग्य और विद्वान पुरुष के साथ विवाह किया जाता है। विवाह के इस स्वरूप में, वर का परिवार पुत्र की शिक्षा पूरी होने के बाद वधू के परिवार के पास रिश्ता लेकर जाता है। कन्या के अलावा वर के परिवार की ओर से कोई और माँग नहीं होती है और न ही कोई वित्तीय लेन-देन सम्मिलित होता है।
2. **दैव विवाह:** इस विवाह में, पुत्री का विवाह उसके परिवार द्वारा यज्ञ कर्म करते हुए ऋत्विज से किया जाता है। इसका अर्थ है कि किसी धार्मिक अनुष्ठान में दान कर दिया जाता है। यहाँ पर वधू का परिवार रिश्ते की तलाश करता है।
3. **आर्श विवाह:** ऐसा विवाह जिसमें कन्या का विवाह एक ऋषि से किया जाता है। ऋषि इसके बदले में वधू के परिवार को गाय तथा बैल की एक जोड़ी देता है। इस विवाह के लिए दोनों पक्षों द्वारा रिश्ते की खोज की जा सकती है।
4. **प्रजापत्य विवाह:** ऐसा विवाह जिसमें वधू और वर का समान भागीदारों के रूप में धार्मिक एवं सामाजिक कर्त्तव्यों का पालन करने और संतान उत्पत्ति की स्पष्ट मंशा से विवाह किया जाता है। इसमें कन्या के परिवार वाले रिश्ता ढूँढ़ते हैं।
5. **गंधर्व विवाह:** इसमें लड़का और लड़की आपसी सहमति से विवाह करते हैं। इस तरह के विवाह को ब्राह्मण प्रोत्साहित नहीं करते थे, लेकिन यह दूसरों के लिए, विशेष रूप से क्षत्रियों के लिए स्वीकार्य था।

6. **असुर विवाह:** एक विवाह जिसमें वर और उसके परिवार द्वारा वधू के परिवार को मूल्य चुकाया जाता है।
7. **राक्षस विवाह:** एक विवाह जिसमें शक्ति प्रदर्शन द्वारा और लड़ाई में कन्या के संबंधियों को हराकर कन्या को बलपूर्वक छीन लिया जाता है। इस तरह के विवाह की अनुमति केवल क्षत्रियों को ही थी।
8. **पिशाच विवाह:** एक विवाह जिसमें वर छल और कपट से वधू से विवाह करता है। यह विवाह सर्वथा अस्वीकार्य और सभी के लिए निषिद्ध है।

हिंदू धर्मशास्त्रों के द्रष्टाओं और ज्ञाताओं के अनुसार विवाह के प्रथम चार स्वरूपों को सबसे उपयुक्त और अंतिम दो को सबसे कम उपयुक्त माना जाता है।

जब ऋषि कण्व को शकुंतला और दुष्यंत के विवाह के बारे में ज्ञात हुआ, तब वह अत्यंत प्रसन्न हुए। शकुंतला ने एक योग्य और उपयुक्त निर्णय लिया था। वह अभी भी अपने पिता के आश्रम में थी, लेकिन उसने एक विवाहित पत्नी के नियमों के अनुसार रहना शुरू कर दिया था। वह दुष्यंत द्वारा उसे बुलाने जाने की प्रतीक्षा कर रही थी। आश्रम में उस दिन उनके समागम से शकुंतला गर्भवती हो गई थी। कुछ महीनों के बाद उसने एक स्वस्थ और सुदृढ़ बच्चे को जन्म दिया, जिसको उसने सर्वदमन नाम दिया। वह लंबा, चौड़े कन्धों वाला हृष्ट-पुष्ट बालक था और उसका माथा बड़ा था। छः वर्ष की आयु में तो वह वन में रहने वाले बाघों, शेरों, सूअरों और हाथियों के साथ द्वंद कर सकता था। बारह वर्ष की आयु तक वह वेदों और अन्य शास्त्रों में पारंगत हो चुका था। एक दिन ऋषि कण्व ने शकुंतला को कहा कि उसका पुत्र अब दुष्यंत के उत्तराधिकारी के रूप में तैयार हो गया है।[5]

इतने वर्षों बीत चुके थे परन्तु दुष्यंत का बुलावा अभी तक नहीं आया था। कण्व मुनि ने सुझाव दिया कि उन्हें स्वयं जाकर दुष्यंत को उनके पुत्र और पत्नी को सौंपना चाहिए। उनके मतानुसार शकुंतला और उसका पुत्र ऋषियों के एक समूह के साथ आश्रम छोड़कर दुष्यंत के महल में पहुँच गए। राजा की सभा में प्रवेश करते ही शकुंतला ने उच्च स्वर और दृढ़ता से घोषणा की, 'महाराज, यह ऋषि कण्व के आश्रम में हमारे विवाह से उत्पन्न हुआ आपका पुत्र है। कृपया इसे स्वीकार करिये और अपने वचन के अनुसार

इसे अपना उत्तराधिकारी बनाइये।' दुष्यंत ने शकुंतला को पहचान लिया था, लेकिन उन्होंने ऐसा व्यवहार किया जैसे वह उसे जानते ही न हो और कहा, 'दुष्ट स्त्री! तुम किसके बारे में बात कर रही हो? मुझे ऐसे किसी भी विवाह का स्मरण नहीं है।'

दुष्यंत के इन्कार करने पर शकुंतला स्तब्ध और अत्यधिक लज्जित हो गई। उसकी आँखें क्रोध और लज्जा से लाल हो गई थीं लेकिन उसने कोई प्रतिक्रिया नहीं दी। उसने अपनी भावनाओं को नियंत्रण में रखते हुए जोर देकर कहा, 'सत्य से भली-भाँति अवगत होने के बाद भी आप एक निम्नकोटि के मनुष्य की तरह झूठ क्यों बोल रहे हैं? आपका हृदय सत्य जानता है। आप अपनी आत्मा की अवेहलना करके उसको नीचा दिखाने की इच्छा क्यों रखते हैं? जो मनुष्य अपने वास्तविक रूप को छिपाकर स्वयं को कुछ और दिखाता है जो वह नहीं है, वह चोर के समान है जिसने अपनी ही आत्मा का अपहरण किया हो। अथवा आप यह सोच रहे हैं कि उस दिन हम लोग अकेले थे और किसी ने हमें नहीं देखा है? तो मत भूलिये, साक्षी बाहर नहीं है, वह हमारे हृदय में रहता है और हमारे पाप-पुण्यों को जानता है। प्रकृति के सभी तत्व हमारे सभी कार्यों के साक्षी हैं। इसलिए जो सोचता है कि कोई नहीं जानता है, वह निश्चित रूप से भ्रमित है। उसे अपने कार्यों के परिणाम भुगतने ही पड़ते हैं।'[6]

शकुंतला ने और भी दृढ़ता के साथ कहा, 'मैं आपकी पत्नी हूँ। मैं इतने वर्षों तक केवल आपके लिए प्रतिबद्ध रही हूँ। मैं आपके द्वारा आदर पाने के योग्य हूँ। आपको मेरा तिरस्कार नहीं करना चाहिए। आप एक नीच पुरुष की तरह इस भरी सभा में मेरा अपमान क्यों कर रहे हैं? एक ऐसी स्त्री जो अपने पति को अपने प्राणों समान प्रिय मानती है वही पत्नी कहलाती है। वही पत्नी है जो पति का ध्यान रखते हुए संतानवती हो और अपने घर के काम-काज में कुशल हो। एक पत्नी पति का आधा अंग होती है, पत्नी ही पति का सबसे अच्छा मित्र होती है और पत्नी ही एक गृहस्थ के कर्त्तव्यों की सफलतापूर्वक पूर्ति में महत्वपूर्ण भूमिका निभाती है। पत्नी के माध्यम से ही पुरुष सच्चा गृहस्थ बनता है। केवल पत्नी के साथ ही एक मनुष्य वास्तव में प्रसन्न और सुखी है। यही कारण है कि लोग एक योग्य पत्नी की इच्छा रखते हैं। वह इस लोक और परलोक में उसका एकमात्र साथी है। जब पत्नी पुरुष के बच्चों की माता बन जाती है तो उस पुरुष को चाहिए कि

वह अपनी पत्नी के साथ आदरपूर्वक आचरण करे, जैसे अपनी माँ के साथ करता हो।'

शकुंतला अपने पुत्र की ओर संकेत करते हुए बोली, 'अपने इस पुत्र को देखिये। यह आपकी ओर कितनी अपेक्षा से देख रहा है कि आप इसे प्रेम से अपनी गोद में बिठायेंगे। चींटियाँ भी अपने अंडों की देखभाल करती हैं, फिर आप अपने पुत्र के भरण-पोषण का उत्तरदायित्व क्यों नहीं लेते? एक मनुष्य के लिए अपने बच्चे के स्नेही स्पर्श से अधिक सुखद कुछ भी नहीं है और आपका यह पुत्र अतिशय प्यारा और गुणी है। जब इसका जन्म हुआ था, तब मुझे ऋषियों ने बताया था कि यह सौ भव्य यज्ञों का अनुष्ठान करेगा और इस धरा पर राज करेगा। यह आपके ही अंश से पैदा हुआ है। यदि आपने मुझे स्वीकार नहीं किया, तो मैं अपने पिता के आश्रम में वापस चली जाऊँगी, परन्तु आप अपने इस पुत्र को क्यों छोड़ना चाहते हो?[7]

हालांकि, दुष्यंत ने यह मानने से इन्कार कर दिया और कहा, 'मैं तुम्हारे इस बेटे को नहीं जानता। वैसे भी स्त्रियों को झूठ बोलने के लिए जाना जाता है। इसके अलावा, तुम्हारी माता मेनका का चरित्र संदिग्ध है। जब तुम जन्मी थी तब उसने क्रूरता से तुम्हारा त्याग कर दिया था। हालांकि तुम्हारे पिता को एक महान ऋषि माना जाता है, लेकिन मेनका को देखकर वह भी वासना के वेग में बह गए थे। तुम्हारे वचन विश्वसनीय नहीं हैं। क्या इस तरह के झूठ बोलने में तुमको शर्म नहीं आती? और इस बालक का शरीर भी बहुत बड़ा दिखता है। यह इतना शीघ्र ही इतना लंबा कैसे हो गया है? तुमने हमारे सम्बंध में जो कुछ भी कहा है, मैं उससे सहमत नहीं हूँ। न तो मैं तुम्हें जानता हूँ और न ही मैं तुम्हें जानना चाहता हूँ। तुम यहाँ से जा सकती हो।'[8] उन्होंने उसे और अधिक अपमानित करते हुए कहा।

शकुंतला विचलित होने वाली स्त्री नहीं थी। उसने पुनः गर्व के साथ उत्तर दिया, 'आप अपने भीतर के विशाल दोषों को देखे बिना दूसरों के दोष ढूँढ़ने में निपुण हैं। आपका जन्म पृथ्वी पर मनुष्यों से हुआ है, लेकिन मेरी माता देवलोक की अप्सरा है। स्पष्ट है मेरा जन्म और कुल आपके जन्म और कुल से श्रेष्ठ है, बल्कि इनमें कोई तुलना ही नहीं है। मेरे सुमेरु जैसे कुल के सामने आप सरसों के दाने समान हो। यह एक प्रसिद्ध कहावत है, "एक कुरूप मनुष्य जब तक दर्पण में अपना मुख नहीं देख लेता तब तक वह स्वयं को दूसरों से रूपवान समझता है।" जैसे सूअर बाकी सब कुछ

छोड़कर केवल गंदगी ही पसंद करते हैं, उसी प्रकार मूढ़ मनुष्य केवल दूसरों में दोष ही ढूँढ़ते रहते हैं और प्रसन्न रहते हैं। इससे अधिक हास्यास्पद और कुछ नहीं है कि एक दुष्ट पुरुष किसी सज्जन पुरुष को दुष्ट कहे। ऐसा झूठ बोलने वाला व्यक्ति विषधर सर्प से भयानक प्राणी है। स्मरण रहे, यदि कोई अपने योग्य पुत्र का सम्मान नहीं करता है, उसकी धनसंपत्ति को देवता नष्ट कर देते हैं। इसलिए मैं आपसे निवेदन करती हूँ कि आप अपने पुत्र का परित्याग न करें और अपने हृदय में असत्य का भार न उठायें। सत्य बहुत सारे तीर्थों और यज्ञों के माध्यम से अर्जित पुण्यों की तुलना में अधिक मूल्यवान और श्रेष्ठ है। सत्य सर्वोपरि और सर्वश्रेष्ठ है, परन्तु यदि आपकी अपने झूठ में इतनी आसक्ति है तो मैं स्वयं ही चली जाऊँगी। मैं ऐसे अधर्मी के साथ नहीं रहना चाहूँगी। लेकिन जाते-जाते आपसे इतना अवश्य कहूँगी कि आपके सहयोग के बिना भी मेरा पुत्र इस सारी पृथ्वी पर शासन करेगा।[9] मैं इसको लेकर आश्वस्त हूँ।' ऐसा कहकर शकुंतला वहाँ से जाने लगी। उसी क्षण एक आकाशवाणी से दुष्यंत का राजदरबार गूँज उठा।

'दुष्यंत! शकुंतला तुम्हारी विवाहित पत्नी है और यह बालक तुम्हारा ही पुत्र है। तुम इन दोनों को स्वीकार करो और अपने पुत्र का पालन-पोषण करो। हम तुमको ऐसा करने का आदेश देते हैं। आगे से तुम्हारा यह पुत्र भरत–वह जिसका पालन-पोषण हम देवताओं के कहने से होगा–के नाम से जाना जाएगा।'[10] इन दिव्य वचनों को सुनकर दुष्यंत प्रसन्न हो गए। उन्होंने अपने मंत्रियों की ओर देखा और कहा, 'जब से ये लोग यहाँ आये हैं, मैं इनको पहचान गया था कि ये कौन हैं। शकुंतला सत्य बोलती है, लेकिन यदि मैंने शकुंतला के कहने से इस बालक को स्वीकार कर लिया होता तो लोग इस पर संदेह करते। अब, मुझे आशा है कि कोई भी प्रश्न नहीं उठेगा।

दुष्यंत ने शकुंतला और भरत दोनों को स्वीकार कर लिया। उन्होंने उन्हें उनका उचित अधिकार और सम्मान दिया। कुछ वर्षों बाद दुष्यंत ने अपना राजसिंहासन त्याग दिया और अपने अंतिम दिनों को बिताने के लिए वन में चले गए। भरत दुष्यंत के राजसिंहासन पर बैठे। अपने पराक्रम के बल से वह भारतवर्ष के चक्रवर्ती सम्राट बने। जिस भूमि पर उन्होंने शासन किया था, उसे भारतवर्ष (भरत की भूमि) के रूप में जाना जाने लगा।

महाभारत की कथा भरत के वंशजों का इतिहास है। कुरु, शांतनु, भीष्म, धृतराष्ट्र, दुर्योधन, युधिष्ठिर और अन्य कौरव तथा पांडव इस महान वंश से संबंधित हैं। इस तरह भरत वंश की माता शकुंतला हैं।

कालिदास की शकुंतला

भरत वंश के इतिहास के इस प्रसंग का प्रस्तुतिकरण महाकवि कालिदास ने अपने सुप्रसिद्ध 'पुनर्कल्पित' नाट्य रचना 'अभिज्ञानशाकुंतलम्' में किया है। इसे संस्कृत की सबसे मधुर कृतियों में से एक माना जाता है। परन्तु कालिदास की शकुंतला का व्यक्तित्व, महाभारत की शकुंतला से भिन्न है। महाभारत की शकुंतला आत्मविश्वास से परिपूर्ण है, साहसी और निडर है। कालिदास की शकुंतला अधिक भावुक है।

कालिदास ने कण्व और शकुंतला के सम्बंधों की बारीकियों को सामने लाने के लिए कविता में बहुत अधिक भावनाओं को सम्मिलित किया है। अभिज्ञानशाकुंतलम प्रणय (रोमांस) और विरह है। ऐसी एक कथा जोड़ी गई है कि ऋषि दुर्वासा के श्राप के कारण दुष्यंत द्वारा अपनी पत्नी और पुत्र को मान्यता नहीं दी गई। शकुंतला अनजाने में दुष्यंत के विचारों में मग्न होने के कारण ऋषि दुर्वासा के आने की अनदेखी करती है। इस बात से नाराज होकर ऋषि उसे श्राप देते हैं कि वह जिसके बारे में सोच रही थी, वह उसे भूल जाएगा। पद्म पुराण में इस प्रसंग का उल्लेख है। परन्तु अगर ऐतिहासिक दृष्टिकोण से देखना हो तो व्यास रचित महाभारत की ही कथा को मूल कथा मानी जानी चाहिए।

6

व्यक्तित्व निर्माण

पाण्डु के पाँचों पुत्रों का जन्म शतश्रृंग नामक पर्वत पर एक वन में एक-एक वर्ष के अंतर पर हुआ था। उनका प्रारंभिक जीवन अपनी माताओं और पिता के साथ वहाँ रहने वाले ऋषियों और वनवासियों के बीच व्यतीत हुआ। उनकी शस्त्र विद्या का शिक्षण, शर्यातिवंश के एक विख्यात राजा शुक[1] के मार्गदर्शन में शुरू हुआ। शुक उस समय शतश्रृंग पर्वत पर एक तपस्वी का जीवन जी रहे थे। पाँचों भाइयों में अर्जुन का धनुर्विद्या की ओर झुकाव था, भीम का गदा के लिए, युधिष्ठिर का भाले की ओर और जुड़वा नकुल-सहदेव तलवार/खड्ग में सिद्धहस्त होने लगे। पाण्डु की मृत्यु के समय अर्जुन चौदह[2] वर्ष का था। अपराधबोध से ग्रस्त माद्री ने पाँचों बालकों को कुंती की देखभाल में छोड़कर स्वयं पाण्डु की चिता पर बैठकर अपना जीवन समाप्त कर दिया। उस समय शतश्रृंग वासी ऋषियों ने पांडव कुल के भविष्य पर चर्चा की और निष्कर्ष निकाला कि कुंती और बालकों का पाण्डु की राजधानी अर्थात अपने पितृगृह हस्तिनापुर लौटने का यह उपयुक्त समय है। जब कुंती और पांडवों ने हस्तिनापुर में प्रवेश किया तब वहाँ के प्रजाजन उन्हें देखने के लिए उमड़ पड़े। उन्होंने राजकुमारों के बारे में कई कहानियाँ सुनी थीं और वे सभी युवा राजकुमारों की एक झलक पाने के लिए उत्सुक थे। भीष्म, धृतराष्ट्र, सत्यवती आदि ने खुली बाँहों से सहर्ष उनका स्वागत किया।

यह पांडवों के लिए राजमहल के जीवन का प्रथम अनुभव था और वे बड़ी सहजता से वहाँ रहने लगे। यहाँ हस्तिनापुर में धृतराष्ट्र और गांधारी का सबसे बड़ा पुत्र दुर्योधन उनका सबसे लाड़ला पुत्र था। वह बलवान तो था पर उद्धत भी। लेकिन राजा धृतराष्ट्र पुत्रमोह में लिप्त थे, इसलिए किसी ने भी, कभी भी उसके द्वारा किए गए किसी भी काम पर आपत्ति करने का साहस नहीं किया। यहाँ तक कि उसकी हर कोई उसकी बड़ाई करता रहता था। पांडवों ने हस्तिनापुर लौटने से पहले तक दुर्योधन पूर्णरूप से आश्वस्त था कि वह हस्तिनापुर राज्य का एकमात्र उत्तराधिकारी है। परन्तु पांडवों के आगमन

के साथ ही वहाँ चीजें और घटनाक्रम बहुत तेजी से बदले। अब दुर्योधन न तो सबसे ज्येष्ठ और न ही सबसे बलवान था। युधिष्ठिर आयु में ज्येष्ठ होने के साथ-साथ विनम्र और बुद्धिमान भी था। भीम बल में दुर्योधन के ही समान और अर्जुन उससे अधिक प्रतिभाशाली था। पांडव अपने आचरण और व्यवहार से सभी का हृदय जीत रहे थे।

दुर्योधन सभी पांडवों में भीम से सबसे अधिक घृणा करता था, क्योंकि भीम बड़ा शरारती था और हमेशा अपने बल का प्रदर्शन करना पसंद करता था। सभी कौरव किशोर उससे डरते थे। दुर्योधन उससे बहुत ईर्ष्या करता था। उसने भीम को भोजन में विष देकर एक नहीं बल्कि दो बार मारने का प्रयास किया।[3] पहली बार आर्यक नामक नाग द्वारा बचाया गया और उसकी शक्ति और बढ़ गई। आर्यक कुंती के पिता शूरसेन के नाना थे और उस सम्बंध से भीम उनके दौहित्र का दौहित्र था।[4] दूसरी बार दुर्योधन के सौतेले भाई युयुत्सु ने दुर्योधन की कुटिल योजना के बारे में भीम को पहले ही अवगत किया था। भीम और दुर्योधन एक ही आयु के थे। दोनों ही शारीरिक रूप से बहुत बलवान भी थे। दोनों ही क्रोधी और ढ़ीठ भी थे। लेकिन दोनों में एक बड़ा अंतर था कि भीम के क्रोध पर युधिष्ठिर, कुंती और अन्य पांडवों द्वारा नियंत्रण किया जाता था। जबकि दुर्योधन के क्रोध को उसके मामा शकुनि, पिता धृतराष्ट्र, छोटे भाइयों और कर्ण जैसे मित्रों द्वारा प्रोत्साहित किया जाता था। उसका अनियंत्रित क्रोध अंततः कौरवों और उनके साथ जुड़े सभी लोगों के विनाश का कारण बनने वाला था।

पांडवों के आगमन के कुछ ही समय बाद कौरव और पांडव राजकुमारों ने कुरुवंश के राजगुरु ऋषि कृपाचार्य के सानिध्य में प्रशिक्षण लेना शुरू किया। एक दिन द्रोणाचार्य हस्तिनापुर आए। वह महर्षि अग्निवेश और परशुराम के शिष्य थे और युद्धकौशल में पारंगत थे। उन्हें भारतवर्ष में युद्ध सम्बंधी सर्वश्रेष्ठ गुरुओं में से एक माना जाता था। द्रोण कृपाचार्य के बहनोई भी थे। उनकी पत्नी का नाम कृपी था जो कृपाचार्य की बहन थी। द्रोणाचार्य और कृपी का एक पुत्र था, जिसका नाम अश्वत्थामा था।

ऋषि अग्निवेश के आश्रम में द्रोण की मित्रता पांचाल के राजकुमार द्रुपद से हुई। एक बार द्रुपद ने द्रोण को वचन दिया था कि जब वह पांचाल का राजा बन जाएगा, तब वह अपने ऐश्वर्यपूर्ण राज्य में उनके उपभोग की व्यवस्था

करेगा। समय बीतता गया और शीघ्र ही दोनों मित्र अपने-अपने मार्ग पर चले गए। द्रुपद राजा बने और द्रोण निर्धनता से ग्रसित हुए। द्रोण अपने मित्र के वचन को याद करते हुए द्रुपद के पास पहुँचे। वह केवल एक गाय लेने की इच्छा से वहाँ आये थे ताकि उनका पुत्र दूध पी सके। हालांकि, जब द्रोण ने द्रुपद को मित्र के रूप में संबोधित किया और उन्हें वचन स्मरण कराया, तब पांचाल नरेश ने मित्रता को स्वीकार करने से इन्कार कर दिया। 'मित्रता केवल बराबर के लोगों के बीच हो सकती है। इसलिए मित्रता का राग बार-बार मत अलापो। यदि तुम एक याचक के रूप में आए हो, तो मैं तुम्हें एक रात के लिए भोजन करा सकता हूँ।' द्रुपद ने द्रोण का तिरस्कार करते हुए कहा।

द्रुपद के अपमान से क्रोधित होकर द्रोणाचार्य अपने मन में उससे उचित समय आने पर बदला लेने का संकल्प लेते हुए वहाँ से चले गए। वह उन शिष्यों की खोज में थे जो उनके संकल्प को पूरा करने में सहायक हो सकें। उनकी यह खोज उन्हें हस्तिनापुर ले आई। द्रोण के आगमन की सूचना पाकर भीष्म बहुत प्रसन्न हुए। वह भी युद्ध और अस्त्र-शस्त्रों की कला में अपने पौत्रों के उच्च प्रशिक्षण के लिए एक उपयुक्त शिक्षक की खोज में थे और द्रोण इस विषय में सर्वश्रेष्ठ शिक्षकों में से एक थे। भीष्म ने हस्तिनापुर में निवास करने और कौरवों तथा पांडवों को शिक्षा देने के आग्रह के साथ द्रोण से संपर्क किया। द्रोण को केवल इसी अवसर की प्रतीक्षा थी। वह तुरंत सहमत हो गए। इस प्रकार कुरु राजकुमारों की शिक्षा का अगला चरण शुरू हुआ।

द्रोण की प्रसिद्धि के बारे में सुनकर सम्पूर्ण भारतवर्ष से कई विद्यार्थी उनके साथ अध्ययन करने के लिए आए। वृष्णी और अंधक कुल के राजकुमार, सिंधु देश के राजकुमारों सहित और कई लोगों ने द्रोण को अपना गुरू बनाया। अंगदेश के सूत जाति के सुविख्यात व्यक्तित्व और धृतराष्ट्र के मित्र अधिरथ ने भी अपने पुत्र कर्ण को द्रोण के पास विद्या अर्जित करने के लिए भेजा। कर्ण ने ब्रह्मास्त्र जैसे शक्तिशाली दिव्यास्त्र का ज्ञान प्राप्त करने के लिए परशुराम के पास जाने से पहले द्रोण के सानिध्य में अध्ययन करने वाले कौरवों और पांडवों के साथ अपना प्रारंभिक प्रशिक्षण लिया।[5]

अर्जुन

अन्य सभी राजकुमारों की तरह अर्जुन भी अपनी पहली भेंट के बाद से द्रोणाचार्य से प्रभावित था। द्रोण के कौरवों और पांडवों के गुरू बनने से पहले

एक बार बालकों ने खेलते समय अपनी गेंद/गुल्ली को एक कुएँ में गिरा दिया था। उस समय तक द्रोणाचार्य बालकों के लिए अपरिचित थे। उन्होंने घास के लम्बे तिनकों (सींक) का उपयोग करके बड़ी ही सरलता से उनकी गेंद/गुल्ली को बाहर निकाल दिया। इस घटना के बाद ही भीष्म को द्रोण के आने की जानकारी मिली थी।

राजकुमारों का प्रशिक्षण शुरू होने के कुछ ही महीनों बाद द्रोणाचार्य ने उन्हें बुलाया और पूछा, 'जब तुम लोग अपनी शिक्षा पूर्ण कर लोगे, तब तुम लोगों को मेरी एक इच्छा पूर्ण करनी होगी। इस विषय में तुम लोगों का क्या विचार है?' कौरव चुप रहे, गुरू की इच्छा क्या होगी इससे अनभिज्ञ होने के कारण अर्जुन के अलावा चार पांडव भी चुप रहे। अर्जुन तुरन्त उठ खड़ा हुआ और बिना संकोच गुरू की इच्छा पूर्ण करने की प्रतिज्ञा की। यह देखकर द्रोणाचार्य बहुत प्रसन्न हुए और उन्होंने प्रेम से अर्जुन का मस्तक चूमा। अर्जुन ने अपने इस व्यवहार से अपने गुरू के प्रति अपनी गहरी श्रद्धा और विश्वास व्यक्त किया था।

द्रोण के शिष्यों में अर्जुन धनुर्विद्या में सर्वश्रेष्ठ था। अर्जुन की ज्ञान के लिए जिज्ञासा और सीखने के प्रति समर्पण अतुलनीय था। इससे कर्ण अत्यंत ईर्ष्या में भर गया था। उसका झुकाव भी धनुर्विद्या की ओर था और उसे अपने इस कौशल पर बहुत घमंड था। वह अर्जुन को अपना सबसे बड़ा प्रतिस्पर्द्धी मानता था। कर्ण की इस ईर्ष्या और घमंड ने उसे विशेष रूप से अर्जुन और सामान्य रूप से पांडवों के प्रति हमेशा के लिए घृणायुक्त बना दिया।[6] जबकि अर्जुन अपने अध्ययन और अभ्यास में व्यस्त रहता तथा इसके अतिरिक्त कहीं और उसका ध्यान नहीं रहता था।

अपने पुत्र अश्वत्थामा को अलग से शिक्षा देने का समय निकालने के लिए द्रोणाचार्य ने सभी बच्चों को पानी भरने का कार्य दे रखा था। उन्होंने अश्वत्थामा को बड़ा पात्र और बाकियों को छोटे मुँह वाला पात्र दिया था। अर्जुन ने जब देखा कि अश्वथामा अपना कार्य जल्दी निपटाकर फिर गुरू के पास शिक्षा ग्रहण करने बैठ जाता है, तब उसने अपने दिमाग चलाया और वरुणास्त्र का उपयोग किया। इससे अर्जुन अपने काम को तेजी से पूरा करता और अश्वत्थामा के साथ ही अतिरिक्त कक्षा के लिए तैयार हो जाता। काम पूर्ण करने के कारण द्रोण भी उसे मना नहीं कर सकते थे। इस प्रकार अर्जुन ने यह सुनिश्चित किया कि वह आचार्य द्वारा सिखाए जाने वाले हर पाठ, हर

विधि सीखेगा।[7] अर्जुन की लगन और ज्ञान प्राप्ति की भूख ने द्रोण को चकित और सतर्क कर दिया था। एक बार द्रोण ने रसोइये को निर्देश दिया कि वह अर्जुन को कभी भी अंधेरे में भोजन न परोसे और न ही अर्जुन को इस निर्देश के बारे में बताये, ताकि उसे कोई संदेह न हो। एक शाम जब अर्जुन भोजन कर रहा था तो वहाँ अचानक बहुत तेज हवा चलने लगी, जिसके कारण वहाँ जलने वाले दीपक बुझ गए। वहाँ इतना घनघोर अंधेरा हो गया था कि अर्जुन अपने हाथों को भी नहीं देख सकता था।

अर्जुन ने कुछ रोचक देखा कि अंधेरा होने के बावजूद भी उसका हाथ बिना किसी कठिनाई के उसके मुँह तक पहुँच रहा था। अर्जुन अचंभित था। उसे आभास हुआ कि यह प्रतिदिन भोजन करने के निरंतर अभ्यास के कारण संभव था। उसने निष्कर्ष निकाला कि अभ्यास के साथ सब कुछ अर्जित किया जा सकता है। तब से, जब अन्य राजकुमार रात्रि में विश्राम करते उस समय अर्जुन ने घोर अंधेरे में धनुर्विद्या का अभ्यास करना शुरू कर दिया। वह बिना देखे ही अंधेरे में भी लक्ष्य भेदन की कला में निपुण होना चाहता था। एक रात्रि जब अन्य शिष्य गहरी नींद में थे तब द्रोणाचार्य ने अर्जुन के धनुष की टंकार सुनी। वह तुरंत कारण समझ गए। अर्जुन के ध्यान, पारंगत होने की ललक अथवा लगन और गुरू के प्रति पूर्ण भक्ति ने द्रोण को जीत लिया। उन्हें यह स्वीकार करना पड़ा कि अर्जुन दूसरे शिष्यों से अलग था। इससे अभिभूत होकर द्रोण ने अर्जुन को वचन दिया कि 'मैं तुम्हें संसार का सर्वश्रेष्ठ धनुर्धर बनाने के लिए हर संभव प्रयास करूँगा।'[8]

जब राजकुमारों का प्रशिक्षण पूर्ण होने के समीप था तब द्रोण ने उनके कौशल और एकाग्रता की परीक्षा लेने का विचार किया। उन्होंने नकली पक्षी बनवाया और उसे एक पेड़ की टहनी पर रखवा दिया। फिर उन्होंने राजकुमारों से पक्षी पर लक्ष्य साधने और यह बताने के लिए कहा कि उन्हें क्या दिख रहा है। उन सभी ने उत्तर दिया कि उन्हें पक्षी, वृक्ष की टहनी, वृक्ष और आसपास के लोग दिख रहें हैं। जब अर्जुन की बारी आई तो उसने उत्तर दिया, 'मुझे पक्षी के सिर के अलावा कुछ भी नहीं दिख रहा है।' यह सुनकर द्रोणाचार्य प्रसन्न हो गए और उन्होंने अर्जुन को बाण चलाने का आदेश दिया। उसने बाण चलाकर पक्षी की गर्दन उड़ा दी।[9] अर्जुन की एकाग्रता कुछ ऐसी थी।

एक बार द्रोणाचार्य अपने सभी शिष्यों के साथ गंगा नदी में स्नान करने के लिए गए थे। अचानक द्रोण जोर-जोर से चिल्लाने लगे। एक मगरमच्छ ने

जल के भीतर द्रोणाचार्य की पिंडली को पकड़ रखा था। उन्होंने अपने शिष्यों को उन्हें बचाने के लिए पुकारा। अभी तक अन्य शिष्य यह सोच रहे थे कि क्या करना है? क्योंकि मगरमच्छ तो दिख नहीं रहा था, अर्जुन ने तुरंत अपने धनुष को स्थिर करके जल में उस जगह पाँच बाण मार दिए जहाँ उसे अदृश्य मगरमच्छ के होने का आभास हुआ। अर्जुन के बाणों से मगरमच्छ तुरंत दो टुकड़ों में कटकर मर गया। अर्जुन की सूझबूझ, त्वरित क्रिया और धनुकौशल से प्रभावित होकर द्रोणाचार्य ने उसे अद्वितीय और शक्तिशाली ब्रह्मशिर नामक अस्त्र उपहार में दिया और कहा, 'अर्जुन इस शक्तिशाली अस्त्र का प्रयोग अत्यंत सावधानी और नियंत्रण के साथ करना। इसका प्रयोग मनुष्यों पर कभी मत करना। यदि कोई अमानव शत्रु तुम्हें युद्ध में पीड़ित करने लगे तब तुम उसका वध करने के लिए इसका प्रयोग कर सकते हो।' द्रोण ने एक बार फिर यह घोषणा की, 'इस संसार का कोई भी दूसरा व्यक्ति तुम्हारे समान धनुर्धर नहीं होगा।'[10]

शिक्षा के अंत तक दुर्योधन और भीम गदा संचालन में निपुण हो गए थे। वे दोनों एक-दूसरे के साथ प्रतिस्पर्द्धा करने के लिए सदैव तैयार रहते थे। नकुल और सहदेव तलवार से युद्ध करने में पारंगत हो गए थे। युधिष्ठिर रथ से युद्ध करने में प्रवीण हो गए थे और अर्जुन ने हर प्रकार के युद्धकौशल में सिद्धि अर्जित कर ली थी।[11]

अस्त्र-शस्त्रों की शिक्षा पूर्ण करने और राजकुमारों द्वारा अपने कौशल का हस्तिनापुर के नागरिकों के सामने प्रदर्शन करने के कुछ दिनों बाद द्रोण ने उन्हें अपनी गुरुदक्षिणा के बारे में बताया। उन्होंने राजकुमारों से कहा कि वे द्रुपद को युद्ध में चुनौती दें और उसे बंदी बनाकर उनके पास लेकर आयें। इसके लिए कर्ण के साथ कौरव बंधु सबसे पहले गए, लेकिन वे सभी द्रुपद का सामना नहीं कर सके और खाली हाथ लौट आये। उनके बाद पाँचों पांडव गए। अतुलनीय वीरता और युद्धकौशल का प्रदर्शन करते हुए पांडवों ने सफलतापूर्वक द्रुपद को बंदी बना लिया और उसे द्रोणाचार्य को सौंप दिया। इससे द्रोणाचार्य का संकल्प अंततः पूरा हो गया। द्रुपद के राज्य का आधा भाग लेते हुए द्रोण ने अपने मित्र द्रुपद को मुक्त कर दिया और मुस्कुराते हुए उसको लज्जित करने के प्रयोजन से कहा, 'अब हम बराबर हैं।'[12]

अर्जुन प्रारम्भ से द्रोणाचार्य का प्रिय नहीं था, किन्तु गुरू के प्रति समर्पण और पुरुषार्थ के माध्यम से उसने अपने गुरू की कृपा अर्जित की थी। इस समर्पण और एकाग्रता के कारण ही उसने वनवास के दौरान इंद्र के महल

में पाँच वर्ष से भी कम समय में संगीत और नृत्य की सभी कलाओं में निपुणता अर्जित कर ली थी। चित्रसेन से सीखी हुई गंधर्वों की इस कला ने उसे अज्ञातवास के दौरान बृहन्नला के रूप में स्वयं को छिपाने में मदद की थी। बृहन्नला के रूप में उसने राजा विराट के महल में स्त्रियों को नृत्य और संगीत सिखाया। अर्जुन के इन्ही गुणों के कारण ही उसे श्रीकृष्ण जैसा मित्र और गुरू प्राप्त हुआ। अर्जुन कुरुक्षेत्र युद्ध के लिए श्रीकृष्ण की दुर्जेय नारायणी सेना की माँग कर सकता था। लेकिन उसने श्रीकृष्ण को एक योद्धा के रूप में नहीं, बल्कि युद्ध में उसका मार्गदर्शन करने के लिए एक सारथी के रूप में चुना। श्रीकृष्ण के मार्गदर्शन और उसका विनम्रतापूर्वक पालन करने से अर्जुन को युद्ध के दौरान कई गंभीर धर्मसंकटों से पार पाने में मदद मिली।

कर्ण

कर्ण का जन्म अधिरथ और राधा के घर नहीं हुआ था। कर्ण का जन्म कुंती के एक निर्दोष दुःसाहस से हुआ था जब वह कुवाँरी थी। अपने परिवार और लोक-लज्जा के भय से कुंती ने नवजात शिशु को एक टोकरी में डालकर उसे अपने राज्य में बहने वाली अश्व नदी में प्रवाहित कर दिया। टोकरी अश्व नदी से चर्मणवती और फिर यमुना में से होते हुए गंगा में पहुँची। यह टोकरी अंगदेश के चम्पा नामक नगर में अधिरथ और उसकी पत्नी राधा को गंगा के तट पर मिली।[13] टोकरी के भीतर शिशु को देखकर राधा बहुत प्रसन्न हुई। यह दम्पत्ति बहुत लंबे समय से संतान के लिए तड़प रहे थे। उन्होंने अत्यंत उत्सुकता से इस शिशु को गोद ले लिया और अपने पुत्र के रूप में पालन-पोषण किया। चूँकि बच्चे के शरीर पर एक सुनहरा कवच और कान में कुंडल थे, इसलिए उन्होंने उसका नाम वसुषेन रखा।[14] कर्ण एक प्रतिभाशाली और पराक्रमी युवक के रूप में बड़ा हुआ। जब वह बड़ा हो गया, तब अधिरथ ने उसे अपने मित्र धृतराष्ट्र के पुत्रों के साथ गुरू द्रोणाचार्य के सानिध्य में शिक्षा ग्रहण करने के लिए हस्तिनापुर भेज दिया। द्रोणाचार्य के आश्रम में ही कर्ण की दुर्योधन के साथ-साथ अर्जुन से भी पहली भेंट हुई थी। कर्ण ने अर्जुन की तरह धनुर्विद्या में निपुणता अर्जित की थी। अर्जुन की तरह वह भी चुस्त-फुर्त और तेज था। कर्ण के लिए अर्जुन हमेशा से एक प्रतिद्वंदी और एक प्रतिस्पर्द्धी था, जिसे वह हमेशा हराना चाहता था। ईर्ष्या के कारण कर्ण अर्जुन का हर अवसर पर अपमान और उपहास करता था।[15]

एक दिन, वह गुरू द्रोणाचार्य के पास गया और बोला, 'गुरुदेव, मैं अर्जुन के साथ युद्ध करने में सक्षम होने के लिए ब्रह्मास्त्र का उपयोग कैसे किया जाए यह सीखना चाहता हूँ।' कर्ण की अर्जुन के प्रति दुर्भावना से द्रोणाचार्य अवगत थे इसलिए उन्होंने उसे ब्रह्मास्त्र जैसे विनाशक अस्त्र को संभालने योग्य नहीं मानते हुए कर्ण के आग्रह को अस्वीकार कर दिया।[16]

लेकिन कर्ण अपना मन बना चुका था। वह येन-केन प्रकारेण ब्रह्मास्त्र का संचालन सीखना चाहता था। इस प्रकार, भृगुकुल के एक ब्राह्मण बालक का वेश बनाकर कर्ण ने अपना गुरू बनाने के लिए परशुराम[17] से संपर्क किया। परशुराम कर्ण के शिष्टाचार से बहुत प्रभावित हुए और उन्होंने उसे अपना शिष्य बना लिया। परशुराम ने उसे अस्त्र-शस्त्र और सभी प्रकार के युद्ध कौशलों की शिक्षा दी। एक दिन परशुराम जब कर्ण की गोद में सिर रखकर विश्राम कर रहे थे, तब एक बिच्छू ने कर्ण को काट लिया।

गुरू को कोई कष्ट न हो इसलिए कर्ण असहनीय पीड़ा होते हुए भी चुपचाप बैठा रहा। जब परशुराम उठे तो उन्होंने कर्ण की जाँघ से रक्त निकलता देखा और कारण समझ लिया। वह अत्यंत क्रोधित हुए और कर्ण से बोले, 'एक ब्राह्मण बालक में ऐसी तीव्र पीड़ा को सहन करने की क्षमता नहीं हो सकती। क्या तुम क्षत्रिय हो? सच बताओ, तुम कौन हो?'

कर्ण ने स्वीकार करते हुए कहा, 'महात्मा! मैं सूत समुदाय से हूँ। मैंने आपसे झूठ कहा था क्योंकि मैं ब्रह्मास्त्र संचालन सीखने के लिए अत्यंत उत्सुक था। कृपया मुझे क्षमा करें। एक गुरू पिता के समान होता है। इसी भाव से मैंने आपसे कहा कि मैं भृगुवंश से संबंधित हूँ।' निःसंदेह परशुराम अत्यंत क्रोध में थे। उन्होंने कहा, 'जब तुम मृत्यु या तुम्हारे समान योद्धा का सामना करोगे तब असत्य के माध्यम से प्राप्त की हुई यह विद्या तुम्हारे काम नहीं आएगी।' उन्होंने आगे कहा, 'तब तक तुम मेरी कृपा से सर्वश्रेष्ठ योद्धा बने रहोगे। अब यहाँ से तुरंत चले जाओ, एक झूठे व्यक्ति के लिए यहाँ कोई स्थान नहीं है।'[18]

कर्ण वहाँ अर्जित उत्तम कौशल पर अत्यंत संतोष और उससे भी अधिक गर्व करते हुए लौटा। उसे लग रहा था कि उसने अवसर आने पर अर्जुन को हराने की विद्या अर्जित कर ली थी।

7

निषाद राजकुमार

गुरू के रूप में द्रोणाचार्य की ख्याति के बारे में सुनकर, निषादों के राजा हिरण्यधनु द्रोणाचार्य से भेंट करने आए। उन्होंने गुरू द्रोण से उनके पुत्र एकलव्य को अपने शिष्य के रूप में स्वीकार करने की विनती की। लेकिन द्रोणाचार्य ने अपने अन्य शिष्यों को ध्यान में रखते हुए उनको मना कर दिया। एकलव्य ने उनके चरण स्पर्श किए और वहाँ से चला गया। कौरव राजकुमार जहाँ शिक्षा ग्रहण कर रहे थे, उस स्थान के पास ही वन में एकलव्य ने द्रोणाचार्य की एक मिट्टी की मूर्ति बनाई और उस मूर्ति को ही गुरू मानकर वह धनुर्विद्या के अभ्यास में लीन हो गया।

एक दिन सभी राजकुमार एक कुत्ते को साथ लेकर पास के वन में शिकार खेलने के लिए गए। इधर-उधर घूमते हुए कुत्ते ने एकलव्य को देखा और भौंकने लगा। एकलव्य ने कुत्ते को भौंकने से रोकने के लिए उसके मुँह में सात तीर मारकर उसका मुँह बंद कर दिया। कुत्ता तीरों के कारण अपने खुले हुए मुँह के साथ राजकुमारों के पास लौट आया। यह देखकर राजकुमार आश्चर्यचकित थे और वे सभी उस व्यक्ति को ढूँढ़ने लगे जिसने उनके कुत्ते की यह दशा की थी। ढूँढ़ते-ढूँढ़ते उन्होंने एकलव्य को देखा और उसका परिचय पूछा। उसने स्वयं को निषादराज हिरण्यधनु का पुत्र और द्रोणाचार्य का शिष्य बताया।

राजकुमारों ने आश्रम लौटने पर एकलव्य के साथ हुई अपनी भेंट के बारे में द्रोणाचार्य को बताया और फिर अपने कार्यों में व्यस्त हो गए। लेकिन अर्जुन एकलव्य को नहीं भूल सका। उसने आदरपूर्वक द्रोणाचार्य से पूछा, 'गुरुजी, उस दिन आपने मुझे प्रेम से गले लगाया था और कहा था कि आपका कोई भी शिष्य मुझसे श्रेष्ठ नहीं होगा। फिर आपका यह शिष्य निषादराज पुत्र मुझसे अधिक कुशल और पराक्रमी कैसे हुआ?' यह सुनने के बाद गुरू द्रोण ने इस पर कुछ विचार किया और अगले दिन अर्जुन को साथ लेकर एकलव्य के पास जा पहुँचे।

एकलव्य अपने गुरू द्रोणाचार्य को देखकर बहुत प्रसन्न हुआ और एक शिष्य की भाँति गुरू द्रोण का आदर-सत्कार किया। इसके बाद द्रोणाचार्य ने मुस्कराते हुए कहा, 'यदि तुम कहते हो कि तुम मेरे शिष्य हो तो तुम्हें मुझे गुरुदक्षिणा देनी होगी।' यह सुनकर एकलव्य बहुत प्रसन्न हुआ और उसने उत्तर दिया, 'गुरुदेव मेरे पास ऐसा कुछ भी नहीं है जो मैं आपको न दे सकूँ। कृपया मुझे आदेश दीजिये, मैं आपको क्या दे सकता हूँ?' द्रोण ने कहा, 'अपने दाहिने हाथ का अंगूठा मुझे दे दो।' यह सुनते ही बिना किसी हिचकिचाहट के एकलव्य ने तुरंत अपने अंगूठे को काट दिया और द्रोणाचार्य को समर्पित कर दिया।

अंततः, एकलव्य ने उंगलियों का उपयोग करके तीर चलाना सीखा, लेकिन अंगूठे के कटने से उसके बाणों की गति प्रभावित हो गयी।[1]

फिर भी, वह एक दुर्जेय योद्धा बन गया। हिरण्यधनु के बाद एकलव्य निषाद राज्य का राजा बना और एक राजा होने के नाते वह राजसूय यज्ञ के दौरान युधिष्ठिर की सभा में उपस्थित था। वह मगध के शक्तिशाली राजा जरासंध का प्रमुख सहयोगी था। अंत में एकलव्य श्रीकृष्ण[2] द्वारा मारा गया, जब उसने जरासंध की मृत्यु के बाद द्वारका पर आक्रमण किया था।

निषाद कौन हैं?

महाभारत[3] के अनुसार, निषाद शूद्र पुरुष और क्षत्रिय स्त्री की संतानों की मिश्रित जाति है। कुछ अन्य ग्रंथों[4] के अनुसार, निषाद ब्राह्मण पुरुष और एक शूद्र महिला की संतान हैं। उनके पारंपरिक व्यवसायों में मछली पकड़ना, शिकार करना और हथियार बनाना शामिल था। उन्हें उत्तम योद्धा भी माना जाता था। बहुत से निषाद राज्यों ने महाभारत युद्ध में दोनों ओर से भाग लिया था। एकलव्य के पिता ऐसे ही एक निषाद राज्य के राजा थे।

कृष्णद्वैपायन व्यास की माता और धृतराष्ट्र तथा पाण्डु की दादी सत्यवती भी एक निषाद थीं। एक जुड़वा भाई के साथ उसका जन्म चेदी नरेश उपरीचर वसु और निषाद समुदाय की मछुआरन[5] स्त्री से हुआ था। राजा ने सत्यवती को निषादों के मुखिया दाशराज को दे दिया और पुत्र को गोद ले लिया। इस पुत्र ने मत्स्य राज्य की स्थापना की। अभिमन्यु का ससुर विराट उसका ही वंशज था। सत्यवती निषाद समुदाय में पली-बढ़ी और उसने अंततः हस्तिनापुर के राजा शांतनु से विवाह किया। श्रीराम के घनिष्ठ गुह नामक मित्र भी निषादों के राजा थे।

8

कृष्णा

वारणाव्रत में लाख का महल जला दिया गया था। विदुर की सतर्कता और सहयोग के कारण पांडव और कुंती सुरक्षित बच तो गए थे, लेकिन उनका जीवन अभी भी पूर्ण रूप से सुरक्षित नहीं था। दुर्योधन और उसकी खलमंडली (शकुनि, कर्ण और दु:शासन) के ऊपर विश्वास नहीं किया जा सकता था। धृतराष्ट्र अपने पुत्रमोह से इतने अंधे हो गए थे कि उनसे पांडवों की रक्षा करने की अपेक्षा करना व्यर्थ था। विदुर ने पांडवों और कुंती को कुछ समय के लिए छिपे रहने की सलाह दी।

विदुर के उचित परामर्श का पालन करते हुए पांडव वारणाव्रत से परे काम्यकवन में छिप गए। काम्यकवन में भीम की भेंट एक नरभक्षी राक्षस हिडिम्ब की बहन हिडिम्बा से हुई। हिडिम्बा भीम की ओर आकर्षित हो गई और उसे अपना पति बनाना चाहा। कुंती के आशीर्वाद से उनका विवाह हुआ। उनके मेल से घटोत्कच का जन्म हुआ। उसे पांडवों के जीवन में एक बहुत ही महत्वपूर्ण भूमिका निभानी थी।

एक दिन कृष्णद्वैपायन व्यास वन में पांडवों से मिलने आए, उन्हें ज्ञात था कि पांडव वार्णाव्रत से सुरक्षित बच निकले थे। वह उन्हें एकचक्रा नगरी ले गए और उन्हें एक ब्राह्मण के घर में ठहरा दिया। ब्राह्मणों के वेश में कुंती और उसके पुत्रों ने वहाँ कुछ दिन व्यतीत किये। एकचक्रा नगरी में ही भीम ने बकासुर नामक एक और नरभक्षी राक्षस का वध किया, जिससे सम्पूर्ण नगर आतंकित रहता था। एकचक्रा नगर के लोग अत्यंत प्रसन्न हुए। अब पांडवों को उनके पहचाने जाने का डर था, इसलिए उन्होंने शीघ्रातिशीघ्र नगर से निकलना उचित समझा। जब वे नगर से निकलने की योजना बना रहे थे उसी समय उन्हें एक ब्राह्मण से पांचाल नरेश द्रुपद की पुत्री के स्वयंवर के बारे में पता चला।

ब्राह्मण ने पांडवों से कुछ ऐसा कहा, 'द्रुपद की पुत्री अनन्य है। उसकी सुंदरता इस दुनिया में अद्वितीय और अतुलनीय है। उसके नेत्र ऐसे हैं मानो

खिले हुए कमल के फूल हों। उसके अंगों से नीलकमल जैसी सुगन्ध निकलती है। उसकी देह की कांति श्याम वर्ण और अग्नि के समान है। उसे देखकर ऐसा लगता है मानो साक्षात् देवी दुर्गा ही मानव देह धारण करके प्रकट हुई हो। देवता, दानव और गंधर्व भी उसे अपनी पत्नी के रूप में पाने के लिए लालायित हैं। उसका नाम कृष्णा है।'

कृष्णा के रूप के वर्णन से उसके पुत्र कितने मोहित हो गए थे, इसका आभास होते ही कुंती ने स्वयंवर में भाग लेने के लिए पांचाल की राजधानी काम्पिल्य में जाने की बात कही। पाँचों पांडवों ने सहजतापूर्वक अपनी सहमति व्यक्त की। काम्पिल्य पहुँचने पर पांडव और कुंती को एक कुम्हार के घर में आश्रय मिला। वे अभी भी ब्राह्मणों के वेश में थे।

द्रौपदी के स्वयंवर में सम्पूर्ण भारतवर्ष से आने वाले राजकुमारों के स्वागत के लिए नगर को सजाया गया था। स्वयंवर का दिन आ गया। अन्य ब्राह्मणों के साथ पांडव भी आयोजन स्थल पर गए और दर्शकों के बीच खड़े हो गए। भारतवर्ष के राज परिवारों से अनेक राजा और राजकुमार द्रौपदी को अपनी पत्नी बनाने की आशा से वहाँ एकत्र हुए थे। कौरव राजकुमार और कर्ण भी इस सभा में उपस्थित थे। वसुदेव कृष्ण और बलराम वहाँ स्वयंवर में भाग लेने नहीं बल्कि अतिथियों के रूप में स्वयंवर देखने आए थे।

द्रुपद दीर्घकाल से अर्जुन को अपना जामाता बनाने चाहते थे। उन्होंने वारणाव्रत के लाक्षागृह में उनकी मृत्यु का समाचार सुना था, लेकिन उन्हें इस समाचार पर पूरी तरह से विश्वास नहीं था। द्रुपद ने स्वयंवर के लिए एक चुनौती प्रस्तुत की थी जिसे अर्जुन के अलावा कुछ अन्य लोग ही पूरा कर सकते थे। उन्होंने हवा में लटकता हुआ एक यंत्र बनवाया था जिसके भीतर लक्ष्य था। चुनौती में प्रतिभागी को पहले धनुष पर प्रत्यंचा चढ़ानी थी और फिर उस धनुष के साथ यंत्र के भीतर एक छेद से पाँच तीर मारकर लक्ष्य भेदन करना था। धनुष अत्यंत मजबूत था और स्वयंवर के लिए विशेष रूप से बनाया गया था। एक के बाद एक राजा और राजकुमार चुनौती का सामना करने के लिए आगे आए। दुर्योधन, कर्ण, शाल्व, शल्य और अश्वत्थामा में से कोई भी धनुष पर प्रत्यंचा तक नहीं चढ़ा पाया।

जब सभी प्रतिभागी लक्ष्य भेदने में विफल हो गए, तब अपने ब्राह्मण अवतार में अर्जुन उस मंच की ओर बढ़ा जहाँ लक्ष्य था। हजारों आँखें उसे देख रही थीं। उस समय दर्शकों में से कुछ लोग बोलने लगे, 'जो कार्य

कर्ण[1] और शल्य जैसे योद्धा भी नहीं कर पाए, यह युवा ब्राह्मण उसे कैसे कर पायेगा?' हर किसी को चकित करते हुए अर्जुन ने एक ही क्षण में धनुष पर प्रत्यंचा चढ़ा दी और अगले ही क्षण उसने लक्ष्य भेदन कर दिया। अर्जुन के इस अविश्वसनीय पराक्रम से सभा में हर तरफ कोलाहल मच गया। यह पराक्रम देखकर दर्शक विस्मय में कहने लगे, 'भिक्षा पर पलने वाले एक युवा ब्राह्मण ने पांचाल की राजकुमारी का हाथ जीत लिया है।' वहाँ एकत्र हुए राजकुमार इस युवा ब्राह्मण के पराक्रम पर अपने क्रोध को नियंत्रित नहीं कर सके। उन्होंने अर्जुन को द्रौपदी को ले जाने से रोकने के लिए उस पर धावा बोल दिया। भीम भी अपने भाई का साथ देने के लिए कूद गया। दोनों ने मिलकर उन सभी योद्धाओं को पराजित कर दिया और द्रौपदी को साथ लेकर चले गए। द्रुपद, धृष्टद्युम्न तथा सभी दर्शक विस्मयपूर्वक देखते रहे। द्रौपदी शांत थी और बिना किसी प्रतिरोध के युवा ब्राह्मणों के साथ बाहर चली गई।

जब लड़ाई शुरू हुई तब युधिष्ठिर, नकुल और सहदेव पहचाने जाने से बचने के लिए पहले ही उस स्थान से जा चुके थे। जब अर्जुन और भीम द्रौपदी के साथ आए उस समय कुंती कुम्हार के घर में काम में व्यस्त थी। कुंती को चौंकाने के लिए उन्होंने कहा, 'माँ, देखिये आज हमें भिक्षा में क्या मिला है।' कुंती ने भिक्षा की ओर देखे बिना ही रोज की आदत के अनुसार उत्तर देते हुए कहा, 'पाँचों भाई आपस में बाँट लो।' द्रौपदी को देखकर उसे अपने वचनों पर पश्चाताप हुआ। लेकिन वह वचन बोल चुकी थी। यहाँ एक दुविधा और भी थी कि पाँचों भाइयों में द्रौपदी से विवाह करने के लिए सबसे योग्य कौन था? अर्जुन ने स्वयंवर जीता था, जबकि युधिष्ठिर सबसे बड़े थे। नियमों के अनुसार, बड़े भाई का विवाह पहले होना चाहिए। हिडिम्बा का मामला अलग था। भीम के साथ उसका मिलन परंपरागत विवाह नहीं था। द्रौपदी के सम्बंध में अंतिम निर्णय युधिष्ठिर पर छोड़ दिया गया।

सभी प्रकार की दुविधाओं और नियमों से परे एक समस्या यह भी थी कि पाँचों पांडव द्रौपदी की सुंदरता से मोहित[2] हो गए थे। वे उससे अपनी आँखें और मन नहीं हटा पा रहे थे। वे टकटकी लगाकर पांचाली की ओर देख रहे थे। वह भी उन्हें ही देख रही थी। इससे सभी भाई उत्तेजित हो गए। ऐसा लग रहा था कि जैसे उनकी सारी इंद्रियाँ मथ गयी हों। युधिष्ठिर ने अपने भाइयों की स्थिति देखी और उनके मनोभावों को समझ लिया। वह महाज्ञानी और दूरदृष्टा थे। उन्हें आभास हुआ कि द्रौपदी या तो उन्हें एकजुट कर सकती

है या फिर उन्हें अलग कर सकती है। पाँचों भाई अलग न हो यह सुनिश्चित करने का एकमात्र तरीका था कि द्रौपदी सबकी पत्नी बने। युधिष्ठिर ने कुछ देर तक विचार किया और फिर अपना निर्णय सुनाया, 'द्रौपदी हम सभी की पत्नी होगी।' अन्य पांडव बंधुओं ने इस पर विचार किया लेकिन कुछ नहीं कहा। द्रौपदी ने भी कुछ नहीं कहा।

एक स्नेही सास के रूप में कुंती ने द्रौपदी को अपने साथ लिया और उसे पांडवों और उनके व्यक्तित्वों के बारे में बताने लगी। उसने उसे गृहकार्यों में शामिल किया और उसे घर जैसा आभास कराया। द्रौपदी भी खुशी-खुशी सास के कहे अनुसार व्यवहार करने लगी। तब तक वह जान चुकी थी कि उसके पति कोई साधारण ब्राह्मण नहीं थे बल्कि साक्षात पांडव थे। वह उनके साथ कुम्हार की कुटिया में सुखपूर्वक रहने लगी।

जब धृष्टद्युम्न और द्रुपद को पांडवों के बारे में पता चला तो उनके हर्ष का कोई ठिकाना नहीं रहा, लेकिन द्रौपदी द्वारा पाँचों भाइयों से विवाह करना उन्हें उचित नहीं लगा। यह लोकाचार के विरुद्ध था। एक से अधिक पत्नियाँ हो ऐसे पति ज्ञात थे, लेकिन एक स्त्री के एक से अधिक पति कैसे हो सकते हैं? उन्होंने युधिष्ठिर, कुंती और कृष्णद्वैपायन व्यास से अपनी चिंता और अस्वीकृति व्यक्त की। बहुपति विवाह अप्रचलित था लेकिन न तो शास्त्र निषिद था और न ही किसी लोकाचार और नियम के विरुद्ध था, यह सिद्ध करने के लिए युधिष्ठिर ने अतीत के कुछ उदाहरण दिए। महर्षि वेदव्यास (जो भविष्य की घटनाओं को देख सकते थे) ने हस्तक्षेप किया और प्रस्तावित व्यवस्था की उपयुक्तता के बारे में द्रुपद को समझाया और आश्वस्त किया। अंततः द्रुपद मान गए और द्रौपदी पांडवों की सर्वमान्य पत्नी बन गई।

जब दुर्योधन, कर्ण और शकुनि ने सुना कि द्रौपदी को जीतने वाले ब्राह्मण कोई और नहीं बल्कि पांडव थे, तो वे आक्रोशित हो गए। उनके षडयंत्रकारी मस्तिष्क फिर से काम पर लग गए। दुर्योधन ने सुझाव दिया, 'यदि कुंती और माद्री के पुत्रों के बीच मतभेद पैदा करने के लिए कुछ किया जा सकता है, या फिर द्रौपदी को पतियों को छोड़ने के लिए उकसाया जा सकता है, तो पांडवों को दुर्बल करने और पराजित करने का एक अवसर हो सकता है।'

कर्ण ने असहमति व्यक्त करते हुए कहा, 'पांडवों के बीच मतभेद पैदा करना असंभव है। द्रौपदी के रूप में सांझी पत्नी मिलने से उनकी एकता और

अधिक सुदृढ़ हुई है। पाँचों भाई खुशी-खुशी सांझी पत्नी की इस व्यवस्था के लिए सहमत भी हो गए। द्रौपदी को भड़काने का प्रयत्न करना तो और भी व्यर्थ होगा। उसने तो खुशी-खुशी पांडवों को स्वीकार कर लिया था जबकि वे भिक्षा पर निर्भर निर्धन ब्राह्मणों के वेश में रह रहे थे। अब उनकी वास्तविकता जानने के बाद तो वह निश्चित रूप से उन्हें नहीं छोड़ेगी।' उसने जोर देकर कहा। द्रौपदी जैसी पत्नी पाकर और शक्तिशाली पांचाल नरेश को ससुर बनाकर पांडव पहले से कहीं अधिक शक्तिशाली हो गए थे। कर्ण इस बात को भलीभाँति समझ गया था।

द्रौपदी वह बंधन बन गई जिसने पाँचों भाइयों को जीवन भर एक साथ रखा। पांडवों ने अन्य स्त्रियों से भी विवाह किया लेकिन कोई भी उनके हृदय में द्रौपदी का स्थान नहीं ले सकी। वह हर परिस्थिति में उनके साथ रही। कुंती भी उसकी बहुत देखभाल करती थी और स्नेह रखती थी। द्रौपदी ने अपने समर्पण और कार्यों के माध्यम से बार-बार यह प्रदर्शित किया कि उसे जो सम्मान और प्रेम मिला वह उसे प्राप्त करने योग्य थी। वह न केवल सौंदर्य में बल्कि चरित्र, कर्त्तव्यनिष्ठा और साहस में भी अतुलनीय थी। महाभारत में वर्णित अनेक घटनाओं में उसका व्यक्तित्व चमकता है।

इन्द्रप्रस्थ की महारानी

एक दिन जब द्रौपदी के साथ पांडव वनवास में समय व्यतीत कर रहे थे, तब श्रीकृष्ण अपनी पत्नी सत्यभामा के साथ उनसे मिलने आए। पांडव और श्रीकृष्ण अपनी चर्चाओं में व्यस्त हो गए और सत्यभामा तथा द्रौपदी भी आपस में मग्न हो गयीं। वे बहुत समय बाद एक-दूसरे से मिल रही थीं। द्रौपदी अपने पुत्रों का कुशलमंगल जानने के लिए उत्सुक थी जो उस समय द्वारका और काम्पिल्य में बड़े हो रहे थे। सत्यभामा ने उसे यह कहते हुए सांत्वना दी कि सभी बालकों की देखभाल अच्छी तरह से हो रही है और वे सभी महान योद्धाओं के रूप में बड़े हो रहे हैं।

उनकी बातचीत के दौरान सत्यभामा ने द्रौपदी को चिढ़ाते हुए एक व्यक्तिगत प्रश्न पूछा, 'आपने पाँचों पांडवों के हृदयों पर राज करने के लिए क्या किया है?[3] वे आपके हर कार्य को करने के लिए सदैव तत्पर रहते हैं। क्या कारण है कि पांडव सदा आपके अधीन रहते हैं और सब के सब आपके मुँह की ओर देखते रहते हैं? कृपया अपने रहस्य को मुझसे साझा

करो। क्या यह कोई औषधी या कोई जड़ी-बूटी या वशीकरण जैसी विधि है, जिसका उपयोग मैं यह सुनिश्चित करने के लिए कर सकूँ कि श्रीकृष्ण सदैव मेरी बात सुने और मुझमें रुचि रखे, जैसे कि पांडव आप में रखते हैं?'

द्रौपदी ने संयम से उत्तर दिया, 'सत्या! यह कोई जादू-टोना नहीं है और न ही कोई वशीकरण, बल्कि इस तरह के प्रयासों के बारे में यदि पति को पता चल जाए तो वैवाहिक जीवन नष्ट होने की प्रबल संभावना होती है। ऐसी बातों के बारे में कभी सोचना भी मत। मैं आपको बताती हूँ कि मैं उनके साथ कैसा व्यवहार करती हूँ और उनकी देखभाल कैसे करती हूँ।' द्रौपदी ने पांडवों की रानी और पत्नी के रूप में अपने जीवन के बारे में कुछ इस तरह वर्णन किया।

'मेरी सबसे बड़ी चिंता मेरे पतियों की भलाई है। मैं उनके आराम, सुविधा और प्रसन्नता को सुनिश्चित करने के लिए अपनी क्षमता के अनुसार सब कुछ करती हूँ। जहाँ तक मेरे पतियों, उनकी अन्य पत्नियों और मेरी सास के साथ सम्बंधों का प्रश्न है तो मैं अहंकार और अभिमान को अपने आसपास भी नहीं आने देती और पूर्वाग्रह के बिना सबकी देखभाल और सेवा करती हूँ। मैं सदैव सत्यभाषी और विनम्र रहती हूँ।'

'मैं प्रतिदिन सुबह जल्दी उठती हूँ और अपने पतियों के यज्ञ और अन्य नित्यकर्मों के लिए आवश्यक सारी सामग्री तैयार रखती हूँ। मैं घर को व्यवस्थित रखती हूँ और यह सुनिश्चित करती हूँ कि हमारे सेवकों सहित सभी ने भरपेट भोजन किया है कि नहीं। जब सब लोग भोजन खा चुके होते हैं, मैं उसके बाद ही भोजन ग्रहण करती हूँ। मैं आपातकालीन स्थिति के लिए अनाज का संचय करके रखती हूँ। मैं अपनी सास की सभी जरूरतों का ध्यान रखकर उनकी देखभाल करती हूँ। मैं अपने परिवार के नियमों और परंपराओं पर खरा उतरने का प्रयास करती हूँ। जब हम इंद्रप्रस्थ में रहते थे तब प्रतिदिन 8,000 ब्राह्मण, 88,000 स्नातक और 10,000 तपस्वियों को भोजन खिलाया जाता था, उन्हें उचित दान दिया जाता था और उनका मनोरंजन भी किया जाता था। इन सबके साथ अन्य अतिथियों की देखभाल करने के लिए 1,00,000 से अधिक दासियों को नियुक्त किया गया था। मैं यह सुनिश्चित करती थी कि सभी दास-दासियाँ अच्छी तरह से प्रशिक्षित हो और सभी अतिथियों की देखभाल और सेवा भलीभाँति होती रहे। सभी सेवकों के नाम और काम की मुझे जानकारी रहती थी। यहाँ तक कि उन्होंने भोजन किया

है या नहीं, इसकी जानकारी भी मुझे रहती थी। इनके अलावा, अन्य सेवक और चरवाहे भी थे जिनकी देखभाल मैं करती थी।'

'जब युधिष्ठिर इन्द्रप्रस्थ के राजा के रूप में यात्रा करते थे तो उनके साथ बड़ी संख्या में घोड़े और हाथी जाते थे। मैं ही उनकी गणना करती और यात्रा संबंधित आवश्यक व्यवस्थाओं की देखभाल करती थी। मैं पांडवों के सभी प्रकार के आय-व्यय का विस्तृत विवरण भी रखती थी। आय-व्यय एवं राजकोष की जितनी जानकारी मुझे थी इतनी किसी और को नहीं थी। इस प्रकार मैंने राजमहल और घर की सारी जिम्मेदारियों का समर्पण के साथ निर्वहन किया। हे सत्यभामा! कठोर परिश्रम और भक्ति ही वे मंत्र हैं जिनके कारण पांडव मुझमें रुचि रखते हैं।'

युधिष्ठिर के राजसूय यज्ञ की भव्यता का वर्णन करते हुए, वैशम्पायन ने जनमेजय को यह बताकर द्रौपदी के शब्दों की पुष्टि की कि द्रौपदी कैसे प्रत्येक अतिथि (जिनमें विकलांग भी होते थे) की आवश्यकताओं का ध्यान करती थी और हर किसी के भोजनोपरांत ही स्वयं भोजन करती थी।[4] युधिष्ठिर ने एक बार द्रौपदी के बारे में कहा था, 'वह एक ऐसी पत्नी है जिसकी एक पुरुष सफल और आनंदमय गृहस्थ जीवन जीने के लिए कामना करता है।'[5]

अपमान

द्यूतक्रीड़ा नहीं होनी चाहिए थी। विदुर ने इसका पुरजोर विरोध किया। उन्होंने युधिष्ठिर को भी सावधान किया था। नियमों के अनुसार, उन दिनों एक क्षत्रिय से अपेक्षा की जाती थी कि यदि उसे द्वंदयुद्ध या द्यूतक्रीड़ा के लिए चुनौती दी जाती तो वह उससे पीछे नहीं हटेगा। युधिष्ठिर को पता था कि दुर्योधन की ओर से द्यूतक्रीड़ा के लिए निमंत्रण एक जाल था। उन्होंने द्यूतक्रीड़ा के सभागार में भी जुए को लेकर अपने विचार व्यक्त किए थे और जुआ खेलने में हिचकिचाहट प्रकट की थी।[6] शकुनि ने युधिष्ठिर की हिचकिचाहट को महत्व नहीं दिया। शकुनि भलीभाँति जानता था कि युधिष्ठिर भले ही खेलने के लिए अनिच्छुक हो, लेकिन जब चुनौती दी जाएगी तो वह तब अवश्य खेलेंगे। द्यूतक्रीड़ा हुई। शकुनि ने अपनी माया से एक के बाद एक सभी दाँव जीते। युधिष्ठिर ने अपनी सारी संपत्ति, राज्य, अपने भाइयों और स्वयं को भी इस आशा में दाँव पर लगा दिया कि कोई न कोई दाँव उन्हें बचा लेगा।

लेकिन उन्होंने अपना सब खो दिया। वहाँ उपस्थित सभी सभासद चुपचाप सब कुछ देखते रहे। विदुर ने इस पर आपत्ति जताई और धृतराष्ट्र से इस खेल को रोकने का आग्रह किया। लेकिन धृतराष्ट्र दुर्योधन की जीत पर बहुत प्रसन्न थे, उन्होंने विदुर की आपत्तियों पर कोई ध्यान नहीं दिया। उन्होंने खेल को जारी रखने दिया। युधिष्ठिर ने हार मान ली। उनके पास दाँव पर लगाने के लिए और कुछ नहीं था। लेकिन शकुनि बहुत चालाक था, उसने युधिष्ठिर को और उकसाते हुए कहा, 'आपके पास अभी भी जीतने का अवसर है। आपके पास अभी भी दाँव पर लगाने के लिए द्रौपदी है।' शकुनि के उकसाने पर युधिष्ठिर आवेशित हो गए और उन्होंने द्रौपदी को दाँव पर लगा दिया। उन्होंने उस स्त्री को दाँव पर लगा दिया जिसे उन्होंने अपनी पत्नी और अपनी रानी कहा था। शकुनि ने पासे फेंके। युधिष्ठिर फिर से हार गए। युधिष्ठिर ने अनुपम सौंदर्य की स्वामिनी और गुणों से परिपूर्ण अपनी पत्नी द्रौपदी को खो दिया था। विदुर ने फिर से आपत्ति व्यक्त करते हुए कहा, 'युधिष्ठिर ने पहले ही स्वयं को दाँव पर लगा लिया था और हार गए थे, इसलिए उन्हें द्रौपदी को दाँव पर लगाने का कोई अधिकार नहीं है।'[7] यहाँ तक कि उन्होंने दुर्योधन को गंभीर परिणाम भुगतने की चेतावनी भी दी, लेकिन इससे कोई लाभ नहीं हुआ। इसके बाद जो हुआ वह भारतवर्ष के इतिहास में सबसे काले अध्यायों में से एक था। एक रजस्वला स्त्री को उसके केशों से घसीटकर हस्तिनापुर के सभागार में लाया गया। उसे निर्वस्त्र करने का प्रयास किया गया। यह स्त्री इन्द्रप्रस्थ की महारानी, हस्तिनापुर की बहू और पांचाल की पुत्री थी। शक्तिशाली योद्धाओं से भरी उस सभा और उसके पाँच महापराक्रमी पतियों के सामने उसके अपने देवर दुःशासन ने कर्ण द्वारा उकसाने पर उसका चीरहरण करने का प्रयास किया। कर्ण ने तो उसे वैश्या तक कहा।

हर कोई भौंचक्का रह गया था। कुछ ने तो अपनी आँखें बंद कर लीं और कुछ ने अपने सिर नीचे झुका लिए, लेकिन किसी ने कुछ भी नहीं कहा। केवल विदुर और विकर्ण ही दो लोग थे जिन्होंने विरोध किया। जब कोई विनती काम नहीं आई और जब कोई आशा नहीं रही तब द्रौपदी ने हरि नाम लेते हुए स्वयं को दिव्य शक्तियों के सहारे छोड़ दिया। श्रीहरि पर उसकी इस श्रद्धा का प्रभाव हुआ। जैसे-जैसे वस्त्र खींचा गया, वैसे-वैसे अनेक रंगों के वस्त्र प्रकट होकर द्रौपदी को ढ़कने लगे। दुःशासन थक-हारकर भूमि पर गिर गया, लेकिन द्रौपदी का चीरहरण नहीं कर पाया। सभा में उपस्थित

सभी लोगों ने उस दिन इस असाधारण घटना को अपनी आँखों से देखा। यह केवल दिव्य हस्तक्षेप ही हो सकता था जिसने उस असहाय अवस्था में द्रौपदी की रक्षा की थी।[8]

दु:शासन के लज्जाजनक कृत्य से भीम अत्यंत क्रोधित हुआ। सभा को संबोधित करते हुए उसने गर्जना की, 'हे भूपालों! आज आप मेरी बात ध्यान से सुनो। इससे पहले कभी भी ऐसा कुछ नहीं बोला गया है और न ही भविष्य में ऐसा बोला जाएगा। जब समय आएगा मैं इस नीच दु:शासन की छाती को चीर कर उसका रक्त पीऊँगा। यदि मैं ऐसा न कर पाया तो मुझे मेरे पूर्वजों समान श्रेष्ठ गति प्राप्त न हो।'

वैधता का प्रश्न

जब युधिष्ठिर ने द्रौपदी को दाँव पर लगाकर खो दिया, तब दुर्योधन ने उसे अपनी दासी बताते हुए अपने एक दूत को सभागार में द्रौपदी को लाने का आदेश दिया। उस दूत ने द्रौपदी को संदेश दिया और बताया कि जुए के खेल के दौरान क्या-क्या हुआ था। द्रौपदी कोई साधारण स्त्री नहीं थी। वह विदुषी, बुद्धिमति और साहसी स्त्री थी। उसने चकित होते हुए उत्तर दिया, 'इन्द्रप्रस्थ के राजा से पूछो, क्या वे पहले स्वयं को हारे थे या मुझे? मैं उनका उत्तर जानने के बाद ही वहाँ आऊँगी।' लेकिन दूत बिना किसी उत्तर के ही लौट आया और द्रौपदी ने फिर से जाने से इन्कार कर दिया। इस बीच युधिष्ठिर ने अपनी रजस्वला स्थिति में ही विलाप करते हुए सभागार में आने का आग्रह करने के लिए द्रौपदी के पास चुपके से एक दूसरे दूत को भेजा जिसे द्रौपदी जानती थी। उन्होंने संदेश दिया था, 'इससे सभासद दुर्योधन की निंदा करेंगे।'[9]

जब दूत के कहने से द्रौपदी नहीं आयी तो क्षुब्ध होकर दुर्योधन ने उसे बलपूर्वक घसीटकर सभागार में लाने के लिए दु:शासन को भेज दिया। सभा के सामने असहाय और क्रोधित एकवस्त्रा अवस्था में खड़ी द्रौपदी ने प्रश्नभरी दृष्टि से अपने पतियों की ओर देखा। यदि दृष्टि जला सकती, तो उस समय द्रौपदी की दृष्टि पांडवों को भस्म कर देती। उसके बाद उसने सभागार में उपस्थित वरिष्ठ जनों और क्षत्रियों से पूछा, 'आप सभी आदरणीय कृपया मेरे इस प्रश्न का उत्तर दें। क्या आप मुझे दुर्योधन द्वारा जीती हुई मानते हैं?' किसी ने एक शब्द भी नहीं बोला। द्रौपदी ने आशापूर्वक भीष्म की ओर देखा। 'धर्म की गति बहुत सूक्ष्म है। कोई भी वह दाँव पर नहीं लगा सकता जो उसका

नहीं है। लेकिन आमतौर पर, एक पत्नी को उसके पति के अधीन माना जाता है। युधिष्ठिर स्वयं धर्म के रक्षक हैं और उन्होंने कहा है कि उन्होंने पहले स्वयं को हार दिया है। इन सब बातों को देखते हुए, मैं उत्तर देने में असमर्थ हूँ', भीष्म ने असहाय होकर कहा।[10]

द्रौपदी इससे प्रभावित नहीं हुई और उसने विनती की, 'युधिष्ठिर को इस खेल का अनुभव नहीं हैं और न ही वे इस खेल में निपुण हैं, जबकि विरोधी इस खेल और छल-कपट में भी निपुण हैं। यह जानते हुए भी, इस खेल की अनुमति कैसे दी गई? युधिष्ठिर को जुआ खेलने के लिए क्यों उकसाया गया? युधिष्ठिर इन बातों के प्रति भोले हैं। दुरात्माओं ने छल-कपट से पहले युधिष्ठिर को जुए में जीत लिया और फिर इन्हें मुझे दाँव पर लगाने के लिए विवश किया गया। इन सभी बातों को ध्यान में रखते हुए कृपया मेरे मूल प्रश्न पर अच्छी तरह से विचार करें।'[11] भीम अब और सहन नहीं कर सका। वह युधिष्ठिर पर चिल्लाया, 'मुझे अभी इतना क्रोध आ रहा है कि द्रौपदी को दाँव पर लगाने वाले आपके इन हाथों को मैं जला सकता हूँ।' अर्जुन ने उसे रोकते हुए कहा, 'दुर्योधन यही तो चाहता है। वह हम भाइयों के बीच संदेह के बीज बोना चाहता है। इसके जाल में मत फँसो। युधिष्ठिर के पास खेलने के अलावा और कोई विकल्प नहीं था और यह क्षत्रियवत आचरण है।'[12] उसने भीम को शांत करने की कोशिश करते हुए ऐसा कहा।

विदुर ने पहले ही युधिष्ठिर के बारे में अपना विचार प्रकट कर दिया था कि उन्हें द्रौपदी को दाँव पर लगाने का कोई अधिकार नहीं है। विदुर के विचार का समर्थन करने वाली एक और आवाज दुर्योधन के भाई विकर्ण की ओर से आई। 'द्रौपदी ने हमारे समक्ष एक वैध प्रश्न प्रस्तुत किया है। यदि इसका सामाधान निष्ठापूर्वक और न्यायसंगत नहीं किया गया, तो हमारे ऊपर महान दुर्भाग्य आएगा। यदि आप में से कोई भी कुछ नहीं कहता है, तो भी इस विषय में जो न्यायसंगत समझता हूँ मैं वह कहता हूँ। शास्त्रों में राजा के चार दुर्व्यसनों के बारे में बताया गया है—मदिरापान, शिकार, जुआ और वासना। इन दोषों अथवा दुर्व्यसनों से आसक्त किसी भी व्यक्ति द्वारा लिया गया निर्णय सम्मानजनक नहीं होता है। युधिष्ठिर ने जुए रूपी दुर्व्यसन से आसक्त होकर द्रौपदी को दाँव पर लगा दिया था। वह द्रौपदी का एकमात्र पति नहीं है, अन्य चार भाइयों का उस पर समान अधिकार है। द्रौपदी को दाँव पर लगाने से पहले अपने-आप को हरा चुके थे। इसके अलावा, युधिष्ठिर को

शकुनि ने द्रौपदी को दाँव पर लगाने के लिए उकसाया था। इन सभी बातों पर विचार करके मैं द्रौपदी को दुर्योधन द्वारा जीती हुई नहीं मानता हूँ।'[13]

कर्ण ने तिरस्कार करते हुए विकर्ण की बातों का खंडन कर दिया। उसने दुःशासन को द्रौपदी के चीरहरण के लिए भी उकसाया। जब दुःशासन ने चीरहरण का प्रयास किया और असफल रहा, तब विदुर ने एक बार फिर सभासदों से द्रौपदी के प्रश्न पर विचार करने के लिए कहा। 'द्रौपदी को उत्तर मिलना चाहिए। इससे भी महत्वपूर्ण बात यह है कि न्याय प्रदान करना सभा का कर्त्तव्य है।' यह उन्होंने जोर देकर कहा।

सभा की चुप्पी से उत्साहित होकर कर्ण ने दुःशासन को निर्देश दिया, 'इस दासी को महल में ले जाओ।'[14] दुःशासन ने एक बार फिर से उसे घसीटना शुरू कर दिया। अचानक द्रौपदी को कुछ याद आया, 'हे भगवान, इस दुष्ट ने मुझे इतना कष्ट दिया है कि मैं अपने शिष्टाचार को भूल गई। मैंने अभी तक अपने ज्येष्ठजनों को अपना प्रणाम भी नहीं किया है। कृपया मेरा प्रणाम स्वीकार करें।' उसने विलाप करते हुए दुःख और लज्जा से काँपते हुए कहा, 'आज तक वायु भी मुझे छू नहीं पाई है और यहाँ यह दुष्ट दुःशासन मुझे घसीटने का दुःसाहस कर रहा है। मैं कुरुओं की बहू हूँ और पुत्री समान हूँ। जिस तरह से मेरे साथ यहाँ दुर्व्यवहार किया गया है, वह यहाँ बैठे पराक्रमी राजाओं के लिए अशोभनीय है। मेरे जैसी धर्मपरायण स्त्री इस लज्जाजनक व्यवहार के योग्य नहीं है। मैं इसे बहुत लंबे समय तक सहन नहीं कर पाऊँगी। मैं आपसे मेरे प्रश्न का उत्तर देने की विनती करती हूँ–क्या आपको लगता है कि मुझे जीता गया है अथवा नहीं?' उसने फिर पूछा।[15]

इस पर भीष्म ने दोबारा कहा, 'धर्म के सूक्ष्म स्वरूप के कारण मैं तुम्हारे प्रश्न का स्पष्ट उत्तर नहीं दे पा रहा हूँ, लेकिन मुझे यह ज्ञात हो गया है कि कुरुवंश का विनाश निकट है। इस दुर्भाग्यपूर्ण क्षण में तुम्हारा आचरण निश्चित रूप से तुम्हारे लिए उपयुक्त है। इस शोक में भी तुम धर्म से विचलित नहीं हुई। मेरा मानना है कि हम में से कोई भी निश्चयपूर्वक इस प्रश्न का उत्तर नहीं दे सकता है। युधिष्ठिर ही इसका उत्तर देने के लिए सबसे उपयुक्त हैं।'[16]

इसके बाद दुर्योधन ने उपहास उड़ाते हुए कहा, 'तुम अपने पतियों से यह प्रश्न क्यों नहीं पूछती? मैं भीम, अर्जुन, नकुल और सहदेव पर उत्तर छोड़ता हूँ। यदि वे स्पष्ट रूप से कहते हैं कि युधिष्ठिर को तुम्हें दाँव पर लगाने का

कोई नैतिक अधिकार नहीं है और वे युधिष्ठिर को झूठा सिद्ध कर दें तो मैं तुम्हें मुक्त कर दूँगा।'[17]

यह एक बहुत ही चतुर चाल थी। हर कोई पांडवों की ओर देखने लगा कि वे क्या प्रतिक्रिया देंगे। इस पर अर्जुन ने कहा, 'युधिष्ठिर को हमारे बड़े भाई होने के नाते हमें दाँव पर लगाने का अधिकार था। लेकिन जब उन्होंने स्वयं को दाँव पर लगा दिया और स्वयं को हार गये तो वह किसी और को दाँव पर कैसे रख सकते हैं? सभा को इस पर विचार करना चाहिए।'

सभा अचानक गीदड़ के जोर-जोर से चिल्लाने की आवाज से विचलित हो गई। इसकी प्रतिक्रिया में अन्य गीदड़ों, गधों और गिद्धों ने भी चिल्लाना शुरू कर दिया। हर तरफ भारी कोलाहल मच गया। विदुर और गांधारी अपशकुनों को पहचान गए और उन्होंने तुरंत धृतराष्ट्र से हस्तक्षेप करने का आग्रह किया।

उस दिन द्रौपदी ने पांडवों को बचा लिया

भीम की प्रतिज्ञा से भयभीत और अपशकुन के प्रकट होने से धृतराष्ट्र अंततः खड़े हुए और दुर्योधन को उसके निर्लज्ज कार्य के लिए फटकार लगाई। इसके बाद उन्होंने द्रौपदी से कहा, 'तुम धर्मपरायणा हो और मेरी पुत्रवधुओं में सर्वश्रेष्ठ हो। मैं तुम्हें वर देना चाहता हूँ। अतः तुम्हारी जो इच्छा हो उसके अनुसार वर माँग सकती हो।'

द्रौपदी ने अपमान की पराकाष्ठा होने पर और अत्यधिक आहत और लज्जित होने के बाद भी अपनी गरिमा और व्यक्तित्व का प्रदर्शन किया। उसने उत्तर दिया, 'यदि आप मुझे वर देना चाहते हैं तो युधिष्ठिर महाराज को दुर्योधन की दासता से मुक्त कर दीजिये।' धृतराष्ट्र इससे सहमत हो गए और उन्होंने द्रौपदी को एक और वर माँगने के लिए कहा। इस बार, द्रौपदी ने अपने अस्त्र-शस्त्रों सहित अन्य पांडवों की मुक्ति का वर माँगा। 'ऐसा ही हो', धृतराष्ट्र ने कहा। उन्होंने फिर कहा, 'मेरी यह इच्छा है कि मैं तुम्हें एक वर और दूँ।' इस बार द्रौपदी ने कहा, 'लोभ धर्म का नाश करता है। अब मेरी कोई इच्छा नहीं है और न ही मैं तीसरा वर माँगने की अधिकारी हूँ। अब क्योंकि मेरे पति स्वतंत्र हैं तो वे अपने सामर्थ्य और पुरुषार्थ से मेरी इच्छाओं को पूर्ण करेंगे।'

पूरी सभा द्रौपदी की ऐसी प्रतिक्रिया से विस्मय में थी। इससे प्रभावित होकर कर्ण ने कहा, 'मैंने पहले भी कई सुंदर स्त्रियों को देखा है लेकिन किसी ने भी ऐसा कार्य नहीं किया है जो आज द्रौपदी ने किया है। पांडव संकट के अथाह सागर में डूब रहे थे और उनकी यह पत्नी द्रौपदी एक नाव की भाँति आई और उन्हें सुरक्षित किनारे पर ले गई।'

दुर्योधन और उसकी खलमंडली अभी भी अपने षड्यंत्रों से विचलित नहीं हुए थे। जुए का एक और खेल सुनिश्चित किया गया। हारने वाले पक्ष को अगले बारह वर्ष तक वन में रहना था और तेरहवाँ वर्ष अज्ञातवास में बिताना था। जैसा कि अपेक्षित था, शकुनि फिर से जीत गया और पांडवों को वनवास के लिए जाना पड़ा। द्रौपदी अपने पुत्रों के साथ अपने पिता के महल में वापस जा सकती थी। लेकिन उसने अपने पतियों के साथ रहने का निर्णय किया और उनके साथ वन में चली गई।

वनवास काल

द्रौपदी एक राजकुमारी थी, जिसने द्रुपद के राजमहल में ऐश्वर्यपूर्ण जीवन व्यतीत किया था। वह एक महारानी और पांडवों की धर्मपत्नी के रूप में भव्यता के साथ रहती थी। वनवास का जीवन उसके लिए नहीं था, लेकिन उसने अपने पतियों के साथ रहने का निर्णय लिया था।

वन में पांडवों से मिलने आने वाले ऋषि-मुनियों और अतिथियों को भोजन कराने की जिम्मेदारी द्रौपदी ने ग्रहण की। वह वन में निर्मित अपनी कुटिया में भी सेवा कार्य में लीन रहती थी। उसने न तो कभी कुम्हार की कुटिया में पांडवों के साथ अपने शुरुआती दिनों को बिताने के बारे में शिकायत की और न ही अब वनवास जीवन की कठिनाइयों के बारे में कोई शिकायत की।

लेकिन द्रौपदी ने हस्तिनापुर की उस सभा में हुए अपने अपमान को कभी नहीं भुलाया। उसने अपने पतियों को भी उस अपमान के बारे में भूलने नहीं दिया। उसके पतियों को अपमान का बदला लेना ही होगा, इसमें कोई दो राय नहीं थी। इसलिए वह समय-समय पर अपने मन की बात कहती और पांडवों को उनके कर्त्तव्य का स्मरण कराती रहती थी। द्रौपदी विचार करने के बाद ही तर्क देती थी और वे धर्मसंगत होते थे। उसने वनवास के दौरान पांडवों के साथ अनेक संवादों में अपने ज्ञान और विद्वता का प्रकटीकरण किया।

एक बार, एक क्षत्रिय के लिए क्रोध और क्षमा की भूमिकाओं का वर्णन करते हुए उसने कहा, 'समय आने पर जब एक क्षत्रिय अपने क्रोध को प्रकट नहीं करता है तो उसकी निंदा की जाती है और जो परिस्थिति अनुसार क्षमा नहीं करता है उसका सम्मान नहीं होता है। क्रोध और क्षमा दोनों मायने रखते हैं और परिस्थिति अनुसार विवेक के साथ ही इनका नियोजन होना चाहिए।'[18] युधिष्ठिर के पास तर्क करने के अपने कारण थे। उन्होंने क्षमा के गुणों का प्रतिपादन किया और द्रौपदी से कहा कि वह धर्म के विषयों पर प्रश्न न उठाएँ। लेकिन द्रौपदी ने जोर देकर कहा, 'मैं धर्म के तौर-तरीकों पर बिल्कुल भी संदेह नहीं कर रही हूँ। आप पाँचों भाइयों को असहनीय कष्ट में देखकर जिसके योग्य आप नहीं हैं, मुझे बहुत पीड़ा देता है। मैंने केवल अपने विचार व्यक्त किए हैं और मैं ऐसा करती रहूँगी। आपको प्रसन्नचित्त होकर मेरी बातें सुननी चाहिए।'[19]

उसने आगे कार्य की सफलता के लिए उद्यम के महत्व और कर्म करने के दृष्टिकोण का वर्णन किया। 'प्रत्येक मनुष्य को लक्ष्य प्राप्ति के लिए अपनी प्रकृति के अनुसार ही कर्म करना चाहिए। उद्यम के बिना कुछ भी अर्जित नहीं किया जा सकता है।' मनु ने कहा है, 'प्रत्येक मनुष्य को कर्म करना चाहिए। जो मनुष्य कर्म नहीं करता वह निश्चित रूप से पराजित होता है। हालांकि, एकमात्र उद्यम ही परिणाम को निर्धारित नहीं करता है। यह दो अन्य कारकों पर भी निर्भर करता है–भाग्य (दैव) और भगवान की कृपा। इसलिए, मनुष्य को अपना कर्त्तव्य निभाने का प्रयास करना चाहिए और यदि परिणाम अपेक्षानुसार न आये तो निराश नहीं होना चाहिए। केवल जो प्रयास किया जाता है वही महत्वपूर्ण होता है। इसलिए परिणाम की चिंता किये बिना मनुष्य को कार्यसिद्धि की दिशा में काम करना चाहिए।'[20] उसने पांडवों को वनवास जीवन में संतुष्ट नहीं होने और उन्हें अपने मुख्य उद्देश्य पर ध्यान केंद्रित करने के लिए प्रेरित करने के प्रयोजन से ऐसा कहा। पांडवों ने बहुत उद्यम करके इन्द्रप्रस्थ का निर्माण किया था। यह भूमि उनकी विरासत का एक हिस्सा था। वे सभी उदार हृदय वाले थे और किसी के भी प्रति कोई दुर्भावना अथवा द्वेष नहीं रखते थे। अपने राज्य को केवल इसलिए छोड़ देना कि किसी ने छल-कपट से उसे उनसे छीन लिया था, यह द्रौपदी को उचित नहीं लगा।

वनवास के तेरह वर्षों के दौरान दो बार उसका मान भंग करने का प्रयास किया गया था। एक बार जब पांडव शिकार खेलने गए थे, तब जयद्रथ वन में उनकी कुटिया के पास से गुजरा। जयद्रथ धृतराष्ट्र का जामाता, कौरवों और पांडवों का बहनोई अर्थात् दु:शाला का पति था। उसने द्रौपदी को कुटिया के द्वार पर खड़ा देखा और वह उस पर कामासक्त हो गया। वह उसके सौंदर्य पर इतना आसक्त हो गया था कि उनके पारिवरिक सम्बंधों की पवित्रता का भी उसे मान न रहा। उसने बलपूर्वक द्रौपदी का अपहरण करने का प्रयास किया। द्रौपदी ने कड़ा विरोध किया लेकिन वह बहुत शक्तिशाली था। पांडवों के पुरोहित ऋषि धौम्य ने उसे रोकने का एक असफल प्रयत्न किया। जयद्रथ ने उन्हें भी पकड़ लिया और भाग गया।

पांडव शीघ्र ही कुटिया में लौट आये। उनके सेवकों ने उन्हें अपहरण के बारे में बताया। जिस तरफ जयद्रथ और उनकी सेना गयी थी, पांडव भी उसी दिशा में चले गए। इसके बाद द्वंद हुआ और द्रौपदी तथा धौम्य ऋषि को सुरक्षित वापस लाया गया। जयद्रथ भाग गया लेकिन भीम और अर्जुन ने उसका पीछा करके उसे पकड़ लिया गया। भीम ने पाँच चोटियाँ छोड़कर उसका सिर मुंडन कर दिया और उससे ऐसा बोलने को कहा कि 'मैं युधिष्ठिर का दास हूँ'। युधिष्ठिर ने दु:शाला के बारे में सोचते हुए उसे मुक्त कर दिया। द्रौपदी ने भी इसमें अपनी सहमति व्यक्त करते हुआ कहा, 'अब, जब आपने इन पाँच चोटियों को छोड़कर मुंडन करके इसका उपहास उड़ाया है और इसने भी यह स्वीकार कर लिया है कि यह युधिष्ठिर का दास है, तो अब आप इसे छोड़ दीजिये।'[21]

दूसरी घटना उनके अज्ञातवास के दौरान मत्स्य देश में हुई थी। द्रौपदी को राजमहल में मत्स्य देश की महारानी सुदेष्णा की दासी सैरंध्री के रूप में काम मिला था। शुरू में सुदेष्णा ने संकोच किया। वह सैरंध्री की सुंदरता से चकित हो गई थी। उसके मन में विचार आया, 'यदि राजा ने उसे देख लिया तो वह निश्चित रूप से उस पर आसक्त हो जाएगा।' लेकिन सैरंध्री ने उसे बताया कि वह पाँच गंधर्व पतियों की पत्नी है और वे हर समय उसकी रक्षा करते हैं। सैरंध्री ने सुदेष्णा को यह भी बताया कि उसने पहले द्रौपदी और सत्यभामा की दासी के रूप में काम किया था। यह सुनकर सुदेष्णा अत्यंत प्रभावित और आश्वस्त भी हुई।[22]

सुदेष्णा का कीचक नामक एक शक्तिशाली भाई था, जो उसके पति राजा विराट की सेनाओं का सेनापति भी था। जब वह अपनी बहन से मिलने आया तो उसने संयोग से द्रौपदी को देखा और वह उसकी सुंदरता से मोहित हो गया। उसने अपने धन और बल से द्रौपदी को मोहित करने की कोशिश की। द्रौपदी उसके बहकावे में नहीं आई, लेकिन कीचक ने भी हार नहीं मानी। एक बार जब कीचक ने उसके साथ जबरदस्ती करने का प्रयत्न किया तो वह रक्षा की माँग करती हुई विराट की सभा में भाग गई। घमंडी कीचक ने सभा के सामने उसे लात मारी और उस क्षण राजा विराट दूसरी ओर देखने लगे। द्रौपदी समझ गयी कि विराट कीचक के ऊपर निर्भर है, वह उसे न्याय नहीं दे सकता। उसने निर्णय किया कि कीचक को उसके दुर्व्यवहार का दंड तो देना ही होगा। उसने भीम की सहायता ली। एक सुबह कीचक का मृत शरीर बुरी तरह से रौंदा पाया गया था। सबने यही माना कि सैरंध्री के गंधर्व पतियों में से किसी एक ने कीचक को दंडित किया था।[23] उसके बाद किसी ने भी उसके साथ अभद्रता नहीं की। हर परिस्थिति में द्रौपदी ने सदैव अपना मस्तक ऊँचा रखा।

युद्ध और शांति

तेरह वर्ष का वनवास समाप्त हो चुका था। इन्द्रप्रस्थ को वापस पाने के लिए पांडवों का प्रयास शुरू हो गया था। वे दुर्योधन और उसकी खलमंडली द्वारा किए गए अपने अपमान को नहीं भूले थे। लेकिन अपने कुल के हित में और रक्तपात से समाज को बचाने के लिए युधिष्ठिर ने युद्ध के बजाय बातचीत से अपना राज्य वापस पाने का पक्ष लिया। युद्ध न हो इसलिए वह इन्द्रप्रस्थ के बदले केवल पाँच गाँव लेने के लिए भी तैयार थे। लेकिन दुर्योधन को उनकी यह माँग भी स्वीकार नहीं थी। इतना होने पर भी युधिष्ठिर ने शांति बनाये रखने के लिए एक और प्रयास किया। उन्होंने श्रीकृष्ण से आग्रह किया कि वे उनके दूत के रूप में हस्तिनापुर जायें। द्रौपदी शान्ति स्थापना के लिए होने वाले ऐसे प्रयासों के पक्ष में नहीं थीं। जो बात उसे सबसे अधिक कष्ट पहुँचा रही थी वह भीम का आचरण था, क्योंकि वह भी शांतिपूर्ण तरीके से निपटारे के पक्ष में था।[24] उसका दृढ़ मत था कि दुर्योधन, कर्ण, दुःशासन और जो भी लोग उनका पक्ष लेते थे, वे उनके कुकर्मों के लिए मृत्युदंड के अधिकारी थे। हमेशा की तरह उसने अपने विचारों को प्रकट किया।

उपप्लव्य नगर में जहाँ पांडव अपने सहयोगियों सहित एकत्र हुए थे, वहाँ द्रौपदी ने श्रीकृष्ण को संबोधित करते हुए अपनी पीड़ा को दृढ़ता के साथ प्रकट किया, 'जब तक दुर्योधन हमें राज्य वापस देने के लिए सहमत न हो, तब तक कृपया किसी भी समझौते पर बातचीत न करें। मुझे विश्वास है कि पांडव अपने शक्तिशाली सहयोगियों के साथ दुर्योधन की सेनाओं का सामना करने में पूर्ण रूप से सक्षम हैं। सच्चे क्षत्रियों को उन लोगों को दंडित करने से परहेज नहीं करना चाहिए जो लालच के कारण दंडनीय अपराध करते हैं। जिस प्रकार निर्दोष को मारना गलत है, उसी तरह दोषी को दंडित नहीं करना भी गलत है। आपको यह भी नहीं भूलना चाहिए कि मेरे जैसी स्त्री जो पांडवों की धर्मपत्नी, उनके पुत्रों की माता और पांचाल की पुत्री हस्तिनापुर की उस सभा में अपमानित की गई थी। मैं धृतराष्ट्र और भीष्म की पुत्रवधु भी हूँ, फिर भी उनकी आँखों के सामने मेरी इतनी अवहेलना हुई। अर्जुन के धनुष और भीम के बल पर धिक्कार है यदि दुर्योधन जीवित रहा!' भावनाओं के वेग को नियंत्रित करने का व्यर्थ प्रयत्न करते हुए द्रौपदी ने कहा।

अपने लंबे काले घुंघराले केशों को पकड़कर वह श्रीकृष्ण के पास गई। 'जब आप कौरवों के साथ शांति संधि के बारे में बात करें, तो दु:शासन के उस हाथ को याद रखना जिसने मुझे मेरे केशों से घसीटा था। यदि भीम और अर्जुन कायरों की तरह शांति चाहते हैं, तो ठीक है ऐसा ही हो। मुझे विश्वास है कि मेरे बूढ़े पिता और भाई के साथ-साथ अभिमन्यु सहित मेरे वीर पुत्र मेरी गरिमा के लिए लड़ेंगे। शांति की ये बातें मेरे हृदय को जला रही हैं!' वह व्याकुल होकर बोली।

श्रीकृष्ण ने उसे सांत्वना देते हुए कहा, 'इस बात का मैं तुम्हें आश्वासन देता हूँ कि जिन लोगों ने तुम्हें अपमानित और रुलाया है, उनकी पत्नियाँ और परिवार भी उनके पीछे रोयेंगे। युधिष्ठिर, भीम, अर्जुन, नकुल, सहदेव और स्वयं मैं भी वही करूँगा जो तुम चाहती हो वही होगा। चिंता मत करो और मुझ पर विश्वास रखो। तुम्हारे पति शीघ्र ही अपना राज्य वापस ले लेंगे।'[25]

युद्ध हुआ। उसके पति, पुत्र और भाई परिणामों की चिंता किए बिना ठीक वैसे ही लड़े जैसे द्रौपदी उनसे अपेक्षा करती थी। उसके पिता की युद्धभूमि में मृत्यु हो गई, उसके सौतेले पुत्रों अभिमन्यु, इरावन और घटोत्कच ने भी युद्धभूमि में अपने जीवन का बलिदान कर दिया, यहाँ तक कि उसके

भाई के पुत्र भी वीरगति को प्राप्त हुए। द्रौपदी ने यह सब सहन कर लिया। एक योद्धा की पत्नी को मजबूत होना ही पड़ता है। लेकिन जब उसने अश्वत्थामा के हाथों अपने पाँच पुत्रों के वध के बारे में सुना, तो द्रौपदी अत्यंत द्रवित हो गई। जिस कायरता से अश्वत्थामा ने उन्हें मारा, वह द्रौपदी के लिए अपने पुत्रों की मृत्यु से भी अधिक पीड़ादायक था।

उसके पुत्र अपने पिताओं की तरह महान योद्धा थे। वे युद्ध से बच गए परन्तु अश्वत्थामा के छल का शिकार हो गए। रात में जब योद्धा गहरी नींद में सो रहे थे तब अश्वत्थामा ने पांडवों के शिविर पर आक्रमण किया। ऐसे कायरतापूर्ण कुकृत्य के लिए उसे कठोर से कठोर दंड मिलना उपयुक्त ही था। द्रौपदी ने माँग की कि उसके पति अपने गुरू के दुष्ट पुत्र अश्वत्थामा को दंडित करें और उसके माथे की मणि निकालकर ले आये। उसने चेतावनी दी थी कि यदि द्रोण के पुत्र को उसके इस कपटी कुकृत्य के लिए दंडित नहीं किया गया तो वह आत्महत्या कर लेगी।

भीम पहले से ही भड़का हुआ था। द्रौपदी के दु:ख ने उसके क्रोध को और बढ़ा दिया। वह अश्वत्थामा को ढूँढ़ने के लिए निकल पड़ा और अन्य लोग भी उसके पीछे चल दिए। अश्वत्थामा को श्रीकृष्ण द्वारा दंडित किया गया। जिस मणि के साथ वह पैदा हुआ था उसे उसके माथे से काटकर निकाल दिया गया, जिससे उसके मस्तिष्क पर सदैव पीड़ा देने वाला एक घाव हो गया। भीम ने मणि द्रौपदी को सौंपते हुए और सांत्वना देते हुए, उपप्लव्य नगर में कहे गए द्रौपदी के ही वचनों का स्मरण करवाया। द्रौपदी ने न्याय की माँग की थी, भले ही फिर दुर्योधन और उससे सहानुभूति रखने वालों को दंडित करने के लिए युद्ध ही क्यों न हो। भीम ने कहा, 'हमने अपना सब कुछ वापस ले लिया है और अपमान का प्रतिशोध भी ले लिया है। हमने अश्वत्थामा को जीवित रहने दिया क्योंकि वह हमारे गुरू का पुत्र है, लेकिन वह अब केवल एक शरीर मात्र है। अपने उन वीरतापूर्ण वचनों को याद करो और अब शोक न करो।'

द्रौपदी ने मणि को देखा और तुरंत शांत हो गई। 'मैं अपने पुत्रों की मृत्यु पर शोक कर रही थी और उचित प्रतिशोध चाहती थी। जैसे अश्वत्थामा आपके गुरू का पुत्र है, वैसे ही वह मेरे लिए भी है। मैं उसकी मृत्यु नहीं चाहती थी। इस मणि ने मुझे और मेरी सारी इच्छाओं को शांत कर दिया है।

महाराज युधिष्ठिर अपने मुकुट पर इस मणि को धारण करें।' उसने स्वयं को संभालते हुए ऐसा कहा।[26]

युद्ध समाप्ति के बाद जब शोकवश युधिष्ठिर अपने राज्य का त्याग करना चाहते थे, तब द्रौपदी ने उन्हें राजधर्म, राज्य, प्रजाजनों और भाइयों के प्रति उनके कर्त्तव्यों का बोध कराया था।[27] हस्तिनापुर की महारानी के रूप में द्रौपदी ने एक बार फिर से उन सभी जिम्मेदारियों को ग्रहण किया जो उससे अपेक्षित थीं, जिसमें उसके ससुराल वालों की देखभाल, कौरवों की विधवा पत्नियों और राजमहल तथा घर के सभी दैनिक कार्यों का प्रबंधन शामिल था। ऐसी उसकी कर्त्तव्यनिष्ठा थी।

द्रौपदी पांडवों की एकमात्र पत्नी नहीं थी, फिर भी वह एकमात्र पत्नी थी जो अपने स्वयंवर के दिन से लेकर मृत्यु के दिन तक उनके साथ रही। युद्ध के छत्तीस वर्ष बाद जब युधिष्ठिर ने अपना राजसिंहासन त्याग दिया और पांडवों ने अपने अंतिम दिनों को वन में बिताने का निर्णय लिया, तब भी द्रौपदी ने उनके साथ जाने का निर्णय लिया। अर्जुन ने श्रीकृष्ण की मृत्यु के बाद व्यास से कहा था, 'कृष्ण, द्रौपदी और हम पाँच भाइयों के शरीर भले ही अलग हों आत्मा एक ही है।'[28]

द्रौपदी के बारे में प्रचलित मिथक

- **मिथकः** द्रौपदी ने दुर्योधन का उपहास उड़ाते हुए उसे 'अंधे का अंधा पुत्र' कहा था।

  तथ्यः राजसूय यज्ञ पूर्ण हो गया था, दुर्योधन मयदानव द्वारा निर्मित राजमहल में घूमने के लिए इन्द्रप्रस्थ में ही रुक गया था। एक उत्कृष्ट शिल्पकार होने के साथ-साथ मयदानव मायावी संरचनाओं को बनाने में भी निपुण था। राजमहल घूमते समय दुर्योधन एक जलाशय को भूमि समझकर आगे बढ़ा और उसमें गिर पड़ा।

  मीडिया में कुछ बहुप्रचलित कहानियों के अनुसार, यह कहा जाता है कि दुर्योधन को गिरे हुए देखकर, द्रौपदी ने हँसते हुए उसे 'अंधे पिता का अंधा पुत्र' कहा था। इस कहानी का उपयोग बाद में हस्तिनापुर की सभा में हुए द्रौपदी के अपमान को सही ठहराने के लिए किया जाता है और उसको युद्ध के लिए जिम्मेदार ठहराया जाता है।

लेकिन किसी भी स्वीकृत पाण्डुलिपि अथवा अनुवाद में द्रौपदी द्वारा ऐसे किसी अपमान का उल्लेख नहीं है। गीता प्रेस कहती है, 'पांडव और आसपास के अन्य सेवक दुर्योधन के गिरने पर हँसे थे।' लेकिन दुर्योधन का उपहास उड़ाने के लिए किसी के कुछ भी कहने का कोई उल्लेख नहीं है। जब दुर्योधन हस्तिनापुर वापस जाता है और घटना का वर्णन करता है, तो वह द्रौपदी को उन लोगों में शामिल करता है जो हँसे थे, लेकिन वह उसके बारे में ऐसा कुछ भी नहीं कहता है कि उसे द्रौपदी ने 'अंधे का पुत्र अंधा' कहा था।

- **मिथकः** द्रौपदी ने अपने अपमान का बदला लेने के लिए अपने केशों को धोने के लिए दुःशासन के रक्त की माँग की थी।

  तथ्यः भीम ने प्रतिज्ञा की थी कि वह दुःशासन की छाती को चीर देगा और द्रौपदी के अपमान का बदला लेने के लिए उसका रक्त पियेगा। अपनी प्रतिज्ञा के अनुसार भीम ने कुरुक्षेत्र में ऐसा ही किया।

  हालांकि, महाभारत में दुःशासन के रक्त से द्रौपदी के केश धोने का कोई उल्लेख नहीं है। यह कहानी भट्ट नारायण द्वारा रचित एक संस्कृत नाटक वेणीसंहार का एक काल्पनिक विवरण है।

- **मिथकः** द्रौपदी को कर्ण और श्रीकृष्ण से प्रेम था।

  तथ्यः महाभारत में ऐसा कुछ भी नहीं है जो इन दावों का समर्थन करता है। गीता प्रेस, KMG, दक्षिणात्त्य पुनरावृत्तियों या BORI CE आदि पर आधारित ज्ञात संस्कृत पाण्डुलिपियों और अनुवादों में से किसी में भी इस दावे को दर्शाने वाला कोई श्लोक नहीं है। यह मिथक इस महाकाव्य के आधार पर की गई कपोल कल्पनाओं पर आधारित है।

  द्रौपदी श्रीकृष्ण को एक सखा और मार्गदर्शक के रूप में देखती थी। उसने उनके साथ अपनी सारी चिंताओं और पीड़ाओं को साझा किया। अर्जुन ने भी ऐसा ही किया। द्रौपदी और श्रीकृष्ण के बीच किसी प्रकार का 'रोमांटिक' कोण नहीं था। जहाँ तक कर्ण का सम्बंध है तो द्रौपदी द्वारा उसमें कोई रुचि दिखाने का एक भी संकेत नहीं है। द्रौपदी के स्वयंवर, जुए के खेल, जयद्रथ और कीचक की आसक्ति जैसी घटनाओं से यह स्पष्ट है कि द्रौपदी एक बहुत ही सुन्दर और आकर्षक महिला रही होगी। लेकिन उसने ऐसा कुछ भी नहीं किया

जो पांडवों को छोड़कर कर्ण या किसी और के प्रति आकर्षित होने वाले मिथक को बल देता हो। बल्कि महाप्रस्थान पर्व 2.6 में स्वर्ग की अंतिम यात्रा पर द्रौपदी के गिरने के बारे में भीम के प्रश्न का उत्तर देते हुए युधिष्ठिर कहते हैं, 'यद्यपि उसका विवाह हम सभी से हुआ था, लेकिन वह अर्जुन से अधिक प्रेम करती थी।'

आ रहे थे, तो अश्वपति ने सावित्री से अपने लिए एक उपयुक्त वर खोजने के लिए कहा, 'जाओ और स्वयं अपने लिए उपयुक्त और गुणवान वर ढूँढ़ो। मैं तुम्हारा विवाह उस पुरुष से करूँगा जिसे तुम पसंद करोगी।' सावित्री अपने पिता के कुछ वृद्ध मंत्रियों के साथ एक योग्य जीवनसाथी की तलाश में निकल पड़ी। उसने विभिन्न नगरों, वनों और कस्बों की यात्रा, तीर्थयात्रा तथा ऋषियों से भेंट की और अपने लिए योग्य पति की तलाश करती रही। एक वन से गुजरते समय उसकी भेंट सत्यवान नामक युवक से हुई।

सत्यवान, शाल्व देश का राजकुमार था। जब वह बालक था, तब उसके पिता द्युमत्सेन को पड़ोसी राजा ने आक्रमण करके राज्य से निर्वासित कर दिया था। तब से द्युमत्सेन अपनी पत्नी और बच्चे सहित वन में रहने लगे। सत्यवान का पालन-पोषण वन में ही हुआ। वह शूरवीर, विनम्र, सदाचारी और सुशिक्षित था। सावित्री ने सत्यवान से विवाह करने का मन बना लिया। वह अपने राज्य में लौट आई और अपने पिता को यह सब बताया। लेकिन एक समस्या थी। अश्वपति के राज्य का दौरा कर रहे देवर्षि नारद ने इस विवाह के प्रति असम्मति दर्शायी। अश्वपति ने उनसे पूछा, 'क्या सत्यवान गुणी नहीं है?' नारद मुनि बोले, 'सत्यवान सूर्य के समान तेजस्वी, देवगुरु बृहस्पति के समान बुद्धिमान, देवराज इंद्र के समान साहसी और पृथ्वी के समान क्षमाशील है। वह उदार, सत्यभाषी, मृदुभाषी, इन्द्रियसंयमी और रूपवान है।' सावित्री और उसके पिता आश्चर्य में पड़ गये। 'तो फिर समस्या क्या है?' उन दोनों ने पूछा।

नारद मुनि ने उत्तर दिया, 'सत्यवान का जीवन बहुत अल्प है। उसके पास केवल एक वर्ष का समय शेष है।' एक पिता होने के नाते, अश्वपति अपनी एकमात्र पुत्री का विवाह उस व्यक्ति से नहीं करना चाहते थे जिसकी इतनी शीघ्र मृत्यु होने वाली हो। उन्होंने सावित्री से कोई और पति ढूँढ़ने के लिए कहा। लेकिन सावित्री अडिग थी। उसने जोर देकर कहा, 'मैं केवल सत्यवान से ही विवाह करूँगी, किसी और से नहीं।' अश्वपति ने हार मान ली। उन्होंने सावित्री-सत्यवान के विवाह की चर्चा करने के लिए द्युमत्सेन से संपर्क किया।

द्युमत्सेन के प्रस्ताव पर अश्वपति हिचकिचाए और उन्होंने पूछा, 'आपकी पुत्री राजमहल के ऐश्वर्यपूर्ण वातावरण में पली-बढ़ी है। हम यहाँ वन में सभी सुख-सुविधाओं से वंचित एक छोटे से आश्रम में रहते हैं। यदि वह हमारे

9

सावित्री

कौरव सभा में उस दिन द्यूतक्रीड़ा में पांडवों के सब कुछ हार जाने के बाद, द्रौपदी ने अपने घोर अपमान को सहते हुए भी अपनी दृढ़ता और बुद्धिमता से उनकी खंडित गरिमा की रक्षा की। वह उनके लिए किसी तारणहार से कम नहीं थी। युधिष्ठिर ने उस दिन ज्यादा कुछ नहीं कहा था, लेकिन वह उसके इस अद्वितीय कार्य को कभी नहीं भूले थे।

एक दिन जब पांडव वनवास में जीवन व्यतीत कर रहे थे, तब ऋषि मार्कण्डेय उनके पास आये। बातचीत के दौरान युधिष्ठिर ने ऋषि मार्कण्डेय के सामने अपना हृदय की पीड़ा व्यक्त की। उन्होंने कहा, 'कृष्णा के लिये मुझे जैसा शोक होता है, वैसा न तो अपने लिये, न अपने भाइयों के लिये और न ही अपने राज्य के छिन जाने के लिये होता है। उसने हमें उस भयानक संकट से बाहर निकाला जिसमें दुष्ट दुर्योधन और उसके मित्रों ने हमें जुए के खेल के दौरान धकेल दिया था। यहाँ वन में भी जयद्रथ जैसे दुष्टों ने उसका अपहरण करने का प्रयास करके उसे प्रताड़ित किया। इन सबके बावजूद, वह हमारे प्रति अपने समर्पण में अविचल रही है। क्या इतिहास में कभी कोई ऐसी पतिव्रता स्त्री हुई है जो द्रौपदी की तरह हो?'[1]

तब ऋषि मार्कण्डेय ने उन्हें सावित्री की कहानी सुनाई।

मद्र देश में अश्वपति नाम का एक महान राजा रहता था। विवाह के वर्षों बाद भी राजा की कोई संतान नहीं थी। संतान प्राप्ति की आशा से उन्होंने अपनी पत्नी सहित देवी सावित्री को प्रसन्न करने के लिए कठोर तपस्या की। अट्ठारह वर्षों के बाद दंपति के यहाँ एक पुत्री का जन्म हुआ। उन्होंने देवी के प्रति कृतज्ञता व्यक्त करते हुए बालिका का नाम सावित्री रखा। वह बालिका देवकन्या समान अत्यंत सुन्दर थी। वह बुद्धिमति और शास्त्रों में भी पारंगत थी। उसके तेज से प्रतिहत होने के कारण कोई भी राजा या राजकुमार उसका वरण करने की हिम्मत नहीं कर सका। जब विवाह के प्रस्ताव नहीं

परिवार में विवाह करती है, तो उसे हमारी तरह अत्यंत कठोर जीवन व्यतीत करना होगा। क्या आपको लगता है कि आपकी पुत्री आश्रम के कष्ट सहन कर पाएगी?' अश्वपति ने सकारात्मक उत्तर दिया, 'सुख और दुःख क्षणिक हैं। सावित्री और मैंने इन सभी विषयों पर विचार किया है और हमें विश्वास है कि आप और आपका परिवार हमारे योग्य हैं। इसलिए, मैंने सत्यवान का विवाह मेरी पुत्री से करने की इच्छा से ही आपसे संपर्क किया है।' द्युमत्सेन और उनकी पत्नी ने प्रसन्नतापूर्वक इस विवाह के लिए अपनी स्वीकृति दे दी।

विवाह हो गया। सावित्री, सत्यवान और उसके परिवार के साथ आश्रम में रहने के लिए चली गई। उसने बहुत शीघ्र और बहुत अच्छी तरह से वन के जीवन में स्वयं को ढाल लिया। वह एक अच्छी पत्नी और पुत्रवधू थी, वह अपने सास-ससुर की पूरी देखभाल करती थी। वहीं सत्यवान भी उससे बहुत प्रेम करता था और उसे प्रसन्न रखता था। सावित्री बहुत आनंदित थी, लेकिन उसे यह भी पता था कि उसका आनंद अल्पकालिक था। वह मन ही मन दिनों की गणना करती रहती थी। उसने अपनी चिंता किसी के सामने प्रकट नहीं होने दी और न ही किसी को इस बारे में बताया।

जब सत्यवान के जीवन में केवल चार दिन शेष बचे थे, तब सावित्री ने तीन दिन का व्रत रखा। निराहार व्रत के साथ उसने उन तीन दिनों तक पूरा समय खड़े रहने का संकल्प भी किया था। उसके इस व्रत से उसके सास-ससुर चकित और चिंतित थे। उन्होंने उसे रोकने का प्रयास किया लेकिन सावित्री ने उन्हें सांत्वना देते हुए कहा, 'मैं अपने संकल्प को पूरा करने के लिए ही यह सब कर रही हूँ। मैं पूरी तरह से ठीक हो जाऊँगी।' वह उन्हें और अधिक चिंतित नहीं करना चाहती थी, इसलिए उसने उन्हें यह नहीं बताया कि उसका संकल्प क्या था।

चौथा दिन आ गया। सत्यवान आश्रम के लिए कुछ समिधा और फल-फूल लाने के लिए वन की ओर चला। सावित्री ने उससे विनती की कि वह भी उसके साथ जायेगी। इस पर सत्यवान ने कहा, 'वन का रास्ता बड़ा कष्टदायक होता है और तुमने पिछले तीन दिनों से एक भी निवाला नहीं खाया है। ऐसी दशा में तुम पैदल कैसे चलोगी, तुम्हारा ऐसी स्थिति में मेरे साथ चलना उचित नहीं है। मैं शीघ्र ही वापस आऊँगा।' सत्यवान ने उसे आश्वस्त करने का प्रयास किया, लेकिन सावित्री ने जोर देकर कहा, 'मैं

आज आपसे एक क्षण भी दूर नहीं रहना चाहती। मैं महीनों से आश्रम से नहीं निकली हूँ। मैं ठीक हूँ। आप मुझे अपने साथ ले चलो।'

सत्यवान न चाहते हुए भी उसे इन्कार न कर पाया और वे दोनों वन में चले गए। जब वे हरे-भरे वन से जा रहे थे तब सत्यवान बहुत प्रसन्नचित था। वह रास्ते में फूलों, पक्षियों और फलों की ओर संकेत कर रहा था। सावित्री मन ही मन बहुत चिंतित थी। प्रसन्नता और उत्साह से चमकने वाले सत्यवान के मुखमंडल पर सावित्री को बहुत प्रेम आ रहा था। उसने अपनी प्रसन्नता और प्रेम को प्रकट होने दिया परन्तु हृदय में सत्यवान के जीवन के लिए प्रार्थना कर रही थी।

फलों और लकड़ी को इकट्ठा करने के बाद सत्यवान थोड़ी देर के लिए बैठ गया। उसका सिर घूमना शुरू हो गया था और उसे बहुत पसीना आ रहा था। सावित्री का कंठ सूख रहा था। जिस क्षण से वह बचना चाहती थी, अब वह उसके सामने खड़ा था, लेकिन वह शांत रही। उसने सत्यवान का सिर अपनी गोद में ले लिया, ताकि वह लेट सके और विश्राम कर सके। उसका शरीर ठंडा हो गया था। वह उसके निस्तेज शरीर का आभास कर सकती थी और फिर उसकी साँस रुक गयी। उसी क्षण अचानक धधकती लाल आँखों और उज्ज्वल प्रभा वाला एक श्याम वर्ण पुरुष कहीं से प्रकट हुआ। सावित्री ने धीरे से अपने पति के सिर को जमीन पर रखा और उस अज्ञात पुरुष का अभिवादन करने के लिए खड़ी हो गई और उनसे पूछा, 'आप मुझे एक देवता की तरह लगते हैं क्योंकि आपका शरीर हमारे जैसा नहीं है। कृपया मुझे बताएँ कि आप कौन हैं और आप यहाँ क्यों आये हैं?' उस अज्ञात पुरुष ने अपना परिचय दिया, 'मैं मृत्यु का देवता यमराज हूँ। नश्वर लोग मुझे नहीं देख सकते। तुम मुझे देख सकती हो क्योंकि तुम एक गुणी और पतिव्रता स्त्री हो। सत्यवान अपने निर्धारित जीवन के अंत तक पहुँच गया है और मैं उसके प्राण हरने के लिए आया हूँ। उचित होगा कि तुम अब वापस जाओ और अपने पति का अंतिम संस्कार करो।'

इसके बाद उन्होंने सत्यवान के शरीर से अंगूठे समान लौ (जीव) खींची और दक्षिण की ओर चल दिए। दुःखी सावित्री भी उनके पीछे-पीछे चल दी और बोलने लगी, 'मैं अपने पति को कैसे छोड़ सकती हूँ? जहाँ वे जाएँगे या जहाँ उन्हें ले जाया जाएगा, मुझे भी वहाँ जाना चाहिए।' थोड़ा और आगे चलने के बाद, उसने यमराज के साथ संवाद किया। 'विद्वानों ने कहा है कि

एक अनजान के साथ सात कदम चलने मात्र से मैत्री का सम्बंध स्थापित हो जाता है। हमारे बीच स्थापित उस मित्रता के विचार के साथ, मैं आपसे कुछ विनती करना चाहती हूँ।'

यमराज ने कहा, 'तुम क्या कहना चाहती हो, निःसंकोच कहो।' सावित्री ने एक सफल जीवन जीने के लिए धर्म की अवधारणा और मन तथा अन्य इंद्रियों को वश में रखने के महत्व पर विस्तार से बोलना शुरू कर दिया। यमराज उसके ज्ञान और सत्यभाषण से अत्यंत प्रसन्न हुए और उससे बोले, 'तुम एक विदुषी और ज्ञानी स्त्री हो। मैं तुम्हें एक वरदान देना चाहता हूँ। अपने पति के जीवन के अतिरिक्त कुछ भी वर माँग लो।' इस पर सावित्री ने कहा, 'भगवन! यदि आप वर देना चाहते हैं तो कृपया मेरे ससुर को अपना राज्य और उनका स्वास्थ्य वापस कर दीजिये।' 'जैसा तुमने कहा वैसा ही हो। अब अपने आश्रम में वापस लौट जाओ', यमराज ने ऐसा कहा और चले गए। लेकिन सावित्री फिर भी उनके पीछे-पीछे चलती रही और उसने सत्संग के महत्व के बारे में बात करना शुरू किया। सावित्री के ज्ञान से प्रभावित होकर यमराज ने उसे एक और वरदान देना चाहा। वह अपने पति के जीवन के अलावा कुछ भी माँग सकती थी। इस बार उसने यमराज से अपने पिता को शूरवीर और योग्य पुत्रों का आशीर्वाद देने का आग्रह किया जो उनके वंश को आगे बढ़ा सकें और उनके राज्य का विस्तार कर सकें। यमराज इससे सहमत हो गए और उन्होंने फिर से उसे वापस जाने के लिए कहा। लेकिन वह पीछे हटने के लिए तैयार नहीं थी।

सावित्री ने अपनी बातचीत जारी रखी। इस बार उसने साधु-संतों के गुणों को समझाया। 'लोग अपने-आप से अधिक साधुओं पर भरोसा करते हैं। ऐसा इसलिए है क्योंकि साधु सभी के प्रति स्नेही और दयालू होते हैं। स्नेह ही विश्वास को प्रेरित करता है।' उसकी बातों ने यमराज को मंत्रमुग्ध कर दिया था। 'तुम निश्चित रूप से बहुत बुद्धिमान हो। मुझे इस तरह के विद्वान लोग बहुत कम ही मिलते हैं।' ऐसा कहते हुए यमराज ने सावित्री को एक और वरदान देने की इच्छा प्रकट करते हुए कहा, 'अपने पति के जीवन के अलावा कुछ भी माँग लो।' सावित्री न केवल बुद्धिमति थी, बल्कि वह बहुत चतुर भी थी। उसने यमराज से वर माँगा, 'मेरे और सत्यवान के कुल की वृद्धि करने वाले, बल और पराक्रम से सुशोभित सौ पुत्र हों।'

'ऐसा ही हो, तुम्हारे सौ पुत्र होंगे। अब वापस लौट जाओ। तुम पहले ही बहुत दूर आ चुकी हो।' यमराज ने बिना विचार किए ही ऐसा कह दिया ताकि वह अब लौट जाए। सत्यवती ने पूछा, 'मैं सत्यवान के बिना कैसे लौट सकती हूँ? आपका वरदान तभी सत्य हो सकता है जब मैं सत्यवान के साथ उनकी पत्नी के रूप में रह सकूँ। भगवन! अपने वर का मान रखने के लिए मैं आपसे विनती करती हूँ कि आप मेरे पति को जीवनदान दें। उनके बिना मैं मृतप्राय हूँ।'

यह सुनते ही यमराज जोर से हँसे। वह इस स्त्री से मात खा चुके थे। 'तुमने अपने ज्ञान, भाषण और सत्यनिष्ठा से मुझे जीत लिया है। मैं वैसा ही करूँगा जैसा तुम चाहती हो। सत्यवान फिर से जीवित हो जाएगा। तुम दोनों के सौ पुत्र होंगे और तुम दोनों एक स्वस्थ और समृद्ध जीवन व्यतीत करोगे।'[2] यमराज ने सावित्री को ऐसा आशीर्वाद दिया और चले गए।

सावित्री ने मृत्यु के स्वामी को प्रणाम किया और वापस उस स्थान पर पहुँची जहाँ सत्यवान का शरीर पड़ा था। शीघ्र ही सत्यवान उठकर बैठ गया, मानों वह केवल गहरी नींद से उठा हो। उसने अपनी पत्नी को प्रेम से देखा। 'ऐसा लगता है कि मैं बहुत देर तक निद्रा में था।' सावित्री मुस्कुराई और फिर वे दोनों आश्रम की ओर चल दिए।

समय आने पर यमराज द्वारा दिए गए सभी वरदान मूर्तरूप लेने लगे। उसके अपने पुत्र हुए। उसके ससुर को अपना राज्य वापस मिल गया क्योंकि जिस राजा ने उनसे राज्य छीना था उसके विरुद्ध विद्रोह हुआ और प्रजा ने उसे अपदस्थ कर दिया। उसके माता-पिता को भी ऐसे पुत्र प्राप्त हुए जो अपना वंश और प्रतिष्ठा को आगे बढ़ा सकते थे।

ऋषि मार्कण्डेय ने युधिष्ठिर से कहा, 'इस प्रकार, सावित्री ने अपनी भक्ति, ज्ञान और दृढ़ता से न केवल अपने पति को पुनर्जीवित किया, बल्कि अपने पिता और ससुर के लिए भी कल्याणकारी बन गई।'

10

हानिकारक मैत्री

दोनों ही बलवान थे। दोनों ही शूरवीर थे। दोनों ही सक्षम और महत्वाकांक्षी भी थे। एक शक्तिशाली हस्तिनापुर राज्य का एकमात्र उत्तराधिकारी बनना चाहता था, तो दूसरा पृथ्वी पर सबसे महान धनुर्धर के रूप में प्रसिद्ध होना चाहता था। एक का मानना था कि उसके पिता के साथ अन्याय हुआ था। ज्येष्ठ पुत्र होने के नाते उनका हस्तिनापुर के सिंहासन पर अधिकार था जो उनसे छीन लिया गया था। वहीं दूसरे का मानना था कि उसे न्यायोचित मान्यता केवल इसलिए नहीं मिल रही थी क्योंकि हर कोई अर्जुन के प्रति पक्षपाती था। यदि दोनों की भेंट नहीं हुई होती तो इतिहास कुछ और ही होता। लेकिन दुर्योधन और कर्ण की भेंट हुई। एक ही शत्रु के विरुद्ध असंतोष और द्वेष ने उन्हें परस्पर निर्भरता के एक अटूट बंधन में बाँध दिया। कुरुक्षेत्र का युद्ध उनकी महत्वाकांक्षा की पराकाष्ठा थी। दुर्योधन का मानना था कि उसके पक्ष में कर्ण जैसे योद्धा की उपस्थिति ने उसे अजेय बना दिया था। वहीं कर्ण के लिए दुर्योधन का साथ अर्जुन से युद्ध कर पाने का माध्यम था। उसके लिए अर्जुन को हराने से बड़ी कोई जीत नहीं थी।

नैमिषारण्य में ऋषि शौनक और उनके शिष्यों को महाभारत की कथा सुनाते हुए, उग्रश्रवा सौति कहते हैं, 'दुर्योधन क्रोधमय विशाल वृक्ष था। कर्ण इस वृक्ष का तना था, शकुनि इसकी शाखाएँ और दुःशासन इसके फल था। धृतराष्ट्र इस वृक्ष की मूल जड़ थी।'[1]

सम्बंध निर्माण

कर्ण और दुर्योधन की भेंट द्रोणाचार्य के आश्रम में विद्यार्थियों के रूप में हुई थी। पांडवों के प्रति उनकी ईर्ष्या उन्हें एक-दूसरे के निकट ले आयी। अर्जुन के साथ युद्ध करने में सक्षम होने के लिए कर्ण गुरू द्रोणाचार्य से ब्रह्मास्त्र सीखना चाहता था। गुरू द्रोण ने उसके आग्रह को अस्वीकार कर दिया। वह कर्ण को ऐसे घातक अस्त्र का उपयोग करने में सक्षम नहीं मानते थे। वह

अर्जुन के प्रति कर्ण की दुर्भावना से भी अवगत थे। कर्ण परशुराम के पास चला गया। उनसे अपना परिचय एक ब्राह्मण के रूप में दिया और उसका गुरू बनने की विनती की। झूठ से अनिभिज्ञ परशुराम मान गए। कर्ण एक समर्पित शिष्य था। उसने अपने परिश्रम और कौशल से परशुराम को प्रसन्न कर लिया। इसके बदले में परशुराम ने कर्ण को ब्रह्मास्त्र का ज्ञान दिया। जब परशुराम को कर्ण के झूठ के बारे में पता चला तब उन्होंने कर्ण को चेतावनी दी कि झूठ के माध्यम से प्राप्त किया गया यह अस्त्र मृत्यु या उसके समान योद्धा के सामने होने पर काम नहीं आएगा। फिर भी कर्ण प्रसन्न था। उसका सोचना था कि अब वह अर्जुन का सामना करने के लिए पूरी तरह सक्षम हो गया है।

जब तक कर्ण ने परशुराम के साथ अपना प्रशिक्षण पूरा किया तब तक कौरवों और पांडवों ने भी अपना प्रशिक्षण पूरा कर लिया था। राजकुमारों की शिक्षा के पूर्ण होने का हर्ष व्यक्त करने और प्रजाजनों के सामने उनके कौशल का प्रदर्शन करने के लिए एक समारोह आयोजित किया गया। अर्जुन द्वारा विस्मयकारी अस्त्र-शस्त्रों के प्रदर्शन से दर्शकों को मंत्रमुग्ध कर देने के बाद अचानक ही कर्ण बिना बुलाए और अप्रत्याशित रूप से रंगभूमि में आया। अर्जुन की ओर देखते हुए वह चिल्लाया, 'पार्थ! तुमने जो प्रदर्शन किया है, मैं उससे अधिक अद्‌भुत कर्म करके दिखाऊँगा।' तुम उसे देखो और आश्चर्य करो। इसके बाद उसने द्रोण की अनुमति माँगी, जिन्होंने अपने शिष्य को पहचानने के बाद उसे अनुमति दे दी। कर्ण ने दर्शकों को चौंकाते हुए अपने कौशल का प्रदर्शन किया।

कर्ण को देखकर दुर्योधन बहुत प्रसन्न हुआ और उससे भी अधिक प्रसन्नता उसे अर्जुन को चुनौती देते हुए देखने से हुई। उसने खुली बाँहों से कर्ण का स्वागत किया और कहा, 'तुम यहाँ पधारे यह मेरा सौभाग्य है। मैं तथा कौरवों का यह राज्य सब तुम्हारे हैं। तुम मेरे साथ इनका इच्छानुसार भोग करो।' कर्ण भी दुर्योधन को देखकर प्रसन्न हुआ और उसके आचरण तथा स्वागत से बहुत प्रभावित हुआ। 'मुझे आपके वचनों पर विश्वास है। मैं केवल आपकी मित्रता चाहता हूँ और अर्जुन के साथ द्वंदयुद्ध करना चाहता हूँ।' अर्जुन को कर्ण की चुनौती अवांछित और अकारण थी। कर्ण ने हस्तिनापुर के राजकुमारों का प्रशिक्षण पूर्ण होने के उपलक्ष्य में आयोजित समारोह में

व्यवधान डाल दिया था। फिर भी, कभी पीछे नहीं हटने वाले अर्जुन ने उसकी चुनौती को स्वीकार कर लिया।

समारोह राजकुमारों को सम्मानित करने और उनके कौशल का प्रदर्शन देखने के लिए था। यह कोई युद्ध का मैदान नहीं था। हस्तिनापुर के राजगुरू कृपाचार्य ने स्थिति को चतुराई से संभाला। 'केवल एक राजकुमार ही दूसरे राजकुमार को या एक क्षत्रिय ही दूसरे क्षत्रिय को द्वंदयुद्ध के लिए चुनौती दे सकता है,' कृपाचार्य ने ऐसा कहते हुए अर्जुन का परिचय दिया। 'अब तुम अपना परिचय दो,' कृपाचार्य ने कर्ण से कहा। कर्ण लज्जा के कारण चुपचाप खड़ा रहा। वह सूत जाति से था, जो ब्राह्मण और क्षत्रियों की मिश्रित जाति थी। इससे भी महत्वपूर्ण बात यह थी कि वह कोई राजकुमार नहीं था।

अर्जुन के प्रति कर्ण के अनुचित आक्रोश से क्रुद्ध होकर भीम ने तंज मारा, 'एक सूत मेरे भाई को चुनौती क्यों दे रहा है? इसे तो रथ की लगाम और चाबुक हाथ में लेने चाहिए।' इस पर पलटवार करते हुए दुर्योधन ने कहा, 'योद्धा की पहचान उसकी वीरता होती है, उसका जन्म नहीं। यदि अर्जुन को चुनौती देने के लिए राजकुमार होना आवश्यक है, तो ऐसा ही हो। मैं कर्ण को अंगदेश का राजा घोषित करता हूँ।'

अंगदेश कर्ण के पिता अधिरथ का जनपद था। यह हस्तिनापुर राज्य के अधीन था। दुर्योधन ने वहीं कर्ण का राज्याभिषेक किया। उस क्षण और आगे भी कभी किसी ने भी कर्ण के राज्याभिषेक पर आपत्ति नहीं की। इस सारी चर्चा और वाद-विवाद में सूर्यास्त हो गया। दिन समाप्त हो गया और द्वंदयुद्ध सभी वृद्धजनों को राहत देते हुए टल गया।

दुर्योधन के लिए अर्जुन का श्रेष्ठ युद्धकौशल हमेशा से चिंता का कारण रहा था। कर्ण के आने से दुर्योधन को राहत मिली[2] क्योंकि अब उसे एक ऐसा योद्धा मिल गया था जो अर्जुन की बराबरी कर सकता था। कर्ण स्वयं को दुर्योधन का ऋणी मानता था। उसके साथ रहने से कर्ण को अर्जुन से लड़ने का अवसर मिल सकता था, जिससे वह संसार को दिखा सकता था कि वह सर्वश्रेष्ठ धनुर्धर था। इस प्रकार दुर्योधन और कर्ण के बीच आजीवन साझेदारी की नींव पड़ी।

अंगदेश का राजा बनने के बाद कर्ण हस्तिनापुर के राजदरबार का नियमित सदस्य हो गया। वह शकुनि और दुःशासन वाली दुर्योधन की सबसे विश्वसनीय सलाहकारों की मंडली का एक अभिन्न अंग बन गया। कर्ण

हमेशा दुर्योधन के साथ खड़ा रहा। उसने यह सुनिश्चित किया कि दुर्योधन पांडवों के साथ अपनी शत्रुता से कभी भी समझौता न करे। जब भी कौरवों के ज्येष्ठजनों द्वारा दुर्योधन के साथ उसके हितों और राज्य के लाभ के लिए पांडवों के साथ समझौता करने के लिए समझाया जाता तब कर्ण उनकी बातों का खंडन कर देता था और अपने युद्धकौशल के बारे में बड़ी-बड़ी डींगें हाँकता था। पांडवों से युद्ध वह स्वयं चाहता था।

इन्द्रप्रस्थ और द्यूतक्रीड़ा

पांडव वारणाव्रत की आग से बच गए थे। वे जीवित थे और राज्य में अपने हिस्से के अधिकारी थे। हस्तिनापुर राजसभा भविष्य का निर्णय करने के लिए एकत्र हुई। भीष्म ने राज्य के विभाजन का प्रस्ताव रखा ताकि दुर्योधन और युधिष्ठिर दोनों को अपने पैतृक राज्य का उचित भाग मिल सके। उन्हें आशा थी कि विभाजन के बाद हस्तिनापुर में उत्तराधिकारी की लड़ाई शांतिपूर्वक ढंग से समाप्त हो जाएगी। द्रोणाचार्य और विदुर ने भी इस प्रस्ताव का समर्थन करते हुए कहा कि यह परंपरा के अनुरूप और दोनों पक्षों के हित में है। लेकिन कर्ण ने इस पर असहमति व्यक्त की।

'महाराज आपने हमेशा इनका सम्मान किया है और इनका परामर्श लिया है, लेकिन आपके ये मंत्री आपको ऐसा परामर्श दे रहे हैं जो आपके हित में नहीं है। इससे अधिक आश्चर्य और क्या हो सकता है! दूषित हृदयों वाले लोग आपको कोई भी कल्याणकारी परामर्श कैसे देंगे?' कर्ण ने धृतराष्ट्र को संबोधित करते हुए भीष्म और द्रोण को तंज मारा।[3] उसने न केवल उस प्रस्ताव का विरोध किया, बल्कि धृतराष्ट्र के प्रति भीष्म और द्रोणाचार्य की निष्ठा, प्रतिबद्धता और मंशा पर भी संदेह व्यक्त किया।

राज्य विभाजन का निर्णय हो गया। दुर्योधन को हस्तिनापुर मिला और पांडवों को खांडवप्रस्थ नामक बंजर भूमि दी गई, जिसे उन्होंने अपने पुरुषार्थ से इन्द्रप्रस्थ नामक ऐश्वर्यपूर्ण भव्य नगर में बदल दिया। बहुत कम समय में युधिष्ठिर ने राजसूय यज्ञ का आयोजन किया और अपने भाइयों की सहायता से सम्पूर्ण भारतवर्ष का सम्राट बने। दुर्योधन के लिए पांडवों की प्रगति और वैभव असहनीय था। उन्हें फँसने के लिए द्यूतक्रीड़ा की योजना बनाई गई।

यह अवसर द्वेष के घृणित प्रदर्शन में बदल गया, जहाँ हस्तिनापुर की पुत्रवधू के मान को भी अछूता नहीं रखा गया।[4] दुःशासन रजस्वला द्रौपदी

को पुरुषों से भरी सभा में उसके केशों से घसीटकर ले आया। यह देखकर सभागार में उपस्थित हर कोई चकित था, लेकिन किसी ने कुछ भी नहीं कहा। दुर्योधन के छोटे भाई विकर्ण ने द्रौपदी के साथ हो रहे इस तरह के अन्यायपूर्ण और घृणित व्यवहार का विरोध किया। कर्ण ने उसे कौरवों का नाश करने वाला कहते हुए चुप करा दिया।[5]

शकुनि, दुर्योधन और दु:शासन शिष्टाचार की सीमा अपने वचनों और कुकृत्यों से पहले ही लाँघ चुके थे, लेकिन कर्ण ने उन सभी को पीछे छोड़ते हुए द्रौपदी को 'बंधकी' (वेश्या) तक बुलाया। उसने द्रौपदी को रजस्वला होते हुए एक वस्त्र में उसके केशों से घसीटकर सभागार में लाने को उचित ठहराया और उपहास उड़ाते हुए कहा, 'एक स्त्री के लिए केवल एक पति का ही विधान है, परन्तु द्रौपदी के पाँच पति हैं। इससे वह किसी वेश्या से कम नहीं है। ऐसी स्त्री चाहे एक वस्त्र में हो या फिर नग्न अवस्था में हो उसे सभा में लाने में मुझे कोई समस्या नहीं दिखती।'

दु:शासन की ओर मुड़कर और उसे भड़काते हुए कर्ण ने कहा, 'यह विकर्ण अभी छोटा और मूढ़ है; इसलिए विद्वानों की तरह बातें करने का ढोंग कर रहा है। तुम उसकी तरफ ध्यान मत दो और पांडवों के साथ-साथ द्रौपदी के वस्त्र भी उतार दो।'[6]

दु:शासन ने द्रौपदी के वस्त्र खींचना शुरू कर दिया, लेकिन उसके सभी प्रयास व्यर्थ गए। वह थक हारकर गिर गया और बहुत लज्जित हुआ। लेकिन कर्ण अभी भी नहीं रुका। उसने युधिष्ठिर द्वारा दाँव पर लगाए जाने की वैधानिकता पर प्रश्न उठाने के लिए द्रौपदी को फटकार लगाई और उसने उपहास उड़ाते हुए कहा, 'एक पत्नी हमेशा पति के अधीन होती है। तुम्हारे पति दुर्योधन के दास हो गए हैं इसलिए तुम भी दासी बन गयी हो। आज से कौरव तुम्हारे स्वामी हैं। जाओ और अब उनकी दासी की तरह सेवा करो। यदि तुम ऐसा न चाहो तो तुम्हें शीघ्र ही अपने लिए नया पति ढूँढ़ लेना चाहिए।'[7] दुर्योधन, अपना हर्ष छुपा न सका और उसने जोर से हँसते हुए अपनी बाईं जाँघ का वस्त्र हटाकर द्रौपदी को दिखाया और उसे उस पर बैठने के लिए संकेत किया।[8]

द्रौपदी को स्पर्श करने पर दु:शासन की छाती चीरने की प्रतिज्ञा भीम पहले ही कर चुका था। दुर्योधन का इस प्रकार अभद्र आचरण देखकर वह भड़क उठा और उसने गरजते हुए कहा, 'यदि मैं युद्ध में तुम्हारी उस जाँघ

को नहीं तोड़ पाया, तो मुझे कभी भी पुण्य लोकों की प्राप्ति न हो।"[9] उस समय भीम का रोम-रोम क्रोधाग्नि में जल रहा था। वह दुर्योधन को वहीं दंडित कर सकता था, लेकिन युधिष्ठिर के कारण पीछे हट गया।

धृतराष्ट्र ने हस्तक्षेप किया और उस खेल को रद्द कर दिया। लेकिन दुर्योधन की इच्छानुसार उन्होंने एक बार फिर युधिष्ठिर को द्यूतक्रीड़ा के लिए बुलाया। युधिष्ठिर के पास धृतराष्ट्र के आदेश का सम्मान करने के अलावा और कोई विकल्प नहीं था। वह फिर से हार गए और निर्धारित शर्त के अनुसार 13 वर्ष का वनवास स्वीकार कर लिया। चारों पांडवों और द्रौपदी ने युधिष्ठिर का अनुसरण किया। जाने से पहले, यह कहते हुए कि यदि उनके वनवास से लौटने के बाद युद्ध हुआ तो अर्जुन ने भीम की ही तरह कर्ण को मारने की प्रतिज्ञा की और सहदेव ने शकुनि को मारने का संकल्प लिया।

पांडव वनवास के लिए चले गए, लेकिन दुर्योधन अब भी प्रसन्न नहीं था। एक चिंता उसे लगातार सता रही थी–'उसे संदेह था कि कहीं विदुर, भीष्म और अन्य लोग धृतराष्ट्र को शीघ्र ही पांडवों को वापस बुलाने के लिए मना न लें?' शकुनि का विचार पांडवों पर नजर रखकर उनकी दुर्बलता का दुर्योधन के लाभ के लिए उपयोग करना था। कर्ण ने सुझाव दिया कि उन्हें पांडवों को वन में ही मार डालना चाहिए और हमेशा के लिए इस समस्या का समाधान करना चाहिए।[10] दुर्योधन इससे सहमत हो गया। लेकिन व्यास मुनि ने हस्तक्षेप किया और दुर्योधन को एक और दुःसाहस करने से रोक दिया।

घोष यात्रा

पांडवों के वनवास में होने का फायदा उठाकर दुर्योधन ने भारतवर्ष में अन्य राज्यों पर अपना प्रभुत्व स्थापित कर लिया था, क्योंकि उसे पांडवों से कोई भय नहीं था। वह अपनी शक्ति और विलासिता में चूर था। एक दिन उसे पता चला कि पांडव हस्तिनापुर के पास द्वैत वन में डेरा डाले हुए हैं। कर्ण और शकुनि ने सुझाव दिया, 'क्या अपने प्रतिद्वंद्वियों को चीथड़ों में देखने जैसा कोई और सुखद अनुभव हो सकता है? कल्पना करो, अर्जुन को वृक्ष और मृगछाला में लिपटे हुए देखकर हमें कितनी प्रसन्नता होगी? चलो, उन्हें देखने चलते हैं। उन्हें हमारे धन ऐश्वर्य को दिखाते हैं इससे उन्हें अपनी हीन अवस्था पर दुःख और कष्ट होगा।'

इस प्रकार कर्ण, शकुनि और दुर्योधन अन्य कौरवों, स्त्रियों और अनेक दास-दासियों के साथ हस्तिनापुर के गोधन का निरीक्षण करने के बहाने उस वन में चले गए जहाँ पांडव रह रहे थे। उन्होंने पांडवों के आश्रम के पास ही अपना शिविर स्थापित किया। उनका प्रयोजन पांडवों को अपनी धन सम्पदा और ऐश्वर्य दिखाना था, लेकिन नियति की कुछ और ही योजना थी। अपने आनंद के लिए क्रीड़ाभवन बनाते समय दुर्योधन और उसकी सेना का वहाँ रहने वाले गंधर्वों के साथ संघर्ष हो गया। यह संघर्ष बहुत शीघ्र युद्ध में बदल गया। कर्ण और अन्य कौरवों ने बहुत पराक्रम के साथ युद्ध लड़ा, लेकिन गंधर्व उनसे अधिक शक्तिशाली और मायावी थे। एक समय कर्ण इतना अधिक थक गया और घायल हो गया कि वह अपने प्राण बचाने के लिए युद्धभूमि से भाग गया।

दुर्योधन भी बुरी तरह से घायल हो गया था। वह लड़ता रहा लेकिन गंधर्वों ने उसे अन्य कौरवों और स्त्रियों के साथ बंदी बना लिया। उसके कुछ सैनिक जो भागने में सफल रहे, वे सहायता माँगने के लिए युधिष्ठिर के पास जा पहुँचे। जैसा कि उनसे अपेक्षा की जा सकती थी, युधिष्ठिर ने अपने भाइयों से चचेरे भाइयों को बचाने के लिए कहा। अन्य पांडवों ने कुछ विरोध करने के बाद युधिष्ठिर के आदेशों का पालन किया। चारों पांडवों और पूरी गंधर्व सेना के बीच भयंकर युद्ध हुआ। पांडव जीत गए और कौरवों को गंधर्वों से छुड़वाया। युधिष्ठिर ने उन्हें हस्तिनापुर तक सुरक्षित पहुँचाने का आश्वासन दिया।

कुछ देर पश्चात कर्ण हस्तिनापुर लौटते हुए कौरव दल में फिर से सम्मिलित हुआ। यह मानते हुए कि गंधर्वों को दुर्योधन और उसके योद्धाओं ने पराजित कर दिया था। कर्ण ने दुर्योधन को बधाई दी और अपने पलायन का कारण बताते हुए कहा, 'मैं गंभीर रूप से घायल हो गया था और बहुत कष्ट में था।'[11] जीवन रक्षा के लिए पांडवों की सहायता लेनी पड़ी, इस बात से दुर्योधन अत्यंत कष्ट में था। कर्ण के युद्ध से भागने की बात में उसे कोई रुचि नहीं थी।

दुर्योधन ने कर्ण को भीम, अर्जुन, नकुल और सहदेव द्वारा उनकी रक्षा करने का वृतांत सुनाया। यह कर्तृत्व पांडवों की क्षमता और उनके विशाल तथा उदार हृदय का स्पष्ट प्रमाण था। दुर्योधन को ऐसा आभास हो रहा था जैसे उसे और उसके साथियों को बचाकर पांडवों ने उसे अपमानित किया

है। ऐसे अपमानित होकर वह जीवित नहीं रहना चाहता था। उसने आमरण अनशन करने का निर्णय किया।[12]

शकुनि ने उसे समझाते हुए कहा, 'पांडवों ने तुम्हारे साथ अच्छा व्यवहार किया है। तुम्हें इस पर शोक नहीं करना चाहिए, बल्कि तुमको उनके साथ ऐसा ही उदार आचरण करना चाहिए। उन्हें उनका राज्य लौटा दो और अपना विशाल हृदय दिखाओ तथा प्रसन्न रहो।'[13] उसके वचनों ने दुर्योधन के दुःख को और बढ़ा दिया।

कर्ण ने उसे सांत्वना दी, 'पांडवों ने आपकी रक्षा करके कोई उपकार नहीं किया है। आखिरकार आप उनके राजा हो। उन्होंने केवल वही किया है जो आपकी प्रजा से अपेक्षा की जाती है।' दुर्योधन को प्रोत्साहित करने के प्रयोजन से कर्ण ने कहा, 'सब कुछ खोने के बाद भी पांडवों ने स्वयं को नहीं मारा है, तो आपको ऐसा क्यों करना चाहिए?' कर्ण के वचनों का दुर्योधन पर कोई प्रभाव नहीं पड़ा। कर्ण समझ गया कि दुर्योधन क्या सुनना चाहता है, 'यदि अर्जुन ने आपको इतना भयभीत कर दिया है कि आप मरना चाहते हैं, तो मैं आपको आश्वस्त करता हूँ कि मैं अर्जुन को मार दूँगा। मैं पांडवों को उनके वनवास के तेरहवें वर्ष के बाद आपके अधीन करने की प्रतिज्ञा करता हूँ।' दुर्योधन शांत हो गया और हस्तिनापुर वापस लौट गया।[14]

कवच कुण्डल का दान

कर्ण का जन्म स्वर्णमय कवच और कुण्डलों के साथ हुआ था। कहा गया कि यह कवच युद्ध में कर्ण को मृत्यु से बचाएगा। वह पहले भी कई लड़ाइयों में पराजित हो चुका था, लेकिन अर्जुन अथवा किसी और के लिए उसे मारना आसान नहीं था। यह अर्जुन के जैविक पिता इंद्र के लिए चिंता का कारण था। उन्होंने कर्ण के जन्मजात सुरक्षा कवच को दूर करने के लिए एक योजना बनाई।

कर्ण सूर्यदेव का उपासक था। प्रतिदिन वैदिक मंत्रों के जाप से सूर्य की स्तुति करना और पूजा के बाद उसके पास आने वाले याचकों को दान देना, उसका नित्य प्रातःकालीन अनुष्ठान होता था। उसकी एक स्वघोषित प्रतिज्ञा थी कि यदि कोई याचक ब्राह्मण उसकी प्रातःकालीन पूजा-अर्चना के बाद उससे कुछ भी दान स्वरूप माँगेगा तो वह मना नहीं करेगा। ऐसी ही एक सुबह इंद्र एक ब्राह्मण के भेष में कर्ण के पास पहुँचे और उससे कवच और

कुण्डलों की याचना की। इन्द्र की प्रतीक्षा कर्ण कर ही रहा था। उसे इन्द्र के आगमन के बारे में उसके जैविक पिता सूर्य द्वारा सावधान किया गया था। सूर्यदेव ने अपने पुत्र कर्ण को दिव्य कवच नहीं देने का निर्देश दिया था। लेकिन कर्ण अपनी प्रतिज्ञा को तोड़ना नहीं चाहता था। तब सूर्यदेव ने उसे एक सुझाव दिया।

'जब इन्द्र तुमसे कवच और कुण्डल माँगे तब बदले में उनसे उपहार में उनका शक्तिशाली इंद्रास्त्र माँग लेना।'[15] इन्द्र की याचना पर कर्ण ने उन्हें अपना कवच और कुण्डल देने के लिए सहमति व्यक्त की और बदले में इंद्रास्त्र की माँग की। इन्द्र ने सहमति व्यक्त की और कर्ण को वह अस्त्र दे दिया। इंद्रास्त्र अचूक था, लेकिन इन्द्र ने देने से पहले एक शर्त रख दी, 'इसका उपयोग केवल एक ही योद्धा को मारने के लिए केवल एक बार ही किया जा सकता है।' कर्ण ने सहमति देते हुए कहा 'ऐसा ही हो' और अपने कवच और कुण्डल इन्द्र को दे दिए।[16] जीवन में उसका लक्ष्य केवल अर्जुन का वध करना था। उसने विचार किया कि इंद्र के इस अस्त्र से अब वह अर्जुन का वध करने के लिए सक्षम हो गया था।

अधिरथ और राधा ने अपने पुत्र का नाम वसुषेण रखा था, क्योंकि वह सोने के कवच और कुण्डलों के साथ जन्मा था।[17] असहनीय पीड़ा के बावजूद उसने सहजता से अपने शरीर से लगे कवच कुण्डल काट कर इंद्र को दे दिए। इसलिए वह कर्ण के नाम से जाना जाने लगा।[18]

विराट का युद्ध

द्यूतक्रीड़ा की शर्त के अनुसार, पांडवों को वनवास का तेरहवाँ वर्ष अज्ञातवास में बिताना था। यदि उस दौरान वे पकड़े जाते तो उन्हें फिर से तेरह वर्षों के लिए वनवास में जाना पड़ता। पांडव अपने अज्ञातवास के वर्ष में मत्स्यदेश में छुप गए। युधिष्ठिर कंक के रूप में मत्स्यदेश नरेश विराट के दरबारी और विश्वासपात्र बन गए। भीम ने वल्लभ के रूप में मुख्य रसोईये की भूमिका निभाई। ग्रंथिक के रूप में नकुल ने घोड़ों की देखभाल का प्रभार संभाला और तंतिपाल के रूप में सहदेव ने राजा के गोवंश की देखभाल शुरू कर दी। अर्जुन ने किन्नर बृहन्नला के रूप में राजमहल में स्त्रियों को नृत्य और संगीत सिखाना शुरू किया। द्रौपदी, सैरंध्री के रूप में विराट की महारानी सुदेष्णा के केशों की देखभाल और साज-सज्जा करने लगी।

पांडवों का अज्ञातवास शांतिपूर्वक बीत रहा था। जब दिन कीचक ने सुदेष्णा के महल में द्रौपदी को देखा। वह उसके सौंदर्य से अत्यंत मोहित और आसक्त हो गया था। उसने द्रौपदी को अपने प्रेमी के रूप में स्वीकार करने के लिए प्रलोभन देने का प्रयास किया। द्रौपदी ने उसका प्रस्ताव अस्वीकार कर दिया। उसने कीचक से दूर रहने का आग्रह करते हुए बताया कि उसका विवाह हो चुका है और पाँच गंधर्व पुरुष उसके पति हैं। लेकिन कीचक ने उसकी एक न सुनी। एक दिन जब कीचक ने जबरदस्ती द्रौपदी को पकड़ने का प्रयत्न किया तब वह भागकर न्याय की आशा से मत्स्य नरेश की सभा में गयी। कीचक अत्यंत बलशाली और विराट का सेनापति था। विराट ने द्रौपदी की पुकार को अनसुना कर दिया। भीम हमेशा की तरह द्रौपदी के बचाव के लिए आया और उसने कीचक को मार डाला।

हस्तिनापुर में दुर्योधन ने पांडवों को ढूँढ़ने के लिए अपने गुप्तचरों को सक्रिय कर दिया था। हालांकि, वर्ष लगभग समाप्त हो गया था और उनके प्रयासों का अभी तक कोई परिणाम नहीं निकला था। जब दुर्योधन सोच रहा था कि पांडवों तक कैसे पहुँचा जाए, तब अचानक मत्स्यदेश के शक्तिशाली सेनापति की मृत्यु का समाचार आया। कीचक इतना निपुण और शक्तिशाली था कि उसे मारना कोई सरल कार्य नहीं था। केवल तीन योद्धा ही उसे मारने में सक्षम माने जाते थे–भीम, बलराम और शल्य।[19] दुर्योधन ने इस सूचना पर विचार किया। उसे संदेह था कि कीचक का हत्यारा भीम ही रहा होगा। अज्ञातवास का वर्ष समाप्त होने से पहले उसे पांडवों के ठिकाने का पता लगाना था। लेकिन प्रश्न यह था कि कैसे?

संयोग से, त्रिगर्त के राजा सुशर्मा ने मत्स्यदेश पर आक्रमण करने के प्रस्ताव के साथ दुर्योधन से संपर्क किया। कीचक त्रिगर्त के लोगों के लिए लगातार उत्पीड़न का स्रोत था। सुशर्मा का विचार था कि कीचक की मृत्यु के बाद राजा विराट को अपने अधीन करना आसान होगा। यह योजना दुर्योधन को पसंद आई। त्रिगर्त को मत्स्यदेश के विरुद्ध सहायता देने और मत्स्यदेश के विशाल गोधन को हथियाने के बहाने दुर्योधन ने मत्स्यदेश के विरुद्ध युद्ध छेड़ने के लिए भीष्म, द्रोण और अन्य लोगों की सहमति प्राप्त की। योजना एक द्विपक्षीय आक्रमण करने की थी, जिसका नेतृत्व कृष्ण सप्तमी के दिन दक्षिण-पूर्व दिशा (अग्निकोण) से सुशर्मा को करना था और अगले दिन विपरीत दिशा से कौरवों द्वारा किया जाना था।

जब युधिष्ठिर ने मत्स्यदेश पर आक्रमण के बारे में सुना, तो उन्होंने विराट को मत्स्यदेश की रक्षा के लिए वल्लभ, तंतिपाल, ग्रंथिक और उन्हें स्वयं को अपने साथ लेने के लिए आग्रह करते हुए कहा, 'ये युवक सक्षम योद्धा हैं और इन पर पांडव भी विश्वास करते हैं।' विराट सहमत हो गया। युद्ध हुआ और सुशर्मा की सेना को खदेड़ दिया गया। उसे भीम ने बंदी बना लिया और कंक के कहने पर विराट ने सुशर्मा को छोड़ दिया। जब विराट और चार पांडव सुशर्मा के साथ युद्ध में व्यस्त थे तभी कौरव सेना ने योजना के अनुसार विपरीत दिशा से मत्स्यदेश पर आक्रमण कर दिया। राजा की अनुपस्थिति में आक्रमण की सूचना विराट के पुत्र राजकुमार उत्तर को दी गई।

उत्तर नवयुवक था, उसने पहले कभी लड़ाई का सामना नहीं किया था। फिर भी, अपनी युवावस्था के मद में उसका मानना था कि वह आसानी से कौरव सेना का सामना कर सकता है। सैरंध्री ने सुझाव दिया कि वह बृहन्नला को अपने साथ ले जाए। 'यहाँ तक कि अर्जुन भी बृहन्नला का अपने सारथी के रूप में विश्वास करते थे,' उसने उत्तर को आश्वस्त करते हुए कहा। उत्तर और बृहन्नला युद्धभूमि (जहाँ कौरव सेना खड़ी थी) में पहुँच गए। भीष्म, द्रोण, कृपाचार्य, दुर्योधन, कर्ण और अश्वत्थामा जैसे अजेय योद्धाओं द्वारा सजी विशाल कौरव सेना को देखकर उत्तर भयभीत हो गया। वह अपने रथ से कूद गया और भागने लगा। अर्जुन ने मोर्चा संभाला। उत्तर को अपने वास्तविक स्वरूप का परिचय देते हुए अर्जुन ने कौरवों से लड़ने के लिए उत्तर को उसका सारथी बनने के लिए कहा। अर्जुन को ज्ञात था कि तब तक उनका अज्ञातवास का काल समाप्त हो गया था।[20]

प्रारंभ में उत्तर के रथ पर एक किन्नर को देखकर कौरव आश्चर्यचकित थे, लेकिन उन्हें शीघ्र ही आभास हो गया कि वह कोई और नहीं बल्कि स्वयं अर्जुन था। उनकी जीत की आशा क्षीण होने लगी थी। चारों ओर विचित्र अपशकुनों की अनुभूति करते हुए द्रोणाचार्य ने अपनी चिंता व्यक्त की, 'यह किन्नर वास्तव में अर्जुन है जो स्वयं इंद्र का शिष्य है, जिसने युद्ध में अपने कौशल से साक्षात भगवान शिव को भी प्रसन्न किया है। मुझे यहाँ कोई योद्धा ऐसा नहीं दिखाई देता जो इसका सामना कर सके।' परन्तु अर्जुन को देखकर दुर्योधन प्रसन्न था। उसका मानना था कि उसने पांडवों को अज्ञातवास की अवधि पूर्ण होने से पहले ही ढूँढ़ने के अपने लक्ष्य को प्राप्त कर लिया था। अब उनके पास वन में फिर से तेरह वर्ष बिताने के अलावा कोई विकल्प

नहीं होगा। हालांकि, उसे अभी भी अर्जुन को प्रकट रूप में बाहर लाने की आवश्यकता थी। इसलिए वह ज्येष्ठ कौरव योद्धाओं से कहता है कि वे सुशर्मा को दिए वचन के अनुसार लड़ें, भले ही वह किन्नर चाहे कोई भी हो।

कर्ण ने द्रोण की बातों को व्यक्तिगत रूप से लिया और आरोप लगाया, 'आप हमेशा अर्जुन की प्रशंसा करते हैं, लेकिन वास्तव में वह दुर्योधन या मेरी सोलहवीं कला के बराबर भी नहीं है।' दुर्योधन को संबोधित करते हुए उसने कहा, 'आचार्य हमेशा से पांडवों के प्रति पक्षपाती रहे हैं। यही कारण है कि अब वह अपशकुनों के बारे में बातें कर रहे हैं। किन्नर को अर्जुन घोषित करके वह हमारे सैनिकों को डराने का प्रयास कर रहे हैं। इनके जैसे ब्राह्मण केवल पढ़ाने और कथा सुनाने के लिए ही अच्छे हैं। उचित होगा कि तुम इन्हें सेना के पीछे रखो और लड़ो।'

अपने कड़वे वचनों को जारी रखते हुए कर्ण ने कहा, 'यदि वरिष्ठ कौरव योद्धा डरते हैं और नहीं लड़ना चाहते हैं, तो ऐसा ही हो। भले ही वह व्यक्ति अर्जुन हो, मैं अकेला ही उसे अपने अचूक बाणों से आगे बढ़ने से रोकूँगा। अर्जुन भले ही महान योद्धा हो लेकिन मैं भी कम नहीं हूँ। मैं आज इस युद्ध में उसे मार दूँगा और दुर्योधन से जो प्रतिज्ञा की थी उसे पूर्ण करूँगा। मैं उस पर इस तरह झपटूँगा जैसे कि गिद्ध साँप पर झपटता है। परशुराम से मैंने जो भी अस्त्र विद्या सीखी है उसका उपयोग करके मैं अर्जुन को उसके रथ, घोड़ों और ध्वज सहित नष्ट कर दूँगा। जो लोग लड़ना नहीं चाहते हैं, वे सिर्फ हमारी लड़ाई देख सकते हैं।[21]

कर्ण की ऐसी आत्मप्रशंसा युक्त घमंडी बातों से कृपाचार्य क्रुद्ध हो गए और कहा, 'कर्ण युद्ध के विषय में तुम्हारा विचार हमेशा ही क्रूरतापूर्ण रहता है और तुम कार्यों के स्वरूप से भी अनभिज्ञ हो। तुम कार्यों के संभावित परिणामों के बारे में भी नहीं सोचते हो। देश और काल को ध्यान में रखते हुए सावधानीपूर्वक ही युद्ध लड़ा जाना चाहिए। देश और काल का विचार किये बिना लड़े गए युद्ध में पराजय होना निश्चित है।' इसके बाद उन्होंने अर्जुन के सभी पराक्रमों का वर्णन किया, जहाँ उसने शत्रुओं की विशाल सेनाओं और सबसे शक्तिशाली योद्धाओं को अकेले ही हराया था। कृपाचार्य ने कर्ण को याद दिलाया कि कैसे अर्जुन ने वनवास के दौरान युद्ध कला में और निपुण हो गया था और भगवान शिव तथा इंद्र से दिव्यास्त्र पाकर वह पहले से कहीं अधिक शक्तिशाली हो गया है। 'कर्ण तुमने अन्य पांडवों की

तुलना में भी क्या पराक्रम किया है, अर्जुन को तो रहने ही दो? इसलिए ऐसे अकेले ही अर्जुन से लड़ने की डींग मत हाँको। यदि हम सफल होना चाहते हैं तो हमें एकजुट होना चाहिए और अर्जुन का सामना करने के लिए एक रणनीति तय करनी चाहिए,' कृपाचार्य ने उत्तर देते हुए कहा।

अश्वत्थामा तो और भी आगबबूला हो गया था। कर्ण ने अकारण ही उसके पिता का अपमान किया था। कर्ण को फटकारते हुए अश्वत्थामा ने कहा, 'अभी तक हमने गोवंश नहीं जीता है और यहाँ तक कि मत्स्यदेश की सीमाओं को भी पार नहीं किया है। तुम किस बारे में डींगें हाँक रहे हो कर्ण?' 'विद्वान पुरुष अपनी योग्यता सिद्ध करने के बाद भी अपनी उपलब्धियों का घमंड नहीं करते हैं। भला कौन-सा क्षत्रिय छलपूर्वक छीने हुए राज्य को पाकर संतुष्ट हो सकता है?' इसके बाद दुर्योधन और कर्ण दोनों को संबोधित करते हुए उसने कहा, 'मुझे एक युद्ध बताओ जहाँ तुमने किसी भी पांडव को हराया है? तुमने केवल छल-कपट से उनकी धन संपदा छीन ली है। क्या तुमको विदुर द्वारा दी गई चेतावनी याद नहीं है? जब तुम लोगों ने द्यूतक्रीड़ा में छल-कपट से द्रौपदी और पांडवों को अपमानित किया था, तब विदुर ने स्पष्ट कहा था कि अर्जुन तुम लोगों को कभी क्षमा नहीं करेगा। समय आने पर वह तुम्हें नष्ट कर देगा। क्या तुम लोगों को लगता है कि युद्ध में भी पांडवों को हराना उतना ही सरल है जितना कि उन्हें जुए के खेल में धोखा देना? यदि तुमको विश्वास है कि तुम अर्जुन को अकेले ही हरा सकते हो तो आगे बढ़ो और ऐसा करके दिखाओ। हम यहाँ अर्जुन से नहीं बल्कि राजा विराट से लड़ने के लिए आए थे, इसलिए मैं इस युद्ध में भागीदार नहीं बनूँगा।' अश्वत्थामा ने ऐसी घोषणा की।

भीष्म अब तक इस संवाद के मूकदर्शक थे। उन्होंने स्थिति को शांत करने की चेष्टा करते हुए कहा, 'किसी को भी अपने गुरुओं की उपेक्षा नहीं करनी चाहिए। द्रोण और कृपाचार्य का विचार उचित है कि देश और काल के अनुकूल होने पर ही युद्ध लड़ना चाहिए। हालांकि, मेरा मानना है कि कर्ण ने जो कुछ भी कहा वह केवल सेना के मनोबल को बढ़ाने के लिए कहा है। अश्वत्थामा, उसे क्षमा कर दो। यह समय हमारे लिए आपस में लड़ने का नहीं है, बल्कि हम एक साथ विचार करें कि शत्रुओं से कैसे निपटना है। मैं कृपाचार्य और द्रोणाचार्य से भी विनती करता हूँ कि जो कुछ भी कहा गया

है, उसे भूल जायें।' भीष्म से दुर्योधन सहमत हो गया और कर्ण की ओर से द्रोणाचार्य से क्षमा याचना की।

भीष्म ने स्पष्ट किया कि पांडवों का अज्ञातवास पाँच महीने पहले ही समाप्त हो गया था।[22] मत्स्यदेश को चुनौती देने के बाद उनके पास अब पीछे हटने का विकल्प नहीं था। उन्होंने दुर्योधन को निर्देश दिया कि वह गोधन को मत्स्यदेश की सीमाओं से परे ले जाए और अन्य योद्धा अर्जुन से लड़े। दुर्योधन ने वैसा ही किया और भागने का प्रयास किया।

अर्जुन ने देखा कि दुर्योधन गोवंश के साथ भागने का प्रयास कर रहा है। उसने उत्तर को अन्य योद्धाओं की अनदेखी करते हुए दुर्योधन की ओर जाने का निर्देश दिया। वह दुर्योधन को मत्स्यदेश के गोधन को नहीं हरने देना चाहता था। दुर्योधन को सफलतापूर्वक रोकने के बाद अर्जुन ने अपने तीरों को दूसरे कौरव योद्धाओं की ओर मोड़ दिया। उसने एक-एक करके भीष्म, द्रोण, कर्ण, कृपाचार्य, अश्वत्थामा, दु:शासन और अन्य योद्धाओं को एक बार नहीं कई बार पराजित किया। यह लड़ाई पूरे दिन चलती रही। अर्जुन ने अकेले ही कौरवों की पूरी सेना को नष्ट कर दिया। अर्जुन सबके साथ एक-एक करके भी लड़ा और वे सब उसके साथ मिलकर भी लड़े। लेकिन अर्जुन का निश्चय था कि वह अपने किसी भी सम्बंधी का वध नहीं करेगा। इसलिए कौरव जब घायल होकर पीछे हटने लगे तब अर्जुन ने उन पर मूर्छितास्त्र चलाया। उन्हें चेतनावस्था में आने के लिए वहीं छोड़कर अर्जुन गोधन को छुड़ाकर पुन: अपना बृहन्नला अवतार धारण करके उत्तर के साथ नगर में वापस चला गया।

विराट नगर के उस युद्ध में कौरवों को अर्जुन के हाथों हार से न तो कर्ण की कोई डींगें और न ही दुर्योधन का घमंड बचा पाया।

शांति के प्रयास

पांडवों ने वनवास के बारह वर्ष और अज्ञातवास के एक वर्ष के कालखंड को सफलतापूर्वक पूर्ण कर लिया था। अब दुर्योधन को अपना वचन पूरा करते हुए उन्हें इंद्रप्रस्थ वापस देना था। पांडव युद्ध नहीं चाहते थे। यदि उनको युद्ध ही करना होता तो वे दुर्योधन को बहुत पहले ही चुनौती दे सकते थे। वे तेरह वर्ष तक वनवास जीवन व्यतीत करने के लिए भी बाध्य नहीं थे और न ही वे युद्ध से डरते थे। लेकिन वे युद्ध से होने वाले विनाश की कल्पना

कर सकते थे। यहाँ तक कि भीम, जिसने क्षत्रिय धर्म का पालन करते हुए बलपूर्वक अपना राज्य वापस पाने के लिए युधिष्ठिर को उकसाया था, वह भी युद्ध की अपेक्षा बातचीत के लिए एक अवसर देने के पक्ष में था।[23]

शुभचिंतकों और मित्रों के साथ परामर्श के बाद पांडवों ने अपने अधिकार की माँग करने के लिए हस्तिनापुर में एक दूत भेजा। कौरव पक्ष के अधिकांश मंत्री पांडवों के साथ संधि करने और उन्हें उनका राज्य वापस करने के पक्ष में थे। भीष्म ने धृतराष्ट्र से यही सिफारिश भी की थी। लेकिन वह अपनी बात पूरी भी नहीं कर पाए थे कि कर्ण क्रोधित होकर बीच में कूद पड़ा। उसने राज्य के लिए पांडवों के दावे का पूरी तरह से विरोध किया, 'यदि युधिष्ठिर ने शर्त के अनुसार अपने वनवास को पूरा किया होता और फिर अपने हिस्से की माँग की होती तो दुर्योधन ने उसे सारी पृथ्वी को दे दिया होता। लेकिन यहाँ पांडव पांचाल और मत्स्य देशों की शरण लेकर दुर्योधन को धमकी देने का प्रयत्न कर रहे हैं। दुर्योधन ऐसी धमकियों के आगे कभी नहीं झुकेगा। यदि पांडव अपना राज्य वापस लेना चाहते हैं तो उन्हें एकबार फिर से तेरह वर्ष के वनवास में रहना होगा।'

पांडवों ने विराट नगर की लड़ाई से महीनों पहले ही अज्ञातवास का समय पूरा कर लिया था। यह बात भीष्म द्वारा समझाने के बावजूद भी कर्ण ने दुर्योधन से सहमति व्यक्त करते हुए कहा कि तेरहवें वर्ष के अंत से पहले पांडवों को ढूँढ़ लिया गया था, इस प्रकार वे शर्त हार गए। भीष्म ने कर्ण को उत्तर देते हुए उसे विराट युद्ध में अर्जुन के हाथों हुई उसकी अपमानजनक हार की याद दिलाई।[24]

दूतों का आना-जाना व्यर्थ में ही चलता रहा। दुर्योधन मानने को बिल्कुल भी तैयार नहीं था। घमंड और लालच से अंधे दुर्योधन ने अपने बड़े बुजुर्गों के एक भी शब्द पर ध्यान नहीं दिया। कर्ण ने अपनी वीरता और परशुराम से प्राप्त ब्रह्मास्त्र के बारे में डींगें हाँककर दुर्योधन के आत्मविश्वास की मिथ्या भावना को और सुदृढ़ किया। 'यद्यपि मैंने ब्रह्मास्त्र प्राप्त करने के लिए झूठ बोला था, लेकिन परशुराम ने मुझे श्राप नहीं दिया था बल्कि केवल चेतावनी दी कि मैं अपनी मृत्यु के समय इसको चलाने में असमर्थ हो जाऊँगा। मेरे पास वह अस्त्र है और मेरी मृत्यु अभी निकट नहीं है। भीष्म, द्रोण और अन्य सभी योद्धाओं को यहाँ रहने दो, मैं अकेला ही जाकर अर्जुन को मार

डालूँगा।'[25] कर्ण ने फिर से घोषणा की। एक बार फिर भीष्म को श्रीकृष्ण और अर्जुन के पराक्रमों का वर्णन करके कर्ण को उसका स्थान दिखाना पड़ा।

शांति का अंतिम प्रयास करने के लिए श्रीकृष्ण स्वयं हस्तिनापुर में एक दूत के रूप में गए। उन्होंने धृतराष्ट्र को युद्ध के गंभीर परिणामों के बारे में सावधान किया। उन्होंने कौरव सभा को बताया कि यदि यह युद्ध टल सकता है तो पांडव केवल पाँच गाँव लेने के लिए भी तैयार थे। लेकिन दुर्योधन अड़ा हुआ था। उसने घोषणा करते हुए कहा, 'पांडव द्यूतक्रीड़ा में हारे और सहमति से वनवास में चले गए। मुझे इसके लिए दोष क्यों दिया जा रहा है? यदि आपको लगता है कि मुझे युद्ध के परिणामों से डराकर निराश किया जाएगा, तो ऐसा कभी नहीं होगा। मेरे पक्ष में भीष्म, द्रोण और कर्ण जैसे श्रेष्ठ और अजेय योद्धा हैं। युधिष्ठिर को इंद्रप्रस्थ देकर पहले ही भूल हो गई थी। उस समय मैं अबोध और युवा था। यही कारण है कि मैंने उन्हें उस राज्य का एक हिस्सा लेने दिया जो वास्तव में मेरा पैतृक अधिकार था। अब मैं सब समझ सकता हूँ। इसलिए जब तक मैं जीवित हूँ, मैं पांडवों को सुई की नोक के बराबर भूमि भी नहीं दूँगा।'[26]

कृष्ण ने तथ्यों के साथ उत्तर देते हुए दुर्योधन को बताया कि वह दोषी क्यों हैं। 'तुम्हारी ईर्ष्या पांडवों की सफलता और समृद्धि को सहन नहीं कर सकती है। उन्होंने तुम्हारा कुछ भी अहित नहीं किया था। जुए के खेल का विचार तुम्हारे द्वारा भोले-भाले पांडवों के लिए बिछाया गया एक जाल था। क्या तुमसे बढ़कर नीच व्यक्ति कोई हो सकता है जो अपनी भाभी को केशों से घसीटकर पुरुषों से भरी सभा में अपमानित करने के बारे में सोचता होगा?' श्रीकृष्ण ने उसे उसके अन्य कुकृत्यों की याद भी दिलाई, जिनमें वारणाव्रत की साजिश भी सम्मिलित थी।[27] श्रीकृष्ण के संदेश को आत्मसात करने के बजाय दुर्योधन, कर्ण और अन्य लोगों ने सभागार में बहुत हंगामा किया।

श्रीकृष्ण ने धृतराष्ट्र को अंतिम उपाय के रूप में शक्ति प्रयोग करने और दुर्योधन को उदंडता का दंड देने का परामर्श दिया। 'अपने पुत्र और इसके मित्रों को बंदी बनवा दो और अपने कुल को विनाश से बचा लो।'[28] लेकिन ऐसा नहीं हुआ। इसके अतिरिक्त जब श्रीकृष्ण हस्तिनापुर में थे तब दुर्योधन ने एक कदम आगे बढ़कर कर्ण, दु:शासन और शकुनि के साथ श्रीकृष्ण को बंदी बनाने की साजिश रची। 'श्रीकृष्ण के बिना, पांडव बहुत हताश हो जाएँगे। तब उन्हें हराना बहुत सरल होगा,' उनका ऐसा विचार था।

सात्यकि को उनकी इस कुटिल योजना के बारे में पता चल गया और उसने श्रीकृष्ण को सावधान कर दिया। श्रीकृष्ण फिर भी सभा में गए। योजना के अनुसार जब श्रीकृष्ण शांति वार्ता कर रहे थे तब दुर्योधन ने अपने लोगों को उन्हें बंदी बनाने का आदेश दिया। श्रीकृष्ण ने उन्हें दूर फेंक दिया और अपना विराट स्वरूप धारण कर लिया। उनके इस विराट स्वरूप से निकलने वाले तेज से सभी की आँखे बंद हो गयी। भीष्म, द्रोण और संजय के अलावा कोई भी उस तेज को सहन नहीं कर सका। दुर्योधन और कर्ण डर गए थे और क्रोधित श्रीकृष्ण को सभा से जाते हुए देखने के अलावा कुछ भी नहीं कर सकें।[29]

रहस्योद्घाटन

पांडव और उनके सलाहकार युद्ध के साथ आने वाले भारतवर्ष के भयानक विनाश की कल्पना कर सकते थे। दूसरी ओर दुर्योधन की खलमंडली अपनी महत्वाकांक्षा से परे देखना ही नहीं चाहते थे। श्रीकृष्ण जानते थे कि युद्ध के लिए दुर्योधन की उत्सुकता केवल कर्ण के प्रोत्साहन और सहयोग पर टिकी हुई है। युद्ध की आधिकारिक घोषणा होने से पहले कर्ण के लिए एक बात जानना नितांत आवश्यक था। श्रीकृष्ण को आशा थी कि यह नई जानकारी कर्ण को अपनी स्थिति पर पुनर्विचार करने के लिए विवश कर सकती है। उन्होंने उपप्लव्य नगर में वापस जाने से पहले एक व्यक्तिगत वार्ता के लिए कर्ण को बुलाया और कहा, 'कर्ण, तुम्हारा जन्म विवाह से पहले कुंती के गर्भ से हुआ था। शास्त्र कहते हैं कि ऐसा पुत्र उस पति का होता है जिससे माता अंततः विवाह करती है। इस प्रकार से तुम कुंती के ज्येष्ठ पुत्र हो, अर्थात ज्येष्ठ पांडव हो। मेरे साथ चलो ताकि पांडवों को पता चल सके कि तुम उनके ज्येष्ठ भाई हो। एक बार जब उन्हें यह रहस्य पता चल जाएगा तो वे अपने पुत्रों और संबंधियों सहित तुम्हारे चरणों में गिर जाएँगे। बड़े होने के नाते तुम्हें इंद्रप्रस्थ का राजा बनाया जाएगा।'[30] श्रीकृष्ण ने कर्ण को लुभाते हुए कहा।

यह जानकार कर्ण पर कोई प्रभाव नहीं पड़ा। वह जानता था कि वह कुंती का पुत्र है, जिसे जन्म के समय छोड़ दिया गया था। उसे जैविक पिता सूर्यदेव ने पहले ही उसे यह सच्चाई बता दी थी। वह फिर भी दुर्योधन को छोड़ने के लिए तैयार नहीं था। कर्ण ने उत्तर देते हुए कहा, 'अधिरथ और

राधा ने प्रेमपूर्वक मेरा पालन-पोषण किया है। वे मुझे अपना पुत्र मानते हैं। मैं उस सूत परिवार में बड़ा हुआ हूँ। मैंने सूत जाति की स्त्रियों से विवाह किया है और उनसे ही मेरी संताने भी हैं। मैं उनसे जुड़ा हुआ हूँ। नए सम्बंध बनाने के लिए मैं किसी भी मूल्य पर उन सम्बंधों को नहीं तोड़ सकता। इसके अलावा, दुर्योधन के कारण ही मैंने एक राजा की तरह ऐश्वर्यपूर्ण जीवन का आनंद लिया है। उसने आज पांडवों को चुनौती दी है क्योंकि उसे मेरे सामर्थ्य पर विश्वास है। मैं किसी भी सम्बंध या लोभ के लिए दुर्योधन के विश्वास को नहीं तोड़ सकता।'[31] श्रीकृष्ण के पांडव पक्ष में शामिल होने के अनुरोध को अस्वीकार करते हुए कर्ण ने पुष्टि की। इसके बजाय, उसने श्रीकृष्ण से कहा कि वे पांडवों को उसके बड़े भाई होने के बारे में न बताएँ। कर्ण को पता था कि यदि पांडवों को सच्चाई का पता चल गया तो वे युद्ध नहीं करेंगे।

कर्ण ने श्रीकृष्ण को बताया कि वह हाल ही में बुरे सपने देख रहा था। उसने आकाश और अपने आसपास की प्रकृति में प्रकट होने वाले अपशगुनों को देखने का उल्लेख भी किया। ग्रह नक्षत्रों के स्थान और चाल सभी दुर्योधन की हार और युधिष्ठिर की जीत का संकेत दे रही थीं। लेकिन कर्ण ने युद्ध को नियति की इच्छा बताया जिसे अब टाला नहीं जा सकता था। वह दुर्योधन के प्रति अपनी निष्ठा और सहयोग के बारे में अटल था।[32]

माता का अपने पुत्र से मिलना

शांति के लिए श्रीकृष्ण के प्रयास विफल हो गए थे। विदुर निराश थे। अब युद्ध को रोकना असंभव था। चाहे कोई भी पक्ष विजयी हो विनाश तो होना ही था। विदुर ने कुरुवंश के निश्चित पतन को लेकर कुंती से अपना शोक व्यक्त किया। कुंती चाहती थी कि उसके पुत्र सम्मानपूर्वक अपना राज्य वापस पाएँ, लेकिन वह यह भी जानती थी कि कुरुओं के सामने खड़े विनाश के बारे में विदुर सही थे। उसके हृदय में एक और शूल चुभ रहा था। कौरव पक्ष में कोई भी पांडवों से दुर्योधन और कर्ण जितनी ईर्ष्या और घृणा नहीं करता था। कुंती यह भी जानती थी कि उसके पुत्रों को कर्ण के अलावा किसी और से कोई खतरा नहीं था। कदाचित, यह उसके लिए अपने अतीत का सामना करने का अवसर था।

एक सुबह कुंती गंगा नदी के किनारे कर्ण से मिलने गई। कर्ण ने अभी-अभी अपना जाप और अनुष्ठान समाप्त किया था। उसने पलटकर कुंती

को देखा। उसने आदरपूर्वक झुककर कहा, 'इस राधेय का प्रणाम स्वीकार करें देवी! बताईये, मैं आपके लिए क्या कर सकता हूँ?' कुंती का दम घुट गया। 'तुम राधेय नहीं हो, तुम कौन्तेय हो। तुम मेरे पुत्र हो।' उसने कर्ण को अपनी उस विवशता के बारे में बताया जिसके कारण उसने अपने नवजात शिशु को छोड़ दिया था।

कुंती ने कर्ण से अपने भाइयों के विरुद्ध लड़ने के निर्णय पर पुनर्विचार करने का आग्रह किया। 'यदि तुम और अर्जुन भाइयों के रूप में एक साथ हो जाओ तो कल्पना करो कि तुम लोग कितने दुर्जेय हो जाओगे। संसार में कुछ भी तुम दोनों के लिए अप्राप्य नहीं होगा।'[33] यह सुनकर कर्ण भड़क उठा। 'आपने मेरे साथ केवल अन्याय किया है। आपने मुझे तब छोड़ दिया था जब आपको मेरा एक क्षत्रिय के रूप में पालन-पोषण करना चाहिए था। लेकिन आपके कारण मैंने वह अवसर खो दिया और सूत जाति में पला-बढ़ा। इससे पहले कभी भी आपने मेरे प्रति अपनी ममता को व्यक्त करने का कष्ट नहीं उठाया। अब जब युद्ध समक्ष है तो आप मुझे पांडवों के पक्ष में शामिल होने और धृतराष्ट्र के उन पुत्रों को छोड़ने के लिए कह रही हैं जिन्होंने मुझे मान-सम्मान और राज्य दिया। मैं निश्चित रूप से कौरवों के हित में आपके पुत्रों के साथ युद्ध करूँगा और यह अटल है।'

लेकिन कर्ण ने कुंती को खाली हाथ नहीं भेजा। उसने कुंती को वचन दिया कि उसके और अर्जुन के बीच युद्ध का परिणाम जो भी हो, वह हमेशा पाँच पुत्रों की माता बनी रहेगी। कर्ण ने वचन दिया कि वह या तो अर्जुन को मार डालेगा या उसके हाथों मारा जाएगा, लेकिन वह किसी अन्य पांडवों को हानि नहीं पहुँचाएगा।[34] कर्ण ने स्वयं को और दुर्योधन को जानबूझकर कमजोर करते हुए पहले इंद्र को अपना कवच और कुण्डल दे दिए और अब कुंती को यह वचन दिया।

अहंकार टकराव और अविवेक

कर्ण निःसंदेह एक वीर और महान योद्धा था। उसने अपनी धनुर्विद्या और द्वंदयुद्ध से जरासंध जैसे महापराक्रमी को भी प्रभावित किया था।[35] कर्ण के सहयोग के कारण ही योद्धाओं से भरी एक सभा को हराकर दुर्योधन कलिंग की राजकुमारी को अपनी पत्नी के रूप में जीतने में सक्षम हुआ था।[36] दुर्योधन को वैष्णव यज्ञ आयोजित करने में सहयोग करने के लिए उसने

काम्बोज, विदेह, अंबास्थ, कुछ किरात प्रदेश और अन्य हिमालयी राज्यों को हराया था और उन्हें हस्तिनापुर के अधीन किया था।

अर्जुन और भीम के विरुद्ध उसका प्रदर्शन हालांकि कमजोर था। द्रौपदी के स्वयंवर और फिर विराट नगर के युद्ध में कर्ण को अर्जुन के हाथों बुरी तरह से हार का मुख देखना पड़ा था। इसी तरह, गंधर्वों के विरुद्ध युद्ध में कर्ण अपने प्राण बचाकर भाग गया था, जबकि चारों पांडवों ने गंधर्वों को हराया था और दुर्योधन के साथ अन्य कौरवों को मुक्त कराया था। युधिष्ठिर के राजसूय यज्ञ से पहले उसे अंगदेश में भीम के हाथों हार का सामना करना पड़ा था, जब उसने इंद्रप्रस्थ को कर देने से इन्कार कर दिया था।[37]

दुर्योधन ने युद्ध शुरू होने से पहले भीष्म को दोनों पक्षों के योद्धाओं का आंकलन करने के लिए कहा था। भीष्म ने जो वर्गीकरण किया उसमें उन्होंने कर्ण को निम्न क्रम में रखकर उसे न तो अतिरथी और न ही रथी माना। 'यह जो तुम्हारा प्रिय मित्र कर्ण है जो तुम्हारा घनिष्ठ और मंत्री बन गया है, जो हमेशा तुमको पांडवों के साथ युद्ध करने के लिए उकसाता रहता है, बहुत दंभी, आत्मप्रशंसी और नीच है। यह कवच और कुण्डलों से सम्पन्न था जो युद्ध में उसकी रक्षा करते थे, लेकिन इसने उन्हें त्याग दिया। यह परशुराम से शापित भी है। कर्ण इन मूर्खतापूर्ण कृत्यों से बहुत निर्बल हो गया है।' भीष्म ने स्पष्ट किया कि यह मूल्यांकन कर्ण के युद्धकौशल का नहीं, उसके स्वभाव और मानसिकता था जो उसके उत्कृष्ट युद्धकौशल के बावजूद उसके उद्यम के परिणाम को बाधित करते थे।

कर्ण को द्रोण उसके विद्यार्थी काल से ही जानते थे। उन्होंने हस्तिनापुर राजसभा के साथ-साथ विराट नगर के युद्ध में भी कर्ण के आचरण को देखा था। कर्ण के बारे में भीष्म के आंकलन से सहमत होते हुए द्रोण ने कहा, 'वह हर युद्ध से पहले बहुत घमंड तो दिखाता है, लेकिन जब समय आता है तो वहाँ से भागता हुआ ही देखा जाता है। वह उत्साही लेकिन लापरवाह है।'[38]

भीष्म और द्रोण के इन शब्दों को सुनकर कर्ण क्रोध से बौखला गया। उसने भीष्म पर पांडवों का पक्ष लेने और कौरवों के हितों के विरुद्ध काम करने का आरोप लगाया। उसने आरोप लगाया कि भीष्म उसके जैसे योद्धा का तिरस्कार करके कौरव पक्ष में असंतोष पैदा करने का प्रयास कर रहे हैं। भीष्म और द्रोण के आंकलन का जैसे परिचय देते हुए कर्ण बकबक करता रहा। 'भीष्म योद्धाओं के सामर्थ्य के बारे में क्या जानते हैं? मैं अकेले ही

पांडवों को आगे बढ़ने से रोक सकता हूँ। मेरे तीर अमोघ हैं, उन्हें देखकर ही पांडव और पांचाल इस तरह दसों दिशाओं में भाग जाएँगे जैसे शेर को देखकर बैल भागते हैं। मैं इस युद्ध में कुछ ही क्षणों में पांडवों को नष्ट कर दूँगा, लेकिन कौरवों के सेनापति होने के नाते भीष्म को मेरे पराक्रम का श्रेय मिलेगा। मैं ऐसा नहीं होने दूँगा। इसलिए जब तक भीष्म कौरव सेना के सेनापति रहेंगे तब तक मैं नहीं लड़ूँगा। इनके धराशायी होने पर ही मैं युद्ध में शामिल होऊँगा',[39] कर्ण ने घोषणा की।

जिस दिन युद्ध शुरू होना था उस दिन दुर्योधन ने अपने प्रमुख योद्धाओं से पूछा, 'आप कितने दिनों में हमारे शत्रुओं की सेना को अकेले नष्ट कर सकते हैं?' भीष्म ने कहा कि वह एक महीने में पांडव सेना को कुचल सकते हैं। द्रोण ने कहा कि वह भी एक महीने में यह कार्य कर सकते हैं। कृपाचार्य ने दो महीने और अश्वत्थामा ने दस दिनों का अनुमान बताया। कर्ण ने दावा किया कि वह केवल पाँच दिनों में पांडव सेनाओं का विध्वंस कर सकता है।[40] इतनी डींगें हाँकने के बाद भी कर्ण उस दिन युद्धभूमि में भी नहीं था जिस दिन युद्ध शुरू होना था। वह युद्ध के पहले दस दिनों तक अपने शिविर में ही रहा क्योंकि भीष्म सेनापति थे।

इस सब के दौरान कर्ण ने पांडवों के साथ शांति के प्रत्येक प्रयास का पुरजोर विरोध किया। वह चाहता था कि युद्ध हो। अर्जुन पर श्रेष्ठता सिद्ध करने और दुर्योधन की मित्रता का ऋण चुकाने के लिए भयानक युद्ध ही उसके लिए एकमात्र अवसर था। यद्यपि दुर्योधन के हित में जो होगा वही करने के उसके दावे खोखले सिद्ध हुए। जब अपने अहंकार और मित्र की जीत में से किसी एक को चुनने का विकल्प उसके सामने आया तो उसने अपने अहंकार को ही चुना।

युद्ध के दसवें दिन भीष्म धराशायी हो गए। अब कर्ण का युद्धभूमि में उतरना तय था। उस रात्रि वह भीष्म के दर्शन करने गया।

वृद्ध कुरु भीष्म अर्जुन के बाणों की शय्या पर अपनी आँखें मूँदकर लेटे हुए थे।[41] कर्ण उस राज्य के सर्वश्रेष्ठ योद्धाओं में से एक भीष्म को ऐसी दशा में देखकर अभिभूत हो गया। कर्ण ने झुककर अपने आगमन की सूचना दी, 'महोदय, मैं राधेय हूँ जिसे आप हमेशा तुच्छ मानते थे।' भीष्म ने आँखें खोली और कर्ण को बड़े स्नेह से देखा और कहा, 'तुम राधेय नहीं

कौन्तेय हो। मैं तुम्हारे जन्म की कहानी से अवगत हूँ। मैंने कभी भी तुम्हारा तिरस्कार नहीं किया। मैंने तुम्हें दुर्योधन के क्रोध को उकसाने से रोकने के लिए तुम्हारे प्रति कठोर वचन बोले। तुम दुर्योधन को अकारण ही पांडवों के विरुद्ध भड़काते रहे। तुम ईर्ष्यावश पांडवों के लिए द्वेष रखते हो।'

एक बार फिर से युद्ध रोकने का प्रयास करते हुए, भीष्म ने कर्ण की वीरता और उदारता की प्रशंसा की और उसे पांडवों के साथ शांति बनाने के लिए कहा। आखिरकार वे एक ही माता से उसके भाई जो थे। कर्ण ने मना कर दिया और कहा, 'मेरा जीवन दुर्योधन का ऋणी है। अब युद्ध रोकने का कोई तरीका नहीं है। मुझे पता है कि पांडव और श्रीकृष्ण अजेय हैं, लेकिन मैं उनके साथ लड़ना चाहता हूँ और मुझे विश्वास है कि मैं उन्हें हरा दूँगा।' भीष्म जानते थे कि शत्रुता समाप्त होने की इच्छा करने में देर हो चुकी है। 'मैंने शांति स्थापित करने के लिए वास्तव में बहुत उद्यम किये, लेकिन मैं असफल रहा। अब यदि तुमको लड़ना ही है तो अपने अहंकार को किनारे रखकर लड़ो, ऐसा लड़ो जो एक क्षत्रिय को शोभा दे और स्वर्ग की कामना करो,' इतना कहकर भीष्म ने कर्ण को अंतिम विदाई दी।

भीष्म के उत्तराधिकारी के रूप में द्रोणाचार्य को ग्यारहवें दिन कौरव सेना का सेनापति बनाया गया। कर्ण के आने से कौरव सेना प्रसन्न थी। युद्ध जीतने की उनकी आशा फिर से जागृत हो गयी थी। युद्ध की स्थिति भयानक हो गयी थी। भीष्म द्वारा निर्धारित नियमों को बार-बार तोड़ा गया। सूर्यास्त के बाद भी सेनाओं का युद्ध जारी रहा।

तेरहवें दिन अर्जुन के सोलह वर्षीय पुत्र अभिमन्यु का वध कौरवों के लिए पतनोन्मुखी था। अभिमन्यु अत्यंत वीरता के साथ लड़ा, लेकिन छः शक्तिशाली योद्धाओं के एक साथ आक्रमण से वह नहीं बच पाया। कर्ण और द्रोणाचार्य भी उन आक्रमणकारियों में शामिल थे। इतने शक्तिशाली कौरव योद्धा एक बालक का सामना अकेले नहीं कर पाए। यह पांडवों और उनके पुत्रों के शौर्य एवं सामर्थ्य का एक प्रमाण था।

चौदहवें दिन अर्जुन के हाथों जयद्रथ का वध होना कौरवों के लिए शर्मनाक हार थी। सिंधुदेश के राजा की रक्षा करने वाले सबसे उत्कृष्ट योद्धाओं की रक्षापंक्ति के बावजूद अर्जुन ने जयद्रथ को मार डाला और अभिमन्यु की मृत्यु का प्रतिशोध लिया। द्रोण, कृपा, कर्ण, अश्वत्थामा या दुर्योधन कोई भी अर्जुन को उस दिन जयद्रथ को मारने की अपनी प्रतिज्ञा

को पूरा करने से नहीं रोक सका। अर्जुन ने भीम और सात्यकि की सहायता से द्रोण के अभेद्य सैन्यव्यूह को तोड़ दिया और जयद्रथ को अंतिम यात्रा पर भेजने के लिए उसके मार्ग में आई हर बाधा को ध्वस्त कर दिया।

दुर्योधन हड़बड़ा गया। यह विचार उस पर हावी हो गया कि अर्जुन से टक्कर लेने में कर्ण और अश्वत्थामा सक्षम नहीं हैं, यहाँ तक कि द्रोण और कृपाचार्य भी असक्षम हैं। कर्ण का अर्जुन के सामने पूरी तरह से असहाय साबित होने से उसे और भी कष्ट हुआ।[47] उसने द्रोणाचार्य पर आरोप लगाया कि वे अर्जुन से मन लगाकर युद्ध नहीं कर रहे हैं। द्रोण ने उससे पूछा कि यदि ऐसा है तो अन्य श्रेष्ठ योद्धा अर्जुन को क्यों नहीं रोक पा रहे? कर्ण का मानना था, भाग्य ही बार-बार पांडवों का पक्ष ले रहा था।[43] यह बात वह अभी भी मानने के लिए तैयार नहीं था कि अर्जुन युद्धकौशल में उनसे श्रेष्ठ था।

जयद्रथ की मृत्यु ने पांडव पक्ष का मनोबल बढ़ा दिया था। उन्होंने कौरव सेना पर अधिक जोश के साथ आक्रमण किया। दुर्योधन अपने लोगों को ताश के पत्तों की तरह गिरते देखकर व्यथित हो गया। कर्ण फिर से अपने मित्र को प्रोत्साहित करने के लिए डींगें हाँकने लगा, 'निश्चिंत रहो, मैं शीघ्र ही अर्जुन और पांचालों को मार डालूँगा। जिस प्रकार कार्तिकेय ने तारकासुर को मारकर इंद्र को विजयी बनाया था, उसी प्रकार मैं तुम्हारी जीत सुनिश्चित करूँगा। जब तक मैं जीवित हूँ, तब तक तुमको चिंता करने की कोई आवश्यकता नहीं है।'

कर्ण की ऐसी डींगों को पहले भी कई बार सुन चुके कृपाचार्य ने मुस्कुराते हुए कहा, 'कर्ण, तुम दुर्योधन के सामने तो बड़ी-बड़ी बातें करते हो लेकिन क्या हमने तुम्हारे पराक्रम का परिणाम कभी नहीं देखा? क्या यह सच नहीं है कि जब पूरी सेना गंधर्वों से लड़ रही थी तब तुम भाग गए थे? क्या तुमको तुम्हारे भाइयों सहित विराट नगर के युद्ध में अर्जुन के हाथों हार का सामना नहीं करना पड़ा था? अर्जुन ने तब हमारी पूरी सेना को अकेले ही कुचल डाला था। अब तक तुमको पांडवों ने कितनी बार हराया है? एक खाली मेघ की तरह गर्जना मत करो। युद्ध पर ध्यान केंद्रित करो। क्षत्रिय युद्धभूमि में अपनी भुजाओं के माध्यम से अपने शौर्य को सिद्ध करते हैं। अर्जुन ने अपने पराक्रम से साक्षात भगवान शिव को संतुष्ट किया है, तुम केवल आत्म प्रशंसा करते हो।'[44]

अपने बचाव में कर्ण ने कहा कि वह केवल अपने संकल्प को प्रकट कर रहा था। 'मैंने पांडवों को मारने का संकल्प लिया है और अपने दृढ़ संकल्प को ही प्रकट कर रहा हूँ। भाग्य उन लोगों की सहायता करता है जो किसी काम को करने के लिए दृढ़ संकल्प लेते हैं। आत्म प्रशंसा में कुछ भी दोष नहीं है। यह केवल स्वयं को प्रेरित करने में सहायक होती है। मेरे ऐसे वचनों से आपको क्या कष्ट हो रहा है?'[45] कृपाचार्य ने उसे याद दिलाया कि शत्रुओं का उचित आंकलन करना और उन्हें कम न आँकना महत्वपूर्ण होता है। उन्होंने अर्जुन और श्रीकृष्ण के कुछ और पराक्रमों का वर्णन किया ताकि कर्ण को याद दिलाया जा सके कि उसके विरोधी कौन हैं।

कृपाचार्य के वचनों से कर्ण क्रोधित हो गया। वह जोर से हँसा और उत्तर देते हुए बोला, 'निश्चित रूप से पांडव शूरवीर हैं। लेकिन मत भूलिए मेरे पास इंद्रास्त्र है। इसका उपयोग करके मैं अर्जुन को मार डालूँगा और तब अन्य पांडव सरलता से पराजित हो जाएँगे। अपने क्रोध को नियंत्रित करने में असमर्थ कर्ण ने कृपाचार्य को अपशब्द बोलने शुरू कर दिये। उसने उन्हें न केवल पांडवों का पक्षपाती और एक निर्बल वृद्ध ब्राह्मण कहा बल्कि उन्हें धमकी दी कि यदि उन्होंने उसे अप्रिय लगने वाला कुछ और कहा तो वह उनकी जिह्वा काट देगा। 'पांडव दैवसंयोग से महान कौरव योद्धाओं को मारने में सफल रहे हैं और कोई अन्य कारण नहीं है। दुर्योधन के लिए मैं पांडवों से अपने सामर्थ्य के अनुसार लड़ूँगा। हालांकि, विजय भाग्य पर निर्भर है,' उसने फिर से दोहराया।[46]

अपने मामा के अपमान से क्रोधित होकर अश्वत्थामा तलवार उठाकर कर्ण पर टूट पड़ा। 'मेरे मामा तुमको अर्जुन के बारे में सच ही बता रहे थे। तुमको उन्हें इस तरह से नीचा दिखाने की कोई आवश्यकता नहीं थी। तुम अपने पराक्रम की जो बड़ी-बड़ी डींगें हाँक रहे हो, वह पराक्रम तब कहाँ था जब अर्जुन ने जयद्रथ को तुम्हारी आँखों के सामने मार डाला था?' कृपाचार्य ने अश्वत्थामा को रोक लिया। लेकिन कर्ण ने अश्वत्थामा को मूर्ख और नीच ब्राह्मण कहा और उसे द्वंदयुद्ध के लिए चुनौती दी। परिस्थिति को शांत करने के लिए दुर्योधन को हस्तक्षेप करना पड़ा।[47]

कर्ण का अर्जुन को मारने में समर्थ होने का विश्वास इंद्रास्त्र से प्रेरित था। युद्ध के चौदहवें दिन की रात्रि को श्रीकृष्ण की युद्ध रणनीति के कारण कर्ण को घटोत्कच पर इंद्रास्त्र का प्रयोग करने के लिए विवश होना पड़ा। 'कर्ण ने

पहले ही अर्जुन पर इंद्रास्त्र का प्रयोग क्यों नहीं किया था? क्या उसे आरम्भ में ऐसा नहीं करना चाहिए था?' धृतराष्ट्र ने संजय से पूछा। संजय के पास कोई सीधा उत्तर नहीं था। 'युद्ध का दिन समाप्त होने के बाद प्रत्येक रात्रि कौरव योद्धा एकजुट होकर कर्ण को अर्जुन या श्रीकृष्ण पर इंद्रास्त्र का प्रयोग करने के लिए उकसाते थे। इससे युद्ध का अंत भी हो जाता। लेकिन प्रातः युद्धभूमि पर ऐसा कभी नहीं हुआ। यह कदाचित दैवसंयोग ही था जिसने कर्ण को इंद्रास्त्र का प्रयोग करने से रोका होगा', संजय ने उत्तर दिया।[48]

युद्ध के दौरान प्रत्येक योद्धा के जीवन में सुखद और दुःखद दिन आये। भीम ने कर्ण को कई द्वंदों में हराया और एक बार पराजित भी हुआ। युद्ध के सत्रहवें दिन अंतिम द्वंदयुद्ध के लिए कर्ण का सामना करने से पहले अर्जुन ने कर्ण को कम से कम तीन बार हराया था।[49] कर्ण ने नकुल, सहदेव और युधिष्ठिर को पिछले दिनों में पराजित किया जब वह युद्धभूमि में था, लेकिन कुंती को दिए अपने वचन के कारण उसने उन्हें नहीं मारा। इसी तरह भीम और सात्यकि भी कर्ण को कई बार मारने के निकट पहुँच गए थे, लेकिन उन्होंने भी उसे नहीं मारा क्योंकि अर्जुन ने प्रतिज्ञा की थी कि वह कर्ण को अपने हाथों से मारेगा।[50]

युद्धभूमि में अगर प्रतिद्वंदी हार जाये तो भी उन्हें आदर से ही संबोधित किया जाता था। दुर्योधन ने भी विरोधियों का अपमान नहीं किया। एक बार जब दुर्योधन और सात्यकि आमने-सामने आये तब दुर्योधन और सात्यकि ने अपने विद्यार्थीकाल से जुड़ी कुछ हँसी-मजाक की बातें की। त्वरित उत्तेजित होने वाले भीम ने भी युद्धभूमि पर वाणी की मर्यादा रखी थी। कर्ण ने ऐसा नहीं किया। भीम ने कर्ण को कई बार पीछे हटने के लिए विवश किया था। एक बार जब भीम को कर्ण रथहीन और अस्त्रविहीन करने में सफल रहा तब उसने भीम पर अपशब्दों की बौछार कर दी, उसने भीम को पेटू, कायर और नपुंसक तक कहा।[51] भीम और अर्जुन उसके इस दुर्व्यवहार पर बहुत क्रोधित हुए। अर्जुन ने कर्ण की क्रूरता का स्मरण करते हुए अभिमन्यु की मृत्यु का बदला लेने के लिए उसके पुत्र वृषसेन को मारने की प्रतिज्ञा की।[52] कर्ण निसंदेह एक उत्तम योद्धा था, किन्तु उसमें अविवेक और लगातार डींगें हाँकने का बड़ा दोष था। उसकी असभ्य बातों ने युद्धभूमि और उसके बाहर

ज्येष्ठ कौरवों को कई बार नाराज कर दिया था। ऐसे हर अवसर पर दुर्योधन को परिस्थिति को संभालने के लिए हस्तक्षेप करना पड़ता था।

युद्ध के पंद्रहवें दिन धृष्टद्युम्न के हाथों द्रोणाचार्य के मारे जाने के बाद दुर्योधन ने कर्ण को कौरव सेना का सेनापति बनाया। युद्ध के सोलहवें दिन पांडव पक्ष का पलड़ा भारी रहा। कर्ण ने दुर्योधन को आश्वासन दिया कि वह अगले दिन अर्जुन का नाश कर देगा। वह अपने दिव्यधनुष विजय का प्रयोग करेगा जो उसे स्वयं परशुराम ने दिया था।[53] कर्ण का मानना था कि केवल एक पहलू को छोड़कर वह युद्ध की सभी कलाओं में अर्जुन से श्रेष्ठ था। उसके पास श्रीकृष्ण के जैसा श्रेष्ठ सारथी नहीं था। वह एक ऐसे योद्धा को जानता था जो श्रीकृष्ण के समान निपुण सारथी हो सकते थे। वह योद्धा मद्र नरेश शल्य थे।

निर्णायक टकराव

शल्य नकुल और सहदेव के मामा थे। वह युद्ध में युधिष्ठिर के पक्ष में शामिल होने के लिए जा रहे थे। रास्ते में उनके लिए विशेष भोजन और मनोरंजन से भरपूर सुंदर शिविरों को स्थापित किया गया था। शल्य ने यह सोचकर आतिथ्य स्वीकार कर लिया कि यह व्यवस्था युधिष्ठिर ने की थी। वास्तव में, यह शल्य को कौरव पक्ष से लड़ने के लिए तैयार करने के लिए दुर्योधन की चाल थी। अंजाने में ही सही, दुर्योधन का आतिथ्य ग्रहण करके शल्य उसके ऋणी हो गए और उसके अपनी ओर से युद्ध लड़ने के प्रस्ताव को अस्वीकार नहीं कर सके। शल्य दुर्योधन के पक्ष से युद्ध लड़े और पूरे सामर्थ्य से लड़े, लेकिन उनका मन पांडवों के साथ था। भीष्म ने युद्ध शुरू होने से पहले ही दुर्योधन को सावधान किया था कि शल्य कुरुक्षेत्र में अपने भांजों को नहीं मारेंगे।

जब दुर्योधन ने शल्य से कर्ण का सारथी बनने का आग्रह किया, तो शल्य ने शुरू में मना कर दिया। दुर्योधन ने युद्धकौशल और रथ संचालन में उनके अद्वितीय पराक्रम की प्रशंसा करके उन्हें मनाने का प्रयत्न किया। आखिरकार, शल्य सहमत हो गए।[54] जैसे ही उन्होंने कर्ण के रथ को युद्धभूमि की ओर बढ़ाया, कर्ण ने फिर से घमंड करना शुरू कर दिया कि वह कैसे पांडवों के विनाश का कारण बनने और अपने अचूक तीरों से दुर्योधन की जीत को सुरक्षित करने जा रहा था। शल्य इससे अचंभित रह गए। 'तुम इस

तरह से पांडवों की उपेक्षा कैसे करते हो? जब तुम उनको लड़ते हुए देखोगे तब तुम्हें ऐसी बातें नहीं करोगे', शल्य ने फटकार लगाई। उसने कहा, 'अपनी वीरता की बड़ाई ठोकने की अपेक्षा अर्जुन से युद्ध लड़ने की रणनीति बनाओ।' लेकिन कर्ण ने अपनी आत्म प्रशंसा जारी रखी और शल्य पर उसे हतोत्साहित करने का आरोप लगाया। उनका यह संवाद शीघ्र ही असभ्य हो गया। कर्ण को क्रोधित करने के लिए शल्य अर्जुन का गुणगान करते रहे। कर्ण ने शल्य के गृह राज्य मद्र के लोगों की निंदा करके प्रतिकार किया। कर्ण ने मद्र देश के लोगों को विश्वासघाती, दुष्ट, कपटी, नीच और भी बहुत कुछ कहा। यहाँ तक कि उसने वहाँ की स्त्रियों को भ्रष्ट भी कहा। एक बार फिर दुर्योधन को दो महान योद्धाओं के कलह को रोकने के लिए बीच में आना पड़ा।[55]

उस दिन कर्ण अपनी पूरी शक्ति के साथ लड़ा। उसने पांडव सेना के कई योद्धाओं का संहार किया। उसने युधिष्ठिर, नकुल और सहदेव को हराया लेकिन उसने उन्हें नहीं मारा।[56] भीम हमेशा कर्ण के लिए एक दुर्जेय योद्धा रहा था। उस दिन भी भीम और दु:शासन के द्वंद से पहले कर्ण और भीम आपस में कई बार भिड़े।[57]

अतंत: कर्ण और अर्जुन आमने-सामने आ ही गए। दोनों को पता था कि यह उनकी अंतिम मुठभेड़ थी। दोनों एक-दूसरे के रक्तपिपासु थे। दोनों ही मारने या मरने के लिए तैयार थे। उन दोनों ने एक-दूसरे पर प्राणघातक आक्रमण किया। उनका द्वंद अत्यंत भयानक होता जा रहा था। उनके तीखे तीर एक-दूसरे के शरीर में घुस रहे थे और उनका रक्त बहा रहे थे, लेकिन उनकी आत्मा निर्भीक थी। एक समय जब कर्ण इस युद्ध पर हावी होता हुआ दिख रहा था तब कौरव सेना आनन्दित होने लगी।

श्रीकृष्ण और भीम ने अर्जुन को उसके पिछले पराक्रमों का स्मरण करवाकर प्रोत्साहित करने लगे। उत्साहित अर्जुन अपने विस्मयकारी धनुकौशल का प्रदर्शन करते हुए खेल में वापस आ गया। इसके बाद कर्ण ने सर्पास्त्र नामक घातक अस्त्र अर्जुन पर लक्षित किया। शल्य ने कर्ण को सावधान किया कि उसने जिस प्रकार से अस्त्र साधा था उससे लक्ष्य चूकने की संभावना थी। कर्ण ने इसे अपने धनुकौशल का अपमान समझा और अपने चुने हुए कोण से ही अस्त्र चलाया। जैसा कि शल्य ने अनुमान लगाया था, तीर अर्जुन की गर्दन से चूक गया और उसके मुकुट को गिराते हुए पीछे हट

गया। श्रीकृष्ण के कुशल रथ संचालन ने भी अर्जुन को उस घातक अस्त्र से बचाने में भूमिका निभाई।[58]

अर्जुन ने अपनी पूरी शक्ति के साथ प्रतिघात किया। कर्ण के शरीर का हर अंग उसके बाणों से छिद गया और तभी कर्ण के रथ का पहिया भूमि में धंस गया। कर्ण ने इसे अनदेखा करते हुए अपने गुरू परशुराम द्वारा दिए गए ब्रह्मास्त्र का आह्वान करने की कोशिश की, लेकिन उसे आह्वान मंत्र याद नहीं आ रहा था। तब कर्ण को आभास हुआ कि मृत्यु समीप है। 'यद्यपि हम धर्म की रक्षा करने का प्रयास करते हैं लेकिन धर्म हमेशा हमारी रक्षा नहीं करता है,' वह कराह रहा था। अर्जुन के बाणों से उसका शरीर बहुत पीड़ा में था। धनुष पर उसकी पकड़ ढ़ीली पड़ गई थी।

कर्ण ने अभी तक हार नहीं मानी थी। उसने प्रतिशोध के साथ फिर से लड़ाई लड़ी और अर्जुन के धनुष की डोर को ग्यारह बार काटा, परन्तु अगला बाण आने से पहले अर्जुन हर बार धनुष पर प्रत्यंचा चढ़ा देता था। अर्जुन के इस पराक्रम ने सभी दर्शकों को चकित कर दिया। कर्ण भी सराहनीय युद्धकौशल का प्रदर्शन कर रहा था। उसने उन सभी अमोघ बाणों को नष्ट कर दिया जो अर्जुन ने उस पर चलाए। फिर अर्जुन कर्ण पर रौद्रास्त्र से प्रहार करने सज्ज हुआ। अस्त्र को देखकर कर्ण अपने रथ से कूदकर उस पहिए को बाहर निकालने लगा जो भूमि में धँस गया था। उसने अर्जुन से आग्रह करते हुए कहा, 'अर्जुन अपने बाण को तब तक रोककर रखो, जब तक मैं भूमि में फँसे पहिए को बाहर नहीं निकाल लेता। कायर मत बनो और धर्मसंगत वार के नियमों का पालन करो। अपने धर्म का पालन करो।'

कर्ण से धर्म की बड़ी-बड़ी बातें सुनकर श्रीकृष्ण क्रोधित हो उठे। 'सौभाग्य की बात है, अब तुमको धर्म की याद आ रही है। लोग हमेशा विपत्तिकाल में अपने भाग्य को दोष देते हैं। वे अपने कुकर्मों को कभी याद नहीं करते हैं। हस्तिनापुर की राजसभा के सामने रजस्वला द्रौपदी को केशों से घसीटे जाने पर क्या तुमने धर्म के बारे में सोचा था? जब युधिष्ठिर के साथ द्यूतक्रीड़ा में छल करके उसका राज्य हड़प लिया गया था तब तुम्हारा धर्म कहाँ था? क्या यह धर्म था जब तेरह वर्ष के वनवास के बाद भी तुम सब ने पांडवों को उनका राज्य लौटाने से मना कर दिया था? तुम्हें लाक्षागृह की साजिश के बारे में पता था जहाँ दुर्योधन ने पांडवों को जलाकर मारने का प्रयास किया था, तब तुम्हारा धर्म कहाँ था? जब तुमने भरी सभा में

दु:शासन द्वारा अपमानित की जा रही असहाय द्रौपदी का उपहास उड़ाया था, तब तुम्हारा धर्म कहाँ था? क्या तुम्हें याद है कि उस सभागार में तुम द्रौपदी को कैसे घूर रहे थे और तुमने यह कहते हुए कि पांडव अब नष्ट हो गए हैं, कैसे उसे अपने लिए कोई और पति चुनने के लिए कहा था? क्या तुमने शकुनि के साथ षड्यंत्र करते समय धर्म के बारे में सोचा था? क्या तुम सबने युधिष्ठिर को दोबारा जुआ खेलने के लिए विवश नहीं किया था? धर्म की यह बात तब कहाँ थी जब तुमने दूसरे योद्धाओं के साथ मिलकर अभिमन्यु जैसे युवा बालक को मार दिया था? यदि उन अवसरों पर तुम धर्म के बारे में चिंतित नहीं थे तो अब धर्म के बारे में उपदेश देते हुए अपनी जिह्वा को क्यों सुखा रहे हो?'

कर्ण कुछ भी नहीं कह सका। उसने अर्जुन से लड़ने के लिए एक बार फिर से अपना धनुष उठाया। अर्जुन की ओर मुड़कर श्रीकृष्ण ने कहा, 'अपने दिव्य अस्त्रों से कर्ण को मार डालो।' कृष्ण के शब्दों का अर्जुन पर बड़ा प्रभाव पड़ा। अतीत की कष्टदायक स्मृतियाँ उसकी आँखों के सामने तैरने लगी और उसके रोम-रोम को जलाने लगी। अर्जुन ने अंजलीक नामक दिव्यास्त्र बाहर निकालकर शक्तिशाली मंत्रों के साथ अभिमंत्रित करके उसका संधान किया और पूर्ण संकल्प के साथ कर्ण पर छोड़ दिया। उस तीर ने सीधे जाकर कर्ण का सिर काट दिया।[59] पांडव सेना में चारों ओर उत्साह छा गया। कौरवों के लिए अब जीत की कोई आशा नहीं थी।

गदा युद्ध

कर्ण की मृत्यु के बाद दुर्योधन बिखर सा गया। कृपाचार्य ने एक बार फिर दुर्योधन को पांडवों के साथ शांतिवार्ता करने के लिए मनाने का प्रयास किया। दुर्योधन को पता था कि अब जीतना असंभव था, वह पांडवों से क्षमा की भीख कैसे माँग सकता था? दुर्योधन के लिए इतने सारे राजाओं और योद्धाओं ने अपने प्राणों की आहुति दे दी थी। उसने विचार किया कि उन मृतक मित्रों और शुभचिंतकों के लिए लड़ना ही उचित होगा। युद्ध जारी रहा।

कर्ण के बाद शल्य शीघ्र ही मारे गए और फिर शकुनि का भी वध हो गया। दुर्योधन के साथ केवल कृपाचार्य, अश्वत्थामा और कृतवर्मा ही शेष बचे थे। अट्ठारहवें दिन की प्रात: दुर्योधन युद्धभूमि में दिखाई नहीं दिया। उसने जलाशय में विश्राम करने का निर्णय किया। पांडवों ने उसे ढूँढ़ लिया और

उसे लड़ने के लिए चुनौती दी। दुर्योधन को द्वंदयुद्ध के लिए प्रतिद्वंदी चुनने का विकल्प दिया गया। दुर्योधन का घमंड अभी भी शिखर पर था। 'मैं तुम लोगों के साथ एक-एक करके लडूँगा,' उसने घमंडपूर्वक कहा। युधिष्ठिर ने सहमति व्यक्त करते हुए कहा, 'यदि तुम हम में से किसी एक को भी हराने में सफल हुए तो मैं राज्य के लिए अपना दावा छोड़ दूँगा।'

दुर्योधन अपनी गदा पकड़े हुए जलाशय से बाहर आ गया। 'आओ एक-एक करके मेरे साथ लड़ो। मत भूलो कि कई योद्धाओं के लिए एक प्रतिद्वंदी से लड़ना उचित नहीं है,' उसने कहा। 'जब तुम सबने मिलकर अभिमन्यु को मारा था तब यह विचार तुम्हारे मन में कैसे नहीं आया था?' युधिष्ठिर ने उसका उपहास उड़ाया। 'अपने साथ लड़ने के लिए हम में से किसी एक को चुन लो,' युधिष्ठिर ने उसको चुनौती दी।[60]

इस पर दुर्योधन ने दहाड़ते हुए कहा, 'तुम में से कोई भी गदायुद्ध में मेरी बराबरी नहीं कर सकता है, इसलिए तुम लोग तय कर लो कि कौन पहले जाना चाहता है।' भीम अपनी गदा के साथ कूद गया। यह द्वंद बहुत समय से लंबित था। भीम शक्तिशाली था लेकिन दुर्योधन ने तेरह वर्ष तक कठोर अभ्यास किया था। दुर्योधन को इसी दिन की प्रतीक्षा थी। जब पांडव वन में अपना समय बिता रहे थे तब उसने अपने शरीर और गदा पर कठोर परिश्रम किया था। दोनों के बीच भयानक द्वंद शुरू हो गया। दोनों अपना सर्वश्रेष्ठ पराक्रम दिखा रहे थे। श्रीकृष्ण को आभास हुआ कि यदि गदा युद्ध के सामान्य नियमों का पालन किया जाता है तो भीम नहीं जीतेगा। उन्होंने जुए के घृणित खेल के दौरान भीम की प्रतिज्ञा के बारे में अर्जुन को याद दिलाया। 'मैं तुम्हारी इस जाँघ को तोड़ दूँगा जिस पर तुमने द्रौपदी को बैठने को कहा है,' भीम ने उस समय गर्जना की थी। भीम को उसकी प्रतिज्ञा याद दिलाने का समय आ गया था। श्रीकृष्ण के उकसाने पर अर्जुन ने भीम को अपनी जाँघ दिखाते हुए संकेत किया। भीम समझ गया।

उपयुक्त समय पर जब दुर्योधन ने छलाँग लगाई तब भीम ने उसकी जाँघ पर एक प्राणघातक प्रहार किया। दुर्योधन हिलने-डुलने में असमर्थ होकर भूमि पर गिर पड़ा। वह गंभीर रूप से घायल हो गया था।[61]

श्रीकृष्ण के बड़े भाई बलराम गदायुद्ध के नियम को तोड़ने पर भीम से अत्यंत क्रोधित हुए। 'यह छल है! तुम अपने विरोधी को कमर के नीचे नहीं मार सकते!' वह चिल्लाये और अपना हल लेकर भीम की ओर दौड़े।

श्रीकृष्ण ने उन्हें पकड़ लिया। 'विशुद्ध न्यायप्रिय और पुरुषार्थी पांडव हमारे मित्र हैं। क्या आप नहीं जानते कि दुर्योधन और उसके मित्रों ने इन निरपराधों के साथ बार-बार छल किया है? इसके अलावा, भीम अपनी प्रतिज्ञा से प्रतिबद्ध है। हस्तिनापुर की राजसभा में उसने द्रौपदी को अभद्र संकेत करने के लिए दुर्योधन की जाँघ तोड़ने की प्रतिज्ञा की थी। दुर्योधन ने ही कर्ण को अभिमन्यु पर पीछे से आक्रमण करने के लिए उकसाया था और उसका धनुष कटवाया था। उसके बाद दुर्योधन ने दूसरे योद्धाओं के साथ मिलकर अभिमन्यु को मार डाला था, जबकि वह भूमि पर गिरा पड़ा था और शस्त्रहीन था। यह कैसे उचित था? भीम की प्रतिज्ञा को दुर्योधन सहित सभी लोग पिछले तेरह वर्षों से जानते थे। दुर्योधन को इतनी उछल-कूद करने से पहले यह याद रखना चाहिए था।'[62]

दुर्योधन को धराशायी होते देख पांडव सेना के योद्धाओं ने भीम की भूरी-भूरी प्रशंसा करना और दुर्योधन का कटु अपमान करना शुरू कर दिया। श्रीकृष्ण को यह रास नहीं आया। उन्होंने उन्हें यह कहते हुए रोका, 'भीम ने उसे पहले ही मरने के लिए छोड़ दिया है, अब उसे दोबारा अपने वचनों से मत मारो। वह पहले से ही मर चुका था जब उसने भीष्म, कृपा, द्रोण, विदुर और संजय जैसे विद्वानों के स्थान पर धूर्त लोगों को अपना मंत्री बनाया और उनकी मंत्रणा का पालन किया। वह न तो किसी का मित्र है और न ही शत्रु, वह केवल एक अधम मनुष्य है। उसके लिए अब कोई और वचन व्यर्थ मत गँवाओ। चलो, उसे अकेला छोड़ देते हैं।'

श्रीकृष्ण के वचनों से दुर्योधन खिसिया गया। 'ओ कंस के दास के पुत्र! क्या तुम्हें लज्जा नहीं आती कि आज मुझे अधर्म से हराया गया है? क्या तुम युद्ध में इतने सारे योद्धाओं को छल से मरवाने के लिए अपने आप से घृणा नहीं करते हो? शिखंडी को सबसे आगे खड़ा करके भीष्म का वध किया गया। द्रोणाचार्य को अश्वत्थामा हाथी की मृत्य के समाचार से भ्रमित करके मारा गया। क्या तुमको ऐसा लगता है कि मैं यह सब नहीं जानता? कर्ण के साथ युद्ध में घटोत्कच को आगे करना क्या तुम्हारा विचार नहीं था ताकि कर्ण के पास उस इंद्रास्त्र का उपयोग करने के अतिरिक्त और कोई विकल्प न बचे, जिसे उसने अर्जुन को मारने के लिए रखा था? यहाँ तक कि कर्ण को भी छल से मारा गया। यदि तुमने इन कुटिल साधनों का सहारा

नहीं लिया होता तो पांडव अभी जीवित नहीं होते। तुम सबसे बड़े पापी हो कृष्ण!'[63] दुर्योधन जोर से चिल्लाया।

इस पर श्रीकृष्ण ने उत्तर दिया, 'दुर्योधन तुम पाप मार्ग पर थे। तुम जिन योद्धाओं के बारे में बोल रहे हो वे सभी तुम्हारे कुकर्मों के कारण मारे गए हैं। तुम अपने लोभवश पांडवों की पैतृक सम्पत्ति हड़पना चाहते थे। तुमने उन्हें कई बार मारने का प्रयत्न किया था। यहाँ तक कि तुमने बचपन में भीम को विष खिलाकर मारना चाहा था। तुमने अपनी खलमंडली के साथ वारणाव्रत में पांडवों को उनकी माता के साथ जीवित जलाने की साजिश रची थी। तुम उस दिन ही वध योग्य थे जिस दिन तुमने रजस्वला द्रौपदी को उसके केशों से घसीटकर हस्तिनापुर की राजसभा में लाने का आदेश दिया था। तुमने छलपूर्वक युधिष्ठिर का राज्य छीन लिया। तुमने युद्ध के सभी नियमों को तोड़ते हुए अभिमन्यु को अधर्म से मार डाला। तुम जिन्हें हमारे अनुचित कर्म बता रहे हो, ये सब तुम्हारे कुकर्मों के कारण ही किये गए हैं। अत्यधिक लोभ और क्रोध के वशीभूत होकर तुमने वह सब कार्य किये जो कभी नहीं किये जाने चाहिए थे। अब तुम अपने उन कुकर्मों का फल भोगो।'[64]

दुर्योधन पर श्रीकृष्ण के वचनों का कोई प्रभाव नहीं पड़ा। उल्टा वह अपने ऐश्वर्यपूर्ण जीवन की बड़ाई करने लगा और बोला, 'ऐसी ही मृत्यु मेरे जैसे क्षत्रिय के लिए उपयुक्त है। रणभूमि में प्राण त्यागने से बेहतर मृत्यु क्या हो सकती है?'[65]

उस सांयकाल अपने स्वजनों और प्रियजनों से विरक्त दुर्योधन की मृत्यु हो गयी।

पांडवों के साथ दुर्योधन की कुंठा कुछ हद तक समझ में आती थी। वह अपने चचेरे भाइयों की प्रगति और ऐश्वर्य से ईर्ष्या करता था। परन्तु पांडवों के प्रति कर्ण की इतनी घोर घृणा के पीछे क्या कारण था? क्या यह उसकी सनक थी कि उसे भारतवर्ष में सबसे महान योद्धा के रूप में पहचाना जाए? या फिर अर्जुन को हर स्थान पर मिलने वाले स्नेह और सम्मान से कर्ण जलता था? या हर हालत में दुर्योधन के प्रति अपनी निष्ठा सिद्ध करने का यह उसका तरीका था?

कर्ण ने दुर्योधन के हर कार्य में साथ दिया। उसने वही बात कही जो दुर्योधन को अच्छी लगी, बल्कि उसने एक कदम आगे बढ़कर भीष्म,

द्रोणाचार्य, कृपाचार्य, विकर्ण और उन सभी का अपमान किया जिनके वचन कर्ण के अनुसार दुर्योधन के अनुरूप नहीं थे। सही या गलत, सदाचार या कुटिलता और धर्म-अधर्म जैसे मुद्दे कर्ण के लिए कोई मायने नहीं रखते थे। यदि इससे दुर्योधन प्रसन्न होता तो कर्ण या तो बोल देता या कर देता। उसके पास पांडवों के साथ संधि करने और युद्ध को टालने का अवसर था परन्तु उसने दुर्योधन के पक्ष में लड़ने का निर्णय किया और हार के साथ मृत्यु का वरण किया।

ऐसा कई मानते हैं कि दुर्योधन के प्रति कर्ण की निष्ठा अटूट थी, क्या यह सत्य था? द्रौपदी के अपमान से चचेरे भाइयों के बीच असाध्य द्वेष उत्पन्न कर देना, गंधर्वों के साथ युद्ध से उसका भागना जबकि दुर्योधन लड़ रहा था, अपनी दानवीरता की प्रतिष्ठा को सुनिश्चित करने के लिए इंद्र को कवच और कुण्डल देना, कुरुक्षेत्र युद्ध में किसी अन्य पांडव को नहीं मारने का कुंती को वचन देना, भीष्म के साथ अहंकार टकराव के कारण पहले दस दिनों तक कुरुक्षेत्र युद्ध से बाहर रहना, बार-बार डाँट खाने के बाद भी ज्येष्ठ कौरव योद्धाओं के सामने लगातार डींगें हाँकना और हर किसी की इच्छा के विरुद्ध बार-बार कुरुक्षेत्र युद्ध के लिए दुर्योधन को भड़काना—इनमें से कर्ण का कोई भी कार्य दुर्योधन के हित में नहीं था।

दोनों के बीच यह कैसा सम्बंध था? क्या यह मित्रता थी? क्या दुर्योधन तब भी कर्ण को संरक्षण देना जारी रखता यदि कर्ण पांडवों के राज्य को हड़पने की दुर्योधन की मंशा का नैतिकता के आधार पर विरोध करता? क्या दुर्योधन और कर्ण मित्र रह सकते थे यदि कर्ण ने उस युद्ध के विरुद्ध परामर्श दिया होता जो केवल अपनी ईर्ष्या को संतुष्ट करने के लिए दुर्योधन ने भारतवर्ष पर थोपा था? लेकिन कर्ण तो युद्ध के लिए दुर्योधन से भी अधिक उतावला था। उसने श्रीकृष्ण से उल्लेख किया था कि वह कौरवों की संभावित हार के बारे में जानता था, फिर भी वह युद्ध चाहता था। युद्ध उसके लिए अपने को अर्जुन से श्रेष्ठ सिद्ध करने का एकमात्र माध्यम था।

दुर्योधन और कर्ण दोनों ही युद्ध चाहते थे। इस एक उद्देश्य में वे एकमत थे। दोनों ही शौर्य के साथ लड़े और नष्ट हो गए। उनके साथ ही भारतवर्ष के असंख्य महान योद्धाओं का भी नाश हो गया।

दोनों ने ही एक-दूसरे में अंतर्निहित तमोगुण को बढ़ावा देने का कार्य किया।

11

कुरुक्षेत्र के कुछ टकराव

भीम ने कुरुक्षेत्र में अत्यधिक विनाश किया। तुलना में उसके आगे केवल भीष्म ही रहे होंगे, जिन्होंने प्रतिदिन कम से कम दस हजार सैनिकों का वध किया। सभी सौ कौरव भाइयों को भीम ने मारा था। वह गदा युद्ध के साथ-साथ धनुर्विद्या में भी प्रवीण था।

युद्ध के अट्ठारह दिनों में दुर्योधन और भीम के साथ-साथ कर्ण और भीम का भी कई बार आमना-सामना हुआ। भीष्म, त्रिगर्तों, भगदत्त और कौरवों के अन्य सहयोगियों के साथ अर्जुन भिड़ता रहा। नीचे दी गयी सारणी में भीम और अर्जुन का कर्ण और दुर्योधन के साथ हुए टकरावों को दिखाया गया है।

आमना-सामना	भीम			अर्जुन		
	जीत	हार	अनिर्णायक	जीत	हार	अनिर्णायक
दुर्योधन[1]	6	0	2	1	0	0
कर्ण[2]	6	1	3	4	0	0

- **जीत/हार:** जब एक योद्धा या तो प्रतिद्वंदी को मार देता है या फिर प्रतिद्वंदी को अस्त्र-शस्त्र विहीन करके छोड़ देता है या फिर प्रतिद्वंदी को युद्ध से पीछे हटने पर विवश कर देता है, ऐसी परिस्थिति योद्धा के लिए जीत और प्रतिद्वंदी के लिए हार को इंगित करती है।
- **अनिर्णायक:** यदि अन्य योद्धाओं के सहयोग से प्रतिद्वंदियों को बल मिलता है और जीत अथवा हार की स्थिति उत्पन्न नहीं होती, या फिर यदि विरोधी दूसरों से लड़ने के लिए निकल जायें तो यह एक अनिर्णायक स्थिति है।

शुरू में कर्ण ने भीम के साथ हल्की लड़ाई लड़ी, लेकिन भीम की शक्ति को देखते हुए कर्ण ने अपने आक्रमण को घातक कर दिया। वे कुल

दस बार आपस में टकराए, जिनमें से नौ बार चौदहवें दिन टकराये थे। उस दिन अर्जुन 'मिशन जयद्रथ' में व्यस्त था। भीम और कर्ण दोनों को उस दिन एक-दूसरे को मारने का अवसर मिला, लेकिन दोनों को प्रतिज्ञा याद आ गयी। कर्ण ने कुंती को वचन दिया था कि वह अर्जुन के अलावा किसी भी पांडव का वध नहीं करेगा। भीम को भी कर्ण का वध करने की अर्जुन की प्रतिज्ञा याद आ गई।

अर्जुन और भीम के अलावा कर्ण को एक बार सात्यकि ने भी द्वंदयुद्ध में हराया था[3], उनके दो द्वंदयुद्ध अनिर्णीत रहे।[4] कर्ण को एक बार अभिमन्यु ने भी हराया था।[5] कुरुक्षेत्र में अपने सात दिन के युद्ध में कर्ण ने नकुल, सहदेव और युधिष्ठिर को दो बार हराया।

कुरुक्षेत्र में अर्जुन एकमात्र योद्धा था जिसने एक भी द्वंदयुद्ध नहीं हारा था। युद्ध के चौदहवें दिन वह द्रोणाचार्य के सामने से हट गया था क्योंकि वह उनसे लड़ने में समय व्यर्थ नहीं गंवाना चाहता था। व्यावहारिक रूप से अर्जुन द्वारा शिखंडी के सहयोग से धराशायी होने तक भीष्म अपराजित रहे।

12

वीरांगना माता

रंगभूमि में प्रवेश करते ही कर्ण को कुंती ने तुरंत पहचान लिया। उस समय गांधारी के पुत्रों के साथ कुंती के पुत्र भी द्रोणाचार्य से प्राप्त युद्धविद्या का प्रदर्शन कर रहे थे। स्वर्णमय कवच और कुंडल कर्ण पर चमक रहे थे। कुंती उन्हें तुरंत पहचान गई। उसने उन्हें तब देखा था जब उसने शिशु को टोकरी में रखा था। कर्ण आत्मविश्वास से परिपूर्ण एक सिंह की भाँति भीतर आया। सबकी दृष्टि उस पर टिकी हुई थी। सबको चौंकाते हुए उसने अर्जुन को द्वंदयुद्ध के लिए चुनौती दी। उसकी आवाज में कड़वाहट स्पष्ट थी। कुंती के हृदय की गति मानों रुक सी गयी थी। उसका सबसे बड़ा पुत्र अपने सबसे छोटे भाई को चुनौती दे रहा था। दोनों ही अपने सम्बंध से अनजान थे।

कर्ण फिर से कुंती के जीवन में आ गया था। कर्ण की पांडवों के प्रति घृणा और दुर्योधन से मैत्री देख कुंती अत्यंत व्यथित हो उठी। घटनाओं के ऐसे मोड़ पर स्तब्ध कुंती अचेत हो गई। विदुर ने दासियों से उस पर थोड़ा सा चंदन जल छिड़कने के लिए कहा। तब तक सूरज ढल चुका था और द्वंद टल गया था। कर्ण के जन्म का रहस्य अभी भी उसके पास सुरक्षित था और उसने इसे गुप्त रखने का ही निर्णय किया।

कुंती यादवों के मुखिया शूरसेन की ज्येष्ठ पुत्री थी। उसका नाम पृथा रखा गया। कर्ण की तरह कुंती भी अपने माता-पिता से दूर बड़ी हुई थी। यद्यपि वह इस बात से अनजान नहीं थी कि उसके वास्तविक माता-पिता कौन थे। उसे उसके माता-पिता द्वारा उसके पिता के निःसंतान मित्र कुंतीभोज को दे दिया गया था। दूसरी ओर कर्ण एक नवजात शिशु था, जब वह अधिरथ को एक टोकरी में मिला था और उसे अपने जैविक माता-पिता के बारे में बहुत बाद में पता चला था।

कुंतीभोज के घर में पली-बढ़ी पृथा बहुत ही अनुशासित और मृदुभाषी बालिका थी। वह सभी के साथ यथायोग्य अच्छा व्यवहार करती थी।[1] एक बार दुर्वासा नाम के एक ऋषि कुंतीभोज के पास आये और उन्होंने राजा

के महल में कुछ दिन बिताने की इच्छा व्यक्त की। ऋषि दुर्वासा के विषय में कहा जाता था कि वे बहुत शीघ्र ही क्रोधित हो जाते थे। कुंतीभोज ने कुंती को उनकी सेवा में नियुक्त किया। कुंती ने पूरे मनोयोग और शुद्ध हृदय से ऋषि दुर्वासा की सेवा की। उसकी परीक्षा करने के लिए ऋषि दुर्वासा थोड़ी-थोड़ी देर में नखरे करते थे और अत्यंत कठिन माँग करते थे। कुंती ने स्वयं को शांत रखते हुए अपनी क्षमता अनुसार उनकी सभी माँगों को पूरा किया। उसके समर्पण और सेवा से प्रभावित और कदाचित दैव संयोग से प्रेरित होकर ऋषि दुर्वासा ने उसे एक मंत्र का आशीर्वाद दिया, जो उसे किसी भी देवता को बुलाने और उनसे संतान प्राप्त करने में सक्षम बनाएगा। कुंती के भविष्य में यह वरदान बहुत बड़ी भूमिका निभाने वाला था, जिसके बारे में उसे तब जानकारी नहीं थी।

कुंती को आश्चर्य हुआ, 'क्या वास्तव में मंत्र का उपयोग करके किसी देवता को बुलाना संभव है?' उसने जिज्ञासावश मंत्र का उपयोग किया और सूर्यदेव को बुलाया। उसको आश्चर्यचकित करते हुए सूर्यदेव उसे एक पुत्र का आशीर्वाद देने के लिए आये। भयभीत कुंती ने उनसे क्षमा माँगी और वापस जाने का आग्रह किया। वह अपने माता-पिता को क्या बताती? वह संतान कैसे उत्पन्न कर सकती है? उसका तो विवाह भी नहीं हुआ था! सूर्यदेव, मंत्र की शक्ति से बंधे हुए थे और जिस कर्म के लिए उन्हें बुलाया गया था, उसे पूरा किए बिना वह वापस नहीं लौट सकते थे। सूर्यदेव के साथ अनुनय-विनय करने के बाद शीघ्र ही कुंती के गर्भ में एक संतान थी। कुंती हमेशा अंतःपुर में ही रहती थी ताकि कोई उसके गर्भ को न देख सके। केवल उसकी एक वृद्ध दासी को यह भेद पता था। उसने प्रसव की व्यवस्था की। शीघ्र ही, उसने कवच और कुंडल धारण किये हुए एक तेजस्वी पुत्र को जन्म दिया। कुंती पीड़ा में थी। एक ओर उसका यह पुत्र था और दूसरी ओर उसके पिता, कुंतीदेश के राजा कुंतीभोज थे जिनकी प्रतिष्ठा का मान रखना आवश्यक था। प्रतिष्ठा सर्वोपरि थी। वह ऐसा कुछ भी नहीं करना चाहती थी जो उसके माता-पिता को लज्जित करे।

कुंती ने शिशु को वस्त्रों में लपेटा और उसे एक टोकरी में रखकर नदी में सूर्यदेव से यह प्रार्थना करते हुए बहा दिया कि वे अपने पुत्र की रक्षा करें। वह टोकरी अंगदेश के चंपानगर में सूत जाति के अधिरथ और उसकी पत्नी राधा को मिली। उन्होंने इस शिशु को अपने पुत्र के रूप में अपनाया और

उसे वसुषेण नाम दिया। कुंती ने अपने गुप्तचरों के माध्यम से पता कर लिया था कि उसका पुत्र सुरक्षित है और अधिरथ के घर में बड़ा हो रहा था।[2]

दत्तक पुत्री होने के नाते अपने माता-पिता की प्रतिष्ठा पर आँच न लगने का भार कुंती के मन में सदा रहता और उसे व्यथित करता। केवल एक बार उसने अपनी इस व्यथा को प्रकट किया। श्रीकृष्ण के समक्ष अपने भाग्य और अपने बच्चों के वनवास का विलाप करते हुए उसने कहा, 'मैं अपने दुखों के लिए दुर्योधन को दोष नहीं देती। यदि किसी को इसके लिए दोषी ठहराया जा सकता है तो यह निश्चित रूप से मेरे पिता हैं, जिन्होंने मुझे शैशवावस्था में ही अपने मित्र को दे दिया था, जैसे कि मैं दान की कोई वस्तु थी। मेरे पिता की तरह मेरे ससुराल वालों ने भी मेरे साथ उपेक्षापूर्ण व्यवहार किया है।'[3]

कुंती जब विवाह योग्य हुई तब उसके पालक पिता ने एक भव्य स्वयंवर का आयोजन किया। समारोह में भाग लेने के लिए चारों ओर से राजकुमार आए थे। उस स्वयंवर में उसने हस्तिनापुर के सुंदर और शूरवीर राजा पाण्डु को अपना वर चुना[4] और कुंती हस्तिनापुर की रानी बन गई। इसके तुरंत बाद पाण्डु ने माद्री से विवाह किया और भारतवर्ष विजय अभियान पर निकल गए। एक बार जब वे तीनों जंगल विहार पर थे तब पाण्डु से अनजाने में प्रेम में लीन ऋषि किंदम और उनकी पत्नी का वध हो गया। पाण्डु ने भ्रमवश उन्हें हिरण का जोड़ा समझ लिया था। ऋषि ने दर्द में कराहते हुए कहा, 'काम वासना से मोहित होकर जब तुम अपनी पत्नी से प्रेम करोगे तब तुम्हारी मृत्यु हो जायेगी!' जो कुछ भी हुआ था उससे भयभीत पाण्डु ने उनसे क्षमा याचना की, 'यह एक भूल थी।' इस पर ऋषि ने उत्तर दिया, 'तुम्हारा पाप यह नहीं है कि तुमने हिरण के बजाए हमें मारा। तुमसे पाप इसलिए हुआ है क्योंकि तुमने मैथुन कर्म में लीन जोड़े को मारा है। यदि वे संभोग के कार्य में लिप्त दो जानवर थे, तब भी तुम्हें उनके निवृत होने तक रुकना चाहिए था।[5] तुम्हारा व्यवहार अविवेकपूर्ण रहा है।' पाण्डु को श्राप देने के बाद ऋषि दंपति की मृत्यु हो गई।

इससे हताश होकर पाण्डु ने ब्रह्मचर्य का व्रत ले लिया और अपना शेष जीवन वन में बिताने का निर्णय किया। कुंती और माद्री भी उसके साथ वन में चली गयीं। पाण्डु को ऐसी संतानों की इच्छा थी जो उनके वंश को आगे बढ़ा सकें लेकिन ऋषि के श्राप ने इसे असंभव बना दिया था। उसने कुंती

को सुझाव दिया कि वह नियोग के माध्यम से संतानों को जन्म दें। कुंती ने दुर्वासा मुनि के वरदान को याद करते हुए पाण्डु को उसके बारे में अवगत कराया। पाण्डु इससे उत्साहित हो गया। उसने कुंती से धर्मराज यम का आह्वान करने का आग्रह किया। उनसे युधिष्ठिर का जन्म हुआ।

पाण्डु ने फिर ऐसे पुत्र की कामना की जो शक्ति में अद्वितीय हो। इसके लिए उसने कुंती से वायुदेव को बुलाने का आग्रह किया और भीम का जन्म हुआ। एक वर्ष बाद इंद्र के माध्यम से कुंती ने अर्जुन को जन्म दिया। माद्री ने पाण्डु से आग्रह किया कि वह कुंती से मंत्र साझा करने की स्वीकृति ले, ताकि वह भी माँ बन सके। कुंती इसके लिए मान गई। माद्री ने अश्विनी कुमारों को बुलाया और उनके माध्यम से जुड़वां नकुल और सहदेव को प्राप्त किया।

पांडवों के शुरुआती वर्ष महलों के ऐश्वर्य से दूर प्रकृति की गोद में तपोवन में बीते। एक दिन पाण्डु और माद्री वन में टहल रहे थे। अचानक चारों ओर की प्रकृति से मंत्रमुग्ध और माद्री के सौंदर्य से मोहित पाण्डु कामासक्त हो गए। इससे माद्री चकित हो गयी और उसने विरोध किया, लेकिन पाण्डु उस मोहित अवस्था में ऋषि के श्राप के बारे में सब कुछ भूल गए। जैसे ही पाण्डु कामासक्त होकर माद्री के निकट गए ऋषि के श्राप का प्रभाव पड़ा और पाण्डु की मृत्यु हो गई। अपने पति की मृत्यु का कारण होने के अपराध को सहन करने में असमर्थ माद्री अपने पुत्रों को कुंती को सौंपकर पाण्डु की चिता पर चढ़ गई। उन सभी वर्षों में कुंती ने वन में पाण्डु की सुरक्षा सुनिश्चित करने का प्रयास किया था। अब वह पाँच युवा बालकों का पालन-पोषण करने के लिए अकेली रह गयी थी। वन में ऋषियों और ज्येष्ठजनों के परामर्श अनुसार कुंती अपने पति के राज्य और पांडवों के वास्तविक घर हस्तिनापुर आ गई। हस्तिनापुर में सभी ने उनका स्वागत किया। किसी भी बुजुर्ग ने दुर्योधन पर उनके आगमन के प्रभाव की कल्पना नहीं की थी। ज्येष्ठ कौरव दुर्योधन पांडवों के साथ अपना ऐश्वर्य साझा करने से प्रसन्न नहीं था। उन्हें हानि पहुँचाने के लिए उसकी ईर्ष्या ने उससे कुकृत्यों को भी करवाया।

विशेष रूप से भीम को विष देने की दुर्योधन की कुचेष्टा के बाद से कुंती बहुत चिंतित थी, लेकिन विदुर के कहने पर उसने चुप रहने का निर्णय किया।

इसके तुरंत बाद, बालकों को कृपाचार्य और फिर द्रोणाचार्य के सानिध्य में प्रशिक्षण के लिए भेजा गया। इन सभी वर्षों में कुंती के लिए जीवन सहज नहीं था, परन्तु अपने पुत्रों को शूरवीर योद्धा के रूप में विकसित होते देख वह प्रसन्न थी। जिस दिन उसने कर्ण को हस्तिनापुर में देखा था, उसी दिन वह कई वर्षों के बाद अपने अन्य पुत्रों को भी देख रही थी।

हस्तिनापुर के प्रजाजन युधिष्ठिर से प्रेम करते थे। भीष्म, विदुर और अन्य बुजुर्गों ने भी उन्हें राजसिंहासन के योग्य माना। धृतराष्ट्र के पास युधिष्ठिर को युवराज बनाने के अलावा कोई विकल्प नहीं बचा, जो उन्होंने मन ही मन कुढ़ते हुए किया। युधिष्ठिर की लोकप्रियता दुर्योधन को बहुत असहज कर रही थी। उसने पांडव और कुंती को वारणाव्रत भेजने के लिए धृतराष्ट्र को मनाया, जहाँ उसने पहले उन्हें जलाकर मारने की साजिश रची थी। विदुर की दूरदर्शिता ने उन्हें बचा लिया। विदुर ने उनसे कुछ दिनों तक छिपे रहने का आग्रह किया क्योंकि वे उनकी सुरक्षा को लेकर आश्वस्त नहीं थे। इस प्रकार राजमहल में कुछ वर्ष बिताने के बाद पांडव और कुंती अपनी पहचान छिपाकर फिर से वन में आ गए।

एक दिन पांडव और कुंती एकचक्रा नगर में आए और उन्हें एक ब्राह्मण के घर में शरण मिली। उस गाँव में बकासुर नाम का एक राक्षस ग्रामीणों के लिए भयानक चिंता का कारण था। जब कुंती ने सुना कि उसके शरण देने वाले ब्राह्मण के परिवार से एक व्यक्ति को दानव के भोजन के रूप में भेजा जा रहा है तब उनसे हस्तक्षेप किया। अपने पुत्रों जैसे योद्धाओं के होते हुए वह अपने शरणदाता पर ऐसी विपदा कैसे आने दे सकती थी? कुंती ने अपने शरणदाता को सांत्वना दी और भीम को बकासुर के भोजन के रूप में जाने के लिए कहा। युधिष्ठिर इससे प्रसन्न नहीं थे। एक माँ होकर कुंती किसी और के पुत्र को बचाने के लिए जानबूझकर अपने पुत्र को राक्षस का भोजन बनने के लिए कैसे भेज सकती है? उन दिनों भीम उनका सबसे शक्तिशाली सहारा था और एकमात्र ऐसा व्यक्ति था जिसने दुर्योधन की रातों की नींद उड़ा देता था।

कुंती अपने निर्णय पर अटल थी। अपने कष्टों में भी कुंती यह नहीं भूली थी कि वह एक क्षत्रिय पुत्री, पत्नी और माँ थी। एक क्षत्रिय स्त्री होने के नाते उसे किसी भी मूल्य पर अपने शरणदाता की रक्षा करनी थी। 'हम

इतने दिनों तक शरणदाता ब्राह्मण के इस घर में बड़े सुख से रहे हैं। उनके आश्रय के कारण ही हम अपनी पहचान छिपाने और सुरक्षित रहने में सफल हुए हैं। मुझे यह उनके प्रति कृतज्ञता व्यक्त करने का एकमात्र उचित तरीका दिखाई देता है। यदि कोई हमारे ऊपर उपकार करता है तो हमें अपनी क्षमता से अधिक देकर प्रत्युपकार करना चाहिए। यह सम्मानजनक मानवीय व्यवहार है। क्षत्रिय होने के नाते हमें उनकी सहायता करनी ही चाहिए,' उसने युधिष्ठिर को समझाया।[6] भीम ने जाकर बकासुर को चुनौती दी। कुंती की अपेक्षानुसार भीम उससे बहुत शक्तिशाली था। उसने राक्षस को मार डाला और गाँव को उसके भय से मुक्त कर दिया।

इसके बाद पांडवों ने एकचक्रा नगर को छोड़ दिया। द्रौपदी से विवाह किया और अज्ञात जीवन से बाहर आ गए। उन्हें अपना राज्य स्थापित करने के लिए हस्तिनापुर राज्य का एक भाग दिया गया। कठोर परिश्रम और पुरुषार्थ से पांडवों ने इंद्रप्रस्थ नगरी की स्थापना की और भव्य राजसूय यज्ञ का आयोजन किया। ऐसा प्रतीत हो रहा था कि कष्टपूर्ण जीवन अतीत की बात है।

इंद्रप्रस्थ का ऐश्वर्यपूर्ण जीवन लंबे समय तक नहीं चल पाया। दुर्योधन ने शकुनि, कर्ण और दुःशासन के साथ मिलकर पांडवों के राज्य और धन संपत्ति छल से हड़पने की साजिश रची। जुए का खेल हुआ और पांडवों को 13 वर्ष के लिए फिर से वनवास में जाना पड़ा। इस बार कुंती उनके साथ नहीं जा सकी। युधिष्ठिर और अन्य पांडव नहीं चाहते थे कि उनकी माँ को एक और दशक कष्टपूर्ण जीवन व्यतीत करना पड़े। वह अब वृद्ध भी हो चुकी थी। लेकिन अपने पुत्रों और पुत्रवधू के साथ हुए दुर्व्यवहार पर अपना विरोध दर्ज कराने के लिए उसने हस्तिनापुर राजमहल में नहीं रहने का निर्णय किया। उसने उन 13 वर्षों को विदुर के घर में बिताया।

वैशम्पायन ने जब जुए के खेल का वृतांत सुनाया तो जनमेजय उससे चकित हो गए, 'जुआ खेलने का निर्णय युधिष्ठिर का था। अन्य भाइयों का कोई दोष नहीं था, उन्हें फिर भी अग्निपरीक्षा से गुजरना पड़ा। उन्होंने युधिष्ठिर का साथ क्यों दिया?'[7] द्रौपदी उन कारकों में से एक थी जिसने पाँचों भाइयों को एकजुट रखा। परन्तु भाइयों के सुदृढ़ सम्बंध की नींव तो कुंती के पालन-पोषण ने ही डाली थी। कुंती माद्री के पुत्रों को भी अपने पुत्र ही मानती थी और उनके लिए वह एकमात्र माता थी। पाँचों में से वह सहदेव को लेकर सर्वाधिक चिंतित रहती थी। यहाँ तक कि जब पांडव वनवास में

तेरह वर्ष बिताने के लिए हस्तिनापुर से जा रहे थे तब उसने द्रौपदी को विशेष रूप से सहदेव की देखभाल करने के लिए कहा था।[8]

तेरह वर्ष बीत गए लेकिन शांति की कोई संभावना दिख नहीं रही थी। कर्ण द्वारा उकसाने पर दुर्योधन पांडवों के साथ युद्ध चाहता था। श्रीकृष्ण शांतिपूर्ण समाधान की संभावना तलाशने के लिए हस्तिनापुर आए थे, लेकिन उनके प्रयास भी विफल हो गए थे। युद्ध सामने खड़ा था। पांडव शिविर में वापस जाने से पहले श्रीकृष्ण कुंती से मिलने और पांडवों के लिए संदेश लेने आये।

कुंती के पास देने लिए एक बहुत ही कड़ा संदेश था। उसके पुत्र धर्म के मार्ग से कभी नहीं भटके थे। उन्होंने अपने चचेरे भाइयों के छल को भी स्वीकार किया था और वनवास का जीवन जिया था। दुर्योधन की साजिशों के बावजूद भी कुंती ने पांडवों को प्रतिशोध लेने के लिए प्रोत्साहित नहीं किया था। परन्तु तेरह वर्षों के पश्चात भी दुर्योधन का पांडवों को अपना राज्य देने से इन्कार करना ऐसा अन्याय था जो अब और सहन नहीं कर सकती थी।

युधिष्ठिर को संबोधित करते हुए कुंती ने अपने संदेश की शुरुआत की। उसने एक क्षत्रिय और एक राजा के रूप में युधिष्ठिर को उसके कर्त्तव्यों का स्मरण कराया। 'तुम अब तक शांति के लिए प्रयास कर रहे हो, लेकिन यह धर्म का केवल एक पक्ष है। यह वास्तव में वेदमंत्रों के अर्थ को समझे बिना ही वेदों का जाप करने वाले मनुष्य के समान है। इस प्रयास में राजा के रूप में तुम्हारे प्रजापालन रूपी दायित्वों की बड़ी हानि हुई है।[9] तुम्हारे पिता और पितामहों ने अपने राजधर्म की स्थापना कैसे की थी उसकी ओर देखो। जो हर समय केवल दयाभाव दिखाता है, वह एक न्यायपूर्ण राजा नहीं हो सकता है।[10] जीवित रहने के लिए भिक्षा माँगना अथवा कृषि में संलग्न होना तुम्हारे लिए उचित नहीं है। राजा के रूप में अपने लोगों की प्रतिकूल परिस्थितियों से रक्षा करना तुम्हारा कर्त्तव्य है, लेकिन तुम्हारा राज्य तुम्हारे शत्रुओं ने तुमसे छीन लिया है। इसलिए तुम्हारे लिए यही उपयुक्त है कि तुम इसे कूटनीति या बलपूर्वक वापस लो और इसके पुरातन गौरव की पुनर्स्थापना करो। अपने राजधर्म का पालन करो और लड़ो। अपने पूर्वजों और भाइयों के नाम अपनी कायरता से कलंकित मत करो।'[11] कुंती ने आग्रह किया।

फिर कुंती ने श्रीकृष्ण को विदुला और उसके पुत्र संजय की कहानी सुनाई। उसने श्रीकृष्ण से कहा कि वह युधिष्ठिर को यथावत यह सब बताये।

एक समय की बात है, विदुला नामक एक साहसी, धर्मपरायणा, दूरदर्शिनी और महान क्षत्रिय महिला हुई। अनेक शास्त्रों की ज्ञाता विदुला को तब के राजाओं की आदरपात्र थी। एक दिन विदुला ने अपने पुत्र संजय को अपने कक्ष में दीनभाव से सोते हुए पाया। युद्ध में सिंधुदेश के राजा ने उसे हरा दिया था और उसने भी हार मान ली थी। उसे उस दयनीय अवस्था में देखकर विदुला क्रोधित हो गई। उसने उसे चिढ़ाते हुए कहा, 'तू मेरे गर्भ से जन्मा है, तो भी मुझे आनंदित करने वाला नहीं है, बल्कि तू तो शत्रुओं को ही प्रसन्न करने वाला है। अब तो मुझे संदेह होने लगा है कि क्या तुम मेरी कोख से ही जन्में हो। हमारे परिवार में तुझ जैसा कायर कहाँ से आ गया है? तू तो क्रोधशून्य है और क्षत्रियों में गणना करने योग्य नहीं है। तू केवल नाममात्र का पुरुष है। क्या तू जीवनभर के लिए ऐसे ही निराश होकर जीयेगा? उठो, अपने भय को दूर करो और अपने अधिकार को प्राप्त करने के लिए युद्ध करो। स्वयं को दुर्बल मानकर अपनी अवेहलना मत करो। अपने मन को कल्याणमय बनाकर उसे दृढ़ संकल्प से भरकर निडर हो जाओ और भय को सदा सर्वदा के लिए त्याग दो। शत्रुओं से पराजित होकर इस प्रकार घर में सोकर तू शत्रुओं को ही आनंद दे रहा है और अपने बंधु-बांधवों को शोक में डाल रहा है।'[12]

अपनी फटकार जारी रखते हुए उसने कहा, 'यदि मृत्यु की संभावना हो तब भी तुम्हें युद्ध से मुँह मोड़ना नहीं चाहिए। या तो निःशंक बाज की तरह गर्जना करते हुए निर्भय होकर अपनी उपस्थिति की घोषणा करो या चुप रहकर चूहे की तरह शत्रुओं के बिल की ओर देखते रहो। लेकिन बिजली के मारे हुए व्यक्ति की तरह यहाँ मत पड़े रहो। उतिष्ठ–उठो और अपने शौर्य का परिचय देते हुए अपने सम्मान को पुनः प्राप्त करो। लंबे समय तक धुआँ छोड़ते हुए सुलगने की तुलना में थोड़ी देर के लिए ही सही, लेकिन पूर्ण रूप से प्रज्जवलित होना अच्छा है। वीरतापूर्ण जीवन अगर अल्पायु ही हो तो भी अधिक श्रेष्ठ होता है।'[13]

'संभव है कि अभीष्ट की प्राप्ति न हो। विद्वान पुरुष विफलता पर शोक नहीं करते। वे अपने अंतिम क्षण तक अपनी पूरी शक्ति के साथ निरंतर प्रयास करते हैं। पुत्र! अपने धर्म को ध्यान में रखकर जीओ। जो पराक्रम कर सकते हो वह करो, भले ही इसका अर्थ युद्धभूमि में मृत्यु ही क्यों न हो। वैसे भी सभी प्राणियों के लिए मृत्यु निश्चित है। तुमने अपनी संपत्ति और प्रतिष्ठा खो

दी है। तुमने अपने शास्त्र संगत कर्मों को छोड़ दिया है। ऐसे अभागे जीवन का क्या औचित्य है? पुरुषार्थ और चरित्र के बिना मनुष्य कोई धरोहर नहीं बनाता और न हीं छोड़ता है। ऐसा मनुष्य पृथ्वी पर केवल जनसंख्या वृद्धि करने वाला होता है। जो मनुष्य दया, तपस्या, सत्यभाषण, विद्या और धन उपार्जन के माध्यम से अपना नाम नहीं बनाता वह मनुष्य मलमूत्र समान होता है, इससे अतिरिक्त और कुछ नहीं। संसार की कोई भी स्त्री ऐसे पुत्र को जन्म न दे जो अमर्षशून्य, उत्साहहीन, बल और पराक्रम से रहित हो। इसलिए, पुत्र! अपने आत्मसम्मान और सामर्थ्य का अनुसंधान करो और अपने अंतिम लक्ष्य का निर्धारण करके हमारे इस वंश का मान बढ़ाओ।'[14] विदुला ने उसे उकसाने का प्रयास करते हुए ऐसा कहा।

इस पर हताश पुत्र ने उत्तर दिया, 'यदि मैं जीवित नहीं रहूँ, तो सारी पृथ्वी मिल जाने पर भी आपको क्या सुख मिलेगा? मेरे न रहने पर आपको आभूषणों और धन की क्या आवश्यकता होगी? मेरी मृत्यु के पश्चात आप भाँति-भाँति के भोगों और सुख-सुविधाओं से क्या करोगी?'[15]

विदुला ऐसी भावनात्मक प्रतिक्रियाओं से पिघलने वाली नहीं थी। उसने दृढ़ता से उत्तर दिया, 'जो क्षत्रिय अपने जीवन से इतना आसक्त हो जाता है कि यथाशक्ति अपने पराक्रम का प्रदर्शन नहीं करता है, वह एक चोर के समान होता है। यह दुर्भाग्यपूर्ण है कि जैसे मरणासन्न मनुष्य के ऊपर कोई भी औषधि प्रभाव नहीं डालती, उसी प्रकार कोई भी युक्तियुक्त और सार्थक वचन तेरे हृदय तक नहीं पहुँच पाते।'[16]

अपने पुत्र की ग्लानि को दूर करने की आशा से विदुला ने आगे कहा, 'यदि तुमको अपने जीवन का इतना मोह न होता तो तुम शत्रु को हरा देते। एक क्षत्रिय के पास केवल दो विकल्प होते हैं–लड़ते हुए मरकर स्वर्ग प्राप्ति करो अथवा अपने शत्रुओं को हराकर पृथ्वी के धन और ऐश्वर्य का भोग करो। अपने वीर पुत्र को मैं इतना दीन और कायर नहीं देख सकती। तुम रूप, विद्या और कुलीनता से संपन्न हो, यदि तुम जैसा पराक्रमी पुरुष अवसर आने पर डर जाए तो यह तुम्हारे लिए मृत्यु समान है।'[17]

'तुम्हारे पिता एक दानी पुरुष थे। उन्होंने कभी भी किसी याचक को खाली हाथ नहीं जाने दिया। हम सदैव दूसरों के लिए आश्रयदाता रहे हैं। अब यदि हमें दूसरों के आश्रय में रहना पड़े तो यह मेरे लिए असहनीय है। 'आज का भोजन क्या होगा' ऐसी चिंता केवल निर्धनता और हीन भाव में

रहने वाले लोग ही कर सकते हैं। ऐसी चिंता हमारे शत्रुओं को हो। अपने जीवनयापन के लिए दूसरों पर निर्भर रहने वालों के मार्ग का अनुसरण मत करो। फल देने वाले वृक्ष समान बनो, जो उसका आश्रय लेने वाले लोगों को पोषण देता है। केवल वे मनुष्य जो अपने पुरुषार्थ और बल का आश्रय लेकर उत्कृष्ट जीवन जीते हैं, वे ही इस संसार में कीर्ति और परलोक में उत्तम गति प्राप्त करते हैं।'[18]

आगे का मार्गदर्शन करने के प्रयोजन से कुछ व्यावहारिक परामर्श देते हुए विदुला ने कहा, 'सिंधु देश की प्रजा अपने राजा से असंतुष्ट हैं, लेकिन तुम्हारी दुर्बलता के कारण किंकर्त्तव्यविमूढ़ होकर उदासीन बैठी है। वे राजा से मुक्ति पाने के लिए किसी घोर विपत्ति की प्रतीक्षा कर रहे हैं। यदि तुम पुरुषार्थ करो तो प्रजा और दूसरे राजा भी तुम्हारा अनुसरण करेंगे। तुम उनके साथ मित्रता करो और उचित अवसर की प्रतीक्षा करो। कोई भी राजा अमर नहीं है। यदि तुम ध्यान रखो और उद्यत रहो तो उचित समय अवश्य आएगा। शत्रुओं पर विजय प्राप्त करके अपने नाम को सार्थक करो। संजय का अर्थ है, वह जो विजयी होता है।[19] जब तुम बालक थे तब एक ब्राह्मण ने मुझसे कहा था कि तुम्हें एक बड़े संकट का सामना करना पड़ेगा, लेकिन तुम विजयी होकर आओगे। मुझे विश्वास है कि तुम अवश्य सफल होओगे। किन्तु तुम्हें किसी लाभ या हानि की चिंता किये बिना लड़ना होगा। लड़ो, क्योंकि यही तुम्हारा कर्त्तव्य है।' उसने उसे प्रोत्साहित करने के प्रयोजन से ऐसा कहा।

माँ के ऐसे वचनों से संजय हिल गया और प्रतिक्रिया में उसने कहा, 'क्या आपका हृदय लोहे से बना है? आप इतनी करुणाहीन कैसे हो? आप मुझे इस युद्ध में ऐसे धकेल रही हो जैसे कि मैं किसी और का पुत्र हूँ और आप किसी और की माता हो। घोर आश्चर्य है कि आप मुझसे इतनी निष्ठुर बातें कर रही हो।' लेकिन विदुला अडिग थी। उसने उसे समझाया, 'मैं तुम्हें लड़ने के लिए इसलिए उकसा रही हूँ क्योंकि यह तुम्हारा कर्त्तव्य है। तुम्हें अपने पराक्रम का प्रदर्शन करने का एक महान अवसर प्राप्त हुआ है। ऐसे समय में यदि तुम अपने कर्त्तव्य का पालन नहीं करोगे तो बहुत अपयश होगा। ऐसे अवसर पर भी मैं यदि तुम्हें कुछ न कहूँ तो तुम्हारे प्रति मेरा वात्सल्य गधी के स्नेह समान निरर्थक होगा। जब तुम एक कर्त्तव्यनिष्ठ पुरुष की तरह व्यवहार करोगे, तब ही मेरा प्रिय होगा।'[20]

संजय अब चिढ़ने लगा था। उसने कहा, 'आपको मेरे प्रति ऐसे विचार व्यक्त नहीं करने चाहिए। मैं आपका पुत्र हूँ, माता! आपने तो मुझे विशेष रूप से करुणापूर्ण दृष्टि से देखना चाहिए।' विदुला ने मुस्कुराते हुए कहा, 'मुझे प्रसन्नता है कि तुमने कम से कम उचित और अनुचित व्यवहार के बारे में विचार करना शुरू कर दिया है। जिस तरह तुम मुझे एक माँ के कर्त्तव्य का बोध करा रहे हो, उसी तरह मैं भी तुम्हें तुम्हारे कर्त्तव्य का बोध कराकर एक क्षत्रिय की तरह व्यवहार करने के लिए बोल रही हूँ। जब तुम सिंधु देश के सभी योद्धाओं को हराकर विजयी होकर आओगे, तब मैं खुले हाथों से तुम्हारा स्वागत करूँगी।'[21]

हालांकि, संजय इससे आश्वस्त नहीं हुआ। 'मेरे पास युद्ध लड़ने के लिए न तो धन है और न ही कोई सेना है। मैं इन परिस्थितियों में कैसे जीतूँगा? यही कारण है कि मैंने अपने राज्य को पुनः प्राप्त करने की इच्छा त्याग दी है। क्या आपके पास कोई सुझाव है जिससे मैं जीत सकता हूँ? आप उपाय बताइए, मैं यह सुनिश्चित करूँगा कि वह यथावत हो।'

विदुला ने कर्म के प्रति उचित रवैया अपनाने पर जोर दिया। उसने कहा, 'कर्म किए बिना हमारी इच्छा निश्चित रूप से पूरी नहीं होगी। कर्मों के फल में सदा अनित्यता रहती है। कभी उनका फल मिलता है तो कभी नहीं भी मिलता है, लेकिन इसका पता तो कर्म करने के बाद ही चलेगा। अनित्यता को जानते हुए भी बुद्धिमान पुरुष अपने कर्म में लीन रहते हैं। वैसे भी सफलता और असफलता क्षणिक हैं। इसलिए सफलता मिलेगी ही ऐसा मन में दृढ़ विश्वास रखकर कर्म में लीन होना चाहिए। अब तुम्हें भी कर्म करने के लिए उद्यत होना चाहिए।'

'सबसे पहले उपयुक्त सहयोगियों को ढूँढ़ो। उन लोगों तक पहुँचो जो सिंधुराज पर कुपित हों, पहले जिनका सिंधु नरेश द्वारा अपमान किया गया हो और वे प्रतिशोध लेना चाहते हों। जिन्हें राजा द्वारा पराजित किया गया हो और जिन्हें धन से खरीदा जा सकता है। उन सभी को अपने पक्ष में मिला लो। उन्हें उचित सम्मान और अग्रिम वेतन दो। वे इस तरह तुम्हें स्वीकार करेंगे और तुम्हें अपना नायक बना लेंगे। अपने शत्रु को दिखाओ कि तुम अपने प्राणों के मोह छोड़कर लड़ने के लिए तैयार हो। यदि शत्रु बहुत शक्तिशाली है, तो अपने गुप्तचरों द्वारा उसकी सेना में फूट डालो। चाहे कैसी भी विपत्ति आ जाए भयभीत मत होना। यदि हो भी जाओ तो भय का प्रदर्शन नहीं करना। सेना का मनोबल एक भयभीत सेनापति से अधिक कुछ नहीं तोड़ सकता।'

विदुला ने संजय से कहा कि वह केवल यह सुनिश्चित करना चाहती है कि उसका पुत्र उत्साह और संकल्प के साथ लड़े। उसने उसे आश्वासन दिया कि उसके पास पर्याप्त धन हैं जिसका उपयोग युद्ध की तैयारियों के लिए किया जा सकता है। संजय उत्साहित हो गया और उसने आत्मविश्वास के साथ कहा, 'आपके जैसी माँ के होते हुए मैं कभी दुर्बल नहीं हो सकता। आपकी बातें सुनकर मुझे हर्ष होता है। मैं अपना अधिकार प्राप्त करने के लिए तैयार हूँ।'

विदुला की यह कथा विशेष रूप से युधिष्ठिर के लिए थी। कुंती ने इसके बाद अर्जुन और भीम को भी एक संदेश दिया। 'उन्हें बताइए, कृष्ण! वह अवसर अब आ गया है जिसके लिए एक क्षत्राणी पुत्र को जन्म देती है। चाहे जो भी हो, श्रेष्ठ पुरुष उत्साहहीन नहीं होते।'[22] नकुल और सहदेव को प्रोत्साहित करने के लिए उसने कहा, 'क्षत्रिय धर्म का पालन करते हुए अपने पराक्रम के माध्यम से सभी भोगों का उपभोग करो।' अंत में, कुंती ने पांडवों को हस्तिनापुर में द्रौपदी के अपमान का स्मरण कराया। 'तुम्हारी आँखों के सामने द्रौपदी का अपमान हुआ। कौन वीर उन कटु वचनों को भूल सकता है जो उस सभा में द्रौपदी को सुनाये गए थे?[23] मुझे राज्य के छिन जाने का इतना दुःख नहीं है और न ही मैं पांडवों के लिए उतनी दुःखी हूँ। लेकिन दुर्योधन द्वारा द्रौपदी के साथ जो कुछ किया गया और कहा गया, उससे मुझे अपार दुःख हुआ है। अर्जुन से कहो कि उसे वही करना चाहिए जो द्रौपदी चाहती है।'

जब कुंती ने अर्जुन को चुनौती देते हुए कर्ण को रंगभूमि में देखा था, तब वह स्तब्ध रह गई थी लेकिन वह एक मूकदर्शक बनी रही। अब जब दुर्योधन ने किसी भी हाल में संधि नहीं करने का निर्णय ले लिया था और युद्ध अपरिहार्य हो गया था, तब कुंती ने विचार किया कि यह कर्ण के सामने सत्य का अनावरण करने का उपयुक्त समय है। कुंती की आशा थी कि कदाचित सत्य से युद्ध टाला जा सके। उसने कर्ण से संपर्क किया और उससे आग्रह किया कि वह ज्येष्ठ भाई के रूप में पांडवों के साथ होने पर विचार करे। यह कर्ण के साथ उसकी पहली और एकमात्र भेंट थी। लेकिन अब बहुत देर हो चुकी थी। कर्ण ने अपना मार्ग और पक्ष चुन लिया था। उसने युद्ध में अर्जुन को छोड़कर किसी दूसरे पांडव को नहीं मारने का वचन दिया। जैसा उसने

श्रीकृष्ण से कहा था, वही कुंती से भी कहा कि वह पांडवों को इस रहस्य के बारे में न बताएँ, ऐसा न हो कि वे युद्ध न लड़ने का निर्णय कर लें।

युद्ध के सत्रहवें दिन अर्जुन ने कर्ण का वध किया। पांडव अभी भी कर्ण की सच्चाई से अनभिज्ञ थे। दुर्योधन के वध और द्रौपदी के भाइयों और पुत्रों के नरसंहार के साथ युद्ध समाप्त हुआ। गांधारी, कुंती और राजवंश की अन्य स्त्रियों के साथ धृतराष्ट्र मृत योद्धाओं को अपनी श्रद्धांजलि देने के लिए आये थे। जीवित लोगों ने मृतकों के लिए श्राद्ध और जलदान आदि अनुष्ठान किए और उनकी दिवंगत आत्माओं के लिए अनुकूल गति की प्रार्थना की। कुंती ने तभी अपने मातृत्वभाव को अब और नियंत्रित करने में असमर्थ होकर अपनी बात रखी, 'उस वीर योद्धा के लिए, जो सबसे महान योद्धाओं में से एक था, जो स्वयं सूर्यदेव के समान प्रकाशित होता था, जिसने दुर्योधन की सेना का वीरतापूर्ण नेतृत्व किया था, जो तुम्हारा ज्येष्ठ भाई था, उस कर्ण के लिए तुम लोग जलदान करो।' यह सुनकर पांडव चकित रह गए। 'यह कैसे हो सकता है? आप इतनी बड़ी बात को हमसे कैसे छिपा सकती हो? क्या कर्ण वास्तव में हमारा भाई था? क्या हमने इस सत्य से अनभिज्ञ होकर अपने ही भाई को मार डाला है?' कुंती के रहस्योद्‌घाटन के बाद प्रश्नों की एक झड़ी सी लग गयी। शोक संतप्त युधिष्ठिर ने कहा, 'मेरे पुत्रों की हत्या ने भी मुझे इतना दु:ख नहीं दिया है जितना आपने इस रहस्य को छुपाकर दिया है। यदि मुझे इस बारे में पता होता तो मैं युद्ध कभी नहीं करता। केवल इसलिए कि मैं अनभिज्ञ था, मैंने अपने भाई को मारने का पाप किया है। अत: मैं घोषणा करता हूँ कि कोई भी स्त्री आज से अपने मन में रहस्य गुप्त रखने में सक्षम नहीं होगी।'[24]

कुंती अपने पुत्र की मृत्यु पर शोक मना रही थी, लेकिन अंततोगत्वा वह एक क्षत्राणी माँ थी। स्नेहपूर्वक लेकिन दृढ़ता से उसने युधिष्ठिर को सांत्वना देने का प्रयास किया। 'इस तरह से शोक मत करो। कर्ण जानता था कि वह तुम्हारा सबसे बड़ा भाई है। मैंने और उसके पिता सूर्यदेव दोनों ने ही उसे सच्चाई बताई थी। हमने उसे समझाने का प्रयास किया था कि वह द्वेष को त्याग दे और तुम्हारे साथ संधि कर ले। लेकिन हमारे प्रयास व्यर्थ रहे। कर्ण ने अपना द्वेष नहीं छोड़ा और तुम सबसे प्रतिशोध लेने की इच्छा पर अडिग रहा। इस कारण मैंने भी उसे मनाना छोड़ दिया।'[25]

युधिष्ठिर ने हस्तिनापुर का राज्य संभाला। धीरे-धीरे युद्ध के घाव भरने लगे। युधिष्ठिर और उनके भाइयों ने अश्वमेध यज्ञ का सफलतापूर्वक आयोजन किया और वे सम्पूर्ण भारतवर्ष के चक्रवर्ती शासक बन गए। युद्ध हुए 15 वर्ष बीत चुके थे। यद्यपि भीम ने बूढ़े धृतराष्ट्र पर तंज मारने का कोई भी अवसर नहीं छोड़ा, युधिष्ठिर, द्रौपदी, अर्जुन, नकुल, सहदेव और उनकी सभी अन्य पत्नियों ने इन वर्षों के दौरान धृतराष्ट्र और गांधारी की बहुत देखभाल की। हालांकि, दुर्योधन के अहंकार को बढ़ावा देने और अपनी संतानों के विनाश का कारण बनने के अपराधबोध से धृतराष्ट्र सदैव पीड़ित रहे। एक दिन, उन्होंने निर्णय किया कि गांधारी सहित वह अब अपना शेष जीवन तपस्या करते हुए वन में बिताना चाहते हैं। युधिष्ठिर ने सहज होकर उन्हें जाने दिया।

लेकिन जब वे दोनों जा रहे थे, तब कुंती ने गांधारी का हाथ पकड़ लिया और उनके साथ ही वन में जाने के लिए उद्यत हो गयी। उसने युधिष्ठिर की ओर मुड़कर कहा, 'प्रिय पुत्र! सहदेव पर कभी अप्रसन्न मत होना। वह हमेशा तुम्हारे प्रति पूर्ण रूप से समर्पित रहा है। मेरी पुत्रवधू द्रौपदी और अपने अन्य भाइयों को हमेशा प्रसन्नचित रखने का प्रयास करना। कर्ण को हमेशा याद करते रहना, जो भी दान करो उसके नाम पर भी करते रहना। वह मेरी दुर्बुद्धि के कारण मारा गया है। मुझे उसके बारे में तुम लोगों को बताना चाहिए था। मैंने ऐसा नहीं किया और उसकी मृत्यु का एक कारण बन गयी। मेरा हृदय निश्चित रूप से लोहे का बना हुआ है इसलिए तो आज कर्ण को यहाँ न देखकर उसके सैंकड़ों टुकड़े नहीं हुए।'[26] वह बहुत व्यथित थी। कुंती बाह्य रूप से सदा दृढ़ रहती थी, लेकिन उसके हृदय से कर्ण कभी दूर नहीं हुआ था और न ही दूसरे पांडवों से उसकी पहचान का रहस्योद्घाटन नहीं करने के अपराधबोध ने उसे छोड़ा था।

पांडव स्तब्ध थे। उनकी माता ने अपना पूरा जीवन कष्टों और दुःखों में बिताया था। युद्ध के बाद ही उसके जीवन में शांति और आराम की कुछ झलक थी और अब वह फिर से कष्टपूर्ण वनवास का चयन करना चाहती थी। पांडवों और द्रौपदी ने कुंती से नहीं जाने की विनती की। भीम अपनी भावनाओं पर नियंत्रण नहीं रख सका, 'यदि आपको यह सब छोड़कर इस तरह से जाना ही था तो फिर आपने हमें युद्ध लड़ने के लिए क्यों उकसाया? यदि आपको वन में रहना भाता है तो आप हमें हस्तिनापुर लेकर क्यों आयीं? माता, कृपया मत जाईये!' उसने करुण स्वर में आग्रह किया।[27]

कुंती अभिभूत हो गई। उसकी आँखों से आँसू निकलने लगे, लेकिन उसने मन बना लिया था। उसने धृतराष्ट्र और गांधारी के साथ वन में जाने का निर्णय किया ताकि एक पुत्रवधू की तरह वह उनकी सेवा करती रह सके। कुंती ने प्रेमपूर्वक अपने पुत्रों की ओर देखा और कहा, 'हाँ, मैंने तुम्हें युद्ध लड़ने और अपने राज्य को वापस लेने के लिए प्रेरित किया। मैं चाहती थी कि तुम किसी की दया पर आश्रित होकर नहीं बल्कि स्वतंत्र और आत्मनिर्भर होकर रहो। द्यूतक्रीड़ा के दिन जो कुरुवंश की पुत्रवधू का घोर अपमान हुआ वह धर्मसंगत नहीं था। वह घटना अपशकुन सूचक थी जिसने कुरु वंश के विनाश का संकेत दिया था। इसलिए मैंने अपने विश्राम और भोग के लिए नहीं, पाण्डु वंश की निरंतरता और तुम्हारे सम्मान की रक्षा के लिए युद्ध लड़ने के लिए उकसाया। मुझे इन राजमहल की सुख-सुविधाओं में कोई रुचि नहीं है। मैं अपने शेष समय को तपस्या और अपने बड़ों की सेवा के लिए समर्पित करना चाहती हूँ।' जाने से पहले कुंती ने युधिष्ठिर को एक अंतिम संदेश दिया।

'धर्मे ते धीयतां बुद्धिः मनस्ते महदस्तु च'

तुम्हारी बुद्धि धर्म में लगी रहे और तुम्हारा मन उदार हो।[28]

संजय के साथ कुंती वन में गांधारी और धृतराष्ट्र की बैसाखी (सहारा) और आँखें बन गईं। कुछ वर्षों के बाद पांडवों को धृतराष्ट्र, गांधारी और कुंती की मृत्यु का समाचार मिला। तीनों ने स्वेच्छा से वन की अग्नि में जलकर देह त्याग दी।[29]

कुंती ने अंतिम समय तक धृतराष्ट्र और गांधारी की सेवा पूर्ण समर्पण के साथ की थी। उसका सम्पूर्ण जीवन सेवा और धीरज का प्रतीक था।

13

पोषक मैत्री

अर्जुन के पुत्र अभिमन्यु का उत्तरा के साथ विवाह पांडवों के लिए अत्यंत महत्वपूर्ण प्रसंग था। यह उनके तेरह वर्षों के वनवास के सफल समापन का प्रतीक रूप था। इससे उन्हें मत्स्यदेश के राजा विराट के रूप में एक शक्तिशाली सहयोगी मिला। उत्तरा विराट की पुत्री थी। विवाह के कारण सभी पांचाल और यादव मत्स्यदेश के उपप्लव्य नगर में एकत्रित हुए।

विवाह समारोह के समाप्त होने के बाद, पांडवों के सहयोगी भविष्य की योजना हेतू विमर्श करने के लिए इकट्ठा हुए। हस्तिनापुर ने कोई संवाद शुरू नहीं किया था, भले ही धृतराष्ट्र को पता था कि वनवास के तेरह वर्ष समाप्त हो गए हैं। युधिष्ठिर ने अन्यायपूर्ण नहीं बल्कि शांतिपूर्ण समाधान की इच्छा व्यक्त की, जिससे सभी सहयोगी सहमत हुए। श्रीकृष्ण ने अतिथियों से कहा कि वे एक ऐसी युक्ति बताएँ जो युधिष्ठिर और दुर्योधन दोनों के लिए अनुकूल हो।[1]

धृतराष्ट्र और दुर्योधन से इंद्रप्रस्थ को पांडवों को लौटाने का आग्रह करने के लिए एक दूत हस्तिनापुर भेजा गया। प्रतिउत्तर में धृतराष्ट्र ने संजय को उपप्लव्य भेजा। संजय ने इंद्रप्रस्थ पांडवों को वापस करने या उन्हें हस्तिनापुर में आमंत्रित करने के बारे में कुछ भी नहीं कहा। उनके लिए धृतराष्ट्र का संदेश यथास्थिति बनाए रखने और लड़ने के लिए उद्यत न होने से था। धृतराष्ट्र ने उपदेश देते हुए कहा था कि युद्ध में अपने ही भाइयों को मारना धर्म संगत बात नहीं होती।[2]

संजय पांडवों के संदेश के साथ हस्तिनापुर लौट आए। उपप्लव्य में उन्होंने जो कुछ भी देखा उससे वह पूरी तरह से आश्वस्त हो गए थे कि जीत पांडवों के ही चरण चूमेगी। संजय ने उपप्लव्य में जो कुछ भी देखा, सुना और चर्चा की उसका वर्णन हस्तिनापुर राजसभा में किया। पांडवों और उनके

सहयोगियों ने अपनी बात सीधे-सीधे रखी। श्रीकृष्ण ने कहा था, 'पांडव युद्ध और शांति के लिए तैयार हैं।' अर्जुन ने श्रीकृष्ण के शब्दों को दोहराया था।

यदि पांडवों को युद्ध के लिए विवश किया गया तो पांडव युद्ध के लिए पूर्ण रूप से उद्यत थे। हालाँकि, सभी के हित में उन्होंने शांतिपूर्ण समाधान की इच्छा व्यक्त की। वे अपना राज्य वापस चाहते थे और दुर्योधन के पिछले कुकृत्यों को क्षमा करने के लिए भी तैयार थे। अर्जुन ने अपना संदेश देते हुए अपने पक्ष के सभी प्रमुख योद्धाओं के पराक्रमों और क्षमताओं का संक्षिप्त चित्रण किया।

उपप्लव्य के संदेशों की असंदिग्ध भाषा ने धृतराष्ट्र का उत्साह क्षीण कर दिया था। जब संजय ने अर्जुन के महल के अंदर के दृश्य का वर्णन किया तब अंधे धृतराष्ट्र के मन में युद्ध के परिणाम के विषय में कोई संदेह ही नहीं रहा। संजय ने कुछ इस प्रकार बताना शुरू किया मानों वह अर्जुन और श्रीकृष्ण की संगति में उन क्षणों को फिर से जी रहा हो।

'मुझे अर्जुन के अंतःपुर के एक कक्ष में ले जाया गया, जहाँ नकुल और अभिमन्यु के लिए भी प्रवेश सुलभ नहीं था। अर्जुन, श्रीकृष्ण, द्रौपदी और सत्यभामा पहले से ही वहाँ थे। अर्जुन और श्रीकृष्ण सुंदर वस्त्र और दिव्य आभूषण धारण किए हुए थे। उनका शरीर सुगंधित चंदन से शोभायमान था। दोनों मित्र एक-दूसरे की संगति में सहज और प्रसन्नचित थे तथा मधुर पेय पी रहे थे। वे स्वर्ण और मणियों जड़ित भव्य आसनों पर विराजमान थे। श्रीकृष्ण के पैर अर्जुन की गोद में थे और अर्जुन के पैर द्रौपदी और सत्यभामा की गोद में थे। अर्जुन ने मुझे बैठने के लिए सोने का एक पादपीठ दिया, लेकिन मैं भूमि पर ही बैठ गया। जहाँ मैं बैठा था वहाँ से मुझे अर्जुन के पैरों की सौभाग्य सूचक ऊर्ध्वगामिनी रेखायें स्पष्ट दिख रही थी।'[3]

'उन दोनों तरुण, श्यामवर्ण, डील-डौल और चौड़े कंधों वाले पुरुषों को एक साथ बैठे देखकर मेरे मन में भय समा गया था। तब मुझे विश्वास हो गया कि दुर्योधन का मस्तिष्क कर्ण के डींग मारने और भीष्म और द्रोण के सहयोग की धारणा के कारण भ्रमित हो गया है। वह इन दोनों शक्तिशाली वीरों को समझने में सक्षम नहीं है। उन्हें एक साथ देखना इंद्र और विष्णु को पृथ्वी पर उतरते हुए देखने समान है। मेरे मन में कोई संदेह नहीं है कि यदि ये दोनों युधिष्ठिर की सेवा करने के लिए इतने उद्यत हैं, तो युधिष्ठिर का संकल्प अवश्य पूरा होगा।'

सम्बंध

श्रीकृष्ण और अर्जुन चचेरे भाई थे। उनका जन्म लगभग छः महीने के अंतर पर हुआ था। श्रीकृष्ण का जन्म मथुरा के एक कारागार में हुआ था। शिशु के प्राणों की रक्षा के लिए उनके पिता ने उन्हें चुपके से गोकुल पहुँचा दिया था। अर्जुन का जन्म हिमालय की गोद में हुआ था। जब अर्जुन और अन्य पांडवों का उनके माता-पिता द्वारा वन में प्रेमपूर्वक पालन-पोषण किया जा रहा था, तब श्रीकृष्ण ने कंस को मारकर अपने माता-पिता और दादा को कारागार से मुक्त करवाया था। जब पांडवों को द्रोणाचार्य द्वारा प्रशिक्षित किया जा रहा था, तब श्रीकृष्ण और यादव जरासंध के आक्रमणों को रोकने में व्यस्त थे। इसके बाद युवा श्रीकृष्ण के नेतृत्व में कुछ यादव द्वारका चले गए और वहीं बस गए। वयस्कों के रूप में वे पहली बार द्रौपदी के स्वयंवर में मिले। जब अर्जुन एक युवा ब्राह्मण के वेश में मंडप के लक्ष्य यंत्र की ओर आया, तब श्रीकृष्ण ने उसे तुरंत पहचान लिया और अपने बड़े भाई बलराम को प्रसन्नता से मुस्कुराते हुए बताया, 'पांडव जीवित हैं।'

द्रौपदी के स्वयंवर के पश्चात कुम्हार की कुटिया में पांडवों से प्रथम मुलाकात से लेकर अपना देहत्याग पर्यंत श्रीकृष्ण उनके मित्र, संरक्षक और सहयोगी बन गए। अर्जुन के साथ उनका एक विशेष सम्बंध स्थापित हो गया था। उन्होंने ही अर्जुन को सुझाव दिया था कि वह उनकी बहन सुभद्रा को भगा कर ले जाए। इस विवाह ने न केवल अर्जुन और श्रीकृष्ण को एक अटूट बंधन में बाँध दिया, बल्कि यादवों और पांडवों को औपचारिक सहयोगियों के रूप में भी निकट लाया। अर्जुन और सुभद्रा का विवाह अभिमन्यु के रूप में फलीभूत हुआ, वह बाल योद्धा जिसने कुरुक्षेत्र युद्ध में दुर्जेय कौरव योद्धाओं को अपने घुटनों पर ला दिया था। अर्जुन और श्रीकृष्ण ने मिलकर इंद्र को विदा करके खांडववन जलाने देकर अग्निदेव को संतुष्ट किया। अग्निदेव से अर्जुन ने गांडीव धनुष, अक्षय बाणों वाला तरकश और विशेष रथ प्राप्त किया। श्रीकृष्ण को अग्निदेव ने सुदर्शन चक्र दिया।[4]

इन्द्रप्रस्थ में स्वयं को स्थापित करने के बाद युधिष्ठिर द्वारा आयोजित किए गए राजसूय यज्ञ के समय श्रीकृष्ण ने मगध के शक्तिशाली राजा जरासंध को हराने में पांडवों का साथ दिया। इससे युधिष्ठिर के यज्ञ का मार्ग निर्बाध होने में सहायता मिली।

द्वारका के रक्षात्मक प्रबंध

युधिष्ठिर के राजसूय यज्ञ में शिशुपाल के अपराधों के कारण श्रीकृष्ण को उसे मारना पड़ा। इससे क्रोधित शिशुपाल के एक घनिष्ठ मित्र शाल्व ने अपने मित्र की हत्या का प्रतिशोध लेने के लिए द्वारका पर आक्रमण कर दिया। जब हस्तिनापुर में द्यूतक्रीड़ा की घटना हुई, तब श्रीकृष्ण शाल्व के साथ युद्ध में व्यस्त थे। युद्ध समाप्त होने के बाद ही उन्हें पांडवों के साथ हुए छल और वन निर्वासन के बारे में पता चला। वह शीघ्र ही द्वैतवन में पांडवों से मिलने आये।

युधिष्ठिर ने युद्ध और द्वारका की सुरक्षा व्यवस्थाओं के बारे में जिज्ञासा व्यक्त की। श्रीकृष्ण ने अपने नगर को सुरक्षित रखने के लिए किए गए उपायों का वर्णन किया।

द्वारकापुरी सब ओर से पताकाओं, ऊँचे-ऊँचे गोपुरों, दुर्गों और महलों से सुशोभित थी। समुद्र के किनारे स्थित होने से स्थलाकृति के कारण द्वारका स्वयं ही सुरक्षित थी। फिर भी, यादवों ने द्वारकापुरी की सुरक्षा के लिए पर्याप्त तैयारी की थी। उनके द्वारा की गयी दुर्गबंदी इस प्रकार है[5]:

1. नगरी के कोने-कोने पर पैदल, अश्वारोही, गजारूढ़ और रथों पर आरूढ़, अच्छी तरह से सभी प्रकार के अस्त्र-शस्त्रों, गोला-बारूद, पत्थर के गोलों और नगर की रक्षा के लिए आवश्यक अन्य यंत्रों से सुसज्जित सैनिकों के समूह तैनात किये गए थे। सभी योद्धाओं को निगरानी रखने के लिए नगर भर में अनेक स्थानों पर नियुक्त किया गया था।
2. आश्रय के साथ-साथ आवागमन के लिए नगर में उपयुक्त स्थानों पर सुरंगें खोदी गईं थी।
3. शत्रु सेना के मार्ग में बाधा डालने के लिए मार्ग में लोहे की कीलें और छड़ें बिछाई गईं थीं।
4. द्वारका नगरी के चारों ओर की खाइयों को सुखा दिया गया था और उनके तल पर नुकीली छड़ें और भाले लगाए गए थे।
5. द्वारका नगरी में आने के लिए सारे पुल और मार्ग तोड़ दिए गए थे। नौका सेवाओं को भी बंद कर दिया गया था।
6. प्रजाजनों और सैनिकों के लिए खाद्य आपूर्ति को सुरक्षित करने के लिए दुर्गों में खाद्यान्न और पीने हेतु जल की व्यवस्था की गयी थी।

7. सम्पूर्ण नगरी में मद्यपान पर प्रतिबंध लगा दिया गया था।
8. सभी नटों, नर्तक-नर्तकियों और कलाकारों को तुरंत नगर छोड़ने के लिए कहा गया था।
9. युद्ध के समय राजमुद्रा के बिना न तो कोई नगर में प्रवेश कर सकता था और न ही कोई बाहर जा सकता था।
10. यादव सेना में सैनिकों को भर्ती करने के लिए कठोर दिशा-निर्देशों का पालन किया गया था। केवल योग्यता सिद्ध और क्षमता वाले लोगों को ही चुना गया था। किसी पर कोई विशेष दया नहीं की गयी थी।
11. सभी सैनिकों को उनके वेतन और भत्तों का भुगतान कर दिया गया था और सभी का प्रेम और विश्वास जीतने के लिए उन्हें विशेष पुरस्कार भी दिए गए थे।

शाल्व एक शक्तिशाली शत्रु था। यह एक भयानक लड़ाई थी लेकिन यादव अंततः जीत गए और शाल्व को श्रीकृष्ण ने मार दिया।

श्रीकृष्ण से अर्जुन की विनती

पांडवों के वनवास के अंत में यह एकदम स्पष्ट होता जा रहा था कि कर्ण द्वारा प्रेरित दुर्योधन युद्ध चाहता था। दोनों पक्षों ने सामने खड़े युद्ध के लिए अपने-अपने पक्ष को सशक्त करने के लिए अन्य राज्यों के साथ गठबंधन करना शुरू कर दिया। श्रीकृष्ण कौरवों और पांडवों के बीच बातचीत की शुरुआत करने के बाद द्वारका लौट आए। औपचारिक रूप से यादवों का समर्थन प्राप्त करने के लिए दुर्योधन और अर्जुन दोनों ही द्वारका गए। दुर्योधन अर्जुन से पहले श्रीकृष्ण के कक्ष में पहुँच गया, लेकिन उस समय श्रीकृष्ण सो रहे थे। इसलिए दुर्योधन ने श्रीकृष्ण के शीश के निकट उनकी शय्या के किनारे बैठकर प्रतीक्षा की। इतने में अर्जुन भी अंदर आया और दुर्योधन को देखकर चुपचाप शय्या पर श्रीकृष्ण के चरणों के पास बैठकर प्रतीक्षा करने लगा।

जैसे ही श्रीकृष्ण जागे तो अर्जुन को अपने सामने बैठा पाया। उसके बाद उनकी दृष्टि दुर्योधन पर पड़ी। श्रीकृष्ण उनके आने का प्रयोजन जानते थे। उन्होंने दो विकल्प प्रस्तावित किए: एक तरफ उनकी विशाल नारायणी सेना और दूसरी तरफ वे स्वयं रहेंगे। उन्होंने कहा, 'न तो मैं लड़ूँगा और न ही युद्ध में कोई अस्त्र-शस्त्र उठाऊँगा। अब आपको जो विकल्प उचित लगता

है आप चुन सकते हैं।' चूँकि, अर्जुन दुर्योधन से छोटा था और श्रीकृष्ण ने उसे पहले देखा था, इसलिए उन्होंने अर्जुन को अपना विकल्प चुनने के लिए कहा। इस पर अर्जुन ने श्रीकृष्ण को चुना और दुर्योधन को बिना श्रीकृष्ण की नारायणी सेना मिली।

इससे दुर्योधन प्रसन्न हो गया। एक मनुष्य की तुलना एक अक्षौहिणी सेना उत्तम सौदा था, ऐसा सोचकर वह हस्तिनापुर के लिए निकल पड़ा।

दुर्योधन के जाने के बाद श्रीकृष्ण ने अर्जुन से सेना के स्थान पर उन्हें चुनने का कारण पूछा। इस पर अर्जुन ने उत्तर दिया, 'आपकी कृपा से मुझे विश्वास है कि मैं अपने शत्रुओं से अकेले ही लड़ने की क्षमता रखता हूँ। लेकिन हे कृष्ण! आप संसार में यशस्वी हैं। आप जहाँ भी जाओगे यश आपका ही अनुसरण करेगा। मैं भी यश की इच्छा रखता हूँ। इसलिए, मैंने आपका चुनाव किया है। मैं दीर्घकाल से अपने जीवन और रथ की बागडोर आपको सौंपना चाहता था। कृपया इस युद्ध में मेरा सारथी बनकर मेरी इस चिरकालिक इच्छा को पूर्ण कीजिये।'[6] श्रीकृष्ण इससे सहमत हो गए।

चित्रः लेखक द्वारा जकार्ता में खींचा गया पटुंग अर्जुन विजय का चित्र

युद्धभूमि में उपदेश

वह विकट दिन आ गया। चचेरे भाइयों की सेनाएँ एक-दूसरे के सामने खड़ी थीं। पांडवों की सेना कौरवों से छोटी थी। उनकी विजय की आशा भीम और अर्जुन के पराक्रम पर सर्वाधिक टिकी हुई थी। अर्जुन इस दिन की प्रतीक्षा कर रहा था। उसने तेरह वर्ष के वनवास का एक महत्वपूर्ण भाग तपस्या करने और संभावित युद्ध के लिए दिव्य अस्त्रों को अर्जित करने में बिताया था। शांतिपूर्ण समाधान के सभी प्रयासों के विफल होने के बाद न्याय के

लिए युद्ध अपरिहार्य हो गया था। युधिष्ठिर बहुत व्यथित थे और कराह उठे, 'हम अपने ही ज्येष्ठजनों और गुरुओं को मारकर जीतने की आशा कैसे कर सकते हैं? वे मारे जाने के योग्य नहीं हैं।' अर्जुन ने उन्हें सांत्वना देते हुए कहा, 'यदि यह कोई अधर्मी कार्य होता तो श्रीकृष्ण, विदुर और हमारी माता कुंती हमें युद्ध से अवश्य रोकते। उन्होंने ही हमें इस मार्ग पर चलने के लिए प्रोत्साहित किया है, क्योंकि यही उचित मार्ग है। हमें अब युद्ध से पीछे नहीं हटना चाहिए।'[7]

सेनाओं के युद्धभूमि में जाने से पहले की सुबह युधिष्ठिर को कौरव शिविर में उनके योद्धाओं के कौशल को लेकर हुई बातचीत के बारे में सूचित किया गया। चिंताग्रस्त युधिष्ठिर ने अपने भाइयों और अन्य प्रमुख सहयोगियों को कौरव सेना के पराक्रम के बारे में जो कुछ भी सुना था, उसे साझा करने के लिए बुलाया। अर्जुन ने युधिष्ठिर को उसके पूर्व पराक्रमों और पशुपतस्त्र के बारे में स्मरण कराया, जो कौरव पक्ष के किसी भी योद्धा के पास नहीं था। हालांकि, अर्जुन ने स्पष्ट किया कि इसका उपयोग केवल अंतिम उपाय के रूप में किया जाएगा, क्योंकि इस तरह के घातक अस्त्र सामान्य परिस्थितियों में मनुष्यों पर उपयोग के लिए नहीं होते। युधिष्ठिर को निश्चिंत करने अर्जुन ने उन शक्तिशाली योद्धाओं को सूचीबद्ध किया जो पांडवों का साथ देने के लिए वहाँ थे। अर्जुन ने उत्साहित होकर कहा, 'और आपके बारे में क्या कहना है? आप यदि क्रोधपूर्वक देख मात्र लें तो शत्रुओं का संहार हो जाएगा।'[8]

परन्तु जब अर्जुन ने भीष्म, द्रोणाचार्य, कृपाचार्य और अपने चचेरे भाइयों को युद्ध करने और मरने के लिए तैयार रणभूमि में खड़े देखा तो वह स्वयं व्यथित हो गया। 'उस जीत का क्या लाभ जो उन्हीं लोगों के रक्त से रंजित हो जिनके लिए मैं जीतना चाहता हूँ। और जीतूँगा भी क्या, केवल एक राज्य का सुख और ऐश्वर्य? मैं अपने लोगों को मारने के लिए विवश करने वाले इस युद्ध को लड़ने की अपेक्षा मृत्यु का वरण करूँगा। मैं युद्ध नहीं करूँगा।'[9] हताश अर्जुन ने ऐसी घोषणा की और रथ में बैठ गया। उस व्याकुल क्षण में अर्जुन अपने और द्रौपदी के साथ हुए अन्याय को भूल गया था। वह भूल गया था कि पांडवों की विजय की आशा केवल उसके धनुष पर टिकी हुई थी। वह भूल गया था कि कुछ महीने पहले ही उसने विराट के युद्ध में कौरवों को अकेले ही पराजित कर दिया था।

कृष्ण ने मुस्कुराते हुए अर्जुन की क्षत्रिय आत्मा को झकझोरते हुए कहा, 'यह न करने योग्य दुःख तुमको कहाँ से आया है? कायर मत बनो। उठो और लड़ो।'

अर्जुन ने स्वयं को कायर कहे जाने पर भी कोई प्रतिक्रिया नहीं दी। अपनों को मारने के विचार से वह बहुत उद्विग्न हो गया था, लेकिन उसे आभास हुआ कि वह भ्रमित हो रहा है। उसने अत्यंत विनम्र भाव से श्रीकृष्ण का मार्गदर्शन माँगा, 'मेरा मन पूरी तरह से भ्रमित है। मैं यह निर्णय नहीं कर पा रहा हूँ कि मेरे लिए क्या करना उचित है। मैं आपके समक्ष शिष्य के रूप में प्रस्तुत हूँ। कृपया मेरा मार्गदर्शन करें।' भारतवर्ष के सर्वश्रेष्ठ योद्धा के रूप में प्रख्यात अर्जुन द्वारा यह स्वीकार करना कि वह भ्रमित हो रहा है और उसे मार्गदर्शन की आवश्यकता है, उसके अत्यंत विनम्र स्वभाव और सत्यनिष्ठा का परिचय था।

श्रीकृष्ण ने एक मित्र और गुरू के रूप में अर्जुन को उसके स्वधर्म का स्मरण कराया। उन्होंने अर्जुन को समझाया कि उसे कर्म करने की आवश्यकता क्यों है और कैसे करना चाहिए। श्रीकृष्ण ने अर्जुन को आश्वासन दिया कि वह हर क्षण उसके साथ रहेंगे, साथ ही यह भी स्पष्ट किया कि वह केवल एक मार्गदर्शक ही होंगे। अंतिम निर्णय और कर्म अर्जुन को ही करना होगा। अपने उपदेश के अंत में श्रीकृष्ण ने कहा, 'मैंने तुमको वह सब कुछ बता दिया है जो तुम्हें जानने की आवश्यकता है। अब इस पर विचार करो और जो उचित समझते हो वह करो–यथेच्छसि तथा कुरु।'[10]

अर्जुन का मनोबल प्रबल हो गया और वह युद्ध करने के लिए तैयार हो गया। युद्ध प्रारम्भ हो गया।

अर्जुन की हिचकिचाहट

धृष्टद्युम्न को पांडव सेना का सेनापति चुना गया था और कौरव सेना का नेतृत्व भीष्म कर रहे थे। भीष्म ने दुर्योधन को सूचित करते हुए कहा, 'मैं पांडवों के सिवाय उन सभी योद्धाओं को मार दूँगा जो रणभूमि में मुझसे लड़ेंगे, लेकिन मैं किसी स्त्री या जो पहले कभी स्त्री रहा हो उस पुरुष को नहीं मारूँगा। तुमने सुना होगा कि शिखंडी स्त्री रूप में जन्मा था और बाद में पुरुष बन गया था। इसलिए मैं उसे भी नहीं मारूँगा।'[11] भीष्म ने पांडव सेनाओं को अपने सर्वश्रेष्ठ सामर्थ्य से रोकने का वचन भी दिया। भीष्म ने

प्रतिदिन दस हजार पैदल सैनिकों और एक हजार रथियों को मारने का लक्ष्य निर्धारण किया था।[12]

शंख और ढोल वादन के बाद दोनों सेनायें एक-दूसरे पर टूट पड़ी। भीष्म ने पांडव सेना पर आक्रमण किया। उनका उत्साह अद्वितीय था। उनके मार्ग में जो कुछ भी आया वह नष्ट हो गया। ऐसा लग रहा था जैसे साक्षात मृत्यु के देवता यमराज पृथ्वी पर अवतरित हो गए। पहला दिन पांडव पक्ष के लिए भारी हानि के साथ समाप्त हुआ। युधिष्ठिर अत्यंत चिंतित और व्यथित थे। यदि भीष्म को रोका नहीं गया तो पांडव सेनाओं का विनाश शीघ्र होना निश्चित था। वह भीष्म के प्रति अर्जुन के सयंमित व्यवहार से भी प्रसन्न नहीं थे। 'अर्जुन युद्ध में उदासीन दिख रहा था। केवल एक भीम ही क्षत्रिय की भाँति लड़ रहा है। लेकिन अकेला भीम भीष्म को नहीं रोक सकता। मैं क्या करूँ? यदि भीष्म को नहीं रोका गया तो हमारा इस युद्ध को हारना निश्चित है।'[13] युधिष्ठिर ने श्रीकृष्ण से शिकायत की।

श्रीकृष्ण और अन्य योद्धाओं ने उन्हें सांत्वना दी और अगले दिन के लिए युद्ध की रणनीति पर चर्चा की। जैसे-जैसे युद्ध आगे बढ़ा, सैनिकों के साथ-साथ घोड़ों और हाथियों के शरीर भी ढेर होते गए। शव बुरी तरह क्षत-विक्षत हो गए थे। कुछ के सिर और कुछ के दूसरे अंग कटे हुए थे। युद्ध में एक दिन कौरवों का पक्ष भारी होता तो अगले दिन पांडव उन पर हावी हो जाते। भीष्म के आक्रमण को रोकने में अर्जुन सक्षम था, लेकिन वह अभी भी उन्हें मारने से हिचकिचा रहा था। युद्ध की परिस्थिति कुछ विचित्र हो गई थी। भीष्म का वध करने में अर्जुन संकोच कर रहा था और अन्य योद्धा उन्हें मारने में सक्षम नहीं थे। वहीं दूसरी ओर भीष्म और द्रोण पांडवों का वध नहीं करने का संकल्प पहले ही ले चुके थे। कर्ण युद्ध से बाहर था। यद्यपि, सेनाएँ भिड़ रही थी और कम होती जा रही थीं। युधिष्ठिर की भाँति दुर्योधन भी निराश हो गया था।

नौवें दिन का सूर्य उदय हुआ। प्रलयकारी भीष्म को रोकना असंभव था। भीष्म के क्रोध को सहन करने में असमर्थ पांडव सेना इधर-उधर भाग रही थी। अर्जुन अब भी भीष्म के विरुद्ध निष्क्रिय बना रहा और उसने अपने वास्तविक पराक्रम के साथ प्रतिघात नहीं किया। श्रीकृष्ण ने उसे उसके पूर्व पराक्रमों और प्रतिज्ञाओं की याद दिलाकर मनाने का प्रयास किया। अर्जुन अभी भी अपनी झिझक को दूर करने में असहज था। 'कृष्ण! जो मुझसे

सम्मान पाने योग्य हैं, मैं उन्हें कैसे मारूँ?' अर्जुन ने तर्क दिया और फिर आगे कहा, 'लेकिन मैं वही करूँगा जो आप कहेंगे।' श्रीकृष्ण रथ को भीष्म की ओर ले गए।

अर्जुन और भीष्म दोनों ही महापराक्रमी और सर्वश्रेष्ठ धनुर्धर थे। दोनों ही चुस्त और निपुण थे। दोनों एक-दूसरे पर यथासामर्थ्य प्रहार नहीं कर रहे थे। अर्जुन को भीष्म पर उदार बने हुए देख श्रीकृष्ण क्रोधित हो उठे। वे रथ से कूद गए और अपने कोड़े को घुमाते हुए क्रोध से रक्तरंजित नेत्रों के साथ भीष्म को मारने के लिए उनके रथ की ओर दौड़े। श्रीकृष्ण के ऐसा करने पर अर्जुन अपनी उदासीनता से बाहर निकल गया। वह रथ से कूद गया और श्रीकृष्ण के पीछे भागा और उनके चरणों को कसकर पकड़ लिया। उसने श्रीकृष्ण को युद्ध में आयुध न उठाने और न लड़ने के उनकी प्रतिज्ञा का स्मरण कराया और विनती की, 'अपनी प्रतिज्ञा मत तोड़िये केशव। मैं अपनी पूरी शक्ति से युद्ध करने और भीष्म को मारने का वचन देता हूँ।' इसके बाद श्रीकृष्ण कुछ न कहकर आक्रोश में ही रथ पर जा बैठे।[14]

भीष्म को रोकना कोई साधारण कार्य नहीं था। जब तक उनके हाथ में धनुष रहा, तब तक भीष्म अजेय थे। उन्हें केवल तभी हराया जा सकता था, जब किसी तरह वे अपना धनुष छोड़ देते। युद्ध के नौवें दिन की रात्रि पांडव और श्रीकृष्ण भीष्म के पास गए। वे उन्हें हराने की रणनीति जानना चाहते थे। भीष्म ने मुस्कराकर उत्तर दिया, 'यदि कोई स्त्री, अयोग्य पुरुष, स्त्रियों जैसे नाम वाला, जो अपने पिता का इकलौता पुत्र हो या फिर जिसके ध्वज पर अमंगलसूचक चिह्न हो और मेरे सामने युद्ध करने आए तो मैं अपने अस्त्र-शस्त्र छोड़ दूँगा। आपको पता होगा कि आपके पक्ष में शिखंडी स्त्री के रूप में जन्मा था और बाद में पुरुष बना था। उसके ध्वज पर अमंगलसूचक चिह्न भी है। यदि वह या अन्य कोई उन शर्तों को पूरा करता है जो मैंने बताई है और युद्ध के लिए मेरे सामने आता है तो मैं उससे नहीं लड़ूँगा। तब अर्जुन मुझे आसानी से मार सकता है।'[15]

भीष्म को हराने की योजना बनाने के लिए पांडव अपने शिविर में लौट आए। अर्जुन ने कहा, 'शिखंडी ही भीष्म की मृत्यु का कारण हो सकता है, क्योंकि मैंने भीष्म को उसके सामने आते ही युद्ध से पीछे हटते हुए देखा है। कल हमें उसे आगे रखकर लड़ना चाहिए।'

अगली सुबह जब युद्ध प्रारम्भ हुआ तब पांडवों ने शिखंडी को भीष्म को चुनौती देने के लिए प्रोत्साहित किया। अर्जुन, भीम, सात्यकि और दूसरे

योद्धाओं से घिरे शिखंडी ने तीन बाण चलाकर भीष्म को युद्ध के लिए ललकारा। इस पर भीष्म हँसने लगे और लड़ने से इन्कार कर दिया। अर्जुन ने भीष्म को धराशायी करने के लिए शिखंडी को प्रोत्साहित और आश्वस्त करते हुए कहा, 'मैं उन सबका ध्यान रखूँगा जो भीष्म की रक्षा के लिए आएँगे। तुम भीष्म पर अपना आक्रमण जारी रखो। तुम्हारी रक्षा करने के लिए मैं यहाँ हूँ।'[16] शिखंडी तीर मारता रहा लेकिन भीष्म ने कोई प्रतिघात नहीं किया। शिखंडी के तीर इतने कोमल थे कि भीष्म पर उनका कोई प्रभाव नहीं पड़ा। युद्धभूमि में शिखंडी को दरकिनार करते हुए भीष्म वन में लगी आग की तरह पांडवों की सेना का विनाश कर रहे थे।

अर्जुन ने एक बार पुनः शिखंडी को भीष्म पर आक्रमण करने के लिए प्रेरित किया। इस बार उसने शिखंडी को आगे बढ़ने और भीष्म का सामना करने के लिए खड़े होने के लिए कहा, क्योंकि अब वह स्वयं आक्रमण करने वाला था। अर्जुन का शिखंडी को दिया गया निर्देश सुनकर कौरव योद्धा भीष्म की रक्षा के लिए आगे बढ़े। पांडव भी कौरवों को भीष्म तक पहुँचने से रोकने के लिए खड़े हो गए। बहुत भयानक युद्ध हुआ। शिखंडी को सबसे आगे खड़ा करके अर्जुन ने भीष्म पर तीखे बाण बरसाए। उन बाणों ने भीष्म के कवच को छेद दिया और उनके वक्षस्थल पर कई घाव कर दिए। शिखंडी से बचते हुए भीष्म ने दूसरे दिव्य अस्त्रों से पलटवार किया लेकिन अर्जुन ने उन्हें मार्ग में ही नष्ट कर दिया। अर्जुन के बाणों से भीष्म का शरीर पूरी तरह से क्षत-विक्षत हो गया था। उनकी रक्षा के लिए आए दुःशासन से भीष्म ने मुस्कुराते हुए कहा, 'ये बाण मुझे वज्र और विद्युत समान लगे हैं। इनसे होने वाली पीड़ा असहनीय है। ये बाण शिखंडी के नहीं हो सकते। ये केवल अर्जुन के बाण हो सकते हैं, जो मेरे रक्त का स्वाद ले रहे हैं।'[17] तीर तब तक आते रहे जब तक भीष्म का शरीर पूरी तरह छलनी न हो गया था। भीष्म गिर पड़े। लेकिन उनके शरीर से बाहर निकलने वाले तीरों के कारण उनका शरीर भूमि का स्पर्श नहीं कर पाया। ऐसा लग रहा था मानों वे बाणों की शय्या पर लेटे हों। कौरवों का महानायक धराशायी हो गया था और अर्जुन ने श्रीकृष्ण को दिया अपना वचन पूरा किया।

चक्रव्यूह

भीष्म के धराशायी होने के साथ ही पांडव पक्ष बहुत प्रोत्साहित हुआ। हालांकि भीष्म का धराशायी होना कौरव पक्ष की बहुत बड़ी हानि थी, लेकिन

कर्ण ने युद्ध में प्रवेश करने से कौरव सेना का उत्साह भी बढ़ा। दुर्योधन ने द्रोणाचार्य को कौरव सेना का सेनापति नियुक्त किया और युधिष्ठिर को जीवित पकड़ने का आग्रह किया। दुर्योधन ने तर्क दिया, 'यदि युधिष्ठिर को मार दिया जाता है तो पांडव और उनके सहयोगी प्रतिशोध लेंगे। लेकिन उसी युधिष्ठिर को यदि जीवित पकड़ लिया जाये तो फिर से जुआ खेलने के लिए उकसाया जा सकता है। इस तरह, पांडवों को फिर से तेरह वर्षों के लिए वन में भेजा जा सकता है।' द्रोणाचार्य ने इस पर सहमति व्यक्त की, 'यदि तुम लोग अर्जुन को युधिष्ठिर से दूर रखने में सफल हो जाते हो तो युधिष्ठिर को पकड़ में आया समझो। क्योंकि अर्जुन के उग्र रूप को इंद्र भी युद्ध में नहीं हरा सकते हैं।'[18]

द्रोणाचार्य के नेतृत्व में युद्ध के ग्यारहवें दिन भयंकर लड़ाई हुई। युधिष्ठिर पकड़े नहीं गए क्योंकि कौरव योद्धा अर्जुन को दूर नहीं रख सके। बारहवें दिन की सुबह कौरवों की रणनीति अनुसार त्रिगर्त के राजा सुशर्मा ने अपने भाइयों और समशप्तक योद्धाओं की अपनी सेना के साथ अर्जुन को युद्ध के लिए ललकारा। उन्होंने अर्जुन को युधिष्ठिर से दूर करके युद्ध में व्यस्त रखने की प्रतिज्ञा की थी। अर्जुन का एक स्वघोषित नियम था कि जब कोई उसे चुनौती देता था तो वह कभी पीछे नहीं हटता था। द्रोण की रणनीति से अनभिज्ञ अर्जुन ने सुशर्मा की चुनौती स्वीकार कर ली। युधिष्ठिर की रक्षा के लिए पांचाल के राजकुमार सत्यजीत को नियुक्त करके अर्जुन दक्षिण की ओर चल दिया जहाँ सुशर्मा और उनकी सेना उसकी प्रतीक्षा कर रही थी। भयानक रक्तपात हुआ जिसमें त्रिगर्त सेना के कई वीर योद्धा मारे गए।

जब अर्जुन समशप्तकों से लड़ रहा था तब द्रोण और प्रागज्योतिष नरेश भगदत्त पांडव सेना की ओर बढ़ रहे थे। सत्यजीत अपनी अंतिम साँस तक लड़ता रहा, लेकिन द्रोण ने उसका शीश काट दिया। दूसरी ओर, भीम भी भगदत्त को रोकने के लिए संघर्ष कर रहा था। इस बीच अर्जुन ने समशप्तकों को पीछे हटने के लिए विवश कर दिया। वह वापस आ गया और भीम के साथ भगदत्त के विरुद्ध लड़ने लगा। भगदत्त ने अर्जुन पर प्राणघातक वैष्णवास्त्र चलाया। लेकिन कुशल सारथी श्रीकृष्ण ने उसे बचा लिया। श्रीकृष्ण ने अस्त्र का प्रहार अपने ऊपर ले लिया, वे उस अस्त्र की शक्ति का सामना करने की शक्ति से संपन्न थे।

युधिष्ठिर को बंदी बनाये बिना ही एक और दिन समाप्त हो गया। दुर्योधन क्रोधित हो गया और उसने द्रोण पर मित्र के वेश में शत्रु होने का आरोप लगाया। द्रोण इससे बहुत आहत हुए। उन्होंने फिर से दोहराया कि अर्जुन को हराना असंभव था। योजना सफल करने के लिए अर्जुन को सूर्यास्त होने तक दूर रखना आवश्यक था। सुशर्मा ने फिर से अर्जुन का सामना करने का बीड़ा उठाया। इस बार द्रोण ने युधिष्ठिर को पकड़ने के लिए सेना को चक्रव्यूह में खड़ा करने का निर्णय लिया। द्रोण को पता था कि अर्जुन के अतिरिक्त दूसरा कोई भी योद्धा न तो इसमें में प्रवेश कर सकता है और न ही इससे जीवित बाहर निकल सकता है। उन्हें यह पता नहीं था कि अर्जुन का युवा पुत्र अभिमन्यु चक्रव्यूह में प्रवेश करना जानता था परन्तु बाहर निकलना नहीं।

योजनानुसार जब सुशर्मा अर्जुन को बहुत दूर ले गया, तब द्रोणाचार्य ने चक्रव्यूह का निर्माण किया। युधिष्ठिर ने चक्रव्यूह भेदन का कार्य अभिमन्यु को सौंपा। उन्होंने अभिमन्यु को आश्वासन दिया कि एक बार जब वह अंदर जाने का मार्ग बना लेगा तब अन्य योद्धा उसका अनुसरण करेंगे। किन्तु जब अभिमन्यु ने व्यूह में प्रवेश किया तब जयद्रथ ने अन्य सभी पांडव योद्धाओं को अकेले ही अभिमन्यु के पीछे अन्दर जाने से रोक लिया। अभिमन्यु व्यूह में फँस गया। फिर भी वह साक्षात् भगवान शिवपुत्र कार्तिकेय की भाँति लड़ा। कोई भी कौरव योद्धा युद्ध में उसकी बराबरी नहीं कर सका। अंततः, निहत्थे अभिमन्यु को द्रोण और कर्ण सहित छः योद्धाओं ने मिलकर अनैतिक तरीके से मार दिया।

अभिमन्यु की निर्मम हत्या के बारे में सुनकर अर्जुन टूट सा गया। श्रीकृष्ण अत्यंत पीड़ा में थे। अभिमन्यु उनका भांजा था और उनके पालन-पोषण में ही बड़ा हुआ था। फिर भी उस समय केवल श्रीकृष्ण ही एकमात्र ऐसे व्यक्ति थे जो उस क्षण में अर्जुन को संभाल सकते थे। अन्य सभी निशब्द थे।

युधिष्ठिर पश्चाताप कर रहे थे। उन्होंने अभिमन्यु को आश्वासन दिया था कि वे सभी उसकी रक्षा करेंगे, लेकिन वे ऐसा नहीं कर पाये। युधिष्ठिर ने अर्जुन को जयद्रथ के कारण आगे बढ़ने में उनकी और दूसरों की लाचारी का सारा वृत्तांत सुनाया। अर्जुन ने पूछा, 'जयद्रथ पांडव योद्धाओं को कैसे रोक पाया?' अर्जुन को भगवान शिव द्वारा जयद्रथ को दिए गए वरदान के बारे में बताया गया, जिसका उपयोग एक बार किया जा सकता था। उस वरदान ने उसे एक दिन के लिए अजेय बना दिया था। जयद्रथ ने उस दिन उस

वरदान का उपयोग किया था। क्रुद्ध अर्जुन ने जयद्रथ को मारने की प्रतिज्ञा ली। 'यदि मैं कल जयद्रथ का वध नहीं कर पाया तो मैं अग्निदाह कर लूँगा और मृत्यु का वरण करूँगा![19]

जयद्रथ वध

जयद्रथ का वध करने अथवा अपने प्राण त्यागने की अर्जुन की प्रतिज्ञा लापरवाही भरी थी। इससे श्रीकृष्ण प्रसन्न नहीं हुए। उन्होंने इस मूर्खतापूर्ण घोषणा के लिए अर्जुन को कड़ी फटकार लगाई। 'आज तुमने अपने भाइयों या मेरा मत जाने बिना प्रतिज्ञा लेकर तुमने बहुत अविवेकी कार्य किया है। तुमने अपने शत्रुओं को सावधान कर दिया है। अब वे जयद्रथ की रक्षा के लिए पूर्ण रूप से उद्यत हो जाएँगे और तुम उपहास का पात्र बनोगे।' उनके गुप्तचर उस रणनीति का समाचार लेकर आये थे जिसे कौरव अगले दिन नियोजित करने की योजना बना रहे थे।[20] आचार्य द्रोण ने जयद्रथ की रक्षा के लिए तीन-स्तरीय मोर्चेबंदी की योजना बनाई थी। उन्होंने जयद्रथ की रक्षा के लिए छः योद्धाओं अर्थात् कर्ण, भूरिश्रवा, अश्वत्थामा, वृषसेन, कृपाचार्य और शल्य को व्यूह के भीतरी भाग में नियुक्त किया। द्रोण स्वयं व्यूह के मुख की रक्षा करने वाले थे। जयद्रथ तक पहुँचने के लिए अर्जुन को योद्धाओं की परतों को भेदकर फिर छः योद्धाओं को हराना होगा।

अर्जुन को विश्वास था कि श्रीकृष्ण की सहायता से वह शत्रुओं पर हावी होगा, परन्तु श्रीकृष्ण चिंतित थे। कौरवों के सारे संसाधन केवल जयद्रथ को बचाने के लिए उपयोग होने वाले थे। कौरवों के लिए अर्जुन को अग्नि में कूदकर अपनी मृत्यु को निमंत्रण देते हुए देखने से अधिक सुखद परिणाम और कुछ नहीं हो सकता है। अर्जुन के जाने के साथ ही पांडवों का हारना निश्चित था।

उस संध्याकाल श्रीकृष्ण ने अर्जुन को अपनी रक्षा के लिए भगवान शिव की पूजा-अर्चना कराई, लेकिन वह अभी भी व्याकुल थे। मध्य रात्रि में श्रीकृष्ण ने अपने सारथी दारुक को बुलाया और उसे रथ और अस्त्र-शस्त्रों को तैयार रखने के लिए कहा। अर्जुन को बचाने के लिए यदि आवश्यकता पड़ी तो श्रीकृष्ण अपनी प्रतिज्ञा तोड़ने और कौरवों से लड़ने के लिए शस्त्र उठाने को तैयार थे।[21] न्याय की स्थापना महत्वपूर्ण थी चाहे उसके लिए व्यक्तिगत प्रतिष्ठा का ही बलिदान क्यों न देना पड़े। सौभाग्यवश श्रीकृष्ण को अपनी प्रतिज्ञा तोड़ने की आवश्यकता नहीं पड़ी।

कुरुक्षेत्र में चौदहवें दिन का सूर्योदय हुआ। अर्जुन ने सात्यकि को युधिष्ठिर की सुरक्षा सौंपी और ज्येष्ठों का आशीर्वाद लेकर अपने अभियान पर निकल पड़ा। कौरव योद्धा अर्जुन को रोकने के लिए दृढ़ संकल्प थे। अपनी प्रतिज्ञा और भगवान शिव की कृपा से अर्जुन में भी जैसे शक्ति संचार हुआ था। अभिमन्यु की मृत्यु उसे भीतर ही भीतर जला रही थी। अपना शंख बजाकर अर्जुन ने युद्धभूमि में अपने प्रवेश और मंशा को स्पष्ट कर दिया। कुछ ही क्षणों के भीतर उसने दुर्मर्षण और दु:शासन की सेनाओं को पराजित कर दिया।

द्रोणाचार्य ने अर्जुन को जयद्रथ की ओर बढ़ने से रोकने का प्रयास किया। द्रोण ने अर्जुन और श्रीकृष्ण दोनों को घायल करने के लिए कुछ तीर चलाए और हँसते हुए कहा, 'मुझे पराजित किये बिना तुम जयद्रथ तक नहीं पहुँच सकते।' अर्जुन ने प्रतिकार किया। लेकिन उस दिन द्रोण को हराना अर्जुन का लक्ष्य नहीं था। कृष्ण ने सुझाव दिया, 'हमें आज एक महान कार्य पूर्ण करना है और उसके लिए पर्याप्त समय नहीं है। द्रोणाचार्य को छोड़ दो और आगे बढ़ें।' अर्जुन ने सहमति व्यक्त की। कुछ बाण चलाने के बाद उसने द्रोण को नमन किया और उनका शुभ आशीर्वाद लेते हुए आगे बढ़ने लगा। इस पर द्रोण ने मुस्कुराते हुए कहा, 'तुम कहाँ जा रहे हो अर्जुन? तुम इस तरह अपने शत्रु को पराजित किए बिना कभी नहीं गए हो।' अर्जुन ने अत्यंत श्रद्धा भाव के साथ उत्तर दिया, 'आप मेरे शत्रु नहीं हो। आप मेरे गुरू हो और मैं आपका पुत्र समान प्रिय शिष्य हूँ। युद्ध में आपको कोई नहीं हरा सकता।'[22]

उग्र वन अग्नि की भाँति अर्जुन ने कौरव योद्धाओं का एक के बाद एक संहार करना शुरू कर दिया। युधामन्यु और उत्तमौजा उसके पृष्ठ भाग की सुरक्षा कर रहे थे। व्यथित और चिंतित दुर्योधन अर्जुन को रोकने के लिए शीघ्रता से द्रोणाचार्य के पास गया। उसने द्रोण पर एक बार फिर पांडवों पर कोमल होने का आरोप लगाना शुरू कर दिया और उन्हें याद दिलाया कि उनकी निष्ठा कहाँ होनी चाहिए।

इस बार द्रोण ने साफ-साफ कहा, 'अर्जुन एक अतुलनीय योद्धा है और श्रीकृष्ण उसके श्रेष्ठ सारथी हैं। क्या तुम मेरे बाणों को नहीं देखते हो, जो दूसरे अधिकांश लोगों को झकझोर देते हैं, वे अर्जुन के रथ की गति से मेल नहीं खा पा रहे? इसके अतिरिक्त, मैं व्यूहद्वार को नहीं छोड़ सकता। अर्जुन के जाने से मेरे पास युधिष्ठिर को पकड़ने का अवसर है। तुम भी तो एक

सामर्थ्यशाली योद्धा हो। डरो मत। जयद्रथ तक अर्जुन पहुँचे उससे पहले तुम स्वयं जाकर अर्जुन को रोक लो। तुम्हारा साथ देने के लिए सक्षम योद्धाओं की भी कमी नहीं है। द्रोण ने दुर्योधन को अर्जुन के तीक्ष्ण बाणों से बचाने के लिए एक अभेद्य कवच दिया।[23]

सूर्यदेव पश्चिम की ओर बढ़ने लगे थे। अर्जुन को आभास हुआ कि उसके अश्व थक गए हैं और घायल हो गए हैं। उसने श्रीकृष्ण से विनती की कि वे अश्वों को चारा खिलाएँ और उनके शरीर में घुसे तीरों को निकाल दें। श्रीकृष्ण ने लगाम ढीली कर दी और रुक गए। अर्जुन को रुके हुए देखकर कौरव सेना ने उस पर आक्रमण कर दिया, लेकिन अर्जुन उन सभी पर भारी रहा। वह जमीन पर खड़े होकर उनके साथ लड़ता रहा। अश्वों को चारा खिलाने के तुरंत बाद अर्जुन और श्रीकृष्ण रथ पर आरूढ़ हो गए और मार्ग में आने वाले हर अवरोध को ध्वस्त करते हुए जयद्रथ की ओर चल दिए।

दुर्योधन ने अर्जुन के आक्रमण को रोकने की पूरी कोशिश की लेकिन वह व्यर्थ हो गयी। द्रोण प्रदत्त कवच अर्जुन के तीरों से दुर्योधन को नहीं बचा सका। उसके शरीर का हर खुला भाग, उसकी हथेलियाँ और नखों (नाखूनों) के माँस तक को अर्जुन के तीरों ने भेद दिया था। दुर्योधन पीछे हटने के लिए विवश हो गया। जयद्रथ अब अर्जुन की दृष्टि में था, मगर एक बड़ी बाधा अर्जुन के सामने अब भी थी कि वह छः शक्तिशाली योद्धाओं से घिरा हुआ था।

जैसे ही अर्जुन निकट आया, उन छः योद्धाओं ने जयद्रथ के साथ मिलकर अर्जुन पर धावा बोल दिया, लेकिन अर्जुन अभिमन्यु नहीं था। उसका युद्धकौशल तो अद्वितीय था ही और साथ ही उसके पास युद्ध के अनुभवों का भंडार भी था। इस बीच भीम और सात्यकि अर्जुन के आक्रमण को और घातक बनाने के लिए साथ आए। भीम ने कर्ण के साथ और सात्यकि ने भूरिश्रवा के साथ द्वंदयुद्ध किया। अवसर मिलते ही अर्जुन ने जयद्रथ पर सीधा आक्रमण किया। दुर्योधन ने कर्ण से हस्तक्षेप करने और अर्जुन के आक्रमण को रोकने का आग्रह किया। कर्ण ने अर्जुन को रोकने का प्रयास किया और बड़े पराक्रम के साथ युद्ध किया। अश्वत्थामा सहित अन्य योद्धाओं ने भी ऐसा ही किया। लेकिन अर्जुन का ध्यान और संकल्प अभेद्य थे। कौरव योद्धा अर्जुन के अमोघ बाणों के जलप्रलय में डूब गए।

जयद्रथ अब पहुँच में था लेकिन अब भी अन्य कौरव योद्धाओं द्वारा उसकी रक्षा की जा रही थी। तभी अचानक ऐसा लगा मानों सूर्य अदृश्य हो गया हो।[24] प्रकाश फीका पड़ गया था। जयद्रथ और कौरव सेनाएँ उत्साहित हो गयीं। उन्होंने मान लिया कि सूर्यास्त हो गया। सुरक्षा करने वाले योद्धा निश्चिंत हो गए। जयद्रथ चकित हो गया। वह बार-बार आकाश में चारों ओर देख रहा था कि क्या वास्तव में सूर्यास्त हो गया! श्रीकृष्ण ने परामर्श दिया, 'अर्जुन देखो, सिंधुराज तुम्हारा भय छोड़कर अब केवल सूर्यदेव को देख रहा है। इस दुरात्मा के वध का यही सुअवसर है। उसे मार डालो और अपनी प्रतिज्ञा पूरी करो।' यह सुनते ही अर्जुन ने जयद्रथ के अंगरक्षकों को नष्ट करना शुरू कर दिया। अर्जुन के आक्रमण और सटीकता से कर्ण, कृपाचार्य, अश्वत्थामा, वृषसेन, दुर्योधन और शल्य स्तब्ध रह गए। जयद्रथ की रक्षा के लिए नियुक्त अन्य सैनिक अर्जुन का सामना करने में असमर्थ हो गए और अपने प्राण बचाकर भाग गए।

जयद्रथ अब पूरी तरह से असुरक्षित और असहाय हो चुका था। श्रीकृष्ण ने तुरंत निर्देश दिया, 'इस दुरात्मा जयद्रथ को तुरंत मार डालो। क्योंकि सूर्य अब किसी भी समय अस्त होने वाला है, और सावधान! उसका शीश भूमि पर मत गिरने देना। उसे इस प्रकार मारो कि उसका शीश उसके पिता की गोद में गिरे।'[25] जयद्रथ को अपने पिता वृद्धक्षत्र से वरदान मिला था कि जो कोई भी इसके कटे हुए शीश को भूमि पर गिराएगा, उसके शीश के भी टुकड़े-टुकड़े हो जाएँगे।

श्रीकृष्ण के परामर्श का अनुसरण करते हुए अर्जुन ने मंत्रों से अभिमंत्रित दिव्यास्त्र का प्रयोग किया और तुरंत जयद्रथ का शीश काट दिया, अर्जुन के धनुष से निकला हुआ वह बाण कटे हुए शीश को लेकर उड़ने लगा मानों कोई बाज पक्षी अपने शिकार को लेकर उड़ रहा हो। इसके बाद अर्जुन ने जयद्रथ के शीश को और गति देने लगातार तीर चलाए जो उसे वृद्धक्षत्र की ओर ले गए। उस समय वृद्धक्षत्र कुरुक्षेत्र के बाहर वन में संध्योपासना कर रहे थे। कटा हुआ शीश वृद्धक्षत्र की गोद में गिर गया। गोद में कटा हुआ शीश देखकर अचंभित वृद्धक्षत्र खड़े हुए और वह शीश भूमि पर गिर गया। जयद्रथ को दिए वरदान के अनुसार उनके सिर के भी टुकड़े-टुकड़े हो गए।[26] जयद्रथ का वध युद्ध के दौरान किए गए सबसे असाधारण पराक्रमों में से एक था।

अर्जुन ने अपने पुत्र की हत्या का प्रतिशोध लिया।

इंद्रास्त्र का व्यर्थ जाना

अर्जुन कुरुक्षेत्र के सबसे महान योद्धाओं में से एक था। यह उसने कई बार सिद्ध किया था। फिर भी, कर्ण युद्धभूमि में आ गया था, इसलिए श्रीकृष्ण चिंतित थे। कर्ण ने अपना कवच और कुंडल इंद्र को दे दिए थे और उनसे उनकी अमोघ शक्ति इंद्रास्त्र को प्राप्त किया था जिसे वैजयंती भी कहा जाता है। जब तक कर्ण के पास इंद्रास्त्र था तब तक अर्जुन सुरक्षित नहीं था। श्रीकृष्ण ने जितना संभव हो सका अर्जुन को कर्ण से दूर रखने का प्रयास किया। उन दोनों ने तीन बार लड़ाई की, जिसमें दो बार तो जयद्रथ वध के दिन हुई, लेकिन पराजित होने के बाद भी कर्ण ने इंद्रास्त्र का प्रयोग नहीं किया था। उन दोनों के बीच अंतिम लड़ाई होना निश्चित थी। श्रीकृष्ण एक उपयुक्त क्षण की प्रतीक्षा कर रहे थे जो कर्ण को उस 'एक ही बार उपयोग' की जा सकने वाली शक्ति का किसी और पर प्रयोग करने के लिए विवश करेगा। वह अवसर कल्पना से पहले ही प्रकट हुआ।

युद्ध के चौदहवें दिन जयद्रथ की मृत्यु के बाद भी युद्ध चलता रहा। जयद्रथ को न बचा पाने के मलाल ने कौरव योद्धाओं की क्रूरता को और बढ़ा दिया था। द्रोण और कर्ण विशेष रूप से लज्जित थे। आक्रोश में कर्ण ने भयंकर आक्रमण किया और पांचाल सैनिकों का सामूहिक नरसंहार किया।

युधिष्ठिर चिंतित हो गए। उन्होंने अर्जुन से कर्ण के बारे में कुछ करने का आग्रह किया। श्रीकृष्ण ने अर्जुन का अभी कर्ण को चुनौती देना उचित नहीं लग रहा था। उनका मानना था कि यदि अर्जुन अभी कर्ण के मार्ग में आया तो वह उसी क्षण इंद्रास्त्र का उपयोग करेगा। श्रीकृष्ण ने घटोत्कच को कर्ण का सामना करने के लिए भेजने का सुझाव दिया। घटोत्कच भीम के समान बलशाली था और विभिन्न प्रकार के शक्तिशाली अस्त्र शस्त्रों के संचालन में सिद्धहस्त था। इससे भी महत्वपूर्ण बात यह थी कि सूर्यास्त के बाद उसकी शक्ति कई गुना बढ़ जाती थी। श्रीकृष्ण ने घटोत्कच को प्रोत्साहित करते हुए कहा, 'जहाज बनकर पांडव सेना को संकट के समुद्र में डूबने से बचाओ।'[27]

घटोत्कच ने निराश नहीं किया। उसने कौरव सेना को नष्ट कर दिया और अपने राक्षसी पराक्रम से कर्ण को पराजित कर दिया। कौरव इस नरसंहार से इतने भयभीत हो गए कि उन्होंने कर्ण से घटोत्कच पर इंद्रास्त्र का उपयोग

करने की विनती की। कर्ण के पास कोई विकल्प नहीं था। उसने अर्जुन के लिए बहुत सावधानी से बचाकर रखे हुए इंद्रास्त्र को घटोत्कच पर चला दिया। इंद्रास्त्र ने घटोत्कच के वक्ष को छेद दिया और इसे फाड़ दिया। घटोत्कच मारा गया। कौरव हर्षित हो गए। भीम ने अपने ज्येष्ठ पुत्र की मृत्यु पर शोक संताप किया। युधिष्ठिर और अन्य पांडवों ने भी ऐसा ही किया। श्रीकृष्ण को राहत मिली। अर्जुन के प्राणों पर जो एकमात्र संकट था वो अब टल गया था।

आधी रात हो चुकी थी, लेकिन लड़ाई अभी भी जारी रही। थकान से चूर और नींद से लगभग अंधे हो चुके सैनिकों ने प्रतिबद्धता और निष्ठा की भावना से अपने कर्त्तव्यों का पालन किया। थकान उनकी सोच और प्रतिक्रियाओं में हस्तक्षेप कर रही थी। कुछ को तो यह भी पता नहीं था कि वे किसके साथ लड़ रहे थे और अपने ही पक्ष के सैनिकों को मारने पर तुले हुए थे। अर्जुन ने देखा कि सैनिकों के साथ-साथ दोनों ओर के जानवर भी पूरी तरह से थककर चूर हो गए थे। वह जोर से चिल्लाया, 'हर कोई बहुत थका हुआ है। अंधेरे और धूल ने रणभूमि को ढक लिया है। यदि आपको लगता है कि यह संभव है तो हमें थोड़ी देर के लिए लड़ाई को रोक देना चाहिए। आप सभी यहाँ रणभूमि पर ही विश्राम कर सकते हैं। जानवरों को भी विश्राम करने दें। जब चंद्रमा दिखेगा तब हम फिर से युद्ध शुरू कर सकते हैं।'

पांडव और कौरव सैनिक सहज रूप से सहमत हो गए। उन्होंने अर्जुन के इस विचार की सराहना की और प्रशंसा करते हुए कहा, 'अर्जुन न केवल विद्वान और साहसी है, बल्कि सभी के लिए करुणाभाव भी रखता है।' दोनों सेनाओं के सैनिक अपने शत्रुओं और आयुधों के साथ जहाँ थे वहीं पर सो गए।[28] जैसे ही चंद्रमा निकला सभी सैनिक उठ खड़े हुए। लड़ाई फिर से शुरू हो गयी और फिर कुछ देर के बाद सूर्योदय हुआ। यह युद्ध का पंद्रहवाँ दिन था।

अर्जुन-युधिष्ठिर की तकरार

युद्ध के पंद्रहवें दिन द्रोणाचार्य धराशायी हो गए और कर्ण कौरव सेनापति बना। सोलहवाँ दिन साधारण रहा। उस रात अपने शिविर में कर्ण ने अर्जुन को मारने की प्रतिज्ञा की। उसने दुर्योधन से शल्य को उसका सारथी बनने के लिए मनाने का अनुरोध किया। शल्य सहमत हो गए। कर्ण युद्ध के सत्रहवें

दिन की सुबह अपने उत्कृष्ट रूप में था और अपने दृढ़ संकल्प से प्रेरित था। शल्य के साथ उसका विवाद हुआ, लेकिन उसका मनोबल कम नहीं हुआ।

अर्जुन और श्रीकृष्ण भी जानते थे कि उस दिन अर्जुन और कर्ण के बीच अंतिम द्वंद होना ही था। सारथी के रूप में श्रीकृष्ण ने अर्जुन को भिड़ंत के लिए तैयार किया। उन्होंने अर्जुन को युद्ध में कर्ण और दुर्योधन की शक्तियों, दुर्बलताओं के साथ-साथ उनके पराक्रमों के बारे में बताया।[29] यह सुनिश्चित करना महत्वपूर्ण था कि अर्जुन प्रतिद्वंदी को अच्छी तरह समझते और उसे अधिक या कम न आँकें।

कर्ण रणभूमि में आया और अर्जुन को ढूँढ़ने लगा। उसने अर्जुन का पता बताने वाले को पुरस्कार देने का वचन दिया। अपने भव्य विजय धनुष के साथ उसने अपने मार्ग में आने वाले हर किसी को धूल चटाई। केवल भीम ही उसके आक्रमण का प्रतिरोध कर पाया और उसे पीछे हटने के लिए विवश कर दिया। इससे पहले कर्ण ने द्वंदयुद्ध में युधिष्ठिर को गंभीर रूप से घायल कर दिया था। शल्य के हस्तक्षेप और कुंती को दिए उसके वचन ने उसे युधिष्ठिर को मारने से रोक दिया। कर्ण ने जो घाव दिए थे उनसे अपमानित और अत्यधिक पीड़ा के कारण युधिष्ठिर विश्राम करने के प्रयोजन से अपने शिविर लौटे। उनकी अनुपस्थिति ने अर्जुन और भीम को चिंतित कर दिया। भीम ने युद्ध की कमान संभालते हुए अर्जुन से युधिष्ठिर को देखने के लिए कहा। भीम के निर्देश पर श्रीकृष्ण के साथ अर्जुन युधिष्ठिर को खोजने चला गया।

जब युद्ध चल रहा था तब अर्जुन को शिविर में आते देख युधिष्ठिर ने सोचा, 'अर्जुन ने कर्ण का वध कर दिया है और मुझे शुभ समाचार देने के लिए आया है।' युधिष्ठिर ने प्रसन्नचित होकर अर्जुन को बधाई दी। अर्जुन ने समझाते हुए कहा, 'मैं सम्शप्तकों और अश्वत्थामा से लड़ रहा था। उनके कई योद्धाओं का नाश करके बस देखने आया हूँ कि आप कुशल हो न। अब मैं वापस जाऊँगा और कर्ण का वध करूँगा।'[30]

अर्जुन के इस उत्तर से युधिष्ठिर बहुत चिढ़ गए। घाव की पीड़ा के कारण वह विचार नहीं कर पा रहे थे। युधिष्ठिर ने कटाक्ष करते हुए कहा, 'यह तुम्हारे जैसे वीर को शोभा नहीं देता कि तुम अपने सैनिकों को इस तरह कर्ण के हाथों मरने के लिए छोड़ दो! तुम कर्ण को हरा नहीं सकते थे, इसलिए भीम को कौरवों से निपटने के लिए छोड़कर तुम यहाँ भागकर

आ गए। तुम कैसे भाई हो? यदि तुम कर्ण से इतना ही भयभीत हो तो तुमने हमें यह आश्वासन क्यों दिया कि तुम उसे मार डालोगे? हम तुम पर विश्वास करके ही इस युद्ध के लिए सहमत हुए थे। अर्जुन, तुमने हमें विफल कर दिया है।' उन्होंने आगे आक्रोश में कहा, 'दुर्योधन ने दावा किया था कि तुम कर्ण के सामने कुछ भी नहीं हो। मैंने मूर्खतावश उस पर विश्वास नहीं किया। यदि तुम्हारे पास कर्ण से लड़ने का साहस नहीं है, तो अपने गांडीव को श्रीकृष्ण या किसी अन्य राजा को दे दो। उन्हें लड़ने दो। तुम्हारे गांडीव और तुम्हारी वीरता पर धिक्कार है। यदि अभिमन्यु और घटोत्कच जीवित होते तो वे निश्चित रूप से हमारे शत्रुओं को मार चुके होते।'[31]

युधिष्ठिर के वचनों से अर्जुन भड़क उठा। क्रोध से भरकर उसने अपनी खड्ग निकाल ली। श्रीकृष्ण ने तुरंत हस्तक्षेप किया। 'क्या कर रहे हो, पार्थ? तुम यहाँ युधिष्ठिर का कुशलक्षेम जानने आए थे। क्या तुम्हें यह देखकर प्रसन्नता नहीं होनी चाहिए कि वह सकुशल हैं? तुम इस खड्ग के साथ क्या करना चाहते हो?' उन्होंने अर्जुन से पूछा। अर्जुन ने क्रोध में फुफकारते हुए कहा, 'जो भी मुझे इस गांडीव को किसी और को सौंपने कहेगा, मैंने उसका शीश काटने की प्रतिज्ञा की है। युधिष्ठिर ने ये वचन यहीं आपके सामने बोले हैं।' अर्जुन ने आक्रोश में कहा, 'मैं अपनी प्रतिज्ञा से बँधा हुआ हूँ। एक क्षत्रिय होने के नाते भी मुझे अपनी प्रतिज्ञा का पालन करना होगा। सत्य के लिए मुझे अपने ज्येष्ठ भाई को मारना होगा।'[32]

इस पर श्रीकृष्ण ने उपहास उड़ाते हुए कहा, 'जो भी सत्य एवं धर्म को सही में समझता है, वह कभी भी ऐसा नहीं करेगा जो तुम यहाँ करना चाहते हो। तुम न केवल अपने कर्त्तव्य को भूल रहे हो, अपनी मूर्खता भी दिखा रहे हो।' श्रीकृष्ण ने अर्जुन में विवेक जागृत करने का प्रयास करते हुए कहा, 'जो करने में असाध्य हो उसे करने का प्रयास करता है, या जो करने में साध्य पर निषिद्ध हो, ऐसे कर्म करने वाला मनुष्य मूर्ख ही कहलाता है। इससे भी बड़ा मूर्ख वह है जो विवेकशून्य है, लेकिन सोचता है कि वह सब कुछ जानता है। यद्यपि तुम्हें सत्य अथवा धर्म की गूढ़ता की समझ नहीं है, तुम अज्ञानवश स्वयं को धर्मज्ञ मानकर धर्मरक्षा के पालन की बात कर रहे हो। तुमने एक नासमझ बालक की तरह पहले कभी कोई मूर्खतापूर्ण प्रतिज्ञा कर ली थी और अब उस मूर्खता को सही ठहराने के लिए अपने भाई को मारने के लिए आतुर हो गए हो? क्या तुम यह नहीं समझते कि युधिष्ठिर का

वध करके तुम अधर्मयुक्त हिंसा कर रहे हो? वह तुम्हारे बड़े भाई हैं, कोई शत्रु नहीं है और इन्होंने तुम्हारे साथ कोई अन्याय नहीं किया है। वास्तव में, वह घावों के कारण कष्ट में है और शस्त्रविहीन भी हैं। इसलिए, युद्ध के नियमों के अनुसार भी वह अवध्य हैं।'[33]

उपदेशों और कथाओं के माध्यम से श्रीकृष्ण ने अर्जुन को धर्म और सत्य की सूक्ष्मता समझायी।[34] उन्होंने अर्जुन को सत्य की संदर्भ-संवेदनशील प्रकृति और निर्णय लेने तथा कार्यों में विवेक के महत्व को समझाने का प्रयास किया। श्रीकृष्ण ने जोर देकर कहा, 'इसमें कोई संदेह नहीं है, सत्य सर्वोपरि है और सत्य बोलना उत्तम है। लेकिन सत्पुरुषों द्वारा आचरण में लाये सत्य के यथार्थ स्वरूप को समझना अत्यंत कठिन होता है। ऐसा झूठ जो एक निर्दोष जीवन को बचाता है, उस सत्य की तुलना में अधिक मंगलकारी होता है जो रक्षा करने योग्य जीवन को हानि पहुँचाता है। इसलिए जो सत्य और असत्य का निर्णय करके परिणाम में जो सत्य हो उसका पालन करे वह धर्म का ज्ञाता होता है।'[35]

ऋषि कौशिक की कथा और धर्म तथा सत्य का सूक्ष्म रूप

एक वन में कौशिक नाम के एक ऋषि रहते थे। वह शास्त्रों में बहुत विद्वान थे और कठोर जीवन जीते थे। ऋषि कौशिक ने सत्य बोलने का संकल्प लिया था। उन्होंने अपने जीवन में कभी झूठ नहीं बोला था। उनका ऐसा विचार था कि ऐसा करने से उन्हें स्वर्ग की प्राप्ति होगी।

एक दिन पास के एक गाँव के कुछ लोग लुटेरों के एक समूह से बचने वन में घुस गए। कौशिक ने उन्हें झाड़ियों और वृक्षों के बीच छिपते हुए देखा। लुटेरे उनकी खोज करते हुए वन में आए। उन्होंने कौशिक को देखा और उनसे उन ग्रामीणों का पता पूछा।

कौशिक को लुटेरों की बुरी नीयत का पता था। एक झूठ उनकी वर्षों से सत्य बोलने की तपस्या को नष्ट कर देगी, इसलिए उन्होंने सत्य बोलने का निर्णय किया। सत्य सर्वोपरि है, इस विचार से उन्होंने लुटेरों को ग्रामीणों के छिपने की जगह की ओर संकेत किया। लुटेरों ने ग्रामीणों को लूटकर उनकी हत्या कर दी।

कुछ वर्ष बाद कौशिक अपने जीवन के अंतिम पड़ाव पर पहुँच गए। उन्हें विश्वास था कि उनका स्वर्ग में स्वागत किया जाएगा। आखिर वह जीवन

भर सत्य के प्रति समर्पित रहे, लेकिन ऐसा नहीं हुआ। कौशिक को उनके द्वारा किए गए महापाप का पश्चाताप करने के लिए नरक में भेज दिया गया। अपने विवेकशून्य प्रकट सत्य बोलने के हठ से वह उन निर्दोष ग्रामीणों की मृत्यु का कारण बने। जबकि उनके झूठ बोलने से ग्रामीणों को बचाया जा सकता था।

सत्य ही धर्म है और धर्म ही सत्य है। लेकिन धर्म क्या है?

श्रीकृष्ण ने कहा, 'क्योंकि यह धारण करता है और रक्षा करता है, इसलिए धर्म कहा जाता है। धर्म ही प्रजा अर्थात समाज को धारण करता है। इसलिए केवल वह क्रिया जो रक्षा करती है और धारण करती है, उसे ही धर्मसंगत कहा जाता है।'[36]

धारणात् धर्म इत्याहुः धर्मो धारयति प्रजाः।
यः स्यात् धारणसंयुक्तः स धर्म इति निश्चयः॥

अर्जुन को अपनी नासमझी का आभास हुआ, परन्तु प्रतिज्ञा तो प्रतिज्ञा होती है। अर्जुन को अपनी प्रतिज्ञा का उल्लंघन किए बिना इस परिस्थिति से बाहर निकलने का मार्ग चाहिए था। श्रीकृष्ण ने उसे अथर्ववेद के कथन का स्मरण कराया। जिसमें कहा गया है, 'हमारे सम्मान योग्य व्यक्ति का अपमान करना है, उसे मारने के समान होता है।'

श्रीकृष्ण ने सलाह दी, 'तुमने सम्मान के कारण युधिष्ठिर को सदैव 'आप' कहकर संबोधित किया है। अब आज तुम युधिष्ठिर को 'तू' कहो। इस तरह का अपमान उन्हें मारने के बराबर होगा। ऐसा करो और उनसे क्षमा याचना करो।'[37]

'सम्मान' और 'अपमान' के लिए सर्वनाम

संस्कृत में, पुरुषों के लिए 'भवान' और स्त्रियों के लिए 'भवती' ऐसे शब्द हैं जिनका उपयोग सभी बुजुर्गों के साथ-साथ सम्मान योग्य लोगों को संबोधित करने के लिए किया जाता है। 'त्वम्' का उपयोग मित्रों और अपने से छोटे लोगों को संबोधित करने के लिए किया जाता है। 'भवान' और 'त्वम्' के हिंदी समकक्ष 'आप' और 'तू' हैं। आज तक, भारत के अधिकांश भागों में अपने से बड़ों को 'तू' कहकर संबोधित करना अशिष्ट और अप्रिय माना जाता है।

श्रीकृष्ण के वचन सुनकर अर्जुन निश्चिंत हो गया। श्रीकृष्ण के सुझाव अनुसार उसने युधिष्ठिर को कटु वचन बोलने शुरू किये, 'तुझे मुझसे कुछ भी कहने का कोई अधिकार नहीं है। तू तो युद्धभूमि से भागकर यहाँ छिपा बैठा है। तू अपने पराक्रम से नहीं बल्कि अपने हितैषियों द्वारा सुरक्षित रहता है। इसलिए, तू मेरी आलोचना नहीं कर सकता। हाँ, भीम को मेरी आलोचना करने का अधिकार है क्योंकि वह युद्धभूमि में शत्रुओं के विरुद्ध अपना पराक्रम दिखा रहे हैं। यहाँ तक कि सात्यकि, सहदेव, धृष्टद्युम्न ने भी युद्ध में अपने प्रदर्शन के कारण मुझे ताड़ना देने का अधिकार अर्जित किया है, तूने नहीं। तू निष्ठुर है। मैं तुझे प्रसन्न करने के लिए सब कुछ करने का प्रयास कर रहा हूँ और तू मुझे ताना मारता है। तू जुए के खेल में आसक्त है। हम सभी को तेरी जुए की आसक्ति के कारण बहुत हानि हुई है। अब मुझे अपने कटु वचनों से मुझे मत मारो।'[38]

यह सब कहकर अर्जुन को बहुत पश्चाताप हुआ। उसने अपने बड़े भाई से इस तरह के वचन कभी भी नहीं बोले थे। उसने स्वयं को मारने के लिए फिर से अपनी तलवार निकाल ली। यह देखकर श्रीकृष्ण प्रेम से मुस्कराए और सांत्वना देते हुए बोले, 'तुम अपने भाई के विरुद्ध कठोर वचनों का उपयोग करने से बहुत दु:ख में हो। कल्पना करो, यदि तुमने युधिष्ठिर को घोर मूर्खता के कारण मार डाला होता तो तुम्हारी क्या दशा होती, और स्मरण रहे–जो पाप आत्महत्या करने से होता है, वह पाप अपने भाई को मारने से भी बदतर होता है। इसके अतिरिक्त तुम स्वयं अपने गुणों का वर्णन करो और उन पर गर्व करो। आत्मप्रशंसा करना आत्महत्या करने के समान है।'[39]

इसके बाद अर्जुन फिर से युधिष्ठिर की ओर मुड़ा और अपना गुणगान करने लगा। उसने अपने पराक्रमों, उपलब्धियों और कौशल का गुणगान किया। ऐसा कहकर वह अभिभूत हो गया। अर्जुन ने दोनों हाथ जोड़कर युधिष्ठिर को प्रणाम किया और क्षमायाचना की। कर्ण को मारने के अपने संकल्प को दोहराते हुए अर्जुन ने युधिष्ठिर के चरण छुए और उनका आशीर्वाद लिया। तत्पश्चात वह युद्धभूमि में वापस चला गया।[40]

अंततोगत्वा अर्जुन और कर्ण की अंतिम मुठभेड़ हुई। श्रीकृष्ण के मार्गदर्शन में अर्जुन ने कर्ण का वध किया। युधिष्ठिर बच गए और धर्म युद्ध के सत्रहवें दिन अर्जुन भी बच गया। अगले दिन भीम ने दुर्योधन को मार डाला। युद्ध समाप्त हो गया और अपने साथ क्षत्रियों की तीन पीढ़ियों को

नष्ट कर गया। युद्ध के परिणाम ने लोगों को, यहाँ तक कि धृतराष्ट्र को भी चकित नहीं किया लेकिन वे दुःखी जरूर थे। संजय ने युद्ध शुरू होने से पहले ही पांडवों के पक्ष में परिणाम की भविष्यवाणी की थी। उसे उपप्लव्य में इसका आभास हो गया था।

अपनी प्रतिज्ञा अनुसार श्रीकृष्ण युद्ध में नहीं लड़े। उनकी नारायणी सेना दुर्योधन की ग्यारह अक्षौहिणी सेना में थी। पांडवों के पास केवल सात अक्षौहिणी सेनायें थी। संख्या पांडवों के पक्ष में नहीं थीं, लेकिन श्रीकृष्ण समान मित्र साथ थे। यद्यपि उन्होंने कोई भी अस्त्र-शस्त्र नहीं उठाया, किन्तु उन्होंने पांडवों को समयानुसार परामर्श दिया और रणनीति बनाने में सहायता की। सबसे महत्वपूर्ण उन्होंने मार्गदर्शक के रूप में अर्जुन को विजय की ओर अग्रसर किया।

श्रीकृष्ण ने अर्जुन की अप्रासंगिक प्रशंसा नहीं की। अर्जुन को उसके दोष दिखाने के लिए उन्होंने प्रेयोक्ति का प्रयोग नहीं किया। जब आवश्यकता पड़ी तो वे कठोर हुए। जब विरोधियों ने कुछ प्रशंसनीय किया हो तो श्रीकृष्ण ने अर्जुन के सामने उनकी भी प्रशंसा की। अर्जुन को अपने धर्म पर केंद्रित रखने के लिए जो कुछ भी कहना उपयुक्त हो, उन्होंने निसंकोच कहा। आवश्यकता पड़ने पर अर्जुन को फटकारने के बारे में श्रीकृष्ण ने दो बार नहीं सोचा। जब अर्जुन को सांत्वना की आवश्यकता होती थी तो वह एक माँ की तरह स्नेही होते और वही कृष्ण एक मित्र और मार्गदर्शक की तरह तथ्यानुसार प्रतिक्रिया देने से नहीं चूकते। जीवन में धर्म संकट से निपटने के लिए अर्जुन ने नित्य श्रीकृष्ण की बुद्धि पर ही विश्वास रखा।

अर्जुन ने भी डाँटने पर या प्रतिक्रिया दिए जाने को अपने अहंकार का प्रश्न नहीं बनाया। जब श्रीकृष्ण ने कर्ण या दूसरे योद्धाओं की प्रशंसा की तो उसे श्रीकृष्ण की मंशा पर संदेह नहीं हुआ। उसके उत्तर में उसने कभी अपने स्वयं के कौशल की डींग हाँकना शुरू नहीं किया। अर्जुन मार्गदर्शन की याचना करने में संकोच नहीं करता था। आश्वस्त न होने पर पूछताछ करता था और आश्वस्त होने के उन बातों को व्यवहार में लाने की विनम्रता भी उसमें थी। वह श्रीकृष्ण के मित्र होने के मूल्य को जानता था।

अर्जुन और श्रीकृष्ण का सम्बंध परस्पर पोषक था, यह शत्रु के प्रति द्वेष पर आधारित न होकर आत्मिक स्नेह पर आधारित था। दोनों एक-दूसरे

के कल्याण और लाभ की चिंता करते थे। श्रीकृष्ण को अर्जुन के अहंकार को प्रोत्साहित करने में कोई रुचि नहीं थी और न ही अर्जुन को इसकी आशा थी। सत्य उन दोनों ही के लिए महत्वपूर्ण था। धर्म दोनों के लिए मायने रखता था और यही धर्म उनकी मित्रता की आधारशिला था।

इसलिए संजय ने टिप्पणी की थी, 'जहाँ कृष्ण और अर्जुन हैं, वहाँ विजय, समृद्धि और न्याय निश्चित रूप से अनुसरण करेंगे।'

यत्र योगेश्वरः कृष्णो यत्र पार्थो धनुर्धरः।
तत्र श्रीर्विजयो भूतिर्ध्रुवा नीतिर्मतिर्मम।।[41]

14

अर्जुन के दस नाम

विशाल कौरव सेना के विरुद्ध विराट की लड़ाई से पहले अर्जुन ने मत्स्यदेश के राजकुमार उत्तर को अपनी वास्तविक पहचान बताई। परन्तु उत्तर को विश्वास नहीं हो रहा था। उसके मन में विचार चल रहा था, 'भारतवर्ष का सर्वश्रेष्ठ योद्धा राजमहल की महिलाओं को संगीत और नृत्य सिखाने वाले किन्नर बृहन्नला के रूप में कैसे हो सकता है!' उत्तर ने बृहन्नला की परीक्षा लेने की सोचा। उसने कहा, 'यदि तुम वास्तव में अर्जुन हो तो उन दस नामों को अर्थ सहित बताओ जिनके द्वारा अर्जुन को जाना जाता है।'[1] अर्जुन अपने नामों का अर्थ सहित वर्णन करने लगा, 'अर्जुन, फाल्गुन, जिष्णु, किरीटी, श्वेतावाहन, बिभत्सु, विजय, कृष्ण, सव्यसाची और धनंजय।'

अर्जुनः फाल्गुनो जिष्णुर्किरीटी श्वेतवाहनः ।
बीभत्सुर्विजयः कृष्णः सव्यसाची धनञ्जयः॥

- **अर्जुनः** अपने दुर्लभ वैभव और पुण्य कर्मों के कारण उसे अर्जुन नाम मिला, जिसका अर्थ है धवल, शुद्ध और उज्ज्वल।
- **फाल्गुनः** चूँकि उसका जन्म उत्तर फाल्गुनी नक्षत्र में हिमालय के शिखर पर हुआ था, इसलिए उसे फाल्गुन कहा जाता है।
- **जिष्णुः** इंद्र का पुत्र होने के नाते और दुर्जेय होने के कारण वह मनुष्यों और देवताओं में जिष्णु के नाम से ख्यात हुआ।
- **किरीटीः** दानवों से लड़ते समय इंद्र ने अर्जुन के शीश पर सूर्य समान प्रकाशित होने वाला एक मुकुट रखा था, जिससे उसे किरीटी (किरीटः मुकुट) के नाम से जाना जाता है।
- **श्वेतावाहनः** जब वह रणभूमि में लड़ने जाता तब उसका रथ सुवर्ण कवच धारण किये श्वेत घोड़ों से जोता जाता। श्वेत रंग के घोड़ों वाले रथ पर आरूढ़ होने के कारण उसे श्वेतावाहन कहा गया।

- **बिभत्सु:** युद्ध करते समय वह कभी भी किसी प्रकार का घृणित अथवा क्रूर कर्म नहीं करता था, इसलिए उसे बिभत्सु (बिभत्सः घृणित, क्रूर) के रूप में जाना जाने लगा।
- **विजयः** वह रणभूमि से शत्रु को पराजित किए बिना नहीं लौटता था, इसलिए उसे विजय कहा जाता था।
- **कृष्णः** कृष्ण उसके पिता पाण्डु द्वारा दिया गया नाम था। अपने पुत्र के तेजस्वी कृष्ण वर्ण और आकर्षित करने वाले चित्त के कारण उन्होंने बाल्यकाल में उसे कृष्ण नाम दिया था।
- **सव्यसाचीः** वह बड़ी सहजता और निपुणता के साथ अपने दोनों हाथों से गांडीव से बाण चला सकता था। इस कौशल से वह मनुष्यों और देवताओं के बीच सव्यसाची के नाम से प्रख्यात हुआ।
- **धनंजयः** विभिन्न जनपदों पर विजय प्राप्त करने के बाद उसने बहुत सारा धन अर्जित किया। वह सदैव धन से घिरा रहता था, इसलिए धनंजय कहलाया।

चित्रः बाली में योद्धा रूप अर्जुन; लेखक द्वारा खींचा गया चित्र

15

धर्म को बल का साथ

'हमारे प्रथम पुत्र की प्राप्ति के लिए धर्मराज यम का आह्वान करो। हमारे ज्येष्ठ पुत्र का मन हमेशा धर्म में लीन रहेगा। वह कुरुवंशियों में सबसे अधिक धर्मात्मा होगा,' पाण्डु ने कुंती से कहा और कुंती ने धर्मराज का आह्वान किया। वे उसके सामने प्रकट हुए। कुंती के साथ उनके मिलन से युधिष्ठिर का जन्म हुआ। कुंती के ज्येष्ठ पुत्र में वे सभी गुण थे, जैसे सदाचार, न्याय की भावना, ज्ञान, करुणा, परिपक्वता, उत्तरदायित्व की भावना, विनम्रता, धैर्य, आदि जिनकी इच्छा पाण्डु ने की थी।

'क्षत्रिय के लिए, बल सर्वोपरि होता है। इसलिए अब तुम सबसे बलवान पुत्र पाने के लिए वायुदेव का आह्वान करो,' पाण्डु ने कुंती से दोबारा आग्रह किया। कुंती ने पाण्डु की आज्ञा का पालन किया और वायुदेव उसके सामने प्रकट हुए। वायुदेव से कुंती ने भीम को जन्म दिया। जब वह कुछ ही दिन का था और कुंती की गोद में सो रहा था, तब अचानक एक बाघ की दहाड़ ने सारे वन को हिला कर रख दिया। भयभीत कुंती हड़बड़ाकर उछल पड़ी। शिशु उसकी गोद से भूमि पर गिर गया। कुंती स्तब्ध रह गई। उसको आश्चर्यचकित करते हुए जिस पत्थर पर वह गिरा, वह टूटकर चूर-चूर हो गया परन्तु शिशु सकुशल और स्वस्थ था। कहा जाता है कि भीम में दस हजार हाथियों का बल था।

इसके बाद पाण्डु एक ऐसा पुत्र चाहते थे जो देवराज इंद्र के समान तेजस्वी और पराक्रमी हो। कुंती ने इंद्र का आह्वान किया और उनके मिलन से अर्जुन का जन्म हुआ।

पाण्डु की मृत्यु के बाद युधिष्ठिर ने अपने छोटे भाइयों का उत्तरदायित्व ग्रहण किया और कुंती के लिए शक्ति का स्रोत बन गए। अपने पिता के राज्य हस्तिनापुर में उनके आगमन के कुछ ही समय के भीतर युधिष्ठिर अपनी परिपक्वता, आचरण और करुणा से प्रजा में लोकप्रिय हो गए। जिसे देखकर पांडवों के प्रति दुर्योधन की ईर्ष्या और भी बढ़ गई।

कौरव और पांडव राजकुमारों के द्रोणाचार्य के साथ अपना प्रशिक्षण समाप्त करने और हस्तिनापुर लौटने के बाद धृतराष्ट्र के समक्ष एक महत्वपूर्ण कार्य प्रकट हुआ। उन्हें राजसिंहासन के लिए अपना उत्तराधिकारी घोषित करना करना था। युधिष्ठिर के स्वभाव और राजकौशल से प्रजा प्रभावित थी और उन्हें ही युवराज के रूप में देखना चाहती थी। धृतराष्ट्र ने प्रजा के दबाव के आगे घुटने टेक दिए और युधिष्ठिर को हस्तिनापुर का युवराज घोषित कर दिया। इसके उपरान्त दुर्योधन ने पांडवों को मारने की साजिश रची और वारणाव्रत की आपदा हुई। पांडवों को एक बार फिर से वन में छिपकर रहना पड़ा। भीम की उपस्थिति ने उन्हें वन में शक्तिशाली, नरभक्षी राक्षसों और जंगली जानवरों से सुरक्षित रखा। द्रौपदी से विवाह के बाद ही वे बाहर आए और राज्य का अपना हिस्सा प्राप्त किया।

पाँचों भाइयों का द्रौपदी से विवाह करने का निर्णय युधिष्ठिर का था। यह निर्णय अत्यंत साहसी था। बहुपत्नीवाद तो समाज में प्रचलित था परन्तु बहुपतिवाद नहीं, भले ही शास्त्रों में यह निषिद्ध नहीं था। पांडवों के लिए एक पत्नी के साथ विवाह व्यावहारिक दृष्टि से महत्वपूर्ण था। द्रौपदी का आकर्षण ऐसा था कि सभी पांडव उस पर मोहित हो गए थे। युधिष्ठिर को यह समझ आ गया था। एक गलत निर्णय भाइयों की एकता को तोड़ सकता था। द्रौपदी ने भी इसका विरोध नहीं किया।

युधिष्ठिर ने कहा, 'द्रौपदी हम सबकी रानी होगी। हमारी माता ने ऐसा करने के लिए अपनी स्वीकृति दे दी है और मुझे भी इसमें कुछ अनुचित नहीं लगता है। इसलिए मेरा मानना है कि हमारे लिए यह विवाह करना उचित है।' विवाह शास्त्रसंगत है, द्रुपद को यह समझाने के लिए उन्होंने शास्त्रों के उदाहरण दिए–जटिला नामक एक ब्राह्मण युवती ने सात ऋषि भाइयों से विवाह किया था और ऋषि कण्डु की पुत्री वार्क्षी ने दस प्रचेताओं से विवाह किया था।[1]

द्रुपद के भय का निवारण करते हुए वेदव्यास ने युधिष्ठिर के निर्णय का समर्थन किया। इस प्रकार द्रौपदी पांडवों की पत्नी बन गई।

राजसूय यज्ञ

धृतराष्ट्र ने राज्य का बँटवारा किया और पांडवों को खांडवप्रस्थ की बंजर भूमि दी। वहाँ अपने पुरुषार्थ और श्रीकृष्ण के मार्गदर्शन से पांडवों ने इंद्रप्रस्थ

नगरी बसाई और युधिष्ठिर वहाँ के राजा बन गए। प्रजाजन उनके राज्य में सुखी थे। अपने पिता की तरह युधिष्ठिर एक कुशल शासक, दयालु और न्यायप्रिय राजा थे। पांडवों के सम्पूर्ण जीवन में इंद्रप्रस्थ में व्यतीत किया गया समय सर्वश्रेष्ठ था। अभिमन्यु एवं द्रौपदी के पाँचों पुत्रों का जन्म इंद्रप्रस्थ में ही हुआ था। मय नामक एक वास्तुशिल्पी ने उनके लिए अत्यंत सुंदर और विचित्र माया सभा का निर्माण किया।

युधिष्ठिर ने राजसूय यज्ञ करने की इच्छा प्रकट की। जो राजा, मित्रता, राजनीति या बल द्वारा दूसरे राजाओं को अपने अधिपत्य में ले पाए, केवल वही इस यज्ञ को करने का अधिकारी था। युधिष्ठिर ने अपने मंत्रियों और भाइयों के साथ यज्ञ करने की व्यवहार्यता के बारे में विचार-विमर्श किया। सभी इस बात पर सहमत थे कि पांडव अन्य राज्यों को अपने अधीन करने और राजसूय यज्ञ आयोजित करने के योग्य थे। लेकिन युधिष्ठिर पूर्णतः संतुष्ट नहीं थे, वे एक निष्पक्ष दृष्टिकोण चाहते थे। उन्हें मालूम था कि ऐसा निष्पक्ष विश्लेषण केवल श्रीकृष्ण से आ सकता है।

श्रीकृष्ण ने राजसूय यज्ञ के लिए युधिष्ठिर की पात्रता की पुष्टि की लेकिन उन बाधाओं पर भी प्रकाश डाला जो इस कार्य का मार्ग अवरोध कर सकती है। श्रीकृष्ण ने कहा, 'मगध के शक्तिशाली और धूर्त राजा जरासंध को वश में किये बिना यज्ञ संभव नहीं होगा।' उन्होंने स्पष्ट शब्दों में बताया कि भारतवर्ष के कई शक्तिशाली राजा जरासंध के साथी हैं और यदि प्रत्यक्ष युद्ध होता है तो वे सभी उसके साथ खड़े होंगे। इसलिए युद्ध उससे निपटने का समाधान नहीं था। जरासंध को एक द्वंदयुद्ध के लिए राजी करना था। इस कार्य को पूर्ण करने के लिए भीम, अर्जुन और कृष्ण स्नातक ब्राह्मणों के वेश में मगध गए और जरासंध को उनमें से किसी एक के साथ लड़ने की चुनौती दी।

श्रीकृष्ण की आशानुसार जरासंध ने भीम को ही चुना। दोनों दिग्गजों के बीच अभूतपूर्व द्वंदयुद्ध हुआ। भीम विजयी हुआ और उसने जरासंध को मार डाला। जरासंध के जाने के साथ ही राजसूय यज्ञ का मार्ग निर्बाध हो गया। इसके बाद पांडवों ने भारतवर्ष के अन्य सभी राजाओं पर अपना अधिपत्य स्थापित करने के लिए दिग्विजय यात्रा की और उन्हें इंद्रप्रस्थ राज्य के अधीन लेकर आये। राजसूय यज्ञ संपन्न हुआ और युधिष्ठिर अपने पिता पाण्डु की ही तरह चक्रवर्ती सम्राट बन गए।

युधिष्ठिर महत्वाकांक्षी थे, मगर उतावले नहीं। हाथ धरे कार्य के प्रत्येक पहलू का सही आंकलन और अपने हितेच्छुओं का विमर्श लेकर निर्णय करते थे। इस प्रसंग में भी उन्होंने अपने सभी मंत्रियों को शामिल किया और विशेष रूप से श्रीकृष्ण से संपर्क किया, ताकि सम्मुख आने वाली चुनौतियों को समझा जा सके। सामूहिक निर्णय लेने की उनकी यह शैली उपप्लव्य नगर में भी दिखी, जहाँ पांडव और उनके सहयोगी इंद्रप्रस्थ को वापस लाने की रणनीति तय करने के लिए एकत्र हुए थे। कौरवों के साथ बातचीत के दौरान, युद्ध के बारे में अंतिम निर्णय लेते समय और बाद में पांडव सेना के सेनापति का चयन करते हुए युधिष्ठिर ने इसमें शामिल सभी लोगों का मत जाना। निर्णय लेने से पहले सभी मतों पर सामूहिक रूप से विचार-विमर्श किया गया। पांडव पक्ष के योद्धाओं को एकजुट रखने का श्रेय युधिष्ठिर की सबको साथ लेकर चलने की शैली को है। दूसरी ओर कौरव पक्ष में योद्धाओं के बीच अहंकारिक संघर्ष होना आम बात थी।[2]

छल का खेल

दुर्योधन से विवश होकर धृतराष्ट्र ने जुए का खेल खेलने के लिए युधिष्ठिर को हस्तिनापुर बुलाने विदुर को भेजा। विदुर इस खेल के विरुद्ध थे। उन्हें पता था कि इस तरह का खेल कौरवों और पांडवों के लिए संकट पैदा करेगा। 'आप इतने चिंतित क्यों लग रहे हो? क्या राजा कुशल मंगल हैं?' युधिष्ठिर ने विदुर से मिलने पर पूछा, विदुर ने अपने आगमन का कारण बताया। 'राजा ने हस्तिनापुर में आपकी ही सभा समान एक सभा का निर्माण कराया है। उन्होंने आपको सभा देखने और अपने चचेरे भाइयों के साथ द्यूतक्रीड़ा के लिए आमंत्रित किया है।'

युधिष्ठिर को आश्चर्य हुआ। 'जुए के खेल से अधिकतर क्लेश ही होता है। कोई भी बुद्धिमान व्यक्ति इस तरह द्यूत खेलना स्वीकार नहीं करेगा। लेकिन यदि आपको लगता है कि यह उचित है तो हम वैसा ही करेंगे जैसा आप कहेंगे।'

विदुर ने हिचकिचाहते हुए उत्तर दिया, 'मैं जानता हूँ। जुआ विवाद का कारण बनता है। मैंने राजा को सावधान करने का प्रयास भी किया था। लेकिन उन्होंने विवश किया और मैं आपको आमंत्रित करने के लिए आ गया। अन्य खिलाड़ियों के साथ जुए के खेल और छल-कपट में निपुण शकुनि वहाँ होगा। इसलिए जैसा आप उचित समझे वैसा ही करिये।'

युधिष्ठिर चिंतित हो गए और कहा, 'यह एक भयावह प्रस्ताव है। लेकिन ऐसा लगता है कि नियति को यही स्वीकार है। यद्यपि मैं यह खेल नहीं खेलना चाहता, फिर भी मैं हस्तिनापुर के राजा के आदेश का पालन करूँगा। एक पुत्र के रूप में भी उनकी मुझसे यही अपेक्षा है। यदि राजा ने स्वयं निमंत्रण नहीं भेजा होता तो मैं शकुनि के साथ खेलने के लिए कभी सहमत नहीं होता। किन्तु अब जब आमंत्रित किया जाता है तो मैं मना नहीं कर सकता। यही मेरी प्रतिज्ञा है। मैं हस्तिनापुर आऊँगा।'[3]

पांडवों ने उस भव्य क्रीड़ाभवन में प्रवेश किया। शकुनि ने खेल शुरू करने के लिए युधिष्ठिर का बड़े हर्ष से स्वागत किया। युधिष्ठिर व्याकुल थे। उन्होंने स्पष्ट रूप से कहा कि जुआ सज्जन पुरुषों के लिए कोई प्रशंसनीय खेल नहीं है। शकुनि ने उनकी आशंकाओं को नजरअंदाज कर दिया और उन्हें खेलने के लिए उकसाया, वह अच्छी तरह से जानता था कि युधिष्ठिर अपने वचन के पक्के हैं और चुनौती मिलने पर पीछे नहीं हटेंगे। योजनानुसार, छल का खेल शुरू हुआ। यह खेल दुर्योधन और युधिष्ठिर के बीच होना था लेकिन दुर्योधन ने चालाकी से यह घोषणा की कि शकुनि उसकी ओर से पासा फेंकेगा। 'किसी दूसरे के लिए किसी और का पासा फेंकना उचित नहीं है,'[4] युधिष्ठिर ने आपत्ति जताई लेकिन कोई लाभ नहीं हुआ और खेल हुआ। युधिष्ठिर सब कुछ हार गए। द्रौपदी को अपमानित किया गया और पांडवों को तेरह वर्ष का वनवास मिला।

जब युधिष्ठिर अपने भाइयों को दाँव पर लगाकर हार गए तब अन्य पांडव लज्जित हुए पर कुछ न बोले। वे युधिष्ठिर का स्वयं को और द्रौपदी को दाँव पर लगाना असहाय होकर देखते रहे। लेकिन जब द्रौपदी को सभागार में सबके सामने अपमानित किया गया तब भीम चुप नहीं रह सका। युधिष्ठिर पर अपनी अप्रसन्नता व्यक्त करने से वह पीछे नहीं हटा। उसने द्रौपदी को दाँव पर लगाने के लिए युधिष्ठिर की आलोचना करते हुए कहा, 'जुआरी भी अपनी पत्नियों को आपकी तरह दाँव पर नहीं लगाते हैं। उनके हृदय में अपनी पत्नियों के लिए दयाभाव रहता है। आपने हमारी सारी धन-संपदा दाँव पर लगा दी और हमें भी दाँव पर लगा दिया। मुझे इससे कोई आपत्ति नहीं है। आपका हमारे ऊपर अधिकार है। लेकिन द्रौपदी को दाँव पर लगाकर आपने सम्पूर्ण सीमाओं का उलंघन कर दिया। उसने हमसे विवाह किया है, इसका अर्थ यह नहीं है कि वह इस तरह से कष्ट भोगने और अपमानित होने

के योग्य है। उसकी इस दुर्दशा के लिए मैं आपको पूरी तरह से उत्तरदायी मानता हूँ। सहदेव मुझे आग लाकर दो। मैं युधिष्ठिर के इन हाथों को जला दूँगा जिन्होंने द्रौपदी को दाँव पर लगाया था।' भीम जोर से चिल्लाया, लेकिन अर्जुन ने उसे शांत करने का प्रयास करते हुए कहा, 'युधिष्ठिर ने केवल क्षत्रिय व्रत को ध्यान में रखकर खेलना स्वीकार किया है और शकुनि जानबूझकर हमारे बीच कलह भड़काने की कोशिश कर रहा है।'

युधिष्ठिर ने वनवास स्वीकार कर लिया। अन्य पांडव और द्रौपदी ने युधिष्ठिर का अनुसरण किया। उन्होंने एक साथ इंद्रप्रस्थ के ऐश्वर्य का भोग किया और इस कष्ट और दु:ख के समय में भी वे अपने बड़े भाई के साथ ही रहे।

वनवास के दिन

प्रस्थान करने से पहले, छोटे पांडवों ने शकुनि, दुर्योधन, कर्ण और दु:शासन को मारने का संकल्प लिया। युधिष्ठिर शांत रहे। यह जानते हुए भी कि धृतराष्ट्र उनकी इस दुदर्शा के लिए उत्तरदायी है, युधिष्ठिर के मन में धृतराष्ट्र के लिए आदर भाव ही था। वनवास में चिंतन और प्रायश्चित के साथ ऋषियों के सानिध्य में समय बिताने का उनका आशय था।

सभी पांडव और द्रौपदी शीघ्र ही वनवासी जीवन के अभ्यस्त हो गए। उनके साथ उनके कुछ सहायक, सेवक और पुरोहित भी थे। उन्होंने अपना समय शिकार, भोजन प्रबंध, धनुर्विद्या का अभ्यास, विद्वान पुरुषों के साथ आध्यात्मिक चर्चाऐं और वहाँ आने वाले सभी लोगों के आतिथ्य करने में बिताया। वन में निवास करने वाले तपस्वी और ऋषि प्राय: आते थे। इसी प्रकार श्रीकृष्ण और पांचालों जैसे उनके सम्बंधी और मित्र भी आते थे।

वन में पांडव कुछ महीनों के लिए एक स्थान पर रहते और फिर दूसरे स्थान पर चले जाते और वहीं अपना शिविर स्थापित करते। स्थानों को बदलने के पीछे का विचार वन क्षेत्र में पारिस्थितिक संतुलन को बनाये रखने का था। वनवास के प्रारंभिक वर्षों में जब व्यास पांडवों से मिलने आये थे, तब उन्होंने युधिष्ठिर को काम्यकवन से द्वैतवन में जाने का सुझाव दिया था। 'एक ही स्थान पर अधिक दिनों तक रहना लाभकारी नहीं होता है। लंबे समय तक तुम्हारे चहल-पहल भरे निवास के कारण इस वन में रहने वाले तपस्वी ऋषियों के जीवन में विघ्न पड़ सकता है। इसके अतिरिक्त तुम लोगों की

और आगंतुकों के भोजन और यज्ञ सम्बंधी आवश्यकता की पूर्ति के कारण इस स्थान की वनस्पतियों और प्राणियों का भी क्षय होता है।'[5]

पांडवों का वन्य जीवन व्यस्त हो गया था, मगर दुर्योधन द्वारा किया गया अपमान पांडवों के हृदयों को विदीर्ण करता रहा। द्रौपदी और भीम अपनी भावनाओं को प्रकट करने में मुखर थे। द्रौपदी प्रायः युधिष्ठिर को याद दिलाती रहती थी कि वे अपने अंतिम लक्ष्य और कौरवों द्वारा उनके साथ किए गए अन्याय को कदापि न भूलें।

अपनी अभिव्यक्ति में भीम अधिक तीक्ष्ण और आक्रामक था। 'अर्जुन के गांडीव द्वारा सुरक्षित हमारे राज्य को साक्षात इंद्र भी हानि नहीं पहुँचा सकते थे। लेकिन आपकी असावधानी के कारण हमने सब कुछ खो दिया। हम सभी ने आपके प्रति अपने स्नेहवश इस कष्ट को स्वीकार किया है,' भीम कभी-कभी कहता। कभी-कभी, वह युधिष्ठिर को वनवास को समाप्त करने और कौरवों के विरुद्ध तुरंत युद्ध करने के लिए उकसाता। 'इस तरह का जीवन जीने से अच्छा है कि हम युद्ध में मर जाएँ। विशेष परिस्थितियों में तेरह महीने तेरह वर्ष समान होते हैं। इस प्रकार हमारे वनवास को पूरा समझते हुए, हमें दुर्योधन को तुरंत चुनौती देनी चाहिए और अपने राज्य को वापस लेना चाहिए, यही हम जैसे क्षत्रियों के लिए उपयुक्त है।'[6]

भीम को एक और चिंता ने व्यथित कर रखा था। उसने कहा, 'हम अज्ञातवास का तेरहवाँ वर्ष कैसे व्यतीत करेंगे? हमें किसी भी प्रकार की भीड़ में बहुत आसानी से पहचाना जा सकता है, हम स्वयं को इस तरह से कैसे छिपाएँगे कि कोई भी हमें पहचान न सके? मुझे विश्वास है कि दुर्योधन ने हमारा पता लगाने के लिए अपने गुप्तचरों को दूर-दूर तक फैलाया होगा। फिर भी, यदि हम अज्ञातवास के कालखंड को सफलतापूर्वक पूरा कर भी लेते हैं, तो मुझे भय है कि दुर्योधन फिर से आपको जुए के खेल के लिए लुभा सकता है और आप इसे फिर से स्वीकार करेंगे जैसे की आपने पहले खेल के दौरान हुए अपमान के बाद भी दूसरी बार खेलने का आमंत्रण स्वीकार कर लिया था। इस प्रकार एक बार फिर हमें वर्षों तक कष्ट भोगने के लिए वनवास में भेज दिया जाएगा।'[7] उसने युधिष्ठिर को शीघ्रातिशीघ्र कौरवों पर आक्रमण करने के लिए मनाने की कोशिश करते हुए ऐसा अनुमान लगाएगा।

भीम के ऐसे वचन चुभे, लेकिन युधिष्ठिर ने उन्हें शांतचित्त होकर सुना। उन्होंने उन क्षणों में अपनी अविवेकपूर्णता पर खेद व्यक्त किया और आलोचना को शालीनता से स्वीकार करते हुए कहा, 'जिस तरह से तुम अपने शब्दबाणों से मेरे हृदय को विदीर्ण कर रहे हो वह ठीक ही है। मैं ऐसे वचनों के लिए तुम्हारी निंदा नहीं कर सकता, क्योंकि निःसंदेह मेरे ही दोषों के कारण यह विपत्ति तुम लोगों पर आई है। मैं शकुनि की कपटपूर्ण मायावी चालों से अनभिज्ञ था और धोखा खा गया। उस समय शकुनि के पासों को उसकी इच्छानुसार पड़ते देखकर मुझे सावधान हो जाना चाहिए था। लेकिन हर दाँव हारने के आघात और अगले दाँव में जीतने की आशा के कारण मैं भ्रमित हो गया था और स्वयं को और एक दाँव खेलने से न रोक सका। क्रोधावेश और विषयासक्ति मनुष्य के धैर्य को नष्ट कर देती है। यह मेरे साथ हुआ है, अतः मैं तुम्हारे वचनों को बुरा नहीं मानता।'

उस दिन की घटनाओं को याद करते हुए उन्होंने भीम से कहा, 'दूसरी बार हुए जुए के खेल में दुर्योधन द्वारा रखी गई शर्त पर जब मैं स्वेच्छा से सहमत हो गया था, तुम वहीं थे। तब तुमने मुझे क्यों नहीं रोका? हस्तिनापुर में द्रौपदी के साथ जो हुआ और हमने होने दिया, उस बात से मुझे अत्यंत कष्ट होता है। ऐसा लगा जैसे हमने स्वेच्छा से विष पान कर लिया हो। उस लाचारी की वेदना मुझे आज तक पीड़ा देती है। अब जब मैंने तेरह वर्ष वनवास में रहने का वचन दे दिया है तो मैं उस पर पुनर्विचार नहीं कर सकता।'[8]

युधिष्ठिर के तेरह वर्ष प्रतीक्षा करने के पीछे एक व्यावहारिक कारण भी था। 'हम युद्ध के बारे में आवेश में आकर निर्णय नहीं ले सकते हैं। इससे अधिक हानि और कष्ट होगा। सफल होने में सक्षम होने के लिए हमें विचार-विमर्श करने, रणनीति बनाने, कार्य की स्पष्ट योजना बनाने और फिर उसे अपने श्रेष्ठ सामर्थ्य अनुसार निष्पादन करने की आवश्यकता है। इस प्रकार किए गए कार्य में दैव भी अनुकूल हो जाता है। तुम अपने बल के घमंड में उन्मत युद्ध के लिए व्याकुल हो रहे हो। लेकिन मैं तुमको बताता हूँ कि हमें किस विरोध का सामना करना पड़ेगा—भूरिश्रवा, भीष्म, द्रोण, अश्वत्थामा, कर्ण, स्वयं दुर्योधन और उसके भाई हमारे सामने होंगे। ये सभी असाधारण योद्धा हैं और दिव्य अस्त्र-शस्त्रों का प्रयोग करने में निपुण हैं।'

युधिष्ठिर ने अपना मत स्पष्ट करते हुए कहा, 'भीष्म और द्रोण हमारे साथ सहानुभूति रखते हैं लेकिन वे धृतराष्ट्र की सेवा में हैं। यदि युद्ध होता है

तो वे दुर्योधन के लिए लड़ेंगे। इसके अतिरिक्त हमने राजसूय यज्ञ के दौरान जिन राजाओं को अपने अधीन किया था, वे हमारे विरुद्ध दुर्योधन के साथ गठबंधन करेंगे। दुर्योधन अपनी सेनाओं को अच्छे से रखता रहा है, उनको समय पर वेतन का भुगतान करता है और उन्हें पुरस्कारों के साथ लुभाता भी है। जब तक हम अच्छी तरह से तैयार नहीं होंगे तब तक उन्हें हराना आसान नहीं होगा।'[9]

इसके तुरंत बाद, युधिष्ठिर के परामर्श पर युद्ध की तैयारी के लिए अर्जुन साधारण योद्धाओं को दुर्लभ दिव्य अस्त्र प्राप्त करने के लिए चला गया। युधिष्ठिर ने उससे कहा, 'दुर्योधन के पक्ष में भीष्म, द्रोण, कर्ण, अश्वत्थामा और दूसरे योद्धा हैं। हमारी विजय केवल तुम पर निर्भर करती है। इसलिए, मेरा सुझाव है कि तुम उत्तर दिशा की ओर जाओ और दिव्य अस्त्रों का ज्ञान अर्जित करने का प्रयास करो।'[10] अगले पाँच वर्षों तक जब अर्जुन दूर था तब द्रौपदी सहित अन्य पांडवों ने तीर्थयात्रा की और अनेक ऋषियों के दर्शन किये और साथ ही कुछ रोमांचकारी उद्यम भी किए।

युधिष्ठिर का स्वप्न

तीर्थयात्रा से लौटने के बाद पांडवों ने एक बार फिर से द्वैतवन में डेरा डाला। एक रात्रि युधिष्ठिर को स्वप्न आया। वन के जानवर उनसे मिलने आए। वे दु:खी थे और जोर-जोर से रो रहे थे। 'तुम कौन हो और क्या चाहते हो? कृपया मुझे बताओ,' युधिष्ठिर ने उनसे हाथ जोड़कर पूछा। जानवरों ने आग्रह किया, 'हम इस वन के जानवर हैं। आपके शिकार के कारण हम में से केवल मुट्ठी भर ही अब जीवित हैं। कृपया हमें पूरी तरह से नष्ट न करें। इस वन को छोड़ दें और किसी अन्य स्थान पर चले जाईये ताकि हम अपनी प्रजातियों को फिर से बढ़ा सके और उनका भरण-पोषण कर सकें।'

'ऐसा ही होगा', युधिष्ठिर ने स्वप्न में ही वचन दे दिया। अगली सुबह जागने पर युधिष्ठिर को अपने स्वप्न का स्मरण हुआ। वह करुणा से भर गए। उन्होंने अपने भाइयों को अपने स्वप्न से अवगत कराया और कहा, 'मेरा मानना है कि जानवर सही हैं। हम यहाँ डेढ़ वर्ष से अधिक समय से रह रहे हैं। अब हमें यहाँ से आगे बढ़ना चाहिए।'[11] उन्होंने वैसा ही किया।

वनवास काल में भीम के पराक्रम

वनवास के तीन दिन बाद ही पांडवों पर किर्मीर नामक राक्षस ने आक्रमण कर दिया। वह विशेष रूप से अपने भाई बकासुर की हत्या का प्रतिशोध लेने के लिए भीम को मारने आया था। किर्मीर बहुत भयानक और शक्तिशाली था। उसने भीम को चुनौती दी। दुर्योधन के छल के कारण भीम पहले से ही आक्रोश में था। अब द्रौपदी भी प्रेमभरी दृष्टि से उसे देख रही थी। इससे भीम और उत्साहित हुआ। किर्मीर और भीम के बीच भयानक द्वंद हुआ। अंततोगत्वा, भीम ने किर्मीर राक्षस को मार दिया।[12]

जब अर्जुन दिव्य अस्त्र अर्जित करने गया था तब द्रौपदी के साथ अन्य चार पांडवों ने विभिन्न तीर्थस्थलों की लंबी यात्रा की। गंधमादन पर्वत में ऐसी ही एक यात्रा के दौरान एक सुंदर और सुगंधित कमल के पुष्प ने द्रौपदी का ध्यान आकर्षित किया। वह कमल की मीठी सुगंध से मंत्रमुग्ध हो गई और उन दिव्य पुष्पों की कामना करने लगी। उसने प्रेमपूर्वक भीम से आग्रह किया, 'यदि मैं तुम्हें प्रिय हूँ तो मुझे वे पुष्प लाकर दो। मैं उन्हें वन में हमारे आश्रम में ले जाना चाहती हूँ।' भीम कैसे मना कर सकता था! उसने अपने स्वर्ण जड़ित शस्त्रों को उठाया और द्रौपदी को प्रसन्न करने का निश्चय करते हुए चल दिया।

मार्ग में खड़ी ढलानों और विशाल पत्थरों के कारण कमल सरोवर का मार्ग सुंदर किन्तु चुनौतीपूर्ण था। द्रौपदी के नेत्रों में प्रेम ने भीम को उत्साह से आगे बढ़ने के लिए प्रेरित किया। शीघ्र ही वह सुगंधित कमलों से ढके हुए सरोवर तक पहुँच गया। इससे पहले कि वह फूलों को ले पाता, क्रोधवश नाम के एक राक्षस ने अपनी तरह दिखने वाले राक्षसों की सेना के साथ उसे रोक दिया, 'यह सरोवर आपके जैसे मनुष्यों के लिए नहीं है। यदि आप पुष्प लेना चाहते हैं, तो हमारे स्वामी कुबेर से अनुमति लेनी होगी।' भीम ने दृढ़ता से उत्तर दिया, 'मुझे आपके स्वामी यहाँ कहीं नहीं दिख रहे हैं और यदि मैं उन्हें यहाँ देख भी लूँ तो भी उनसे याचना नहीं करूँगा, न ही मुझे उनकी अनुमति लेने की कोई आवश्यकता दिखती है, क्योंकि यह एक प्राकृतिक सरोवर है। यह आपके स्वामी के घर में नहीं है। इस प्राकृतिक सरोवर पर अन्य प्राणियों का उतना ही अधिकार है जितना कि आपके स्वामी का है।' इतना कहकर भीम से सरोवर में प्रवेश करने का प्रयास किया।

उसे प्रवेश करने से रोकने के लिए राक्षसों ने भीम पर आक्रमण कर दिया। वायुदेव से पैदा हुआ कुंती का यह दूसरा पुत्र भीम बहुत बलशाली और पराक्रमी था। कोई राक्षस उसकी गदा के प्रहार से बच नहीं सका। उन्हें हराने के बाद भीम ने सरोवर में हर्ष के साथ विहार किया और फिर द्रौपदी के लिए पुष्प एकत्र किये।[13] द्रौपदी द्वारा किए गए एक और ऐसे ही आग्रह को पूरा करने के लिए ऋषि आर्ष्टिषेण के आश्रम के पास पर्वतों के शिखरों को देखने में सक्षम होने के लिए भीम ने मणिमान नाम के एक राक्षस को मार डाला और इस क्षेत्र को द्रौपदी और अन्य ऋषियों के विहार के लिए सुरक्षित बना दिया।[14]

तीर्थयात्रा के अंत में पांडवों ने अर्जुन के लौटने की प्रतीक्षा में बद्रीकाश्रम में निवास किया। जटासुर नामक एक और राक्षस उनके साथ रहने के लिए ऋषि के वेश में आया। वह द्रौपदी का अपहरण करना चाहता था। एक बार जब भीम किसी कार्य से बाहर गया था, तब जटासुर ने अपना वास्तविक विकराल रूप धारण करके द्रौपदी और तीनों पांडवों का अस्त्र-शस्त्रों सहित अपहरण कर लिया। किसी तरह सहदेव अपनी तलवार सहित जटासुर की पकड़ से मुक्त हुआ और भीम को बुलाने के लिए दौड़ता हुआ गया। जब भीम आया तो एक भयानक द्वंदयुद्ध हुआ जिसके अंत में जटासुर की इहलीला समाप्त हो गयी। भीम ने उसका वध कर दिया।[15]

अर्जुन के लौटने के बाद कुछ और घटनाक्रम हुए जिनके कारण पांडवों को अपने अस्त्र-शस्त्र उठाने पड़े और लड़ना पड़ा। युधिष्ठिर के निर्देश पर पांडवों ने दुर्योधन और उसके मित्रों को मुक्त कराने के लिए गंधर्वों से युद्ध किया। फिर द्रौपदी को बचाने के लिए उन्हें जयद्रथ से युद्ध करना पड़ा। चाहे जो भी परिस्थिति हो, भीम पांडवों और द्रौपदी को सुरक्षित रखने के लिए सदैव दृढ़ता से खड़ा रहा।

युधिष्ठिर द्वारा पांडवों की जीवनरक्षा

अर्जुन की वापसी के बाद पांडवों ने द्वैतवन लौटने से पहले हिमालय क्षेत्र में एक और वर्ष बिताया। वन के मार्ग में वे किरात देश में रुक गए जो राजा सुबाहु का राज्य था। वहाँ निवास के दौरान एक दिन भीम निकटवर्ती वन में शिकार करने चला गया। कुछ विशालकाय सर्पों का पीछा करते हुए वह वन के भीतर तक पहुँच गया और वहाँ उसे विशालकाय पीले रंग के अजगर

ने पकड़ लिया। भीम में दस हजार हाथियों का बल था, फिर भी वह उस शक्तिशाली अजगर की जकड़ में असहाय हो गया। थोड़ी देर तक संघर्ष करने के बाद भीम ने अपनी हार मान ली और चकित होकर पूछा, 'बड़े से बड़ा शक्तिशाली सिंह भी मेरे ऊपर इस तरह से हावी नहीं हो सकता है जिस तरह से आप हो रहे हैं। आप कोई साधारण सर्प नहीं हो सकते। आप कौन हैं?'

इस पर सर्प ने उत्तर दिया, 'मैं नहुष हूँ, मैं तुम्हारे पूर्वजों में से एक हूँ। एक श्राप के कारण इस सर्प योनि में हूँ। कई दिनों से भूख से पीड़ित हूँ, क्योंकि मैं केवल उसे ही भोजन के रूप में स्वीकार करता हूँ जो दिन के इस समय में अपने आप मेरी पकड़ में आता है। हालांकि, मुझे एक वरदान भी प्राप्त है, जिसके अनुसार यदि कोई मेरे सभी प्रश्नों का संतुष्टिजनक उत्तर दे तो मैं इस सर्प योनि से मुक्त हो जाऊँगा।'

इस बीच, चूँकि भीम वन से वापस नहीं आया तो पांडव चिंतित हो गए। युधिष्ठिर उसे खोजने का प्रयास करते हुए उस स्थान पर पहुँच गए जहाँ नहुष ने भीम को जकड़ रखा था। उन्होंने स्वयं को नहुष के समक्ष भोजन के रूप में प्रस्तुत किया। लेकिन सर्प ने मना कर दिया और अपनी वरदान को दोहराया, 'यदि तुम मेरे सारे प्रश्नों का सही उत्तर दोगे तो मैं तुम्हारे भाई को मुक्त कर दूँगा।' युधिष्ठिर मान गए।

'ब्राह्मण कौन हैं?'

'जो सत्य, दान, क्षमा, सुशीलता, क्रूरता का अभाव, तपस्या और दया इन गुणों का स्वामी है वही ब्राह्मण कहा गया है।'

'लेकिन ये गुण शूद्र में भी हो सकते हैं। तो फिर हम कैसे तय करते हैं कि ब्राह्मण कौन और शूद्र कौन?'

'यदि एक शूद्र में ये गुण हैं और एक ब्राह्मण में नहीं हैं, तो वह शूद्र, शूद्र नहीं है और वह ब्राह्मण, ब्राह्मण नहीं है। जिसके पास ये गुण हैं, उसे ब्राह्मण माना जाना चाहिए और जिसके पास इन गुणों का अभाव है, उसे शूद्र माना जाना चाहिए।'

'यदि केवल कर्म यह निर्धारित करता है कि कोई ब्राह्मण है अथवा नहीं, तो क्या एक ब्राह्मण कुल में जन्म होने का कोई अर्थ नहीं है?'

'मेरा मानना है कि जन्म के समय किसी व्यक्ति के वर्ण का निर्धारण करना बहुत कठिन है क्योंकि वर्णों और जातियों का परस्पर सम्मिश्रण बहुत अधिक हो चुका है। इसलिए विद्वान पुरुष केवल कर्म को ही वर्ण का

संकेतक मानते हैं।' युधिष्ठिर के उत्तरों से नहुष बहुत प्रसन्न और संतुष्ट हुआ, 'तुम जानने योग्य सभी बातें जानते हो। अब मैं तुम्हारे भाई को कैसे खा सकता हूँ?"[16]

पांडव बारहवें वर्ष के अंत में द्वैतवन में वापस आ गए। इस बार वे केवल फलाहार पर ही जीवन निर्वहन कर रहे थे। एक दिन एक ब्राह्मण उनकी सहायता लेने के लिए दौड़ता हुआ आया। एक मृग उसकी अरणी और मंथनकाष्ठ ले गया था, जिसके बिना ब्राह्मण अपना अग्निहोत्र यज्ञ नहीं कर सकता था। वह सहायता हेतु पांडवों के पास आया था। सभी पांडव तुरंत मृग को खोजने और अरणी और मथानी को पुनः प्राप्त करने के लिए दौड़े, लेकिन उनके सारे प्रयास व्यर्थ गए।

मृग की खोज करते-करते वे वन के बहुत भीतर तक चले गए। भूख प्यास से पीड़ित वे विश्राम करने के लिए एक बरगद के वृक्ष के नीचे बैठ गए। सबकी प्यास बुझाने के लिए युधिष्ठिर ने नकुल को जल लाने के लिए भेजा। नकुल निकट में एक सरोवर के पास पहुँचा और जैसे ही अपनी प्यास बुझाने के लिए जल पीने झुका, अचानक एक आवाज ने उसे ऐसा करने से रोक दिया। 'हे माद्रीपुत्र! मेरा इस सरोवर पर अधिकार है। यहाँ से जल पीने के लिए तुम्हें पहले मेरे प्रश्नों के उत्तर देने होंगे।' नकुल ने चारों ओर देखा लेकिन उसे कोई नहीं दिखा। वह प्यास से व्याकुल हो रहा था। उसने उस चेतावनी को अनसुना कर दिया और जल पी लिया। उसी क्षण वह अचेत होकर वहीं गिर पड़ा।

'नकुल को इतना समय क्यों लग रहा है?' युधिष्ठिर ने चिंता व्यक्त की और सहदेव को नकुल की तलाश करने और जल लेने के लिए भेजा। सहदेव का भी वही हश्र हुआ, उसके बाद अर्जुन और भीम के साथ भी वही हुआ। अंततः युधिष्ठिर स्वयं अपने भाईयों की खोज में गए। अपने भाइयों को भूमि पर अचेत पड़े देखकर वह चकित रह गए और इस विचित्र घटना को समझने का प्रयास करने लगे, 'यह कैसे संभव हो सकता है? मेरे भाई तो अजेय हैं। इसके अतिरिक्त इनके शरीर पर घाव भी नहीं हैं। यह किसी मायावी शक्ति का काम लगता है।' उनकी दृष्टि भी सरोवर के जल पर पड़ी और वह अपनी प्यास शांत करने के लिए खड़े हुए।

वह आवाज फिर से गरजी, 'मेरे प्रश्नों के उत्तर देने से पहले इस जल को पीने का साहस मत करो। तुम्हारे भाइयों ने ऐसा किया, इसलिए मैंने उन्हें मार डाला।' युधिष्ठिर रुक गए। 'आप वास्तव में कोई देव पुरुष ही हो क्योंकि कोई भी साधारण प्राणी मेरे भाइयों के साथ ऐसा नहीं कर सकता। मैं आपकी पहचान जानने के लिए उत्सुक हूँ। कृपया इस रहस्य को प्रकट करें कि आप वास्तव में कौन हैं?'

'मैं यक्ष हूँ। इस सरोवर पर मेरा अधिकार है। यदि तुम इसका जल पीना चाहते हो तो मेरे प्रश्नों के उत्तर दो।' युधिष्ठिर ने कहा, 'मैं आपके अधिकार की वस्तु को नहीं ले जाना चाहता। मैं अपनी बुद्धि के अनुसार निश्चित रूप से आपके प्रश्नों का उत्तर देने का प्रयास करूँगा।' यक्ष ने प्रश्न पूछना शुरू किया। युधिष्ठिर ने विनम्रतापूर्वक उत्तर दिए। युधिष्ठिर के उत्तरों से यक्ष संतुष्ट हुआ और आश्वस्त भी हुआ कि युधिष्ठिर वास्तव में एक ज्ञानी पुरुष थे। यक्ष ने कहा, 'तुमने मेरे प्रश्नों के ठीक उत्तर दिए हैं। मैं तुम्हारे एक भाई को जीवनदान देता हूँ। तुम किसे जीवित करना चाहते हो?' बिना हिचकिचाहट के युधिष्ठिर ने तुरंत नकुल को जीवित करने की विनती की। इससे यक्ष चकित रह गया। 'मैं जानता हूँ कि भीम तुम्हारा सबसे प्रिय है और युद्ध जीतने के लिए तुम लोगों को निश्चित रूप से अर्जुन की आवश्यकता है। फिर तुमने अपने सौतेले भाई नकुल को क्यों चुना?'

युधिष्ठिर ने उत्तर दिया, 'धर्म उन लोगों को नष्ट कर देता है जो उसे नष्ट करते हैं और उनकी रक्षा करता है जो इसकी रक्षा करते हैं। मैं धर्म को कभी नहीं छोड़ूँगा। मेरे पिता की कुंती और माद्री नामक दो पत्नियाँ थीं। वे दोनों ही मेरी माता हैं और मैं दोनों के लिए समानभाव रखना चाहता हूँ। मेरा विचार है कि दोनों का कम से कम एक पुत्र जीवित रहे।'

युधिष्ठिर को दुःख की घड़ी में भी धर्म की दृष्टि न खोते हुए देख यक्ष अत्यंत प्रसन्न हुआ। उसने सभी पांडवों को पुनर्जीवित कर दिया और अपना वास्तविक परिचय दिया। 'मैं तुम्हारा जन्मदाता पिता, यम अर्थात धर्मराज हूँ। मैं तुम्हें अपने गुणों के प्रति दृढ़वत देखकर प्रसन्न हूँ।' उन्होंने पांडवों को वरदान दिया कि वे वनवास के तेरहवें वर्ष में अज्ञात रहेंगे और उन्हें कोई भी पहचान नहीं पायेगा। इतना कहकर धर्मराज वहाँ से चले गए।[17]

यक्ष प्रश्न

यक्ष द्वारा पूछे गए कुछ प्रश्न और युधिष्ठिर द्वारा दिए गए उत्तर इस प्रकार हैं:

- ऐसा कौन पुरुष है, जो बुद्धिमान है, लोक सम्मानित है और श्वास भी लेता है, लेकिन वास्तव में मृत समान है?
- – जो देवता, अतिथि, कुटुम्बीजन, पितृ और आत्मा–इन पाँचों का पोषण नहीं करता, वह श्वास लेने पर भी जीवित नहीं है।
- प्रवासी (परदेश के यात्री) का मित्र कौन है? गृहस्थ का मित्र कौन है? रोगी का मित्र कौन है? और मृत्यु के समीप पहुँचे हुए मनुष्य का मित्र कौन है?
- – सहयात्रियों का समुदाय प्रवासी का मित्र है, पत्नी गृहस्थ की मित्र है, वैद्य रोगी का मित्र है और दान मृत्यु के समीप मनुष्य का मित्र है।
- धर्म का मुख्य स्थान क्या है? यश का मुख्य स्थान क्या है? स्वर्ग का मुख्य स्थान क्या है? और सुख का मुख्य स्थान क्या है?
- – धर्म का मुख्य स्थान दक्षता है, यश का मुख्य स्थान दान है, स्वर्ग का मुख्य स्थान सत्य है और सुख का मुख्य स्थान शील है।
- धनवानों में उत्तम कौन है? धनों में उत्तम धन क्या है? लाभों में प्रधान लाभ क्या है? और सुखों में उत्तम सुख क्या है?
- – धनवानों में दक्षता ही उत्तम गुण है, धनों में शास्त्रज्ञान प्रधान है। लाभों में आरोग्य श्रेष्ठ है और सुखों में संतोष ही उत्तम सुख है।
- पुरुष किस प्रकार मरा हुआ कहा जाता है? राज्य कब मृत माना जाता है?
- – दरिद्र पुरुष मरे हुए के समान है, अराजक राज्य मृत समान है।
- किस वस्तु को त्यागकर मनुष्य प्रिय होता है? क्या त्यागकर शोक नहीं करता? क्या त्यागकर वह अर्थवान होता है? और क्या त्यागकर सुखी होता है?
- – मान को त्याग देने पर मनुष्य प्रिय होता है, क्रोध को त्यागकर शोक नहीं करता, काम को त्यागकर वह अर्थवान् होता है और लोभ को त्यागकर सुखी होता है।
- ज्ञान किसे कहते हैं? शम क्या कहलाता है? उत्तम दया किसका नाम है? और सरलता किसे कहते हैं?

– परमात्मतत्त्व का यथार्थ बोध ही ज्ञान है, चित्त की शान्ति ही शम है, सबके सुख ही इच्छा रखना ही उत्तम दया है और समचित्त होना ही सरलता है।

- मनुष्यों में दुर्जय शत्रु कौन है? अनन्त व्याधि क्या है? साधु कौन माना जाता है? और असाधु किसे कहते हैं?

– क्रोध दुर्जय शत्रु है, लोभ अनन्त व्याधि है तथा जो समस्त प्राणियों का हित करने वाला हो, वही साधु है और निर्दयी पुरुष को ही असाधु माना गया है।

- मोह किसे कहते हैं? मान क्या कहलाता है? आलस्य किसे जानना चाहिये? और शोक किसे कहते हैं?

– धर्म मूढ़ता ही मोह है, आत्माभिमान ही मान है, धर्म का पालन न करना आलस्य है और अज्ञान को ही शोक कहते हैं।

- कुल, आचार, स्वाध्याय और शास्त्रश्रवण–इनमें से किसके द्वारा ब्राह्मणत्त्व सिद्ध होता है?

– न तो कुल ब्राह्मणत्त्व में कारण है, न स्वाध्याय और न शास्त्रश्रवण। केवल आचार ही ब्राह्मणत्व का आधार है।

- मधुर वचन बोलने वाले को क्या मिलता है? सोच-विचार कर काम करने वाले को क्या मिलता है? जो बहुत से मित्र बना लेता है, उसे क्या लाभ होता है? और जो धर्मनिष्ठ है, उसे क्या मिलता है?

– मधुर वचन बोलने वाला सबको प्रिय होता है, सोच-विचार कर काम करने वाले को अधिकतर सफलता मिलती है एवं जो बहुत से मित्र बना लेता है, वह सुख से रहता है और जो धर्मनिष्ठ है, वह सद्गति पाता है।

- सुखी कौन है? आश्चर्य क्या है? पथ क्या है? तथा वार्ता क्या है?

– जिस पर किसी का ऋण नहीं, जो परदेश में नहीं है, जो दिन के पाँचवें या छठे भाग में अपने घर के भीतर साग-भात ही पकाकर खाता हो, वही सुखी है। संसार से रोज-रोज प्राणी यमलोक में जा रहे हैं; किंतु जो बचे हुए हैं, वे सर्वदा जीवित रहने की इच्छा करते हैं; इससे बढ़कर आश्चर्य और क्या होगा? विद्वानों के मत भिन्न हैं, तर्क कहीं स्थिर नहीं है, श्रुतियाँ भी भिन्न-भिन्न हैं, धर्म का तत्त्व अत्यन्त गूढ़ है। अत: जिससे महापुरुष जाते रहे हैं, वही पथ है। इस

महामोहरूपी कड़ाहे में 'काल' सभी प्राणियों को मास और ऋतु रूप करछी से उलट-पलट कर सूर्य रूप अग्नि और रात-दिन रूप ईंधन के द्वारा पका रहा है, यही वार्ता है।

युधिष्ठिर के उत्तरों से यक्ष बहुत प्रसन्न हुआ। 'तुमने मेरे प्रश्नों के ठीक उत्तर दिए हैं। अब तुम पुरुष की भी व्याख्या कर दो और यह बताओ कि सबसे बड़ा धनी (सर्वधनी) कौन है?'

'जिस व्यक्ति के पुण्य कर्मों की कीर्ति का शब्द जब तक स्वर्ग और भूमि को स्पर्श करता है, तब तक वह पुरुष कहलाता है। जो मनुष्य प्रिय-अप्रिय, सुख-दुःख और भूत-भविष्य के द्वंदों में सम है, वही सबसे बड़ा धनी है।'

युधिष्ठिर के उत्तरों से संतुष्ट होकर यक्ष ने युधिष्ठिर के समक्ष अपना वास्तविक रूप प्रकट किया और उसके भाइयों को जीवित कर दिया।

अज्ञातवास का वर्ष

वनवास के बारह वर्ष बीत चुके थे। आने वाला वर्ष अज्ञातवास में बिताना था। पांडवों ने अपने पुरोहितों और सहायकों को विदाई दी और उनसे अपने सहयोगियों के राज्यों में शरण लेने का आग्रह किया। जाने से पहले, उनके राजपुरोहित धौम्य ने उन्हें अपनी पहचान बचाने और आम नागरिकों की तरह लोकव्यवहार के तरीकों के बारे में परामर्श दिया[18]:

1. राजमहल में रहकर राजा की सेवा करना सरल नहीं है। अज्ञातवास के इस एक वर्ष के दौरान अपने गर्व और अहंकार की चिंता मत करना। मान-अपमान जो कुछ भी मिले उसको विनम्रतापूर्वक सहन करना।
2. राजाओं पर पूर्ण विश्वास कभी नहीं करना चाहिए। अपने आप को राजा का प्रिय समझकर वैसा व्यवहार कभी नहीं करना, भले ही वह आपको प्रिय मानता हो। किसी भी परिस्थिति में राजा के आसन, रथ, पलंग या किसी अन्य वस्तु का उपयोग नहीं करना।
3. यदि किसी कार्य से राजा से मिलना हो तो पहले द्वारपालों के माध्यम से राजा को सूचना देना और अनुमति मिलने पर ही भीतर जाना। आप जो कुछ भी करो उसके बारे में राजा को सूचित करना।
4. बिना पूछे राजा को उसके कर्त्तव्यों का उपदेश न दें। मौनभाव से राजा की सेवा करें और उपयुक्त अवसर पर राजा की प्रशंसा भी करें।

5. रानियों के साथ अधिक मेल-जोल न करें, जो नियमित रूप से रनिवास में आते-जाते हो या राजा जिनसे द्वेष रखते हो, उनसे दूरी बनाए रखें।
6. राजदरबार के आचरण को सदैव ध्यान रखें और वही करें जो राजा के हित में हो।

पांडवों ने उनके सुझाव ध्यान से सुने और उस स्थान पर विचार-विमर्श किया जहाँ वे वेश बदलकर रह सकते थे। अर्जुन ने कुछ जगहों के नाम सुझाए जिनमें से युधिष्ठिर ने मत्स्यदेश का चयन किया। मत्स्यदेश के राजा विराट बहुत शक्तिशाली, वृद्ध और उदार थे। पांडव जब इंद्रप्रस्थ में थे तब से वे पांडवों से अनुराग रखते थे।

अर्जुन ने युधिष्ठिर से पूछा, 'लेकिन मत्स्य देश में आप क्या करेंगे? आप मृदुभाषी, न्यायप्रिय और उदार हैं। आप विराट के राज्य में एक आम मनुष्य की तरह कैसे रहेंगे?' युधिष्ठिर ने मुस्कुराते हुए कहा, 'मैं कंक नामक एक ब्राह्मण का वेश धारण करूँगा और विराट की राजसभा में एक दरबारी बन जाऊँगा। मैं पासे फेंकने में अपने कौशल को प्रदर्शित करूँगा और राजा और अन्य दरबारियों का मनोरंजन करूँगा।' युधिष्ठिर ने अपने भाइयों और द्रौपदी से अपना भेष चुनने के लिए कहा। भीम ने वल्लभ के रूप में रसोइये की भूमिका निभाने का निर्णय किया। नकुल ने ग्रंथिक बनने और राजा के घोड़ों की देखवाल करने का प्रस्ताव रखा। सहदेव ने कहा कि वह तंतिपाल नाम ग्रहण करेगा और राजा के गोवंश की देखभाल करेगा। अर्जुन ने बताया की कि वह स्वयं को एक किन्नर के रूप में प्रस्तुत करेगा और बृहन्नला नाम बताएगा। वह इंद्र के महल में सीखे गए संगीत और नृत्य कौशल का उपयोग राजमहल में महिलाओं को नृत्य सिखाने के लिए करेगा। द्रौपदी ने कहा कि वह सैरंध्री की भूमिका निभाएगी और रानी सुदेष्णा की परिचारिका बनकर उनके केशों को संवारने और साज-सज्जा का कार्य करेगी।

निर्जन क्षेत्रों से होते हुए और पहाड़ों, जंगलों और नदियों को पार करते हुए पांडव मत्स्यदेश पहुँच गए। सबसे पहले उन्हें अपने अस्त्र-शस्त्र छिपाने के लिए स्थान ढूँढ़ना था। अर्जुन ने विराट नगर के मार्ग से दूर जंगल से घिरी श्मशान भूमि के पास एक विशाल शमी के वृक्ष पर अपने आयुधों को छिपाने का सुझाव दिया। सभी भाइयों ने इस पर सहमति व्यक्त की। वृक्ष की सघन शाखाओं के बीच अपने आयुधों को छिपाने के बाद उन्होंने श्मशान भूमि में पड़े एक शव को इसकी एक शाखा पर लटका दिया, यह मानकर कि शरीर

की दुर्गंध लोगों को वृक्ष के पास आने से रोकेगी। जब पांडव उस शव को वृक्ष पर लटका रहे थे, तब कुछ चरवाहों ने उन्हें देख लिया और उनसे ऐसा करने की वजह पूछने लगे। 'यह हमारे कुल का धर्म है हमारे पूर्वज भी ऐसा ही करते आये हैं,' चरवाहों को ऐसा कहकर पांडव वहाँ से चल दिए।[19]

वे मत्स्य देश में पहुँच गए। सभी भाइयों को इच्छानुसार कार्य मिल गया और वे वहाँ रहने लगे। लेकिन द्रौपदी के लिए यह इतना आसान नहीं था। उसे राजमहल के निकट नगर में घूमते हुए देखकर सुदेष्णा और महल की महिलाएँ चकित हो गईं। 'ऐसी दिव्य रूप वाली स्त्री नगर में इस तरह क्यों घूम रही है?' ऐसा सोचकर सुदेष्णा ने द्रौपदी को राजमहल में बुलाया और उससे कारण पूछा। द्रौपदी ने कहा कि वह महल में सैरंध्री के रूप में कार्य ढूँढ़ रही है। सुदेष्णा ने चिंतित होकर कहा, 'तुम जो कह रही हो उस पर मैं विश्वास नहीं कर सकती कि तुम एक दासी हो और मुझे तुम्हें महल में रखने की चिंता भी है। यदि राजा तुमको देख ले तो उनका तुम्हारे सौंदर्य पर मोहित होना निश्चित है। वह तुम्हारे लिए मुझे त्याग देंगे। तुम्हें अपने महल में रखकर मैं अपना अनिष्ट ही करूँगी।'

द्रौपदी ने गंभीरता से उत्तर दिया, 'कोई भी राजा या कोई अन्य मनुष्य मुझे नहीं पा सकता। पाँच तरुण गंधर्व मेरे पति हैं। वे बहुत शक्तिशाली हैं और सदैव मेरी रक्षा करते हैं। मैं भी कोई निर्बल नहीं हूँ। मेरे पति उनसे प्रसन्न रहते हैं जो मुझे जूठा भोजन नहीं देते हैं और मुझे अपने पैर धोने के लिए विवश नहीं करते हैं। यदि कोई मेरा मान भंग करने की कोशिश करेगा तो वे निश्चित रूप से उसी रात उसे मार डालेंगे। आपको चिंता करने की आवश्यकता नहीं है।' द्रौपदी ने इस प्रकार सुदेष्णा के भय को शांत किया और सुदेष्णा ने द्रौपदी को अपनी सेवा में नियुक्त कर लिया।

एक दिन जीमूत नामक एक प्रख्यात मल्ल मत्स्यदेश के पहलवानों को चुनौती देने के लिए नगर में आया। जिन लोगों ने उसकी चुनौती स्वीकार की उन्हें जीमूत ने अखाड़े में हरा दिया और प्राण भी हर लिए। जब कोई भी पहलवान उससे लड़ने के लिए तैयार न हुआ तब राजा विराट ने अपने रसोइये वल्लभ को बुलाया। भीम थोड़ा हिचकिचाया क्योंकि उसे पहचाने जाने की चिंता थी, लेकिन राजा को मना करना कोई विकल्प नहीं था। वह आया, लड़ा और भयानक मल्लयुद्ध में जीमूत को हराकर मार डाला।[20] हर कोई वल्लभ की प्रशंसा कर रहा था, लेकिन सौभाग्य से किसी ने भी उसकी पहचान पर प्रश्न नहीं उठाया।

अज्ञातवास के वर्ष का अधिकांश भाग शांतिपूर्वक बीत गया। फिर एक दिन सुदेष्णा के भाई और विराट की सेना के सेनापति कीचक ने द्रौपदी पर अपनी कुदृष्टि डाली। एक दासी द्वारा उसके प्रलोभनों का तिरस्कार करने से क्रोधित कीचक ने द्रौपदी के साथ बल का उपयोग करने का प्रयास किया। द्रौपदी सहायता माँगने के लिए विराट की सभा में भागी। कीचक भी उसके पीछे भागा और उसे लात भी मारी। द्रौपदी सभी दरबारियों के सामने गिर पड़ी। विराट ने दूसरी तरफ देखा। युधिष्ठिर और भीम भी वहाँ उपस्थित थे। भीम इतना क्रोधित हुआ कि वह कीचक को वहीं मार सकता था, लेकिन युधिष्ठिर ने उसे रोक दिया। उन्हें अभी कुछ और दिन ऐसे ही जीवन व्यतीत करना था।

द्रौपदी ने कीचक द्वारा उसका शीलभंग करने की कुचेष्टा के बारे में विलाप किया। वह सोच रही थी कि उसके पति उसके बचाव में क्यों नहीं आ रहे हैं। उसकी व्यथा सुनकर सभी दरबारी उसकी प्रशंसा कर रहे थे, लेकिन किसी में भी कीचक के विरुद्ध बोलने का साहस नहीं था। युधिष्ठिर भी कीचक पर बहुत क्रोधित हुए लेकिन अपने क्रोध को छिपाते हुए उन्होंने द्रौपदी को अपनी इच्छा का संकेत करके वहाँ से जाने और राजा को परेशान नहीं करने के लिए कहा। युधिष्ठिर ने कहा, 'यहाँ राजसभा में नटी की भाँति विलाप मत करो। यह उचित समय नहीं है। तुम्हारे गंधर्व पति तुम्हारी इच्छाओं को पूरा करेंगे। जिसने भी तुम्हारे साथ अन्याय किया है, उसे उनके द्वारा दंड दिया जाएगा। अब यहाँ से जाओ।'[21] 'जिसने भी मुझ पर हाथ डाला है अथवा जिसने भी मेरा अपमान किया है, उसका वध होना चाहिए।' द्रौपदी बोली और चली गई।

उस रात द्रौपदी सावधानीपूर्वक भीम के पास गई। वह कीचक को मृत देखना चाहती थी। उसे पता था कि भीम ही एकमात्र ऐसा है जो उसकी इच्छा को पूरी करेगा। भीम वैसे भी कीचक पर क्रोधित था। उन्होंने एक योजना बनाई। योजना अनुसार द्रौपदी को ऐसा आचरण करना था जैसे कि वह कीचक का मनोरंजन करने के लिए तैयार है और उसे अगली रात नृत्यशाला में बुलाना था। द्रौपदी ने वैसा ही किया। इससे कीचक बहुत प्रसन्न हुआ। उसने सोचा कि उसकी शक्ति ने द्रौपदी को झुका दिया। वह अगली रात द्रौपदी के साथ अपनी वासना को तृप्त करने की लालसा से आया। तब कीचक को ज्ञात नहीं था कि वहाँ द्रौपदी नहीं बल्कि भीम उसकी प्रतीक्षा कर रहा था।

दोनों में एक भयानक द्वंदयुद्ध हुआ। कीचक शक्तिशाली था लेकिन भीम उससे भी अधिक बलवान था। कुछ ही समय में भीम ने उसे पूरी तरह से वश में कर लिया। कीचक ने भीम की पकड़ से छूटने के लिए बहुत संघर्ष किया, लेकिन वह छूट न सका। वह अचेत हो रहा था। भीम ने शक्तिशाली कीचक को भूमि पर पटकना शुरू कर दिया। जब वह निस्तब्ध हो गया, तब भीम ने उसकी गर्दन पकड़कर गला घोंट दिया। फिर कीचक की कमर पर जोरदार प्रहार करते हुए भीम ने उसे एक जानवर की तरह मार डाला। कीचक का शरीर माँस के एक निर्जीव चीथड़े की तरह हो गया था।

द्रौपदी अत्यंत प्रसन्न हुई। वह सभा भवन के रक्षकों के पास गई और उन्हें उसका मान भंग करने की कुचेष्टा करने वाले कीचक का भयानक अंत देखने के लिए बुलाया और मुस्कुराते हुए कहा, 'आओ और देखो कि कैसे दूसरों की पत्नी के प्रति कामासक्त रहने वाले शक्तिशाली कीचक को मेरे गंधर्व पतियों में से एक ने मार डाला है।' मत्स्यदेश के लोगों ने पतियों के बारे में द्रौपदी के दावों पर विश्वास किया और उस घटना के बाद उसे परेशान करने का साहस नहीं किया।[22]

कीचक की मृत्यु से दुर्योधन को संदेह हुआ और उसे त्रिगर्त के राजा सुशर्मा के साथ षड्यंत्र रचने और विराट पर आक्रमण करने का अवसर मिला। उसका षड्यंत्र विफल रहा। अर्जुन ने अकेले ही कौरव सेना को पराजित कर दिया।

विराट की सभा में जिस दिन द्रौपदी कीचक के लिए दंड माँगने आई थी उस दिन युधिष्ठिर ने जो संयम दिखाया था, वह पहली बार की घटना नहीं थी। एक बार जब राजा विराट ने युधिष्ठिर को मौखिक और शारीरिक रूप से प्रताड़ित किया तब भी उन्होंने उसी संयम का प्रदर्शन किया और अपने भाइयों को घटना के बारे में नहीं बताया था। उनका विचार था कि ऐसा न हो कि वे प्रतिक्रिया करें और अपनी पहचान को संकट में डाल दें। यह घटना तब हुई जब उत्तर और बृहन्नला के हाथों कौरव सेना की हार का समाचार राजा विराट के पास पहुँचा।

विराट के गर्व की कोई सीमा नहीं रही। उसने इस सफलता का श्रेय अपने पुत्र उत्तर की वीरता को दिया और अपनी बड़ाई करने लगे। विराट ने कंक के साथ जुआ खेलते हुए अपने पुत्र की फिर से प्रशंसा की। कंक ने सहज भाव से उत्तर दिया, 'बृहन्नला जैसे शक्तिशाली योद्धा के साथ होने से

राजकुमार उत्तर कैसे नहीं जीत सकते थे। बृहन्नला युद्धकौशल और वीरता में अतुलनीय है।' यह पहली बार नहीं था जब कंक ने बृहन्नला की प्रशंसा की थी। इससे विराट क्रोधित हो गया। 'तुम्हारा ये दुस्साहस कि मेरे पुत्र की तुलना एक किन्नर से कर रहे हो! क्या तुम्हारे पास इतना भी विवेक नहीं है कि क्या कहना चाहिए और क्या नहीं? मैंने तुम्हें पहले भी सावधान किया था कि बृहन्नला का गुणगान करके मेरा अपमान मत किया करो। दोबारा ऐसी बातें मत करना,' ऐसा कहते हुए कुपित विराट ने युधिष्ठिर के मुख पर हाथ में पकड़ा पासा मार दिया। पासे के आघात से युधिष्ठिर के नाक से रक्त बहने लगा।

युधिष्ठिर ने तुरन्त अपने हाथ नाक के नीचे रखकर रक्त को भूमि पर गिरने से रोका। द्रौपदी पास ही खड़ी थी। उसने इस घटना को देखा। वह रक्त को इकट्ठा करने के लिए कटोरा लेकर युधिष्ठिर के पास दौड़ती हुई आई। वह जानती थी कि यदि अन्य पांडवों ने युधिष्ठिर को इस अवस्था में देख लिया तो क्या होगा। तभी उत्तर और बृहन्नला के आगमन की सूचना देने के लिए एक दूत आया। युधिष्ठिर ने सावधानीपूर्वक दूत से कहा कि उस समय बृहन्नला को कक्ष में न आने दें। 'यदि उसने मेरे घाव और बहते हुए रक्त को देख लिया तो वह किसी को भी जीवित नहीं छोड़ेगा।'[23] द्रौपदी ने भी किसी से भी एक शब्द नहीं कहा। पांडवों द्वारा अपनी पहचान प्रकट करने में अब कुछ ही दिन बचे थे। यद्यपि विराट के युद्ध से पहले अज्ञातवास का वर्ष समाप्त हो गया था, पांडव कुछ दिन बाद बाहर आये। अब उनका अपने राज्य को वापस लेने का समय आ गया था।

बड़ों का आशीर्वाद

शांति वार्ता विफल हो गई। युधिष्ठिर इंद्रप्रस्थ के स्थान पर मात्र पाँच गाँव लेने के लिए तैयार थे। वह जानते थे कि युद्ध का अर्थ कुल का विनाश होगा। लेकिन दुर्योधन ने घोषणा की कि वह उन्हें सुई की नोक बराबर भूमि भी नहीं देगा। कूटनीति के सभी उपाय भी विफल हो गए थे।

कुरुक्षेत्र के युद्धक्षेत्र में सेनाएँ एकत्र हो गयी थीं और एक-दूसरे के सामने खड़ी थीं। सेनाएँ आक्रमण के संकेत की प्रतीक्षा कर रही थीं। अचानक युधिष्ठिर ने अपना कवच हटाकर अपने शस्त्र रथ पर रख दिए और कौरव सेना की ओर चल पड़े। सभी भाई चकित रह गए। वे भी अपने रथों से उतर

गए और युधिष्ठिर के पीछे चल दिए। श्रीकृष्ण सहित अन्य योद्धाओं ने भी ऐसा ही किया। भाइयों ने पूछा, 'आपको क्या हो गया है? आप अपने आयुधों के बिना और पैदल ही शत्रुओं की ओर क्यों जा रहे हो?' युधिष्ठिर ने कुछ नहीं कहा और वह चुपचाप चलते रहे। तब कृष्ण ने अनुमान लगाते हुए कहा, 'मुझे लगता है कि वह भीष्म, द्रोण और अन्य गुरुजनों का आशीर्वाद लेने जा रहे हैं। एक प्राचीन मान्यता है कि यदि कोई गुरुजनों की अनुमति के बिना युद्ध में जाता है, तो वह निश्चित रूप से हार जाता है।' उनका अनुमान सही था। युधिष्ठिर भीष्म के रथ के आगे रुक गए।

उन्होंने दोनों हाथ जोड़कर अपने पितामाह को प्रणाम किया, 'मैं आपसे लड़ने की अनुमति माँगने आया हूँ। कृपया मुझे अपना आशीर्वाद दीजिये।' भीष्म मुस्कराए और बोले, 'यदि तुम नहीं आए होते, तो मैं तुम्हें पराजित होने का श्राप दे देता। अब मैं प्रसन्न हूँ और तुम्हें आज्ञा देता हूँ कि अपनी पूरी शक्ति के साथ लड़ो। तुम्हारी विजय हो।' भीष्म ने आशीर्वाद देते हुए कहा, 'यदि तुम मुझसे कुछ चाहते हो तो निसंकोच होकर बताओ। मैं धृतराष्ट्र का ऋणी हूँ। हस्तिनापुर के राजा की सेवा में हूँ इसलिए दुर्योधन के पक्ष में लड़ रहा हूँ। अतः अपने पक्ष से लड़ने के अतिरिक्त तुम मुझसे कुछ भी माँग सकते हो। मैं सहर्ष तुम्हारी कामना पूरी करूँगा।'

इस पर युधिष्ठिर ने विनम्रता से पूछा, 'मुझे अपने हित में आपके विद्वतापूर्ण परामर्श के अतिरिक्त और कुछ नहीं चाहिए। आप अजेय हैं। मुझे आज ऐसा कोई भी योद्धा दिखाई नहीं देता जो आपको हरा सके। कृपया ऐसा उपाय सुझाइए जिससे हम आपको हरा सकें।' भीष्म ने हँसकर उत्तर दिया, 'तुम ठीक कह रहे हो। युद्ध में मुझे कोई नहीं मार सकता। लेकिन मेरी मृत्यु का समय अभी नहीं आया है। अतः अपने इस प्रश्न का उत्तर लेने के लिए दोबारा आना। तब मैं तुमको बताऊँगा।' युधिष्ठिर ने भीष्म को दोबारा प्रणाम किया और द्रोणाचार्य की ओर चल दिए। उन्होंने द्रोण की अनुमति और आशीर्वाद माँगा। द्रोण ने भी एक वर देने की इच्छा व्यक्त की। युधिष्ठिर ने द्रोण से उन पर हावी होने का मार्ग पूछा। 'जब तक मेरे हाथ में आयुध रहेंगे, तब तक तुम में से कोई भी मुझे मार नहीं सकता है। मुझे अपने आयुध छोड़ने और युद्धभूमि में हताश बैठने के लिए विवश करने का प्रयास करना। यदि मैं अत्यंत अप्रिय समाचार सुन लूँ तो मैं अपने हथियार नीचे छोड़ दूँगा।' इस प्रकार पांडवों ने अपने सभी गुरुजनों का आशीर्वाद लिया और अपने रथों पर वापस आ गए और फिर युद्ध औपचारिक रूप से शुरू हुआ।[24]

भीष्म ने पहले दस दिनों तक कौरव सेना का नेतृत्व किया। वह हर दिन हजारों सैनिकों और योद्धाओं को मारकर पांडव सेना को समाप्त कर रहे थे। उन्हें मार्ग से हटाने का एकमात्र उपाय यही था कि उन्हें हराने का मार्ग उनसे ही पूछा जाए, जैसा कि युधिष्ठिर ने पहले दिन किया था। युद्ध की नौवीं रात्रि को युधिष्ठिर फिर से उस प्रश्न का उत्तर लेने के लिए भीष्म के पास गए। इस बार भीष्म ने उन्हें उत्तर बता दिया। दसवें दिन शिखंडी के पीछे से आ रहे अर्जुन के बाणों का सामना करने में असमर्थ रहने के कारण वह धराशायी हो गए।

द्रोणाचार्य का वध

भीष्म के बाद द्रोणाचार्य ने कौरव सेना का पदभार संभाला। उनके आने के साथ ही युद्ध और अधिक घातक हो गया। युद्ध के नियमों की धज्जियाँ उड़ाई गईं। पांडवों ने अपने प्रिय पुत्रों, अभिमन्यु और घटोत्कच को युद्ध में खो दिया। अभिमन्यु और घटोत्कच की मृत्यु ने युधिष्ठिर को बहुत उद्विग्न कर दिया था। उन्होंने द्रोणाचार्य और कर्ण को उनकी मृत्यु के लिए पूरी तरह से उत्तरदायी ठहराया। वह चाहते थे कि वे शीघ्रातिशीघ्र मार दिए जायें। युधिष्ठिर ने पंद्रहवें दिन का युद्ध शुरू होने से पहले धृष्टद्युम्न को बुलाया। उन्होंने धृष्टद्युम्न को उसके जन्म के उद्देश्य को याद दिलाया, 'आगे बढ़ो और द्रोणाचार्य को नष्ट कर दो। तुमने उनका संहारक होने के लिए जन्म लिया है। डरो मत।'

दुर्योधन ने एक बार फिर द्रोणाचार्य को जयद्रथ की रक्षा करने में विफल रहने के लिए उलाहना दिया। दुर्योधन के उलाहने से आहत होकर द्रोण ने एक बार फिर दुर्योधन के प्रति अपनी निष्ठा का वचन दिया। युद्ध के पंद्रहवें दिन द्रोण ने पांडव सेना को कुचलने के लिए युद्धभूमि में प्रवेश किया। उस सुबह कई पांडव योद्धा द्रोण के तीरों का शिकार हुए, जिनमें द्रौपदी के पिता पांचाल नरेश द्रुपद और उत्तर के पिता मत्स्य नरेश विराट शामिल थे।

श्रीकृष्ण जानते थे कि जब तक द्रोणाचार्य अपने हाथ में आयुध पकड़े हुए है उन्हें हराना असंभव है। द्रोण ने पहले दिन युधिष्ठिर को भी ऐसा ही बताया था। द्रोण से उनके हथियारों को छुड़ाने का एक ही उपाय था। श्रीकृष्ण ने कहा, 'यदि वह किसी तरह आश्वस्त हो जाते हैं कि अश्वत्थामा मर गया है, तो वह लड़ना छोड़ देंगे। किसी को उन्हें बताना चाहिए कि अश्वत्थामा मर चुका है।' युधिष्ठिर संकोच करते हुए भी श्रीकृष्ण के सुझाव से सहमत

हो गए। भीम ने क्षणभर की देरी किए बिना अपनी गदा घुमाई और उसे अपनी ही सेना में विद्यमान अश्वत्थामा नाम के हाथी पर फेंक दिया और उसे मार डाला। भीम जोर से चिल्लाया जिससे कि द्रोण को सुनाई दे सके, 'अश्वत्थामा मारा गया।'[25]

यह सुनते ही द्रोण चौंक गए लेकिन उन्हें समाचार की सत्यता पर संदेह था। वह अपने पुत्र का सामर्थ्य जानते थे। उसे हराना इतना आसान नहीं था, मारना तो बहुत दूर की बात थी। द्रोण ने भीम की बात को अनसुना कर दिया और अपना आक्रमण जारी रखा। दुर्योधन के प्रति निष्ठा सिद्ध करने की उत्सुकता में द्रोण ने अकल्पनीय कार्य किया। उन्होंने अपने ब्रह्मास्त्र को बाहर निकाला। इस तरह के अस्त्र मनुष्यों पर उपयोग के लिए नहीं थे। सौभाग्य से इससे पहले कि द्रोण ब्रह्मास्त्र चलाते, ऋषियों की वाणी ने उन्हें एक और पाप करने से रोक दिया। अभिमन्यु की धर्म विरुद्ध हत्या का पहले से ही उनके ऊपर पापमय कलंक था। द्रोण ने ब्रह्मास्त्र को वापस रख दिया लेकिन पांडव सैनिकों के विनाश को जारी रखा।

हालांकि भीम के वचन उन्हें अभी भी व्याकुल कर रहे थे। उन्होंने युधिष्ठिर से सत्य कि पुष्टि करने का निर्णय किया। उनका मानना था कि युधिष्ठिर उन्हें सच बताएँगे। श्रीकृष्ण ने युधिष्ठिर को अविवेकपूर्ण ढंग से अपने सत्य से चिपके रहने के परिणामों के बारे में चेतावनी दी थी, 'जिस तरह से द्रोणाचार्य लड़ रहे हैं, यदि ऐसा आधे दिन और चलता रहा तो आपकी सेना का सफाया हो जाएगा। जीवन को बचाने वाला एक झूठ कभी-कभी मारने वाले सत्य की तुलना में अधिक महत्वपूर्ण हो जाता है।' श्रीकृष्ण के साथ भीम भी सहमत था। उसने अश्वत्थामा की मृत्यु की पुष्टि करने के लिए युधिष्ठिर को उकसाया। अश्वत्थामा हाथी वास्तव में मर चुका था। युधिष्ठिर दुविधा में थे। जब द्रोण द्वारा उनसे पूछा गया, तो युधिष्ठिर ने सकारात्मक उत्तर दिया, 'अश्वत्थामा मारा गया है।' फिर बहुत धीमी आवाज में उन्होंने कहा, 'नरो वा कुंजरो वा'।

द्रोणाचार्य ने युधिष्ठिर के वचनों का पहला भाग ही सुना। पुत्र शोक से संतप्त और पिछले साढ़े चौदह दिनों की निरंतर लड़ाई से थक चुके द्रोण धृष्टद्युम्न के आक्रमण का प्रतिउत्तर अपने स्वाभाविक जोश में नहीं दे पा रहे थे। लेकिन उन्होंने शीघ्र ही स्वयं को संभाला और धृष्टद्युम्न पर भयानक आक्रमण कर दिया। धृष्टद्युम्न को एक बार सात्यकि द्वारा और दूसरी बार भीम द्वारा बचाया गया।

द्रोण अभी भी अपने हथियार छोड़ने के लिए तैयार नहीं थे। भीम इस बार द्रोण के निकट आया और उपहास उड़ाते हुए धीरे से बोला, 'जिस पुत्र की भलाई के लिए आप लड़ रहे हैं, वह मृत पड़ा है। आप अभी भी उन कार्यों में क्यों लिप्त हैं जो आपके अनुरूप नहीं हैं। आप एक शांतिप्रिय गुरू हैं। इतना रक्तपात आपके लिए उपयुक्त नहीं है।'[26] भीम के वचनों का द्रोण पर प्रभाव हुआ। द्रोणाचार्य ने अपने अस्त्र-शस्त्र गिरा दिए और अपने रथ में समाधि में बैठ गए। इस क्षण का लाभ उठाते हुए, द्रौपदी के जुड़वां भाई और पांचाल के राजकुमार धृष्टद्युम्न ने द्रोणाचार्य को मार डाला।

द्रोणाचार्य की मृत्यु के उपरान्त युद्ध तीन और दिनों तक जारी रहा। कर्ण, दु:शासन, शकुनि, शल्य और स्वयं दुर्योधन इसके तुरंत बाद मारे गए। पांडवों ने अपने पुत्रों और संबंधियों को खो दिया। पांडवों की जीत में हर योद्धा की बड़ी भूमिका थी। उनमें भी तीन योद्धा प्रमुख थे–भीम, अर्जुन और सात्यकि। अर्जुन को अपने संबंधियों को मारने के बारे में संशय था। फिर भी उसने कौरवों की सेनाओं को नष्ट कर दिया।

उसने जयद्रथ और कर्ण के अलावा कौरव पक्ष के महाशक्तिशाली भगदत्त और त्रिगर्त के सुशर्मा को भी मार डाला, लेकिन जब उसके गुरू और दादा की बात आई तो उसकी जीतने की इच्छा क्षीण हो गई। भीम को ऐसी कोई आशंका नहीं थी। वह जीतने के लिए ही युद्ध में था। सभी सौ कौरव भाइयों को उसी ने मारा था। चौदहवें दिन अर्जुन जैसे ही जयद्रथ के निकट पहुँचा, युधिष्ठिर के निर्देश पर भीम उसका साथ देने के लिए गया। द्रोण ने उसके मार्ग में बाधा डालने का प्रयास किया। भीम भी प्रतिउत्तर देने से पीछे नहीं हटा। उसने आगे बढ़ने से पहले अपने गुरू के रथ को आठ बार तोड़ा।

भीम उग्र और आक्रामक था। युधिष्ठिर का धैर्य अथवा अर्जुन की भावुकता और विनम्रता उसके लिए नहीं थी। वह बाल्यकाल में भी उधमी था, परन्तु उसका हृदय अत्यन्त कोमल था। वह दयालु था और अपनी माता, भाइयों और द्रौपदी के प्रति प्रतिबद्ध था। वह हमेशा अपने परिवार के लिए उपलब्ध रहता और उन्हें संकटों और कठिनाइयों से सुरक्षित रखता था। यही कारण था कि युधिष्ठिर ने भीम को एकचक्रा नगर में बकासुर का सामना करने के लिए भेजने के कुंती के निर्णय पर आपत्ति जताई थी।

भीम मुखर था और अपने मन की बात बोल देता था। युद्ध के बाद भी वह धृतराष्ट्र को ताने देने से स्वयं को नहीं रोक पाता था। क्रोध और गर्व करने में वह दुर्योधन की तरह था। तथापि भीम का अपने बड़े भाई के ज्ञान के प्रति सम्मान एवं समर्पण उनके बीच का सबसे महत्वपूर्ण भेद था। दुर्योधन के लिए अपना अहम् ही सर्वोपरि था। उसका घमंड उसके पिता, मामा और कर्ण के कारण और बढ़ गया था। भीम के लिए उसके भाई का निर्णय ही सर्वोपरि था, चाहे उसका व्यक्तिगत विचार कुछ भी हो। वह अंततः अपने भाई के निर्णय पर विश्वास करता और उसके अनुसार ही कार्य करता था। युधिष्ठिर और कुछ सीमा तक द्रौपदी उसके जीवन की धुरी थे। युधिष्ठिर को भी भीम से विशेष स्नेह था। वह जानते थे कि वह युद्ध और जीवन में भीम पर पूरी तरह से निर्भर रह सकते हैं।

युधिष्ठिर में भीम की आक्रामकता और अर्जुन की भावुकता नहीं थी। परन्तु इसका अर्थ वह भावना रहित थे ऐसा नहीं था। द्रौपदी के अपमान के दौरान अपनी लाचारी पर उनका पश्चाताप, सरोवर पर अपने भाइयों को अचेत देखकर उनका दुःख, युद्ध के लिए उनकी हिचकिचाहट, कर्ण का उनके भाई होने के बारे में सूचित करने पर उनका दुःख, युद्ध में विनाश देखने के बाद उनका टूटना, आदि ऐसी कुछ घटनाएँ हैं जिनमें युधिष्ठिर के भावुक पक्ष की झलक मिलती है।

वास्तव में सबसे बड़ा गुण युधिष्ठिर में यह था कि वे भावनाओं के आवेग में आकर संकुचित दृष्टि से निर्णय नहीं लेते थे। अपने सारे कार्य और निर्णय वह सोच समझकर और हर पहलू का आंकलन करके करते थे। परिस्थितिनुसार अपनी व्यावहारिकता का भी परिचय देते थे। वह जानते थे कि वनवास के बाद युद्ध होगा ही, इसलिए उन्होंने अर्जुन को उसके लिए तैयार होने और दिव्य आयुधों को एकत्र करने के लिए प्रोत्साहित किया। अज्ञातवास के दौरान उनका लक्ष्य यह सुनिश्चित करना था कि उनकी पहचान प्रकट न हो। इसलिए जब द्रौपदी को विराट की सभा में अपमानित किया गया था और जब उन्हें राजा विराट द्वारा पासा मारकर शारीरिक रूप से आहत किया गया था तब भी उन्होंने आवेशपूर्ण प्रतिक्रिया नहीं दी और अपनी पीड़ा को सहन कर लिया। उन्होंने द्रौपदी को आश्वस्त भी किया था कि उसे उचित न्याय मिलेगा और जब उचित समय आया तब उन्होंने भीम को कीचक को

दंडित करने से रोकने का कोई प्रयास नहीं किया। युद्ध के दौरान उनका लक्ष्य केवल जीतना था। इसीलिए वह भीष्म के पास उनकी मृत्यु का रहस्य पूछने गए, द्रोण से झूठ बोला और अर्जुन को फटकारा जब उन्हें लगा कि उनका छोटा भाई हृदय से युद्ध नहीं कर रहा है। द्रौपदी से पांडवों के विवाह का निर्णय उनके व्यावहारिकता का उत्तम उदाहरण है। बड़ा भाई होने के नाते उन्हें स्वयं द्रौपदी से विवाह करने का अधिकार था, लेकिन इससे भाइयों की एकता भंग होती। उन्होंने उस समय पारिवारिक एकता के लिए जो करना उचित समझा वही किया, भले ही इसका अर्थ स्थापित मानदंडों के विरुद्ध जाना ही क्यों न हो।

उनके आचरण पर एकमात्र धब्बा जुए के खेल के दौरान अंधाधुंध दाँव लगाना था। उन दिनों के मानदंडों के अनुसार, युधिष्ठिर द्यूतक्रीड़ा के निमंत्रण को अस्वीकार नहीं कर सकते थे और जब तक उनके पास धन बचा था तब तक दाँव लगाने से पीछे भी नहीं हट सकते थे। लेकिन जब शकुनि ने उन्हें द्रौपदी को दाँव पर लगाने के लिए उकसाया था, तब क्या वह पीछे नहीं हट सकते थे? या कदाचित वह सोच रहे थे कि द्रौपदी के सामने आने से दरबारियों को अधिक सहानुभूति होगी और कदाचित वे और अपमानित होने से बच जायेंगे? अथवा खेल में हार की हताशा उनके विवेक और धैर्य पर भारी पड़ गयी थी? उन्होंने वनवास के दौरान भीम को बताया था कि हारने का सदमा और जीतने की आशा ने उन्हें भ्रमित कर दिया था।

या कहीं ऐसा था कि वह नियति को अपना कार्य करने दे रहे थे, जैसा कि उन्होंने विदुर को बताया था जब द्यूतक्रीड़ा का निमंत्रण दिया गया था? उन्होंने द्रौपदी को अपने विश्वसनीय व्यक्ति के माध्यम से सभा में आने और अपनी व्यथा व्यक्त करने के लिए संदेश भेजा था।[27] यदि द्रौपदी उस दिन सभा में नहीं आती तो धृतराष्ट्र ने कभी हस्तक्षेप नहीं किया होता। हम केवल अंदाजा ही लगा सकते हैं कि उस परिस्थिति में इतिहास क्या रूप लेता, पाण्डव तो दास बन ही चुके थे।

युधिष्ठिर धैर्यवान थे और उनमें न्याय तथा धर्म की अपार समझ थी। नहुष और यक्ष के साथ उनका संवाद, नकुल को पुनर्जीवित करने का उनका आग्रह, वनवास काल में जीवन व्यतीत करने का उनका दृढ़ संकल्प इसका प्रमाण हैं। वनवास काल में ही वह दुर्योधन और उसके मित्रों को गंधर्वों से बचाने के लिए सहमत हो गए। वह क्षमा करने और केवल पाँच गाँवों के

बदले में दुर्योधन को अपना राज्य देने के लिए भी तैयार थे। परन्तु शांति का मूल्य निरंतर अन्याय सहन करना नहीं हो सकता। अतः जब दुर्योधन ने पाँच गाँव भी देने से मना कर दिया तब युधिष्ठिर और त्याग करने को तैयार नहीं हुए। शांति स्थापित करने के सभी उपाय करने के पश्चात ही युधिष्ठिर ने युद्ध का मार्ग चुना। युधिष्ठिर ने यह सुनिश्चित कि किया पांडवों को इतिहास धर्म के आग्रही के रूप में देखेगा।

धर्म का अस्तित्व निर्वात में नहीं हो सकता। इसे धारण करने के लिए दक्षता, शक्ति, करुणा और सूक्ष्म बुद्धि की आवश्यकता होती है। पाण्डु यह भलीभाँति जानते थे। उन्होंने यह सुनिश्चित किया था कि उनके ज्येष्ठ पुत्र युधिष्ठिर (धर्म के पुत्र) को वायु की शक्ति और इंद्र के चातुर्य और सामर्थ्य का सहयोग मिलता रहे। उन सभी में करुणा और दक्षता जैसे गुण प्रचुर मात्रा में थे।

16

नाम के खेल

अश्वत्थामा एक हाथी और अश्वत्थामा एक योद्धा दोनों के नाम का मिश्रण गुरु द्रोण की मृत्यु का कारण बना। महाभारत में कुछ अन्य उदाहरण भी हैं जहाँ एक 'नाम' ने या तो किसी व्यक्ति को बचाया या मरवा डाला।

नागरक्षक आस्तीक

जनमेजय का सर्प सत्र अपने पिता की मृत्यु का प्रतिशोध लेने और सर्पों को सबक सिखाने के लिए था, किन्तु इस घटनाक्रम की नींव वर्षों पहले घटित एक प्रसंग में रखी गयी थी। एक बार किसी अवसर पर सर्पों ने अपनी माता कद्रू की अवज्ञा की थी जिससे क्रोधित होकर कद्रू ने अपनी ही संतानों को धरती पर से उनका अस्तित्व मिट जाने का श्राप दे दिया था।

स्वर्ग में देवता भी एक माता द्वारा अपनी संतानों को दिए गए दंड की इस क्रूरता पर चकित हो गए थे। ब्रह्मदेव ने समझाया, 'हर घटना का कोई न कोई उद्देश्य होता है। कई सर्प पृथ्वी में प्राणियों के लिए अहितकर और विनाशक हो गए हैं। यह अभिशाप उनके उपद्रव को रोकने में सहायक होगा।' सर्पों का राजा वासुकी अपनी जाति के होने वाले विनाश को लेकर अत्यंत चिंतित था। उसने ब्रह्मा जी के हस्तक्षेप की याचना की। वासुकी को सांत्वना देते हुए, ब्रह्मदेव ने कहा, 'चिंता मत करो। तुम्हारी बहन का पुत्र तुम्हारी जाति का तारणहार होगा। जब उचित समय आ जाए तो अपनी बहन का विवाह जरत्कारु नामक ऋषि से करवाना।'

जरत्कारु एक महान ऋषि थे। उन्होंने कठोर तपस्या करने में कई वर्ष बिताए थे। गृहस्थ जीवन का उनके लिए कोई महत्व नहीं था, लेकिन उनके पूर्वज निराश न हों यह सुनिश्चित करने के लिए उन्होंने विवाह करने और वंशवृद्धि के लिए संतान उत्पन्न करने का संकल्प लिया। उन्होंने निर्णय किया कि वह तभी विवाह करेंगे यदि:

1. कन्या का नाम उनके नाम के समान हो;
2. जो भिक्षा की भाँति स्वयं उन्हें प्राप्त हो, वह उसे ढूँढ़ने नहीं जाएँगे;
3. उसकी देखभाल करने का उत्तरदायित्व उनका नहीं होगा।

ऋषि जरत्कारु इस आशा में वन-वन विचरने लगे कि ऐसी कन्या उनके मार्ग में आयेगी। ऐसी कन्या का मिलना सरल नहीं था जो उनकी सभी शर्तों को पूरा कर सके। भटकते-भटकते वह एक दिन उस वन में पहुँच गए जहाँ नागराज वासुकी अपनी बहन के साथ रहते थे। दैवयोग से वासुकी की बहन का नाम भी जरत्कारु ही था।

जनमेजय ने जरत्कारु का अर्थ जानना चाहा। वैशम्पायन ने समझाया, 'कठोर तपस्या के कारण जिसका शरीर जर्जरित हो गया है, वह जरत्कारु है।' ऋषि और वासुकी की बहन दोनों ने तपस्या के प्रभाव के कारण यह नाम अर्जित किया था।

जिस वन में नागराज वासुकी रहते थे, उसमें प्रवेश करने पर ऋषि जरत्कारु ने धीरे-धीरे पुकार लगाई, 'मैं विवाह के लिए कन्या की खोज में हूँ, जिसका नाम मेरे समान है और जो पालन-पोषण के लिए मुझ पर निर्भर न रहे।' नागों में से किसी एक ने ऋषि को ऐसा कहते सुना और नागराज वासुकी को सूचित करने के लिए भागा। ऋषि जरत्कारु के आगमन के बारे में सुनकर वासुकी प्रसन्न हो गए। वह अपनी बहन को साथ लेकर आये और उसे ऋषि के सामने पत्नी के रूप में प्रस्तुत किया। ऋषि को संशय हुआ कि कन्या का नाम उनके समान नहीं होगा। वासुकी ने उन्हें आश्वस्त किया कि उसकी बहन का नाम जरत्कारु है और अपनी बहन की देखभाल करने का उत्तरदायित्व भी उसका ही होगा।

ऋषि और वासुकी की बहन के संगम से एक तेजस्वी बालक का जन्म हुआ। इस बालक का नाम आस्तीक था। आस्तीक शीघ्र ही वेद-वेदांगों में पारंगत हो गया। जनमेजय का यज्ञ बीच में ही रुकवाकर आस्तीक अपनी माता के परिवार का तारणहार बन गया और सर्पों को विनाश से बचाया।

यह सब एक जरत्कारु का दूसरे जरत्कारु को ढूँढ़ने से ही संभव हुआ।

चित्रांगद

शांतनु की मृत्यु के बाद सत्यवती के ज्येष्ठ पुत्र चित्रांगद को हस्तिनापुर का राजमुकुट पहनाया गया। चित्रांगद शूरवीर और शक्तिशाली था लेकिन उदंड भी था। राजमुकुट ने उसकी उदंडता को बढ़ावा दिया था। वह अशिष्ट हो गया था। अन्य राजाओं और यहाँ तक कि विद्वान पुरुषों का भी अपमान करने लगा था।

संयोगवश गंधर्वों के राजा का नाम भी चित्रांगद था। किसी समय अपने घमंड के कारण कौरव चित्रांगद ने गंधर्व चित्रांगद का अपमान करके उन्हें क्रोधित कर दिया। अपमान का बदला लेने के लिए गंधर्व चित्रांगद कुरु राजकुमार चित्रांगद के पास पहुँचा। उसने कहा,

'त्वं वै सदृशनामासि युद्धं देहि नृपात्मज। नाम
वाऽन्यत्प्रगृह्णीष्व यदि युद्धं न दास्यसि॥'

(आदि पर्व 108.9)

'राजकुमार तुम्हारा नाम मेरे समान है, या तो मुझसे लड़ो या अपना नाम बदल लो। मैं उसे कदापि नहीं छोड़ूँगा जो मेरे नाम के अयोग्य है।'

पराक्रमी योद्धाओं के अपने कुल पर गर्व करने वाला चित्रांगद हार मानने वालों में से नहीं था और न ही उसमें इतनी बुद्धि थी कि वह चुनौती के औचित्य के विषय में सोच सके। वह तुरंत सहमत हो गया। दोनों में युद्ध हुआ और गंधर्व चित्रांगद ने कौरव चित्रांगद का वध कर दिया।

यदि कौरव चित्रांगद जीवित रहता और राजा बना रहता तो कदाचित महाभारत पूर्णतया अलग होता।

17

मोहांध

धृतराष्ट्र, पाण्डु और विदुर ने अपनी शिक्षा और प्रशिक्षण पूरा कर लिया था। अब उनके विवाह का समय आ गया था। भीष्म ने गांधार के राजा सुबल की पुत्री के बारे में बहुत सी अच्छी बातें सुनी थीं। गांधारी एक गुणवती युवती थी जो अर्थशास्त्र और राजकौशल में निपुण थी।[1] वह भगवान शिव की अनन्य भक्त थी, उसने भगवान शिव से सौ पुत्रों का वरदान प्राप्त किया था। भीष्म ने सोचा कि वह धृतराष्ट्र की योग्य जीवनसाथी हो सकती है। भीष्म धृतराष्ट्र के साथ गांधारी के विवाह का प्रस्ताव लेकर सुबल से मिलने गए। राजकुमार के अंधा होने के बारे जानने पर सुबल थोड़ा हिचकिचाये, लेकिन उस समय भीष्म द्वारा संरक्षित हस्तिनापुर का कुरु राज्य शक्तिशाली, प्रसिद्ध और समृद्ध था। इसलिए प्रस्ताव पर कुछ गंभीर रूप से विचार करने के बाद सुबल अपनी पुत्री का विवाह धृतराष्ट्र से करने के लिए सहमत हो गए।

जब गांधारी को अंधे राजकुमार के बारे में पता चला और यह भी कि उसके माता-पिता विवाह के पक्ष में हैं तो उसने कोई आपत्ति नहीं की। बल्कि उसने एक रेशमी वस्त्र लिया, उसकी कई सिलवटें बनाई और उसको अपनी आँखों पर बाँध दिया। यह गांधारी का अपने पति और अपने भविष्य के जीवन की स्वीकृति को इंगित करने का तरीका था। उसने प्रण लिया, 'मैं अपने पति में कभी भी कोई दोष नहीं देखूँगी।' विवाह संपन्न हो गया। भीष्म और कौरव कुल ने गांधारी का स्वागत बड़े ही आदर सम्मान के साथ किया। दूसरी ओर गांधारी ने अपनी भक्ति और स्नेही आचरण के साथ हस्तिनापुर में सबका हृदय जीत लिया।[2] महर्षि वेदव्यास गांधारी की सेवा से इतने प्रसन्न हुए कि उसे दोबारा सौ पुत्र प्राप्त करने का वरदान दिया।

गांधारी की प्रसन्नता की उस दिन कोई सीमा नहीं रही जिस दिन उसे आभास हुआ कि वह गर्भवती है। धृतराष्ट्र ने इच्छा व्यक्त की थी कि पाण्डु से पहले

उनका पुत्र जन्म ले। उनकी मंशा थी कि कुरु कुल में उस पीढ़ी के सभी कुरु बच्चों में उनका पुत्र सबसे बड़ा हो। गांधारी की भी यही इच्छा थी, लेकिन ऐसा नहीं हुआ। यद्यपि उसका प्रसवकाल बीत गया था, प्रसववेदना शुरू नहीं हो रही थी। कुंती और पाण्डु के यहाँ से युधिष्ठिर के जन्म का समाचार आया।

आवेश में आकर गांधारी ने शिशु को बाहर निकालने के लिए अपने पेट पर जोर से आघात किया। सबको चकित करते हुआ गांधारी के पेट से माँस का एक पिंड बाहर आया। गांधारी ने सोचा कि उसका गर्भपात हो गया और वह उस माँस के पिंड को फेंकने ही वाली थी कि वेदव्यास ने उसे ऐसा करने से रोक दिया।

वेदव्यास ने निर्देश दिया, 'इस माँस पिंड को शीतल जल से सींचो। शीघ्र ही घी से भरे सौ मटके तैयार करवाकर उन्हें एक अंधेरे और शीतलता युक्त गुप्त स्थान में रखवा दो तथा उनकी सुरक्षा की व्यवस्था भी करो ताकि वहाँ कोई न जा सके।' गांधारी और उसकी दासियों ने वैसा ही किया जैसा उन्हें बताया गया। माँस पिंड को जल से सींच दिया गया और एक दासी को उस पिंड को सौ अंगूठे के आकार के टुकड़ों में बाँटने के लिए कहा गया। गांधारी की एक पुत्री प्राप्त करने की भी तीव्र इच्छा थी। व्यास जी ने उसके मन को बहुत पहले ही पढ़ लिया था।

दासी के सौ बराबर आकार के पिंड बनाने के बाद एक अतिरिक्त पिंड बच गया। व्यास ने घी से भरा एक और मटका माँगा। उन्होंने सभी पिंडों को मटकों में डाल दिया और उनके मुख ढक दिए तथा उन्हें उचित स्थान पर छिपाने के लिए कहा। 'इन्हें अपनी गर्भावस्था की अवधि तक यथावत रखना उसके बाद ही इनके ढक्कन खोलना,' ऐसा बोलकर वेदव्यास चले गए।

नियत समय पर व्यास वापस आये। उन्होंने घड़ों को एक-एक करके खोला और शिशुओं को बाहर निकाला। सबसे पहले बाहर निकाला जाने वाला शिशु दुर्योधन था। बाहर लाते ही वह जोर-जोर से गधे की तरह रेंगने लगा। उसकी आवाज सुनकर बाहर भी गधे रेंगने लगे, सियार, कौवे और ऐसे अन्य जीवों ने जोर से चिल्लाना शुरू कर दिया, जिससे वहाँ कोलाहल मच गया। वहाँ अचानक जोर की आँधी चलने लगी। ये सारे अपशकुन के द्योतक थे। धृतराष्ट्र प्रसन्न थे। उन्हें अपशकुनों की कोई चिंता नहीं थी। उन्होंने उत्साहपूर्वक विदुर और भीष्म से पूछा, 'युधिष्ठिर के बाद मेरा यह

ज्येष्ठ पुत्र हमारे कुल में दूसरे स्थान पर आता है। क्या कभी यह हस्तिनापुर का राजा बन सकेगा?'

विदुर ये अशुभ संकेत देख रहे थे। सारे संकेत कुरुवंश के विनाश को सूचित कर रहे थे। 'कुरुवंश को विनाश से बचाने के लिए आपके इस पुत्र को त्याग देना ही उचित होगा,' उन्होंने चेतावनी दी और कहा, 'आपके पास अभी भी निन्यानवे पुत्र शेष हैं।' विद्वानों ने कहा है, 'यदि आवश्यकता हो तो कुल के हित के लिए पुत्र का त्याग कर देना चाहिए। नगर हित के लिए एक कुल का त्याग कर देना चाहिए और देश के हित के लिए नगर का परित्याग कर देना चाहिए।'[3]

धृतराष्ट्र अपने ज्येष्ठ पुत्र में मोहित हो गए थे। उन्होंने विदुर की सलाह पर ध्यान नहीं दिया। अपने पुत्र के लिए उनका स्नेह और महत्वाकांक्षा उसके बड़े होने के साथ-साथ बढ़ती गई। एक नैसर्गिक रूप से अंधा पिता जो महत्वाकांक्षा के कारण और अंधा हो गया था एवं एक माँ जिसने स्वेच्छा से न देखने का विकल्प चुना था, उन दोनों में से कोई भी अपने पुत्र के रूप में बड़े हो रहे विनाश को नहीं देख पा रहे थे। जब उन्होंने देखा तब तक बहुत देर हो चुकी थी।

दुर्योधन अपने चचेरे भाइयों से उस क्षण से घृणा करता था जब से वे हस्तिनापुर आए थे। पिता और मामा शकुनि के प्रोत्साहन के कारण उसकी घृणा को और बल मिला। यहाँ तक कि उसने भोजन में विष डालकर भीम की हत्या करने की कोशिश तक की। धृतराष्ट्र और गांधारी या तो अपने पुत्र असंगत थे कि वे उसके कृत्यों के विषय में नहीं जानते थे अथवा यदि जानते थे तो उनकी उपेक्षा कर देते थे। विदुर और कुंती ने भी दुर्योधन की चालों के बारे में चुप रहने का निर्णय किया और धृतराष्ट्र के ज्येष्ठ पुत्र दुर्योधन ने निर्भय होकर अपने कृत्य जारी रखे।

बालक बड़े हुए और द्रोणाचार्य के साथ अपना प्रशिक्षण पूरा किया। युधिष्ठिर की बुद्धि और गुणों को ध्यान में रखते हुए, हस्तिनापुर के बड़ों ने धृतराष्ट्र को हस्तिनापुर के युवराज के रूप में युधिष्ठिर को घोषित करने की सलाह दी। धृतराष्ट्र मान हो गए। वह खुश नहीं थे परन्तु इन्कार करने के लिए उनको कोई वैध कारण नहीं मिल रहा था। दुर्योधन भी इससे प्रसन्न नहीं था किन्तु तब चुप रहा। पांडव हस्तिनापुर के नागरिकों में लोकप्रिय हो रहे

थे। लोग युधिष्ठिर की न्याय की भावना, भीम की शक्ति, अर्जुन की विनम्रता और आसपास के राज्यों पर उनकी विजय के बारे में बातें करते रहते थे।[4]

धृतराष्ट्र अपने छोटे भाई के पुत्रों से घृणा नहीं करते थे, लेकिन दुर्योधन को हस्तिनापुर का राजा बनते देखने की महत्वाकांक्षा उनके हृदय में बड़ी प्रबल थी। पांडवों की लोकप्रियता उन्हें व्याकुल कर रही थी। वह जानते थे कि पांडवों ने पुण्य और पराक्रम में उसके पुत्रों को पछाड़ दिया है। समाधान पाने के लिए उन्होंने कूटनीति के विद्वान् कणिक नाम के एक ऋषि से परामर्श लिया। कणिक ने एक कथा के माध्यम से, राजा को चतुराई के साथ कार्य करने और अत्यधिक आक्रामकता के बिना शक्तिशाली शत्रु को समाप्त करने के लिए प्रोत्साहित किया।[5] यह विचार धृतराष्ट्र के अनुकूल लग रहा था।

धूर्त गीदड़

धृतराष्ट्र यह जानना चाहते थे कि शक्तिशाली प्रतिद्वंदियों से निपटने के लिए कूटनीति का उपयोग कैसे किया जाए। कणिक ने उन्हें पाँच मित्रों की कथा सुनाई। ये पाँच मित्र गीदड़, शेर, चूहा, नेवला और भेड़िया थे। एक दिन, पाँचों मित्र एक हिरण का शिकार करने का प्रयत्न कर रहे थे, लेकिन हिरण बहुत चुस्त था और पकड़ में नहीं आ रहा था। मित्रों ने विचार-विमर्श किया और एक रणनीति बनाई। योजना के अनुसार, जब हिरण सो रहा था तब चूहे ने उसके पैरों को काट दिया। इससे हिरण घायल हो गया। अब वह दौड़ नहीं सकता था और लड़खड़ा रहा था। इसका लाभ उठाकर शेर ने बड़ी सरलता से उसका शिकार कर लिया।

जब सभी मित्र माँस का स्वाद लेने के लिए इकट्ठा हुए तो गीदड़ ने उन्हें रोक दिया और कहा, 'आप लोग स्नान करके क्यों नहीं आते? तब तक मैं इसकी रखवाली करता हूँ।' दूसरे मित्रों को गीदड़ का सुझाव पसंद आया और पास की नदी में स्नान करने चले गए। शेर सबसे पहले वापस आया। गीदड़ को दुःखी और चिंतित देखकर उसने पूछा कि क्या मामला है। गीदड़ ने अपनी पीड़ा व्यक्त करते हुए कहा, 'मैं कैसे व्यथित न होऊँ? क्या आप जानते हैं कि चूहे ने आपके बारे में क्या कहा था? उसने कहा, शेर के बल को धिक्कार है। वह स्वयं को जंगल का राजा मानता है, लेकिन एक हिरण को भी नहीं मार सकता। अब वह इस हिरण को खाकर

अपनी भूख मिटाएगा जिसे वास्तव में मैंने मारा है।' चूहे ने इतने घमंड के साथ ऐसा दावा किया है कि अब मैं किसी भी उस जानवर का माँस नहीं खाऊँगा जिसका शिकार किसी चूहे की सहायता से किया गया हो।'

इससे शेर बहुत आहत हुआ। 'हम्म, आप ठीक कह रहे हो। मैं भी यह माँस नहीं खाऊँगा। मैं स्वयं शिकार करूँगा और चूहे को बताऊँगा कि मुझे उसकी सहायता की आवश्यकता नहीं है,' शेर ने गर्जना की और चला गया।

इसके बाद चूहा आया। उसने भी गीदड़ से उसके उदास चेहरे का कारण पूछा। गीदड़ ने उत्तर दिया, 'प्रिय मित्र, मुझे आपको सावधान करना है। नेवले ने इस माँस को खाने से इन्कार कर दिया है। उसका कहना है कि शेर के काटने से यह विषैला हो गया है। नेवला तो अपने भोजन के लिए आपको मारने की योजना बना रहा है।' यह सुनकर चूहा डर गया और अपने जीवन को बचाने के लिए छिद्र में घुस गया।

फिर भेड़िया आया। उसके लिए सियार बोला, 'पता नहीं आप दोनों के बीच क्या हुआ लेकिन शेर आपसे क्रुद्ध है। वह अपनी पत्नी को लेने के लिए गया है ताकि वे दोनों मिलकर आपका शिकार कर सकें।' यह सुनकर भेड़िया स्तब्ध रह गया। वह कोई संकट मोल नहीं लेना चाहता था और जितना शीघ्र हो सका वहाँ से भाग गया।

इसी कड़ी में अब नेवला आया। इस बार गीदड़ ने अपने भाव बदले हुए थे। उसने नेवले की ओर भयानक रूप बनाकर देखा और धमकी दी, 'मैंने अपने बाहुबल से शेर, चूहे और भेड़िये को हरा दिया है। यदि तुम इस माँस को खाना चाहते हो, तो पहले मुझसे लड़ना होगा और मुझे हराना होगा।' इस पर नेवले ने कहा, 'यदि शेर और भेड़िया आपको नहीं हरा सके तो मैं आपको चुनौती देने वाला कौन हूँ?' ऐसा कहते हुए, वह भी भाग गया।

इस प्रकार सबके चले जाने से गीदड़ का हृदय हर्ष से खिल गया और उसने अकेले ही वह माँस खाया।

कणिक ने समझाया, 'हे राजन, एक कुशल राजा को अपने शत्रुओं को इस प्रकार निपटाना चाहिए–डरपोक को भय दिखाकर, शक्तिशाली को हाथ जोड़कर, लोभी को धन देकर और दुर्बल को चुनौती देकर।'

दुर्योधन ने पहले ही अपने मामा शकुनि, भाई दुशासन और नए बने मित्र कर्ण की सहायता से पांडवों को अपने रास्ते से हटाने की साजिश करना शुरू कर दिया। पांडवों की बढ़ती लोकप्रियता के बारे में अपनी चिंता व्यक्त करते हुए उसने धृतराष्ट्र से कहा कि वह उन्हें किसी बहाने से वारणाव्रत में भेजकर प्रजा की दृष्टि और ध्यान से दूर करें। धृतराष्ट्र को उसका यह विचार पसंद आया।

दुर्योधन ने अपने पिता को यह नहीं बताया कि वारणाव्रत में पांडवों को मारने की साजिस रची जा चुकी थी। उसने पुरोचन नाम के एक व्यक्ति को पांडवों के लिए लाक्षागृह बनाने हेतु नियुक्त किया। धृतराष्ट्र ने युधिष्ठिर को निर्देश दिया कि वह अपने भाइयों के साथ वारणाव्रत की यात्रा करे। षड्यंत्रों से अनभिज्ञ पांडवों ने धृतराष्ट्र के आदेश का सहर्ष पालन किया और अपनी माता के साथ वारणाव्रत के लिए चले गए। विदुर को अपने गुप्तचरों से इस कुटिल योजना के बारे में पता चल गया। जब पांडव जा रहे थे, तब उन्होंने युधिष्ठिर को आसन्न संकट के बारे में सावधान किया। उन्होंने इसे म्लेच्छों की भाषा में कहा, जिसे उनके और युधिष्ठिर के अतिरिक्त बहुत कम लोग जानते थे।

वारणाव्रत में पुरोचन ने पटकथा अनुसार अपनी भूमिका निभाई। पांडवों ने भी योजनानुसार अभिनय किया। इससे पहले कि पुरोचन को आभास होता, उपयुक्त समय पर पांडवों ने लाक्षागृह को आग लगा दी और भाग गए। लोगों को लगा कि पुरोचन के साथ पांडव भी लाक्षागृह में जल गये। उनकी मृत्यु का समाचार हस्तिनापुर पहुँचा। सभी ने अपने प्रिय राजकुमारों की मृत्यु पर शोक व्यक्त किया। धृतराष्ट्र ने सार्वजनिक रूप से अपनी व्यथा और शोक व्यक्त किया और शीघ्रता से दुर्योधन को हस्तिनापुर का युवराज घोषित कर दिया।

द्रौपदी को अपनी पत्नी के रूप में प्राप्त करने और शक्तिशाली पांचालों के साथ सम्बंध स्थापित करने के बाद ही पांडव बाहर आए। विदुर ने धृतराष्ट्र को पांडवों के बचने और विवाह का समाचार सुनाया। धृतराष्ट्र ने बाहरी मन से अपनी प्रसन्नता व्यक्त की और युधिष्ठिर के गुणों की प्रशंसा की। उन्होंने बाद में दुर्योधन से अपनी अप्रसन्नता व्यक्त की, किन्तु सबके सामने प्रसन्नता दिखाना आवश्यक था। उन्होंने दुर्योधन और कर्ण से हस्तिनापुर के मंत्रियों के परामर्श से बदली हुई परिस्थितियों में पांडवों से निपटने की युक्ति निकालने के लिए कहा।[6]

भीष्म ने अपना मत स्पष्ट रूप से व्यक्त करते हुए प्रस्ताव दिया, 'मैं धृतराष्ट्र और पाण्डु के पुत्रों में कोई भेदभाव नहीं करता। दुर्योधन का मानना है कि हस्तिनापुर उसकी धरोहर है, पांडवों का भी ऐसा ही मत है और यह ठीक ही है। इसलिए उचित होगा कि राज्य को विभाजित करके दुर्योधन और युधिष्ठिर दोनों को अपनी धरोहर का उचित भाग मिले।'[7] भीष्म के इस प्रस्ताव से अन्य सभी मंत्रियों ने अपनी सहमति व्यक्त की। उन्होंने धृतराष्ट्र से राज्य को विभाजित करने और उसका आधा भाग पांडवों को देने के लिए कहा। धृतराष्ट्र इस सर्वसम्मति वाले सुझाव का विरोध नहीं कर सके और उन्होंने युधिष्ठिर को खांडवप्रस्थ दे दिया।

युधिष्ठिर के राजसूय यज्ञ का सफलतापूर्वक आयोजन करने तक कुछ वर्षों तक शांति बनी रही। समृद्ध खांडवप्रस्थ ने कौरवों को चकित कर दिया था जिसे अब इंद्रप्रस्थ नाम दिया गया था। दुर्योधन ईर्ष्या की अग्नि में जल रहा था। उसने अपनी व्यथा धृतराष्ट्र को बतायी और उन्हें पांडवों को जुए के कपटपूर्ण खेल के लिए आमंत्रित करने के लिए मनाया। धृतराष्ट्र को इस तरह के खेल के बारे में संशय था। वह पांडवों के साथ किसी भी प्रकार के टकराव से बचना चाहते थे, क्योंकि पांडव अब शक्तिशाली थे और उनके शक्तिशाली सहयोगी भी थे। उन्हें अपने पुत्र के हठ के आगे झुकना पड़ा।[8] विदुर ने धृतराष्ट्र को विनाशकारी पारिवारिक संघर्ष का कारण बनने से रोकने का प्रयत्न किया। धृतराष्ट्र ने विदुर की बातों को बिना तूल दिए उदासीनतापूर्वक कह दिया, 'यदि नियति ने ऐसी योजना बनाई है, तो ऐसा ही सही।'[9]

जुए का खेल हुआ। दुर्योधन की ओर से शकुनि ने दाँव पर दाँव जीते। विदुर अपनी आपत्तियाँ उठाते रहे, लेकिन धृतराष्ट्र अपने पुत्र की जीत पर अपनी प्रसन्नता को छिपा न सके। केवल जब द्रौपदी ने कौरव सभा को लज्जित किया और गांधारी ने धृतराष्ट्र से हस्तक्षेप करने को कहा तब धृतराष्ट्र ने उस अपमान को रोका। कुछ ही समय के भीतर दुर्योधन द्वारा विवश होकर उन्होंने अपना मन फिर से बदल दिया। दुर्योधन ने तर्क दिया, 'यदि आप पांडवों को अब इंद्रप्रस्थ जाने देते हैं, तो वे निश्चित रूप से हम पर आक्रमण करेंगे। यदि हम उनकी धन संपत्ति को छीन कर उसका उपयोग अन्य राजाओं का समर्थन अर्जित करने के लिए करते हैं तो हम पांडवों का सामना करने के लिए अत्यंत शक्तिशाली हो जाएँगे।'[10]

विध्वंस के पथ पर तेजी से आगे बढ़ रहे अपने पुत्र को देखकर गांधारी काँप गयी। उसने धृतराष्ट्र के साथ अपनी व्यथा साझा की और विनती की, 'दुर्योधन की सनक के आगे मत झुकिए। विदुर ने इसके जन्म के समय हमें चेतावनी दी थी कि यदि हमने इसका त्याग नहीं किया तो यह हमारे कुल को विनाश की ओर ले जाएगा। इसका ध्यान रखना कि आप दुर्योधन के कारण कुरु वंश के विनाश का कारण न बन जायें। आपको उसे पहले ही उसके अपराधों के लिए दण्डित करना चाहिए था परन्तु आपने उसे प्रोत्साहित किया। अब भी देर नहीं हुई है। उस पर लगाम लगाईये। यदि ऐसा नहीं कर सकते, तो उसे त्याग दीजिये और हमारे कुल को सामने खड़े विनाश से बचाईये।' धृतराष्ट्र ने उसकी चिंता की उपेक्षा करते हुए कहा, 'मैं दुर्योधन को नहीं रोक सकता। यदि इसका अर्थ हमारे कुल का विनाश होगा, तो ऐसा ही हो।'[11] पांडवों को दूसरी बार जुए खेल के लिए बुलाया, जिसमें हारने पर उन्हें तेरह वर्ष के वनवास को स्वीकार करना था। अपेक्षानुसार, पांडव हार गए और तेरह वर्ष बाद होने वाले युद्ध में धृतराष्ट्र के पुत्रों को मारने की प्रतिज्ञा करके वनवास के लिए चले गए।

स्वर्ण उगलने वाले पक्षी

जिस तरह से जुए का खेल चल रहा था, सभी इस बात को समझ गए कि दुर्योधन और उसकी खलमंडली ने पांडवों का सब कुछ छीनने का षड्यंत्र रचा है। धृतराष्ट्र स्वयं इस छल को प्रोत्साहित कर रहे थे, सभा में उपस्थित सभी अतिथि और सदस्य कुछ बोलने का साहस नहीं कर पाये और चुपचाप देखते रहे। केवल विदुर और विकर्ण ने अपनी चिंता व्यक्त की। विदुर ने धृतराष्ट्र से संभावित परिणामों पर विचार करने और खेल को रोकने का आग्रह किया। अपनी बात को समझाने के लिए उन्होंने एक दृष्टान्त सुनाया।[12]

एक वन में पक्षियों का एक जोड़ा रहता था, जो अपने मुख से स्वर्ण उगलते थे। राजा को इन असाधारण पक्षियों के बारे में पता चला और उसने एक शिकारी को उन्हें पकड़ने के लिया कहा। जब पक्षी अपने घोंसले में विश्राम कर रहे थे तब शिकारी ने उन्हें पकड़ लिया और राजा के सामने प्रस्तुत किया। राजा ने देखा कि जब पक्षी चहचहाते तब उनके मुख से स्वर्ण निकलता था। लोभ के कारण राजा ने सोचा, 'पक्षियों के

पेट में बहुत सारा स्वर्ण होना चाहिए। मैं इन पक्षियों को मारकर एक ही झटके में सारा स्वर्ण प्राप्त कर सकता हूँ।' उसने अपने दास को आदेश दिया कि वह पक्षियों का पेट काट दे और सारा स्वर्ण निकाल ले। पक्षियों को मार दिया गया लेकिन कोई स्वर्ण नहीं मिला।

'राजा, लोभ से अंधा हो गया था और त्वरित लाभ की इच्छा रखता था, जिसके कारण उसने दोनों पक्षियों और उनके द्वारा भविष्य में उत्पन्न होने वाले स्वर्ण को भी खो दिया। इसी तरह विश्वासघात द्वारा पांडवों के धन को प्राप्त करने के लालच से विचलित न हों, नहीं तो पक्षियों को मारने वाले राजा की तरह आपको भी भविष्य में पश्चाताप करना होगा। अपने शेष जीवन के कल्याण और लाभ के लिए अपने स्नेह से पांडवों का पोषण करें,' विदुर ने धृतराष्ट्र को समझाते हुए कहा।

तेरह वर्ष बीत गए, पांडवों का वनवास भी समाप्त हो गया। दुर्योधन ने स्पष्ट कर दिया था कि उसका पांडवों को इंद्रप्रस्थ राज्य लौटाने का कोई इरादा नहीं था। वह जानता था कि धृतराष्ट्र उसकी इच्छाओं के विरुद्ध कोई निर्णय नहीं लेंगे। उसे पता था कि यदि धृतराष्ट्र युद्ध का आदेश देते हैं तो भीष्म, द्रोण और कृपा सहित हस्तिनापुर के सभी योद्धा, उसकी ओर से लड़ेंगे, चाहे उनकी मंशा कुछ भी हो। कर्ण पहले से ही उसके लिए मरने को तैयार था। इस बीच दुर्योधन भारतवर्ष के कई राजाओं के साथ गठबंधन स्थापित करने में सफल रहा था।

युद्ध से बचने के लिए धृतराष्ट्र ने संजय को युधिष्ठिर के पास अनुरोध करने भेजा कि वह अपने भाइयों के साथ युद्ध के विषय में न सोचे, लेकिन पांडवों को इंद्रप्रस्थ लौटाने की कोई बात नहीं की। पांडवों को उपदेश स्वीकार्य नहीं था, उन्होंने तेरह वर्ष के वनवास का अपना वचन निभाया था। अब कौरवों को उन्हें इंद्रप्रस्थ लौटाकर अपना वचन निभाना था। जैसे-जैसे युद्ध की संभावना वास्तविकता में बदल रही थी, धृतराष्ट्र की चिंता बढ़ने लगी। उन्हें अपने पुत्र के कौशल के बारे में कभी कोई भ्रम नहीं था और न ही उन्होंने पांडवों के सामर्थ्य को कम करके आंका था, विशेषकर तब जब यादवों और पांचालों जैसे सहयोगियों का समर्थन उनको प्राप्त था। उन्हें इसका पूर्वाभास था कि युद्ध का अंत क्या होगा–दुर्योधन के पक्ष में तो कदापि नहीं।

इस बार धृतराष्ट्र ने दुर्योधन को पांडवों के साथ युद्ध करने की अपनी सनक को छोड़ने के लिए मनाने का सच्चा प्रयास किया। हस्तिनापुर की सभा के प्रत्येक सदस्य से दुर्योधन को समझाने का प्रयत्न किया। यहाँ तक कि श्रीकृष्ण ने भी धृतराष्ट्र से हस्तक्षेप करके दुर्योधन को रोकने का आग्रह किया। सभी प्रयास व्यर्थ गए। एक अंतिम उपाय के रूप में विदुर ने धृतराष्ट्र से दुर्योधन को बंदी बनाने और कुल को बचाने की सलाह दी। धृतराष्ट्र ने इस पर ध्यान नहीं दिया, फिर भी उन्होंने गांधारी से अपने पुत्र को समझाने के लिए कहा।

गांधारी ने सीधे शब्दों में धृतराष्ट्र से कहा, 'आज हम जिस स्थिति का सामना कर रहे हैं उसके लिए आपको ही दोषी ठहराया जाना चाहिए। आपकी अपने पुत्र के प्रति अतिसंवेदना ही हमें इस मोड़ पर लेकर आयी है। आपने अपने निर्दयी पुत्र और उसके कुटिल सलाहकारों के सामने अपनी शक्ति और विवेक का त्याग कर दिया है। जब दुर्योधन पथभ्रष्ट हो रहा था और अपने कुल में क्लेश पैदा कर रहा था तब क्या आपको दुर्योधन को दंडित नहीं करना चाहिए था?'

दुर्योधन को उसने अपने बड़ों की बुद्धिमतापूर्ण बातों को सुनने और लोभ और क्रोध से भ्रमित न होने का उपदेश दिया। 'महानता केवल इन्द्रियों को वश में रखकर ही प्राप्त की जाती है। भावनात्मक प्रतिक्रियाएँ और अनियंत्रित कामनाएँ मनुष्य के पतन का कारण बनती हैं। अपने शत्रुओं को नियंत्रित करने से पहले स्वयं को नियंत्रित करो।'

'पांडवों को उनका राज्यभाग दे दो और अपने राज्यभाग पर यथोचित नीति से शासन करते रहो। तुम्हारे गुरुजनों को जितना लगाव पांडवों से है उतना ही स्नेह वे तुम से भी करते हैं। अतः उनके परामर्श को ध्यान से सुनो। यह हमेशा ध्यान रखना कि हस्तिनापुर राजसिंहासन के प्रति उनकी निष्ठा एकमात्र कारण है कि वे तुम्हारी ओर से लड़ेंगे, न इसलिए कि वे तुम पर विश्वास करते हैं। वे कभी भी पांडवों को अपने शत्रुओं के रूप में नहीं देखेंगे।'[13]

इस विद्वतापूर्ण परामर्श का दुर्योधन पर कोई प्रभाव नहीं हुआ। उसे समझाने में बहुत देर हो चुकी थी। उसने शायद ही उत्तर के रूप में कभी 'ना' सुना था, अपने माता-पिता से तो कदापि नहीं। पांडवों के प्रति उसकी ईर्ष्या और उन्हें हानि पहुँचाने की इच्छा को तब सुधारा जा सकता था जब

वह छोटा था। धृतराष्ट्र अपने पुत्र के प्रति अपने प्रेम और मोह से अंधा हो गया था। लेकिन दुर्योधन को सही मार्ग पर लाने के लिए गांधारी ने क्या किया था? क्या दुर्योधन उसका पुत्र नहीं था? माता-पिता की आँखों की पट्टी शायद भविष्य देख पाने के लिए बहुत मोटी थी।

कुरुक्षेत्र का युद्ध हुआ। नियति प्रबल हुई। धृतराष्ट्र और गांधारी के सभी पुत्र मारे गए। धृतराष्ट्र दु:ख से काँप रहे थे और संताप कर रहे थे। उन्होंने कराहते हुए कहा, 'आज मुझसे अधिक दुर्भाग्यशाली कौन होगा? आज मैंने अपने सारे प्रियजनों को खो दिया। इस जन्म में मैंने ऐसा कोई पाप किया हो, मुझे याद नहीं आ रहा है जिसका फल मुझे आज भोगना पड़ रहा है। अवश्य ही मैंने पूर्वजन्मों में कुछ किया होगा जिसके लिए मुझे दंडित किया जा रहा है।'

संजय ने उन्हें याद दिलाया, 'हस्तिनापुर के सभी गुरुजनों ने दुर्योधन के अहंकार और कुकृत्यों पर अपनी चिंता व्यक्त की थी। आपने उनकी बातों को अनसुना कर दिया। दुर्योधन येन-केन प्रकारेण अपने लिए राज्य और धन चाहता था। अपने इस लोभ में उसने किसी की भी बात को नहीं सुना। उसने स्वयं को दु:शासन, कर्ण और शकुनि जैसे कुटिल मंत्रियों के साथ घेर लिया था। जब आपको अपने पुत्र को ताड़ना चाहिए था तब आपने यह कार्य नहीं किया। बल्कि आपने भी लोभवश दुर्योधन को प्रोत्साहित किया। अब आप ऐसे मनुष्य की तरह विलाप कर रहे हो, जो कपड़े को आग लगाकर स्वयं अपने शरीर से लपेट लेता है और फिर जलने की शिकायत करता है।'[14]

युद्ध में मारे गए योद्धाओं का अंतिम संस्कार करने के लिए धृतराष्ट्र, गांधारी, कुंती और योद्धाओं की पत्नियाँ कुरुक्षेत्र की ओर चल दिए। पांडव उनसे मिलने आए। हर कोई दु:खी था। धृतराष्ट्र को भीम पर सबसे अधिक आक्रोश था। दुर्योधन सहित उनके हर एक पुत्र की मृत्यु के लिए भीम उत्तरदायी था। जब भीम धृतराष्ट्र के पास पहुँचा और उन्हें प्रणाम किया तब धृतराष्ट्र ने उसे गले लगाने अपने निकट बुलाया।

श्रीकृष्ण को उनके क्रोध का आभास हो गया था। उन्होंने भीम को पीछे खींच लिया और धृतराष्ट्र के सामने एक लोहे की मूर्ति रख दी। धृतराष्ट्र के आलिंगन की शक्ति इतनी थी कि मूर्ति चूर-चूर हो गई और उनके स्वयं के मुँह से रक्त बहने लगा। उन्हें लगा कि उन्होंने भीम को मार डाला है और

विलाप करना शुरू कर दिया। संजय ने धृतराष्ट्र को पकड़ा और उदासीनतापूर्ण भाव से कहा, 'भीम ठीक है, लेकिन आपने जो किया वह उचित नहीं था।'[15]

श्रीकृष्ण ने धृतराष्ट्र को कठोर वचन सुनाये। 'राजन! आप बुद्धिमान और ज्ञानी हैं। आपको इस युद्ध के बारे में निर्णय लेने का अवसर मिला था। आपने वैसा किया भी। अब आपको इतना क्रोध क्यों आ रहा? आपको सभी ने विनाशकारी परिणामों के बारे में चेतावनी दी थी। आप स्वयं पर दृष्टि डालिये, आपका व्यवहार कभी भी न्यायसंगत नहीं रहा है। आप तो दुर्योधन के वशीभूत थे। दुर्योधन ने द्रौपदी को आपकी ही राजसभा में अपमानित किया था। भीम ने तभी उसे मारने की प्रतिज्ञा की थी। भीम ने इस युद्ध में केवल अपनी प्रतिज्ञा को पूरा किया है। पांडवों को दोषी ठहराने से पहले दुर्योधन के कुकृत्यों पर विचार करें, जिसने पांडवों को बिना किसी दोष के वनवास में भेज दिया था।'

तब तक धृतराष्ट्र शांत हो चुके थे। वह लज्जित थे। अश्रु बहाते हुए उन्होंने कहा, 'पुत्र के प्रति प्रेम और उसकी मृत्यु ने मुझे उत्तेजित कर दिया था। मुझे हर्ष है कि आपने भीम को बचा लिया। अब तो पांडवों ही मेरे लिए शेष हैं।'[16]

अपने सभी पुत्रों के सर्वनाश ने गांधारी को व्यथित कर दिया था। युधिष्ठिर और अन्य भाई जब उससे भेंट करने गए तो वह उन्हें श्राप देने उद्यत हुई। वेदव्यास ने उसके मनोभाव को पढ़ लिया और उसे रोक दिया, 'गांधारी जो कुछ भी कहना चाह रही हो उसे मत कहो। इससे पहले जब दुर्योधन अपनी विजय के लिए तुम्हारा आशीर्वाद लेने आया था, तुमने ही उससे कहा था कि 'यतो धर्मः ततो जयः' (जहाँ धर्म है, वहीं विजय है)। इस महान युद्ध में तुम्हारे वचन ही सत्य सिद्ध हुए हैं। विजय धर्म के पक्ष की हुई है। तुमने हमेशा धर्म के मार्ग का अनुसरण किया है। अब तुम पथभ्रष्ट क्यों होना चाहती हो? पांडवों को क्षमा कर दो।'

गांधारी ने स्वयं को स्थिर करते हुए उत्तर दिया, 'मैं पांडवों के प्रति कोई दुर्भाव नहीं रखती और न ही इनका विनाश चाहती हूँ, लेकिन मैं क्या करूँ? मेरे पुत्रों की मृत्यु ने मुझे व्याकुल कर दिया है। मुझे पता है कि यह विनाश मेरे ज्येष्ठ पुत्र और मेरे अपने भाई के कारण हुआ है। मुझे पांडवों

से कोई शिकायत नहीं है, परन्तु जिस तरह से भीम ने दुर्योधन को मारा वह मुझे अच्छा नहीं लगा।'[17]

भीम ने विनम्रतापूर्वक गांधारी को द्यूतक्रीड़ा की घटना और उसकी प्रतिज्ञा के बारे में याद दिलाया। युधिष्ठिर के राज्य को सुरक्षित करने के प्रयोजन से भी दुर्योधन को मारना उचित ही था। इस पर गांधारी कुछ न बोल सकी। फिर उसने दु:शासन के रक्त पीने के भीम के भयानक कृत्य की शिकायत की। उसने दावा किया कि यह कृत्य एक योद्धा को शोभा नहीं देता था।

भीम ने फिर समझाया कि वह हस्तिनापुर की सभा में की गई अपनी प्रतिज्ञा से बँधा हुआ था। 'मगर मैंने उसका रक्त नहीं पिया। रक्त की एक बूँद भी मेरे दाँतों के पार नहीं गई। मैंने अपनी प्रतिज्ञा पूरी करने के लिए केवल रक्त को हाथों से स्पर्श किया था।' इसके बाद उसने कहा, 'आप हमारे प्रति दुर्योधन की घृणा से अवगत थीं, तब आपने उसे क्यों नहीं रोका? अब आप हमें क्यों दोष दे रही हो?'

गांधारी ने सभी स्पष्टीकरणों को समझा, लेकिन उसकी भावनाएँ अभी भी उसके वश में नहीं थीं। आखिरकार वह एक माँ थी जिसने अट्ठारह दिनों में अपने सौ पुत्रों को खो दिया था। भीम को संबोधित करते हुए उसने फिर से उलाहना दिया, 'तुम एक अजेय योद्धा हो भीम। तुमने मेरे सौ पुत्रों को मार डाला। तुमने मेरे एक पुत्र को भी जीवित क्यों नहीं रहने दिया? धृतराष्ट्र और मैं वृद्ध हो गए हैं। तुम्हें मेरे पुत्रों में से कम से कम एक को तो छोड़ देना चाहिए था। मैं आज इतनी नहीं टूटी होती यदि तुम उनमें से किसी एक को जीने देते।' यह कहकर वह फिर से क्रोधित हो गई और युधिष्ठिर पर चिल्लाई। उसके क्रोध के आवेग को दूर से अनुभव किया जा सकता था। आँखों पर पट्टी बाँधकर भी उसकी दृष्टि ने युधिष्ठिर के पैर के नखों को काला कर दिया। किसी ने कुछ नहीं कहा। कुछ ही क्षणों में, गांधारी का क्रोध शांत हो था।[18]

गांधारी रणभूमि में पड़े योद्धाओं के मृत शरीर देखना चाहती थी। पांडव और श्रीकृष्ण उसके साथ थे। उसकी पुत्रवधुएँ पहले से ही रणभूमि में अपने पतियों और पुत्रों के शवों को ढूँढ़ने का यत्न कर रही थीं। कुछ पागलों की तरह विलाप कर रहीं थीं तो कुछ जोर-जोर से रो रही थीं और कुछ अन्य शोक व दु:ख से अचेत हो रही थीं। वह सड़ते हुए माँस की दुर्गंध सूँघ

सकती थी। वह लाशों से माँस नोंचने आये सियार, कौवे और गिद्धों की आवाज सुन सकती थी। वह कटे हुए अंगों पर भी कई बार फिसली। उसने अपने पुत्रों के क्षत-विक्षत शरीरों को छुआ, उनके घावों और सूख चुके रक्त का आभास किया। उसने अपनी पुत्री दुःशाला के विलाप को सुना जो अपने पति जयद्रथ के सिर को खोजने के लिए संघर्ष कर रही थी।

श्रीकृष्ण की ओर मुड़ते हुए गांधारी ने रोते हुए कहा, 'कृष्ण, मुझे विश्वास है, केवल तुम्हारे कारण ही पांडव इस युद्ध में बच गए हैं। द्रोण, कर्ण, भीष्म और अश्वत्थामा जैसे शक्तिशाली योद्धाओं का सामना करने के बाद कोई कैसे जीवित रह सकता है? जिस दिन तुम दुर्योधन को संधि के लिए मनाने में असमर्थ होकर हस्तिनापुर से गए थे, उस दिन विदुर ने हमें इस विनाश के बारे में सावधान किया था।'

उसका हृदय क्रोध और दुःख से भर गया था। 'कृष्ण, तुम यहीं थे। तुमने चचेरे भाइयों को एक-दूसरे को नष्ट करते हुए देखा है। तुमने यह सब कैसे होने दिया? तुम तो बहुत शक्तिशाली हो। तुमको तो पांडवों और कौरवों दोनों पक्षों से विशेष सम्मान प्राप्त है। यदि तुम वास्तव में चाहते तो यह युद्ध नहीं हुआ होता, लेकिन तुमने युद्ध होने दिया। मैं तुम्हारे इस आचरण से केवल यह निष्कर्ष निकाल सकती हूँ कि तुम यह चाहते थे कि हमारे कुल का विनाश हो। तुमने घोर अपराध किया है। अब इसके फल का भोग भी करो।'

उसने हताशा में श्रीकृष्ण को श्राप दे दिया, 'क्योंकि तुमने हमारे कुल के नरसंहार की उपेक्षा की, तुमको भी अपने कुल का नरसंहार देखना होगा। आज से छत्तीस वर्ष बाद तुम्हारे भाई, पुत्र और चचेरे भाई तुम्हारी ही आँखों के सामने एक-दूसरे को मार डालेंगे और तुम उन सभी को नष्ट होते हुए देखोगे। तुमको वन-वन भटकना पड़ेगा और तुम अज्ञात मृत्यु प्राप्त करोगे। तुम्हारे कुल की स्त्रियाँ अपने पति के शरीर पर वैसे ही रोयेंगी जैसे आज मेरी पुत्रवधुएँ विलाप कर रही हैं।'[19]

श्रीकृष्ण ने गांधारी को बोलने दिया। उनके मुख पर हल्की सी मुस्कान थी। उन्होंने स्पष्ट रूप से लेकिन शांतभाव से कहा, 'आपने जैसा कहा ठीक वैसा ही होगा। आपने तो केवल वही बताया है जो भविष्य में होने वाला है। इसमें कोई संदेह नहीं है कि यादव नष्ट हो जाएँगे। वे बहुत शक्तिशाली हो गए हैं। उन्हें मनुष्य, दानव और यहाँ तक कि देवता भी नहीं मार सकते, इसलिए वे सभी आपस में ही लड़कर मरेंगे। लेकिन आप अपने कर्मों को भी देखो।

आपका पुत्र दुर्योधन दुरात्मा, धूर्त, ईर्ष्यालु और अत्यंत घमंडी था। वह क्रूरता और द्वेष का एक जीवंत रूप था। वह अपने बड़ों की हर बात की अवज्ञा करने वाला था। आपने उसके इन दुर्गुणों पर अंकुश लगाने के लिए बजाए उसे प्रोत्साहित किया। क्या आपको लगता है कि आपने जो किया वह उचित था? तो फिर इस अपरिहार्य परिणाम के लिए मुझे कैसे दोषी ठहरा रही हैं?'

जब गांधारी शांत हो गई तब श्रीकृष्ण ने स्नेहपूर्वक उस असहाय माता को सांत्वना देते हुए कहा, 'आपके जैसी क्षत्राणी युद्ध में निर्भय होकर वीरता के साथ लड़ने के लिए ही पुत्रों को जन्म देती है। आपके पुत्र वीरगति को प्राप्त हुए हैं।'[20]

गांधारी का शोक और दुःख समय के साथ कम हो गया लेकिन पुत्रों से विच्छेद उसकी आँखों पर पट्टी समान स्थायी था।

18

कौन मुक्त, कौन बंधनयुक्त?

भीष्म

'मेरे इस बच्चे को मत मारो। तुम पहले ही हमारे सात बच्चों को डुबो चुकी हो। तुम कैसी माँ हो? तुमने महापाप किया है।' अपने नवजात बच्चे को बचाने का प्रयास करते हुए शांतनु चिल्लाये।

शांतनु हस्तिनापुर के राजा थे। वह कुरु और भरत के वंश में जन्मे राजा प्रतीप के पुत्र थे। एक दिन वह गंगा नदी के किनारे गंगा नाम की एक सुंदर महिला से मिले। उन्हें उससे प्रेम हो गया। शांतनु ने गंगा को विवाह का प्रस्ताव दिया। वह सहमत हो गई लेकिन उसने एक शर्त रखी, 'मैं आपसे तभी विवाह करूँगी यदि आप वचन दें कि आप मेरे किसी भी निर्णय या कर्म के विषय में मुझसे कभी प्रश्न नहीं करेंगे। जिस दिन आप ऐसा करेंगे उस दिन मैं चली जाऊँगी।' शांतनु सहर्ष सहमत हो गए।

ठीक उस दिन तक उनका जीवन आनंदमय था जब तक रानी गंगा ने बच्चे को जन्म नहीं दिया था। बच्चे के जन्म लेते ही वह उसे नदी के किनारे ले गई और उसे नदी में डुबो दिया। एक-एक कर गंगा ने अपने सात बच्चों को डुबो दिया था। शांतनु का हृदय हर बार द्रवित हो उठता, लेकिन वह गंगा को खोने के डर से उसको रोकने का साहस नहीं जुटा पाए।

आखिरकार दंपति की आठवीं संतान हुई। इस बार, शांतनु की सहनशक्ति अपनी चरम सीमा तक पहुँच गयी थी। वह अब गंगा को अपनी संतान को नहीं मारने देना चाहते थे। उन्होंने उसे रोक लिया। गंगा मुस्कुराते हुए बोली, 'अब जब आपने मुझे रोक लिया है तो मैं आपके इस पुत्र को नहीं डुबाऊँगी। लेकिन ऐसा लगता है कि आपके साथ अब मेरा समय समाप्त हो गया है। आपने अपना वचन भंग कर दिया है। इसलिए अब मैं आपको छोड़कर चली जाऊँगी और इस शिशु को भी साथ ले जाऊँगी। उचित समय आने पर मैं

हस्तिनापुर के इस राजकुमार को वापस कर दूँगी। ऐसा कहकर गंगा उस बालक को लेकर चली गई, जिसका नाम देवव्रत रखा गया।

गंगा ने बालक का तब तक अच्छी तरह से पालन-पोषण किया जब तक वह एक हृष्ट-पुष्ट युवा नहीं बन गया। वह वेदों के साथ-साथ धनुर्विद्या, युद्धकौशल, कूटनीति, राज्य प्रशासन तथा अर्थशास्त्र में भी पारंगत हो गया था। उसने भगवान परशुराम के मार्गदर्शन में युद्धकौशल की विद्या अर्जित की। देवव्रत की शिक्षा पूरी होने के बाद गंगा उसे हस्तिनापुर वापस ले आयी और उसे उसके पिता शांतनु की देखरेख में सौंप दिया। शांतनु अपने पुत्र को देखकर अत्यंत प्रसन्न हुए। देवव्रत रंग-रूप एवं आचरण में शांतनु से मिलता-जुलता था। हस्तिनापुर की प्रजा तुरंत उसके प्रति मोहित हो गयी। शांतनु ने उसे अपने राज्य का युवराज घोषित कर दिया।

कुछ वर्ष बाद, एक सांयकाल शांतनु यमुना नदी के पास एक वन में शिकार करने गए। हवा में फैली सुगंध ने उनका ध्यान आकर्षित किया। उन्होंने उस सुगंध के स्रोत को इधर-उधर ढूँढ़ा। उन्होंने एक सुंदर युवती को देखा जो स्थानीय मछुआरे समुदाय से संबंधित प्रतीत हुई। उसके शरीर की वह सुगंध हवा में फैल रही थी। शांतनु क्षणभर में उसकी सुंदरता से मोहित हो गए। वह उसके बारे में अधिक जानकारी लेने उस युवती के पास गए। युवती ने कहा, 'मैं यहाँ के निषाद समुदाय के मुखिया दाशराज की पुत्री सत्यवती हूँ। मैं यात्रियों को नदी पार कराने के लिए नौका चलाती हूँ।'

इस निषाद कन्या से विवाह करने के इच्छुक शांतनु ने उसके पिता से संपर्क किया। 'मैं तुम्हारी पुत्री से विवाह करना चाहता हूँ।' पिता ने उत्तर दिया, 'मैं सहर्ष आपको अपनी पुत्री दूँगा यदि आप इसके पुत्र को अपने राजसिंहासन का उत्तराधिकारी बनाने का वचन देते हैं, अन्यथा नहीं। यह सुनकर राजा शांतनु स्तब्ध रह गए। उन्होंने वह माँग अस्वीकार कर दी और हस्तिनापुर लौट आए। सत्यवती के लिए उनकी तड़प अग्नि की तरह धधकती रही।

देवव्रत अपने पिता को खोये-खोये और राज्य के मामलों में उदासीन देखकर चिंतित हो गया। उसने अपने पिता से उनकी चिंता का कारण पूछा। शांतनु ने उत्तर दिया, 'तुम ही मेरे एकमात्र पुत्र हो। भगवान न करे यदि तुम्हें कुछ हो जाए तो हमारे कुल का क्या होगा? यही मेरी चिंता है।' देवव्रत उस उत्तर से आश्वस्त नहीं हुआ। उसने वास्तविक कारण जानने के लिए अपने

पिता के एक विश्वस्त मंत्री को विश्वास में लिया। मंत्री ने उसे राजा शांतनु के हृदय को लुभाने वाली दाशराज की पुत्री के बारे में बताया।

देवव्रत दाशराज से मिलने गया और अपने पिता के लिए उसकी पुत्री का हाथ माँगा। निषादराज ने अपनी शर्त दोहराई। देवव्रत ने सत्यवती के पुत्र के लिए राजसिंहासन पर अपना दावा छोड़ने का वचन दिया। लेकिन दाशराज की चिंता दूर नहीं हुई। 'मुझे आपके वचनों पर पूरा विश्वास है, परन्तु यदि भविष्य में आपकी संतानों ने राजसिंहासन पर अपना दावा किया तो क्या होगा?'

'तो मेरी बात सुनो दाशराज। इससे पहले इस तरह की प्रतिज्ञा कभी भी किसी ने नहीं ली है। मैंने राजसिंहासन के लिए अपना दावा पहले ही छोड़ दिया है। अब मैं आजीवन ब्रह्मचर्य का व्रत लेता हूँ। पुत्र न होने पर भी स्वर्ग के द्वार मेरे लिए खुले रहें।' इस प्रकार देवव्रत ने आजीवन ब्रह्मचारी रहने की घोषणा की। देवव्रत तभी से अपनी इस भीषण प्रतिज्ञा के कारण भीष्म नाम से प्रख्यात हुए। भीष्म प्रतिज्ञा से संतुष्ट दाशराज ने शांतनु के लिए सत्यवती को भीष्म के साथ भेज दिया। शांतनु अपने पुत्र के आचरण से भावविभोर हो गए और उन्होंने भीष्म को 'स्वच्छंद मरणम्' (इच्छा मृत्यु) का वरदान दिया।[1]

सत्यवती और शांतनु का विवाह हो गया। उनके चित्रांगद और विचित्रवीर्य नाम के दो पुत्र हुए। कुछ वर्षों पश्चात शांतनु की मृत्यु हो गई। दुर्भाग्य से चित्रांगद को उसी के नाम के एक गंधर्व ने मार डाला। विचित्रवीर्य को हस्तिनापुर राज्य का राजमुकुट पहनाया गया, लेकिन वह अभी छोटा था इसलिए राज्य का प्रशासन और सुरक्षा पूरी तरह से भीष्म के अधीन थे।

जब विचित्रवीर्य वृद्ध हो गया, तब भीष्म ने अपने सौतेले भाई के लिए पत्नियों के रूप में काशी नरेश की पुत्रियों अम्बा, अम्बिका और अम्बालिका का उनके स्वयंवर से अपहरण कर लिया। राजा शाल्व ने राजकुमारियों को ले जाने से पहले भीष्म को द्वंदयुद्ध में उसे हराने की चुनौती दी। भीष्म ने शाल्व को पराजित कर दिया और चले गए। तीनों राजकुमारियों में से अम्बिका और अम्बालिका ने विवाह पर आपत्ति नहीं जताई। वे दोनों हस्तिनापुर की रानी बनकर प्रसन्न थीं।

अम्बा दुखी थी। वह शाल्व से प्रेम करती थी। दोनों ने आपसी सहमति से तय किया था कि वह स्वयंवर में शाल्व का वरण करेगी। उसने अपने पिता को भी अपनी पसंद के बारे में बताया था। हस्तिनापुर पहुँचने पर अम्बा

ने भीष्म को शाल्व की ओर अपने झुकाव के बारे में बताया। शास्त्र संगत परामर्श करके भीष्म ने सम्मानपूर्वक उसे शाल्व के पास भेज दिया।

भीष्म के हाथों अपनी हार से शाल्व आक्रोशित था। उसने अम्बा को अस्वीकार करते हुए कहा, 'भीष्म से जो मैंने हारा है, मैं उसे स्वीकार नहीं कर सकता। मैं उसके साथ एक और युद्ध नहीं कर सकता,' अम्बा खिन्न हो गयी। उसने स्वयं को अस्वीकार करने के लिए शाल्व को दोषी ठहराया, उसने जब भीष्म और शाल्व आमने सामने थे तब भीष्म के रथ से कूदकर शाल्व के रथ पर नहीं चढ़ने के लिए स्वयं को भी दोषी ठहराया। अंततः उसने अपनी इस दुर्दशा के लिए भीष्म को उत्तरदायी ठहराया। यदि वह काशी नहीं आया होता और उसे नहीं ले जाता, तो वह इस स्थिति में नहीं होती। वह प्रतिशोध लेना चाहती थी, लेकिन कैसे ले इसका निर्णय नहीं कर पा रही थी।[2]

अम्बा के पास दूसरा विकल्प जंगल में रहकर तपस्या में जीवन व्यतीत करने का था। अपने विकल्पों के बारे में सोचते हुए, वह वन में चली गई और ऋषियों के आश्रम में आश्रय पाकर रहने लगी। वहाँ अनायास ही उसकी भेंट अपने नाना राजर्षि होत्रवाहन और ऋषि अकृतव्रण से हुई। उसने उन्हें अपना दुःख सुनाया और सहायता माँगी। अकृतव्रण ने कहा, 'दो लोगों ने तुमको कष्ट पहुँचाया है, एक शाल्व और दूसरे भीष्म। यदि तुम चाहो तो ऋषि परशुराम शाल्व को आपसे विवाह करने का निर्देश दे सकते हैं अथवा वह भीष्म को द्वंदयुद्ध के लिए चुनौती देकर उन्हें पराजित कर सकते हैं। भीष्म परशुराम के शिष्य हैं। तुम्हारी क्या इच्छा है?'

अम्बा ने विनम्रता से उत्तर दिया, 'जब भीष्म मुझे ले गए तो उन्हें शाल्व के प्रति मेरे प्रेम के बारे में नहीं पता था। इसलिए मैं आपसे मार्गदर्शन चाहती हूँ कि मेरे लिए क्या करना उचित है।' अकृतव्रण ने इस पर कुछ विचार किया और निष्कर्ष निकाला कि अम्बा के दुःख का मुख्य कारण भीष्म थे। यदि वह काशी नहीं गए होते और राजकुमारियों का अपहरण नहीं किया होता तो शाल्व ने सहर्ष अम्बा से विवाह कर लिया होता। ऋषि ने अम्बा से कहा, 'भीष्म से प्रतिशोध लेना तुम्हारे लिए उचित विकल्प है।'[3] अम्बा भी ऐसा ही चाहती थी। वह भीष्म को युद्ध में पराजित होते देखना चाहती थी।

संयोग से अगले दिन ही परशुराम आश्रम में पधारे। उन्होंने अम्बा की व्यथा तथा भीष्म को युद्ध में पराजित देखने की उसकी मंशा सुनी। केवल परशुराम में ऐसा करने की क्षमता थी। वे उसकी इस इच्छा को पूरी करने के

लिए तैयार हो गए। उन्होंने भीष्म को बुलाया और अम्बा को स्वीकार करने अथवा उनके साथ युद्ध करने का विकल्प दिया, 'इस कन्या को इसलिए अधर में छोड़ दिया गया है क्योंकि तुमने अपनी मर्यादा भंग करके इसका अपहरण कर लिया। उचित होगा कि तुम उसे स्वीकार करो और उसे पत्नी का सुख भोगने दो।'[4]

भीष्म ने अपने भाई के लिए अम्बा को स्वीकार करने से इन्कार कर दिया क्योंकि उसने स्वयं शाल्व के प्रति अपने प्रेम की घोषणा की थी। उन्होंने परशुराम से लड़ने का निर्णय किया।

गुरू और शिष्य के बीच अभूतपूर्व लड़ाई हुई। इससे भी अधिक अभूतपूर्व उसका परिणाम था–भीष्म को परशुराम पराजित नहीं कर सके।

अम्बा व्यथित हो गयी। वह वन में चली गई और कठोर तपस्या में लीन हो गई। वह प्रतिशोध लेना चाहती थी। यदि कोई और भीष्म को पराजित नहीं कर सकता था तो वह स्वयं ऐसा करने की शक्ति यदि इस जन्म में नहीं तो अगले जन्म में प्राप्त करना चाहती थी। उसने तपस्या में लीन रहते ही अपना शरीर त्याग दिया और एक ऐसी महिला के रूप में जन्म लिया जिसे अपना पूर्वजन्म याद था। उसने एक बार फिर स्वयं को तपस्या में लीन कर लिया। वह युद्ध में भीष्म को चुनौती देने और पराजित करने में सक्षम होने के लिए पुरुष के रूप में जन्म लेना चाहती थी। वह भीष्म की मृत्यु का कारण बनना चाहती थी।

भगवान शिव ने उसे मनचाहा वरदान दिया। अम्बा ने अग्नि में प्रवेश किया। उसका अगला जन्म द्रुपद की संतान के रूप में हुआ। लोगों का कहना था कि शिखंडी का जन्म स्त्री रूप में हुआ था जो आगे चलकर यक्ष स्थूणाकर्ण के आशीर्वाद से एक पुरुष बन गई।

शिखंडिनी

द्रुपद और उनकी पटरानी ने पुत्र प्राप्ति की इच्छा से कठोर तपस्या की। उन्हें भगवान शिव ने एक वरदान दिया कि उनके एक ऐसी कन्या जन्म लेगी जो फिर पुरुष बन जायेगी। कुछ महीनों बाद रानी ने एक सुंदर कन्या को जन्म दिया, परन्तु घोषणा पुत्र जन्म की कराई गई। माता ने उसका नाम शिखंडिनी रखा था लेकिन नगर के लोगों ने उसे शिखंडी नाम से ही जाना। बच्ची का पालन-पोषण और शिक्षा एक राजकुमार के अनुरूप

ही हुई। जब शिखंडिनी बड़ी हुई तब द्रुपद ने उसका विवाह दशार्ण नरेश हिरण्यवर्मा की पुत्री से कर दिया। भगवान शिव का वरदान अभी तक साकार नहीं हुआ था।

शिखंडिनी की नवविवाहिता पत्नी को यह आभास होने में बहुत समय नहीं लगा कि उसका पति एक पुरुष नहीं स्त्री है। वह डर गई और उसने अपने पिता को इस विश्वासघात के बारे में सूचित किया। छल और अपमान से क्रोधित हिरण्यवर्मा ने पांचाल पर आक्रमण करने के लिए सेना को तैयार करना शुरू कर दिया। द्रुपद और उनकी पत्नी अत्यंत चिंतित हुए। द्रुपद युद्ध टालने हेतु हिरण्यवर्मा के पास पहुँचे और शिखंडी पुरुष है कि नहीं इसकी स्वयं पुष्टि करने के लिए आमंत्रित किया। द्रुपद को आशा थी कि किसी चमत्कार से भगवान शिव का वचन फलीभूत होगा।

माता-पिता को व्यथित देखकर शिखंडिनी को बहुत दुःख हुआ। 'यह कैसे सिद्ध होगा कि मैं एक पुरुष हूँ? पांचाल का विनाश होना निश्चित था,' शिखंडिनी ने सोचा और स्वयं को दोषी ठहराते हुए अपने प्राण त्यागने के लिए राजमहल से चली गई। एक वन में उसने तपस्या करना शुरू कर दिया तथा मृत्यु की आशा में भोजन त्याग दिया।

उस वन के स्वामी यक्ष स्थूणाकर्ण ने शिखंडिनी को देख लिया और उसकी दुर्दशा से भावुक हो गया। उसने उसे एक वरदान दिया, 'मैं तुम्हारा स्त्रीत्व ग्रहण करूँगा और तुम्हें कुछ दिनों के लिए अपना पुरुषत्व प्रदान करूँगा। जब तुम्हारा कार्य पूरा हो जाए और तुम्हारे पिता पर आया संकट दूर हो जाए, तब तुम वापस आकर मेरा पुरुषत्व वापस कर देना।' इस पर शिखंडिनी सहर्ष मान गई। लिंग परिवर्तन हुआ और वह शिखंडी के रूप में महल में लौट आई।

हिरण्यवर्मा ने शिखंडी के पुरुषत्व की पुष्टि करने के लिए कुछ महिलाओं को भेजा। महिलाएँ संतुष्ट हो गयी। उनकी सूचना ने हिरण्यवर्मा को भी संतुष्ट कर दिया। कार्य पूर्ण हुआ देख शिखंडिनी यक्ष से अपने वचन के अनुसार वन में उनका पुरुषत्व लौटने आई, परन्तु उसके आने-जाने के दौरान वन में एक और घटना घटित हो गयी थी। यक्षों के स्वामी कुबेर वन में आए थे। वह स्थूणाकर्ण स्त्री रूप में देखकर चौंक गए। सम्पूर्ण वृतांत जानने पर वह और क्रोधित हो गए। कुबेर ने कहा, 'अपना पुरुषत्व देकर और स्त्रीत्व ग्रहण करके तुमने अनुचित कार्य किया

है। तुम्हारी इस मूर्खता के लिए मैं तुम्हें इस जीवन में स्त्री रूप में ही रहने का श्राप देता हूँ।'

इस प्रकार से शिखंडिनी जीवन भर के लिए शिखंडी बन गई। एक व्यक्ति का श्राप दूसरे के लिए वरदान बन गया।

जब दुर्योधन ने भीष्म से यह जानना चाहा था कि वह शिखंडी को क्यों नहीं मारेंगे तब भीष्म ने दुर्योधन को शिखंडी के रूप में अम्बा के जन्म की पूरी कहानी सुनाई थी।

विचित्रवीर्य के विवाह के सात वर्ष बाद दुर्भाग्य ने अपना खेल खेला। निःसंतान विचित्रवीर्य की छोटी आयु में ही राजयक्ष्मा रोग से मृत्यु हो गई। सत्यवती पुत्र वियोग के शोक में थी परन्तु रानी माँ के रूप में अपने कर्त्तव्य के प्रति सचेत थी। हस्तिनापुर को एक राजा की आवश्यकता थी। भीष्म के अलावा इस भूमिका को कौन निभा सकता था। भीष्म पहले से ही राज्य के शासन सम्बंधी सभी व्यावहारिक प्रयोजनों के प्रभारी थे।

सत्यवती ने भीष्म के समक्ष प्रस्ताव रखा, 'मुझे विश्वास है कि तुम सदैव ही धर्म संगत निर्णय लेते हो। सत्मार्ग के विषय में तुम्हारी समझ उतनी ही गहन है जितनी देवगुरू बृहस्पति और असुरों के गुरू शुक्र की। इसलिए मैं तुमसे आग्रह करती हूँ कि तुम विचित्रवीर्य की दोनों युवा विधवाओं से विवाह करो और हस्तिनापुर के भविष्य के लिए उनसे संतान उत्पन्न करो। मैं यह भी चाहती हूँ कि तुम औपचारिक रूप से हस्तिनापुर का राजसिंहासन ग्रहण करो।'[5]

भीष्म अपनी ब्रह्मचर्य की प्रतिज्ञा को तोड़ने के लिए तैयार नहीं थे। 'माता आपका प्रस्ताव शास्त्र संगत है, परन्तु मुझे उस प्रतिज्ञा का प्रत्येक शब्द स्मरण है जो मैंने अपने पिता के समक्ष ली थी। सूर्य तेज और अग्नि ऊष्णता त्याग सकती है लेकिन मैं अपनी प्रतिज्ञा को मिथ्या नहीं कर सकता। इस राज्य के लिए तो क्या, देवताओं के राज्य के लिए भी मैं ऐसा नहीं कर सकता। 'एक क्षत्रिय के लिए अपनी प्रतिज्ञा तोड़ना सम्मानजनक कार्य नहीं है।'

इस पर सत्यवती ने भी जोर देकर कहा, 'मैं जानती हूँ कि सत्य में तुम्हारी निष्ठा है और ऐसा होना भी चाहिए। हमारे पूर्वजों ने असाधारण परिस्थितियों में असाधारण निर्णय लिए हैं। हम जिस परिस्थिति का सामना कर रहे हैं वह निश्चित रूप से असाधारण और अप्रत्याशित है। अंतिम निर्णय लेने से पहले तुमको इस पर विचार करना चाहिए।'

भीष्म का मन राजसिंहासन पर न बैठने और विवाह नहीं करने के विषय में अटल था। वे ऐसी असाधारण परिस्थितियों में शास्त्रों द्वारा सुझाए गए दूसरे व्यावहारिक विकल्प नियोग पर सहमत हुए। सत्यवती ने अपने सबसे बड़े पुत्र कृष्णद्वैपायन व्यास (जिनका जन्म ऋषि पराशर के साथ उसके समागम से उसके विवाह से पहले हुआ था) को बुलाया। उनका पालन-पोषण उनके पिता द्वारा किया गया था। ऋषि पराशर ने कृष्णद्वैपायन को अपना समस्त ज्ञान प्रदान कर दिया था।

व्यास ने अपनी माँ के आदेश का पालन किया और उचित समय पर अम्बिका और अम्बालिका के साथ एक-एक रात बिताई। अम्बिका व्यास के डरावने रूप को देखकर डर गई और उसने अपनी आँखें बंद कर ली। अम्बालिका भी व्यास को देखकर भयभीत हो गई और उसकी त्वचा का रंग फीका पड़ गया। उन्होंने गर्भ धारण किया और क्रमशः अंधे धृतराष्ट्र और पाण्डु को जन्म दिया। सत्यवती दोनों रानियों से एक और संतान चाहती थी। उसने इस आशा से फिर से व्यास को बुलाया कि इस बार रानियाँ अच्छे से तैयार होंगी। लेकिन उन्होंने ऋषि वेदव्यास की सेवा में अपनी एक दासी को भेज दिया। दासी ने समर्पण और निष्ठा के साथ व्यास की सेवा की। उसके गर्भ से बुद्धिमान विदुर का जन्म हुआ।

तीनों बालकों की शिक्षा पूरी होने तक भीष्म ने ही राज्य का कार्यभार संभाला। उचित समय पर पाण्डु को राजा बनाया गया। ज्येष्ठ होते हुए भी धृतराष्ट्र के अंधेपन ने उन्हें राजसिंहासन के लिए अयोग्य बना दिया। विदुर प्रशासन, न्याय और कूटनीति में निपुणता तथा चातुर्य के कारण हस्तिनापुर के महामात्य (प्रधानमंत्री) बने। कौरव और पांडवों का जन्म क्रमशः धृतराष्ट्र और पाण्डु से हुआ था।

समय बीतता गया। पाण्डु की मृत्यु हो गई। धृतराष्ट्र हस्तिनापुर के राजा बने। कौरवों और पांडवों ने अपनी शिक्षा पूरी कर ली। हस्तिनापुर राज्य का उत्तराधिकारी नियुक्त करने का समय आ गया था। सबसे ज्येष्ठ और इस भूमिका के लिए सबसे उपयुक्त होने के नाते युधिष्ठिर को युवराज बनाया गया। इससे दुर्योधन को बड़ा आघात लगा क्योंकि वह युवराज पद पर अपना एकाधिकार मानता था। उसने पांडवों को अपने मार्ग से हटाने की साजिश रची।

भीष्म को वारणाव्रत षड्यंत्र के बारे में जानकारी नहीं थी। उन्हें इसके बारे में तब पता चला जब पांडव बाहर आए। दुर्योधन की मंशा को भीष्म समझ गए। उन्होंने राज्य के विभाजन का प्रस्ताव रखा, ताकि दुर्योधन और युधिष्ठिर दोनों को उनके पैतृक राज्य का अपना-अपना भाग मिल सके। इस प्रकार पांडवों को इंद्रप्रस्थ और कौरवों को हस्तिनापुर मिला। भीष्म अपने पौत्रों के दोनों पक्षों के लिए निष्पक्ष थे।

जुए के खेल की दुर्घटना ने भीष्म के सामने बड़ा धर्म संकट उपस्थित किया। वह जानते थे कि यह खेल क्लेश उत्पन्न करेगा। वह ये भी जानते थे कि शकुनि धूर्त था और उस पर विश्वास नहीं किया जा सकता, लेकिन उन्होंने खेल होने दिया। धृतराष्ट्र ने उनका परामर्श नहीं लिया था और इसलिए भीष्म ने भी कोई सुझाव नहीं दिया। वह द्रौपदी को घसीटकर लाने और उसके बाद के अपमान के साक्षी थे। वे मूकदर्शक बनकर अंदर ही अंदर छटपटा रहे थे।

द्रौपदी ने भीष्म से यह निर्णय करने का आग्रह किया कि क्या युधिष्ठिर के पास स्वयं को हारने के बाद उसे दाँव पर लगाने का अधिकार है अथवा नहीं। भीष्म उत्तर देने से बचते रहे। जब द्रौपदी नहीं मानी और अपना आग्रह करती रही तब उन्होंने उत्तर दिया, 'धर्म का स्वरूप अत्यंत गूढ़ हैं। जो स्वयं को हार गया हो वह उस वस्तु को दाँव पर नहीं लगा सकता है जो उसकी नहीं है। लेकिन एक पति का अपनी पत्नी पर अधिकार माना गया है। इसलिए मैं निर्णय नहीं ले पा रहा हूँ कि यहाँ क्या उचित है और क्या अनुचित है। लेकिन मैं देख सकता हूँ कि लोभ और मोह के वशीभूत कौरव कुल का शीघ्र ही नाश होने वाला है।[6]

भीष्म तकनीकी रूप से गलत नहीं थे। द्रौपदी के प्रश्न का उत्तर देना कठिन था। यदि पति स्वयं को दाँव पर लगाकर स्वयं को हार गया हो तो क्या पति-पत्नी का सम्बंध समाप्त हो जाता है? यदि नहीं, तो क्या अपनी पत्नी को दाँव पर लगाना ठीक है? क्या अपनी पत्नी की रक्षा करना पति का उत्तरदायित्व नहीं होता है? भीष्म ने द्रौपदी से कहा कि उन्हें कौरवों का विनाश दिख रहा है, तब उन्होंने अपनी और जो घट रहा था उससे अपने विरोध का संकेत अवश्य दिया, परन्तु विदुर और विकर्ण के विपरीत उन्होंने अपना विरोध दर्ज नहीं कराया। जो चल रहा था उसे होने दिया। क्या कुरुवंश के पितामह के रूप उन्होंने कुछ कहना नहीं चाहिए था?

क्या राजसिंहासन के प्रति निष्ठा का अर्थ घोर अन्याय सहन करना होता है?

भीष्म ने दुर्योधन को पांडवों के विरुद्ध युद्ध छेड़ने से रोकने का पूरा प्रयास किया। दुर्योधन ने उन्हें पक्षपाती कहा और कर्ण ने उनका अपमान किया, लेकिन भीष्म ने हार नहीं मानी। तथापि उन्होंने कौरवों के पक्ष में लड़ाई न करने की चेतावनी नहीं दी। संधि के पक्ष में भीष्म के आग्रह के बावजूद दुर्योधन भलीभाँति जानता था कि यदि युद्ध हुआ तो भीष्म उसकी ओर से ही लड़ेंगे। इससे आश्वस्त दुर्योधन अपनी युद्ध सम्बंधी योजनाओं पर टिका रहा।

युद्ध हुआ। भीष्म ने दुर्योधन की ओर से युद्ध किया और सेनापति के रूप में सेना का नेतृत्व भी किया। मगर उन्होंने दुर्योधन के सामने एक शर्त अवश्य रखी थी। युद्ध शुरू होने से पहले उन्होंने दुर्योधन से कहा था कि वह पांडवों और शिखंडी को नहीं मारेंगे।[7] उन्होंने कर्ण को भी युद्ध लड़ने के लिए नहीं मनाया जब कर्ण ने युद्ध से ठीक पहले उनके बीच हुए वाक्युद्ध के कारण उसने कुरुक्षेत्र के युद्ध से बाहर रहने का निर्णय किया।

युद्धभूमि में भीष्म ने साक्षात यमराज की तरह युद्ध किया। उन्होंने प्रतिदिन कम से कम दस हजार सैनिकों और एक हजार रथियों को मारा। फिर भी युद्ध के दस दिनों के दौरान भीष्म ने दुर्योधन को पांडवों के साथ सामंजस्य स्थापित करने के लिए मनाने की कोशिश की। युद्ध के दसवें दिन धराशायी होने के बाद उन्होंने कर्ण को युद्ध रोकने के लिए मनाने का एक अंतिम प्रयास किया जो व्यर्थ रहा। कुरुक्षेत्र में बाणों की शय्या पर लेटे हुए भीष्म ने अपने सभी मित्रों, अपने पौत्रों और यहाँ तक कि अपने परपौत्रों को भी नष्ट होते हुए देखा। उन्होंने हस्तिनापुर के राजसिंहासन की रक्षा करने में वर्षों तक किये अपने प्रयासों को अपनी आँखों के सामने राख होते देखा। लेकिन वह प्रसन्न थे कि राजसिंहासन पर सबसे योग्य व्यक्ति बैठने वाला था।

भीष्म एक उत्कृष्ट प्रशासक थे। शांतनु की मृत्यु के बाद जब तक पाण्डु को राजा नहीं बनाया गया तब तक हस्तिनापुर के शासन का प्रबंधन भीष्म द्वारा किया गया था। उनके कौशल ने इसे एक समृद्ध और सुरक्षित राज्य बना दिया था। वह शास्त्रों और कूटनीति में पारंगत थे। उनके पास दशकों का अनुभव था। इसी लिए युद्ध समाप्त होने के बाद श्रीकृष्ण ने युधिष्ठिर को परामर्श

दिया कि वह भीष्म के ज्ञान और अनुभव से वह सब कुछ आत्मसात करें जो वह कर सकते हैं। युधिष्ठिर विनम्रतापूर्वक महान भीष्म के पास पहुँचे। अर्जुन के बाणों की शय्या पर लेटे-लेटे भीष्म ने धर्म और राजधर्म के स्थूल और सूक्ष्म बारीकियों पर एक गहन उपदेश दिया।

मृत्यु शय्या उपदेश

युद्ध समाप्त हुआ। पांडव विजयी हुए लेकिन यह विजय उनके भाइयों, मित्रों, गुरुजनों को निगल गयी थी। युधिष्ठिर अत्यंत व्यथित थे और कुरुक्षेत्र में बाणों की शय्या पर लेटे भीष्म का सामना करने का साहस नहीं कर पा रहे थे। श्रीकृष्ण ने भीष्म को युधिष्ठिर की हिचकिचाहट की सूचना दी। भीष्म मुस्कराए। उन्होंने युधिष्ठिर को अपने निकट बुलाया और कहा, 'युद्ध सामने होने पर एक क्षत्रिय राजा का कर्त्तव्य है कि अधर्म का मार्ग अपनाने वालों को दंड दे, चाहे वह उसके पिता, भाई, गुरू अथवा निकट के सम्बंधी ही क्यों न हों। तुमने कोई अनुचित कर्म नहीं किया है। संकोच न करो। आओ मेरे पास बैठो और जो कुछ पूछना चाहते हो पूछ लो।'[8] युधिष्ठिर ने उनके चरणों को पकड़ लिया और राजधर्म और मोक्ष धर्म के बारे में पूछा।

भीष्म ने शास्त्रों और अनुभवों के माध्यम से जो कुछ भी सीखा और समझा था उसे युधिष्ठिर से साझा किया। भीष्म द्वारा राजधर्म पर युधिष्ठिर को दिए गए अंतिम उपदेश का सारांश नीचे दिया गया है:

यद्यपि कार्यसिद्धि पुरुषार्थ और प्रारब्ध दोनों पर निर्भर करती है, राजा को हर क्षण पुरुषार्थ में लगे रहना चाहिए। बिना पुरुषार्थ के प्रारब्ध कुछ नहीं कर सकता। अतः यदि शुरू किया हुआ कार्य पूरा न हो सके अथवा उसमें बाधा पड़ जाए तो निराश नहीं होना चाहिये क्योंकि प्रारब्ध की अपनी एक भूमिका है। ऐसे में भी एक राजा को पुरुषार्थ में ही लगे रहना चाहिए। पुरुषार्थ प्रारब्ध से श्रेष्ठ है।

सत्य ही परम धन है। जो राजा अपनी प्रजा में अपने प्रति विश्वास उत्पन्न कराना चाहता है उसके लिये सत्य से बढ़कर दूसरा कोई भी साधन नहीं है। अतः अपने कार्यों में सत्यनिष्ठ रहना। जो राजा गुणवान, शीलवान, मन और इन्द्रियों को संयम में रखने वाला और धर्मपरायण होता है, वह सदैव कार्यसिद्धि करता है। परन्तु जो राजा निरंतर केवल सत्यनिष्ठ, कोमल

और क्षमाशील होता है, आचरण करने वाला होता है, उसका सम्मान नहीं होता है और लोग उसकी आज्ञा का उल्लघंन करते है। यहाँ तक कि उसके सेवक भी उसे गंभीरता से नहीं लेते हैं। इसी प्रकार केवल कठोर आचरण करने वाले से भी सब लोग उद्विग्र हो जाते हैं। अत: राजा को परिस्थिति और आवश्यकतानुसार कठोरता और कोमलता दोनों का उपयोग करना चाहिए।

एक राजा को सभी प्रकार के व्यसनों की आसक्ति को त्याग देना चाहिये। व्यसनों में आसक्त हुआ राजा सदा सब लोगों के अनादर का पात्र होता है। राजा का अपनी प्रजा के प्रति एक गर्भवती स्त्री के समान आचरण होना चाहिये। एक गर्भवती स्त्री गर्भस्थ बालक के हित को ध्यान में रखते हुए अपने प्रिय भोजन आदि का त्याग कर देती है, उसी प्रकार एक राजा को भी चाहिये कि उसका ध्यान केवल प्रजा के हित पर ही रहे। राजा अपने को प्रिय लगने वाले विषयों का परित्याग करके जिसमें प्रजा का हित हो वही कार्य करे।[9]

विद्वान पुरुषों, ब्राह्मणों और शास्त्रों के शिक्षण और अध्ययन में लगे लोगों का आदर किया जाना चाहिए और उन्हें संरक्षण दिया जाना चाहिए। ये लोग वेदों के ज्ञान का रक्षण और प्रचार करते हैं। यदि उनके द्वारा कोई अपराध हो जाए तो मृत्युदंड देने की अपेक्षा उन्हें राज्य से निर्वासित कर देना चाहिए। तथापि यदि ऐसे लोग राजा और राज्य के विरुद्ध शस्त्र उठाते हैं या व्यापक रूप से समाज के लिए विनाशकारी हो जाते हैं तो उन्हें भी दंडित और नष्ट कर दिया जाना चाहिए।[10] जो कोई भी राज्य के हित के विरुद्ध जाता है और राज्य के सात अंगों को हानि पहुँचाने की मंशा रखता है उसे दंडित किया जाना चाहिए। राज्य के ये सात अंग हैं राजा, मंत्री, देश, राजकोष, सेना, दुर्ग और मित्रराज्य तथा सहयोगी। ऐसे अपराधी को भले ही वह किसी का गुरू अथवा मित्र ही क्यों न हो उसे दंडित किया जाना चाहिए।[11]

जो राजा सत्ता में बने रहना चाहता है, उसे अपनी प्रजा के धन को नष्ट नहीं करना चाहिए। प्रजा में जिसको वेतन, शुल्क आदि जो कुछ देना है उसे समय पर देने का प्रबंध करना चाहिए। राजा के लिए प्रजाहित और प्रजारक्षण नहीं कर पाने से बढ़कर कोई पाप नहीं। अत: जिसने अपनी इन्द्रियों और मन को वश में कर लिया है, क्रोध को जीत लिया है तथा

शास्त्रों का ज्ञान अर्जित किया है, जो धर्म रक्षा और अर्थोपार्जन में निरन्तर लगा रहता है तथा जो अपने गुप्त विचारों को दूसरों के सामने उपयुक्त समय आने तक प्रकट नहीं होने देता, वही राजा होने के योग्य है।[12]

दायित्व सौंपते समय, एक कार्य के लिए एक ही व्यक्ति को नियुक्त करना चाहिए। यदि कई लोगों को एक ही कार्य दिया जाए तो कलह उत्पन्न होने और कार्यसिद्धि न होने की संभावना रहती है।[13]

एक राजा को अपने परिवार के सदस्यों से भी सावधान रहना चाहिए। परिवार महत्वपूर्ण है, परिवार के सदस्यों की देखरेख भी करनी चाहिए और उनका सम्मान किया जाना चाहिए। लेकिन परिवार के सदस्यों सहित किसी पर भी आँख मूँदकर विश्वास नहीं करना चाहिए। निकटस्थ व्यक्ति में सबसे अधिक अहित करने की क्षमता होती है। इसलिए राजा को परिवार के सदस्यों, मित्रों और शत्रुओं के प्रति सतर्क रहना चाहिए।[14]

एक राजा को समाज के विभिन्न समुदायों का प्रतिनिधित्व करने वाले मंत्रियों के समूह को नियुक्त करने और उन्हें शासन के नियमित कार्य में सम्मिलित करना चाहिए। हालांकि, चार कार्य ऐसे हैं जो उसे स्वयं करने चाहिए–गुप्तचरों की नियुक्ति और उनसे सूचना प्राप्त करना, गुप्त मंत्रणा और निर्णय लेना, राजकोष की जाँच पड़ताल, और न्याय तथा दंड देना।[15]

एक राजा को हमेशा धर्मपरायण होना चाहिए। लेकिन कुछ असाधारण आपदग्रस्त परिस्थितियाँ हो सकती हैं जिनमें राजा को स्वयं और अपने राज्य की रक्षा के लिए अन्य युक्तियों से कार्य करने की आवश्यकता हो सकती है। ऐसी परिस्थितियों में भी कुछ ऐसे कार्य हैं जो निंदनीय रहते ही हैं जैसे युद्ध न करने वाले निर्दोष को मारना, स्त्री का बलात्कार करना, कुंवारी कन्या का अपहरण करना, किसी के जीवन को नष्ट करना और उसका सर्वस्व छीन लेना। असाधारण परिस्थितियों में भी कुछ मर्यादाओं का पालन करना चाहिए।[16]

राजधर्म के हर पहलू पर विस्तृत उपदेश देने के बाद भीष्म ने भक्ति, अध्यात्म और मोक्ष की महत्ता की व्याख्या की।

यदि भीष्म ने नैतिकता के आधार पर लड़ने से मना कर दिया होता तो क्या होता? उनका कौरवों और पांडवों से समान सम्बंध था। वह महर्षि वेदव्यास की तरह उनके दादा थे। धृतराष्ट्र के लिए लड़ने की द्रोणाचार्य की विवशता

को समझा जा सकता है। वह एक वेतनभोगी सेवक थे। भीष्म ने भी स्वयं को वेतनभोगी सेवक जैसा ही माना, लेकिन क्या वह केवल सेवक ही मात्र थे?

उनकी प्रतिज्ञा ने उन्हें ब्रह्मचर्य और हस्तिनापुर के राजसिंहासन के प्रति बाँध दिया था, लेकिन युद्ध एक असाधारण परिस्थिति थी। अम्बा की परिस्थिति भी असाधारण थी और द्रौपदी के अपमान की घटना भी एक असाधारण परिस्थिति थी। इन परिस्थितियों में न्याय का साथ देकर वह राजसिंहासन के प्रति निर्विवाद निष्ठा की अपनी बेड़ियों से मुक्त हो सकते थे। उन्होंने बंधे रहने का निर्णय किया। अपनी प्रतिज्ञा के प्रति सत्यनिष्ठ रहना उनके जीवन का उद्देश्य था। बंधन एक धुरी बन गई थी जिस पर उनका जीवन टिका हुआ था। वह एक और बेड़ी से बंधे हुए थे जिसे उन्होंने नहीं बल्कि अम्बा ने चुना था। वह बेड़ी थी भीष्म की मृत्यु का कारण बनना और यह बेड़ी ही अम्बा के जीवन की धुरी थी।

मृत्यु ने उन्हें मुक्त कर दिया।

विदुर

वह धृतराष्ट्र और पाण्डु के जैविक सौतेले भाई थे। अम्बिका की एक दासी और वेदव्यास के समागम से जन्में विदुर ने दोनों राजकुमारों के समान शिक्षा और प्रशिक्षण प्राप्त किया। वह कूटनीति और न्याय की विधा में विशेष रूप से निपुण थे। जब पाण्डु को राजा बनाया गया तब विदुर को हस्तिनापुर का महामात्य (प्रधानमंत्री) बनाया गया।

भीष्म की तरह ही विदुर भी हस्तिनापुर के राज्य और राजसिंहासन से जीवन भर के लिए बंधे हुए थे। पाण्डु की मृत्यु के बाद जब धृतराष्ट्र को राजा बनाया गया तब राज्य के मामलों में उनकी भूमिका और भी अधिक महत्वपूर्ण हो गई। जैसे श्रीकृष्ण पांडवों के लिए थे ठीक वैसे ही विदुर धृतराष्ट्र के लिए थे। उन्होंने हमेशा निःस्वार्थ भाव से परामर्श दिया, भले ही उनका मत धृतराष्ट्र के विपरीत ही क्यों न हो।

जुए के खेल को रोकने के लिए राजा के हस्तक्षेप की माँग करते हुए विदुर ने उल्लेख किया था, 'इस संसार में सदा मन को प्रिय लगने वाले वचन बोलने वाला मनुष्य सरलता से मिल सकता है, किन्तु अप्रिय पर हितकर वचन बोलने वाला मनुष्य मिलना दुर्लभ है। इसलिए मैं केवल वही कहूँगा जो आपके लिए उचित है।'[17] उन्होंने द्रौपदी को घसीटने और अपमानित करने के

कुकृत्य पर आपत्ति जताई और सभासदों से बोलने का आग्रह किया। दुर्योधन के अपमान के बावजूद धृतराष्ट्र को यह चेतावनी देते हुए कि इस जुए के खेल के विनाशकारी परिणाम होंगे वह अपने मत पर दृढ़ता से टिके रहे।

जब दुर्योधन के जन्म पर अशुभ संकेत प्रकट हुए थे तब विदुर ने धृतराष्ट्र से अपने कुल और राज्य के हित में बालक को त्यागने का आग्रह किया था। जब जुए का कपटपूर्ण खेल खेला जा रहा था तब उन्होंने धृतराष्ट्र को दुर्योधन के जन्म के समय जो परामर्श दिया था उसका स्मरण कराया। धृतराष्ट्र ने भले ही अनसुना कर दिया लेकिन विदुर अपनी बात सबके सामने रखकर अपने धर्म के प्रति निष्ठावान रहे।

पांडवों के तेरह वर्षों के वनवास के बाद जब दुर्योधन ने उनका राज्य वापस करने से मना करके उन्हें युद्ध के लिए उकसाया तब श्रीकृष्ण के अतिरिक्त विदुर ही एकमात्र ऐसे व्यक्ति थे जिन्होंने दुर्योधन को बंदी बनाने और शांति के लिए पांडवों के साथ बातचीत करने का परामर्श धृतराष्ट्र को दिया था। उन्होंने युद्ध के लिए अपनी सहमति कभी नहीं दी और न ही उन्होंने धृतराष्ट्र को छोड़ा। जब भी धृतराष्ट्र चाहते थे विदुर उपलब्ध रहते थे और उन्होंने हमेशा उपयुक्त परामर्श देते थे।

विदुर के सीधे और स्पष्ट वचनों के प्रति धृतराष्ट्र हमेशा धैर्य नहीं रखते थे। पांडवों के वनवास जाने के कुछ दिनों बाद धृतराष्ट्र ने विदुर को बुलाया। वह पांडवों को वनवास में भेजने के संभावित प्रतिघातों को लेकर चिंतित थे। उन्होंने विदुर से पूछा, 'हम प्रजाजनों के आक्रोश को शांत करने और उनके प्रेम को फिर से अर्जित करने के लिए क्या कर सकते हैं?' विदुर ने स्पष्ट रूप से सर्वोत्तम समाधान का प्रस्ताव उनके सामने रखा, 'केवल एक ही विकल्प है। उचित कर्म कीजिये। पांडवों को वापस बुलाकर उनका राज्य वापस लौटा दीजिये। यदि दुर्योधन नहीं माने तो उसका त्याग कर दीजिये। भीम और द्रौपदी से दुःशासन क्षमा याचना करे। अन्यथा, यदि पांडवों के साथ युद्ध होता है तो कौरवों का विनाश निश्चित है।'[18]

धृतराष्ट्र यह उत्तर नहीं सुनना चाहते थे। 'तुम्हारा प्रस्ताव केवल पांडवों के हित में है। इसमें मेरे पुत्रों के लिए कुछ भी नहीं है। अब मैं पूरी तरह से आश्वस्त हूँ कि तुम हमारे बारे में नहीं बल्कि केवल पांडवों के हित के लिए चिंतित हो। मैं उनके लिए अपने पुत्रों को कैसे त्याग सकता हूँ?

निःसंदेह पांडव मेरे भी पुत्र हैं लेकिन दुर्योधन तो मेरे शरीर से उत्पन्न हुआ है। मैं तुमसे एक निष्पक्ष परामर्श मिलने की अपेक्षा कर रहा था लेकिन तुम चतुराई से पांडवों के ही पक्ष को रख रहे हो। अब मेरा तुमसे कोई प्रयोजन नहीं है। चले जाओ या यहाँ रहो, जैसी तुम्हारी इच्छा है वो करो।'[19] ऐसा कहकर धृतराष्ट्र वहाँ से उठकर चले गए।

विदुर भी वहाँ से चले गए। वह कुछ दिनों के लिए पांडवों के साथ रहने काम्यकवन चले गए। हालांकि विदुर के विरह को धृतराष्ट्र बहुत लंबे समय तक सहन नहीं कर सके। क्रोध कम होते ही उन्हें अपनी मूर्खता का आभास हुआ तो उन्होंने विदुर को वापस बुलाने के लिए संजय को काम्यकवन भेजा। धृतराष्ट्र और विदुर का अनूठा बंधन था। धृतराष्ट्र को विदुर की विद्वता पर बहुत विश्वास था, भले ही वह हमेशा उनके वचनों की प्रशंसा नहीं करते थे।

धृतराष्ट्र अपने पुत्रों के लिए राजसिंहासन और सभी प्रकार के ऐश्वर्य चाहते थे लेकिन वह पांडवों के साथ युद्ध के इच्छुक नहीं थे। दुर्योधन के हठ ने युद्ध को अपरिहार्य बना दिया था। उपप्लव्य से लौटने पर कौरवों के विनाश का संकेत करने वाले संजय के हताशापूर्ण वचन धृतराष्ट्र को भयभीत कर रहे थे। उनकी निद्रा उड़ गई थी। उस समय उन्हें केवल एक ही व्यक्ति की आवश्यकता थी और वह व्यक्ति थे–विदुर। उन्होंने विदुर को बुलाया जो तुरंत लौट भी आये।

धृतराष्ट्र ने कहा, 'संजय के लौटने के बाद से मैं व्याकुल हूँ और जिस परिस्थिति में हम हैं उसने उसके लिए मुझे दोषी ठहराया है। मैं सो नहीं पा रहा हूँ। तुम्हारे जैसा विद्वान मैं बहुत कम लोगों को देखता हूँ, इसलिए मैं तुमसे अपने लिए अनुकूल धर्म के विषय में सुनना चाहता हूँ।'

विदुर ने पूछा, 'चार प्रकार के लोग हैं जो रात में सो नहीं सकते हैं–पहला, जिसका अपने से अधिक शक्तिशाली के साथ विरोध हो गया हो; दूसरा, कामासक्त मनुष्य; तीसरा, जो लोभ के कारण दूसरों के धन की इच्छा रखता है; और चौथा, एक चोर जो रात में चोरी करता है। आपकी नींद उड़ जाने का कारण इनमें से तो कोई नहीं है न?'[20] फिर ज्ञान और करुणा के साथ जीवन जीने, दक्षता के साथ कार्य करने और एक योग्य प्रशासक बनने के विषयों पर उनके बीच एक गूढ़ संवाद हुआ।

'राजा बनने के लिए युधिष्ठिर उपयुक्त हैं। वह हर विषय में आपके पुत्रों से श्रेष्ठ हैं। पांडवों को वापस बुलाइये और उनके राज्य को वापस कर दीजिये। वे आपको अपने पिता मानते हैं। उनके साथ अपने पुत्रों की तरह आचरण कीजिये और वह कीजिए जो उचित है। केवल उचित कर्म ही आपको शांति और सुख देगा।'[21] विदुर ने ऐसा कहकर अपनी बात पूरी की।

विदुर निति

विदुर द्वारा धृतराष्ट्र को दिए गए उपदेश का सारांश है।

बुद्धिमान वह है जो स्पष्ट रूप से जानता है कि क्या करना चाहिए और क्या नहीं। ऐसा मनुष्य क्रोध, हर्ष, गर्व, हठ और अहंकार से भ्रष्ट नहीं होता। बुद्धिमान मनुष्य अपनी उपलब्धियों के बारे में समय से पहले घमंड नहीं करता। लोग उसके कार्य के सिद्ध होने के पश्चात ही उसे जान पाते हैं, लेकिन यह कभी नहीं जानते कि उसके मन में क्या है। जिसके द्वारा नियत किये गए कार्य में गर्मी और सर्दी, धन अथवा दरिद्रता, भय अथवा अनुराग विघ्न नहीं डाल पाते वह बुद्धिमान कहलाता है। ऐसे बुद्धिमान मनुष्य अपने सामर्थ्य के अनुसार कार्य करते हैं तथा किसी काम को तुच्छ समझकर उसकी अवेहलना नहीं करते हैं। वह कार्य शुरू करने से पहले उचित विचार-विमर्श करते हैं और उचित योजना बनाता हैं। एक बार कार्य शुरू हो जाए तो वह अनुशासित रहता है तथा विलंब किये बिना उस कार्य को पूरा करने के लिए उद्यमरत रहता है। वह मनुष्य पंडित कहलाता है जो प्रशंसा करने पर अति उत्साहित नहीं होता है और आलोचना किए जाने पर उत्तेजित नहीं होता है; वह हर स्थिति में शांतचित्त रहता है।[22]

जो कोई ज्ञान अर्जित किये बिना ही गर्व करता है, जो निर्धन होकर विलास की चाह रखता है और बिना परिश्रम किये ही धन प्राप्त करना चाहता है, वह मूर्ख है। वह भी मूर्ख है जो अपने कर्त्तव्यों की अवहेलना करके दूसरों के कर्त्तव्यों को पूरा करने के लिए दौड़ता रहता है। जो मनुष्य न चाहने वालों को चाहता है और चाहने वालों की उपेक्षा करता है और अपने से बलवान लोगों के साथ बैर रखता है, वह मनुष्य मूढ़ चित्त का होता है। ऐसा मूर्ख मनुष्य अनावश्यक ही सर्वत्र संदेह करता है, अपने कार्यों को व्यर्थ में फैलाता है तथा शीघ्र होने वाले कार्यों को भी देरी से करता है। वह अपने दोषों के लिए दूसरों को दोषी ठहराता है

और दूसरों के कार्य पर क्रोध करता है, भले ही वह स्वयं उस कार्य को करने में असमर्थ हो।[23]

न्यायपूर्वक अर्जित किये गए धन को व्यर्थ गँवाने के दो तरीके हैं–अयोग्य अथवा कुपात्र को देना और योग्य अथवा पात्र को नहीं देना। दो प्रकार के लोगों का जीवन व्यर्थ है–जो धनी है पर दान नहीं करता और जो निर्धन है पर शारीरिक कष्ट सहन नहीं कर सकता।[24]

जो मूर्ख अथवा अल्पबुद्धि वाले हों, लापरवाह अथवा जल्दबाज हों, दीर्घसूत्री (टालमटोल वाले) हों या फिर अनावश्यक रूप से चापलूसी करते हों, ऐसे चार प्रकार के लोगों के साथ कभी कोई भी गुप्त चर्चा या व्यवहार नहीं करना चाहिए।

चार कर्म जो तुरंत फल देते हैं–देवताओं का संकल्प, बुद्धिमानों का प्रभाव, विद्वानों की नम्रता और अधर्मियों का विनाश।[25]

समृद्धि और सफलता चाहने वाले मनुष्य को इन छः विकारों को त्याग देना चाहिए–नींद, तंद्रा, भय, क्रोध, आलस्य और दीर्घसूत्रता। छः गुण जो आत्मसात करने योग्य हैं–सत्य, उदारता, उद्यम (कर्मण्यता), अनसूया, क्षमा और धैर्य।

छः चीजें जो जीवन में सुख लाती हैं–धन, आरोग्य, अनुकूल और प्रियवादी पत्नी, आज्ञाकारी संतान और व्यावसायिक कौशल। मन में रहने वाले छः शत्रु–काम, क्रोध, लोभ, मोह, मद और मात्सर्य।[26]

छः प्रकार के लोग जो अपने जीवनयापन के लिए अन्य छः प्रकार के लोगों पर निर्भर करते हैं–असावधान मनुष्यों पर चोर, रोगियों और अस्वस्थ मनुष्यों पर चिकित्सक, कामी पुरुषों पर वेश्याएँ, यजमानों पर पुरोहित, उपद्रव या झगड़ा करने वालों पर राजा तथा प्रशासक और अज्ञानी पर विद्वान।

छः स्थितियाँ जीवन को आनंदमय और सुखी बनाती हैं–स्वस्थ रहना, किसी की क्षमताओं और वृत्ति के अनुसार जीविका चलाने में सक्षम होना, ऋणी न होना, सज्जन लोगों के साथ मेल-मिलाप होना और परदेश में नहीं रहना।

छः प्रकार के मनुष्य हमेशा दुःखी होते हैं–ईर्ष्या करने वाला, घृणा करने वाला, असन्तोषी, क्रोधी, सदैव शंकित रहने वाला और अपनी आजीविका के लिए दूसरों पर निर्भर रहने वाला।[27]

एक राजा/प्रशासक के लिए त्याज्य सात अवगुण–महिलाओं के प्रति वासना, जुआ, शिकार, मद्यपान, कठोर वचन, अत्यंत कठोर दंड और संसाधनों (धन) का दुरुपयोग।

दस परिथितियाँ जिसमें लोग उचित-अनुचित के विषय में भ्रमित हो जाते हैं–नशा, असावधानी, पागलपन, थकान, क्रोध, अत्यंत भूख, जल्दबाजी, लोभ, भय और कामाशक्ति।

वह राजा समृद्धि और ऐश्वर्य प्राप्त करता है जो इन लक्षणों को प्रदर्शित करता है–लोगों में विश्वास उत्पन्न करना जानता हो, जो केवल अपराध के निर्विवाद रूप से सिद्ध होने के बाद ही दंडित करता हो और यह जानता हो कि कब दंडित करना है, कितना दंडित करना है और कब क्षमा करना है।[28]

यह उपदेश पूरी रात चलता रहा। विदुर ने दृष्टान्तों और लघु कथाओं के माध्यम से इसका वर्णन किया और धृतराष्ट्र को स्पष्ट किया।

विदुर को पता था कि कब बोलना है और कब नहीं। वह दुर्योधन द्वारा वारणाव्रत में पांडवों को मारने के षड्यंत्र के बारे में जानते थे, लेकिन उन्होंने उस समय चुप रहने का निर्णय किया। यह सुनिश्चित करना महत्वपूर्ण था कि पांडव सुरक्षित रहे और षड्यंत्रकारी सतर्क न हो। वह यह भी जानते थे कि कठोर शब्द कब बोलना आवश्यक और कब व्यर्थ है। युद्ध के शुरू होने तक उन्होंने उसे रोकने का हर संभव प्रयास किया, परन्तु जब युद्ध हो चुका और धृतराष्ट्र ने अपने सभी पुत्रों को खो दिया तो विदुर अत्यंत कोमल हो गए। धृतराष्ट्र को कष्ट और दुःख हो रहा था और यह पीड़ा जीवनभर उनके साथ रहने वाली थी। ऐसे मनुष्य के लिए केवल सांत्वना के वचन ही उपयुक्त हो सकते थे जो उन्हें कुछ शांत करें।

विदुर ने धृतराष्ट्र को सांत्वना देते हुए कहा, 'जो जीवित है उसकी मृत्यु निश्चित है। वीर और भीरू सभी मनुष्य अंततः मर जाते हैं। जिनका जन्म हुआ है, वे सभी मृत्यु को प्राप्त होंगे। कोई और मार्ग नहीं है। आपके पुत्र विद्वान थे, वे सभी शत्रु का सामना करते हुए युद्धभूमि में वीरगति को प्राप्त हुए। वे अप्रकट जगत से इस प्रकट जगत में आए थे और अब वापस उस अप्रकट जगत में चले गए हैं। तो फिर आप उन वीर योद्धाओं के लिए शोक क्यों कर रहे हैं?'[29] जैसे श्रीकृष्ण ने कुरुक्षेत्र में अर्जुन को

उपदेश दिया था, ठीक वैसे ही विदुर ने धृतराष्ट्र को शरीर की नश्वरता, जीवन के चक्र, कर्म की सर्वोच्चता और मानसिक अनुशासन के महत्व का उपदेश दिया।

कुरुक्षेत्र के युद्ध के बाद युधिष्ठिर हस्तिनापुर के राजा बन गए, भीम को युवराज नियुक्त किया गया और विदुर को प्रधानमंत्री पद पर यथावत बने रहने का आग्रह किया गया।[30] विदुर ने धृतराष्ट्र, गांधारी, कुंती और संजय के साथ वन में जाने से पहले पंद्रह वर्ष तक हस्तिनापुर की सेवा की।

एक बार जब युधिष्ठिर, अन्य पांडव भाई और महल की स्त्रियाँ कुंती, धृतराष्ट्र और गांधारी से मिलने वन में गए, तब वे विदुर को उनके साथ न पाकर आश्चर्यचकित हो गए। उन्हें बताया गया कि विदुर कठोर तपस्या में लीन हैं। उन्होंने भोजन और वस्त्र भी छोड़ दिए थे। जब ये बातें चल ही रही थीं कि उसी समय युधिष्ठिर ने विदुर को देखा। हस्तिनापुर के पूर्व महामंत्री और उनके चाचा नग्न अवस्था में थे और चमड़ी तथा हड्डियों का एक ढाँचा बन गए थे। युधिष्ठिर उनसे मिलने के लिए आश्रम से बाहर भागे।

विदुर इतने सारे लोगों को आश्रम में देखकर उनकी दृष्टि से बचते हुए और भी तेज गति से भागे।

जब वह वन में बहुत भीतर पहुँचे तब विदुर रुक गए और एक वृक्ष के तने से अपनी पीठ लगाकर खड़े हो गए। युधिष्ठिर उन्हें प्रणाम करने के लिए उनके बहुत निकट पहुँच गए। विदुर ने बिना पलक झपकाते हुए सीधे युधिष्ठिर की आँखों में देखा। युधिष्ठिर निस्तब्ध हो गए। वह विदुर की शक्ति का आभास कर सकते थे। वह भी विदुर की आँखों में देखते रहे। युधिष्ठिर को अपने शरीर में गर्मी और ऊर्जा के प्रकट होने का आभास हुआ और ऐसा प्रतीत हुआ जैसे उनके भीतर कोई दिव्य शक्ति प्रवेश कर गई हो। विदुर का शरीर अभी भी पेड़ के पास खड़ा था लेकिन उसमें अब जीव नहीं था। कहा जाता है कि योग के माध्यम से विदुर ने अपनी आत्मशक्ति का युधिष्ठिर में स्थानांतरण कर दिया था।[31]

विदुर ने एक बार धृतराष्ट्र से कहा था, 'मनुष्य को चाहिए कि वह जिसकी पराजय नहीं चाहता उसे सत्य से अवगत कराए, भले ही सुनने वाले को वह सत्य अप्रिय लगे। इसलिए मैं आपसे वही बात कहूँगा जो आपके लिए कल्याणकारी है।'[32] अपने अंतिम क्षण तक विदुर अपने इस सिद्धान्त पर खरे

उतरे। हस्तिनापुर और धृतराष्ट्र के प्रति उनकी निष्ठा शास्वत थी, लेकिन विदुर धर्म के प्रति अधिक निष्ठावान थे।

कोई भी बेड़ियाँ धर्म में स्थापित मनुष्य को बाँध नहीं सकती हैं। ऐसा मनुष्य सदैव स्वतंत्र रहता है। विदुर स्वतंत्र थे। युधिष्ठिर धर्म के पुत्र थे। वेदव्यास जी कहते हैं, विदुर स्वयं धर्म थे।[33]

19

विलक्षण पुत्र

इरावन

द्रौपदी के पाँच पांडवों की पत्नी होने के नाते, पाँचों भाइयों के लिए उसके साथ रहने के कुछ नियम निर्धारित किये गए थे। जिसके अनुसार, जब एक भाई द्रौपदी के साथ अपने निजी कक्ष में हो और यदि उस समय कोई अन्य भाई वहाँ आ जाए है तो उस भाई को बारह वर्ष वनवास होगा। एक बार इंद्रप्रस्थ में द्रौपदी के साथ युधिष्ठिर कक्ष में थे तब अर्जुन अंदर आ गया। वह एक ब्राह्मण के चोरी हुए गोवंश को छुड़ाने के लिए अपने आयुधों को लेने कक्ष में गया था। भले ही यह कक्ष प्रवेश पुण्य कार्य के लिए अनजाने में किया गया लेकिन नियम का उल्लंघन हुआ था। इसलिए, अर्जुन ने इंद्रप्रस्थ छोड़ दिया और स्वयंस्फूर्ति से वनवास में रहने और भारतवर्ष के तीर्थस्थलों की यात्रा पर निकल पड़े।

अपनी यात्रा के आरम्भ में अर्जुन हरिद्वार आया। अपनी दैनिक वंदना और अग्निहोत्र पूरा करने के बाद उसने पवित्र गंगाजल में स्नान करने के लिए डुबकी लगाई। तब उलूपी ने उसे देखा। एक ही दृष्टि में वह अर्जुन पर मंत्रमुग्ध हो गयी। उलूपी एक नाग राजकुमारी थी जो नागों के राजा कौरव्य की पुत्री थी। उत्सुकतावश वह अर्जुन के पास पहुँची, अपना परिचय दिया और उसे अपने राजमहल में ले गई। उसने अर्जुन के प्रति अपनी तड़प निष्ठापूर्वक मुखर होकर व्यक्त की, 'जब से मैंने आपको देखा है, तब से मैं कामाग्नि में जली जा रही हूँ। मैंने किसी अन्य पुरुष के लिए ऐसा आभास नहीं किया है। कृपा करके मुझे उपकृत करें।'[1]

अर्जुन नियत नियम के अनुसार ब्रह्मचर्य के संकल्प से बंधा हुआ था। अर्जुन ने उससे पूछा, 'भद्रे! मैं तुम्हारा प्रिय करना चाहता हूँ, लेकिन मैं ब्रह्मचर्य के व्रत का उल्लंघन नहीं कर सकता। अतः कोई एक ऐसा उपाय सुझाओ जिससे मैं अपना संकल्प पूरा करते हुए तुम्हारी इच्छा पूरी कर सकूँ।'[2]

उलूपी ने विचार करके उत्तर दिया, 'ब्रह्मचर्य की शर्त द्रौपदी के सम्बंध में रखी गई थी। इसलिए, यदि आप किसी अन्य स्त्री की इच्छा को पूरा करते हैं तो आपका धर्म दूषित नहीं होगा। यदि आपके धर्म का थोड़ा सा क्षरण हो भी जाए, तो सत्पुरुषों का मत है कि जो आपकी कामना करे उनको संतुष्ट करना पुण्य ही है। मुझे प्राणदान देकर आपका बड़ा धर्म होगा। यदि आप मेरी प्रार्थना को अनदेखा करेंगे तो मैं निश्चित रूप से मर जाऊँगी। मैं आपकी शरण में आई हूँ। कृपया दया कीजिये और मेरा मनोरथ पूर्ण करें,' उसने अर्जुन से विनती करते हुए ऐसा कहा। अर्जुन मान गया। उन्होंने राजमहल में एक साथ रात्रि बिताई। प्रसन्न और संतुष्ट उलूपी ने अर्जुन को वचन दिया कि जब भी आवश्यकता होगी, उसके लोग अर्जुन की सहायता करेंगे। उसने अर्जुन को हरिद्वार वापस छोड़ दिया और उसे जाने दिया।[3]

उनके इस समागम से इरावन का जन्म हुआ। उसका पालन-पोषण उसकी माँ ने ही अपने मायके अर्थात कौरव्य के घर में किया था। अपने पिता की तरह इरावन रूपवान, सशक्त, साहसी और गुणवान युवक हुआ। वह जानता था कि अर्जुन उसके पिता थे, लेकिन युवावस्था तक वह अर्जुन से कभी नहीं मिला था। जब इरावन को पांडवों के वनवास और अर्जुन के दिव्यास्त्रों के अर्जन के लिए इंद्रलोक की यात्रा के बारे में पता चला तो उसने अपने पिता से मिलने का निर्णय किया। अर्जुन को देखकर उसने श्रद्धापूर्वक प्रणाम किया और अपना परिचय दिया। अर्जुन अपने पुत्र को देखकर बहुत प्रसन्न हुआ। उन्होंने इंद्रलोक में कुछ दिन साथ में बिताए। जब इरावन के जाने का समय आया तो अर्जुन ने उसे आसन्न युद्ध के बारे में बताया और समय आने पर उसे पांडवों का सहयोग करने के लिए कहा। इरावन ने अर्जुन के शब्दों को आदेश माना और पालन भी किया।[4]

इरावन ने युद्ध में अपने लोगों के साथ पूरे मनोयोग से भाग लिया। वह एक अद्वितीय अश्वारोही योद्धा था। उसके दल के विभिन्न नस्लों के शक्तिशाली घोड़े जब दौड़ते थे तो ऐसा प्रतीत होता था मानों उड़ रहे हों। इरावन ने युद्ध में कई घुड़सवार योद्धाओं और घुड़सवार सेनाओं को नष्ट कर दिया था। अवंती, विंद और अनुविंद के राजकुमारों को उसने पराजित किया था।[5] उसके प्रमुख शिकार गांधार के छः शक्तिशाली राजकुमार थे, जो अपने युद्ध कौशल और सेनाओं की शक्ति में अतुलनीय थे। इरावन ने शौर्य से लड़ते हुए सबसे पहले उनकी सेनाओं को रौंद दिया। इससे क्रोधित उन छः योद्धाओं

ने एक साथ इरावन पर आक्रमण कर दिया। इरावन ने प्रतिघात किया परन्तु लड़ते-लड़ते वह भूमि पर गिर गया। उसे जीवित पकड़ने के विचार से वे छः योद्धा प्रसन्न थे, लेकिन जैसे ही वे उसके निकट आए इरावन ने अपने दोनों हाथों से अपनी तलवार को घुमाया और उनके अंगों को काट दिया।

दुर्योधन अपने मामा पक्ष के संबंधियों को इतनी निर्दयता से मरा-कटा देखकर स्तब्ध रह गया। उसने इरावन को समाप्त करने के लिए शक्तिशाली राक्षस अलम्बुष को बुलाया। इरावन बड़ी शूरवीरता के साथ लड़ा लेकिन अंततः राक्षस की माया के आगे झुक गया।[6] अर्जुन का सबसे बड़ा पुत्र इरावन था और युद्ध के आठवें दिन कुरुक्षेत्र में अपना बलिदान देने वाला पांडवों की संतानों में पहला था।

अभिमन्यु

युद्ध के पहले दिन से ही भीष्म अजेय थे। चेदी, काशी और पांचाल की सेनाओं को रौंदते हुए, उनका रथ युद्धभूमि पर तांडव करते हुए विरोधी सेना के सैनिकों और योद्धाओं का विनाश कर रहा था। अपने पक्ष के नरसंहार को देखते हुए, अर्जुन और सुभद्रा के पुत्र अभिमन्यु ने भीष्म और उनकी रक्षा करने वाले योद्धाओं पर आक्रमण किया। एक के बाद एक उसके तीक्ष्ण तीरों ने कृतवर्मा और कृपाचर्या जैसे दिग्गजों को भी स्तब्ध कर दिया। कौरव योद्धा सोलह वर्षीय अभिमन्यु के हाथों की फुर्ती, गति, अस्त्र-शस्त्रों के ज्ञान और कौशल को देख आश्चर्यचकित थे।[7] युद्ध के पहले दस दिनों में अभिमन्यु ने अश्वत्थामा, कृतवर्मा, कृपाचार्य, दुर्योधन के पुत्र लक्ष्मण, भूरिश्रवा, चित्रसेन, विकर्ण, शल्य, अम्बष्ठ, जयद्रथ और बृहदबल जैसे योद्धाओं के साथ लड़ाई लड़ी और उन्हें पराजित किया। प्रायः उसने कौरव योद्धाओं के सामूहिक आक्रमणों का भी सफलतापूर्वक प्रतिकार किया। वह हाथियों के झुंड के बीच एक शेर के शावक की तरह लड़ा।[8] जब अभिमन्यु युद्धभूमि के चारों ओर घूमकर शत्रुओं के सबसे शक्तिशाली योद्धाओं और सेनाओं को रौंद रहा था तब वहाँ लोग यह मानने लगे थे कि पांडव पक्ष में दो अर्जुन लड़ रहे हैं।[9]

युद्ध के नौवें दिन अभिमन्यु के कारण हुए विनाश से क्रुद्ध होकर दुर्योधन ने एक बार फिर अलम्बुष को बुलाया और उसे अभिमन्यु को मारने का कार्य सौंपा।[10] अलम्बुष ने एक दिन पहले ही सबसे बड़े पुत्र आर्जुनी को मार डाला था। इस बार अभिमन्यु की सुरक्षा में द्रौपदी के पाँच पुत्र थे।

जब अलम्बुष ने अभिमन्यु को निशाना बनाया तब द्रौपदयों ने मिलकर राक्षस पर आक्रमण कर दिया। प्रतिविन्ध्य ने अलम्बुष पर तीक्ष्ण लोहे के तीरों से घात किया। तीरों ने उसके कवच को भेद दिया और उसके वक्ष को विदीर्ण कर दिया।

इससे पहले कि राक्षस स्वयं को संभाल सके, द्रौपदी पुत्रों ने नुकीले तीरों की एक बार फिर से बौछार कर दी और उसके विशालकाय शरीर के हर अंग को भेद दिया। अलम्बुष एक क्षण के लिए अचेत-सा हो गया लेकिन उसने शीघ्र ही स्वयं को संभाल लिया। अब उसने प्रतिविंध्य और उसके भाइयों पर आक्रमण किया। एक ही प्रहार में उसने उनके घोड़ों को मार डाला और उनके रथों को नष्ट कर दिया।[11]

अलम्बुष द्रौपदेयों पर झपटने ही वाला था कि अभिमन्यु ने उन्हें सचेत कर दिया और उसके ऊपर आक्रमण कर दिया। यद्यपि अभिमन्यु राक्षस के कारण बुरी तरह घायल हो गया था, लेकिन वह अविचल खड़ा था और उसने बड़ी कुशलता और चतुराई के साथ उस पर चलाये गए भयानक अस्त्र-शस्त्रों को नष्ट कर दिया। अलम्बुष अपने अस्त्र-शस्त्रों को अभिमन्यु पर निष्प्रभावी देखकर घबरा गया और युवा अभिमन्यु से प्राणघातक प्रतिघात से बचने के लिए पीछे भाग गया।[12]

अभिमन्यु का जन्म भी अर्जुन के बारह वर्षों के वनवास के दौरान किये तीर्थाटन का परिणाम था। अपने वनवास के अंतिम चरण में अर्जुन ने श्रीकृष्ण से मिलने के लिए द्वारका की यात्रा की। द्वारका में अर्जुन श्रीकृष्ण और बलराम की छोटी बहन सुभद्रा को देखकर प्रेमासक्त हो गया था। उनके विवाह के परिणामस्वरूप अभिमन्यु का जन्म हुआ, जो अपने पिता की तरह लंबी भुजाओं और चौड़े कंधों वाला था। रूप में वह श्रीकृष्ण से मिलता-जुलता था। अपने नाम को सार्थक करते हुए अभिमन्यु निर्भीक और जोशीला था।[13] अर्जुन उसका पहला गुरू था और वह एक उत्साही और निष्ठावान शिष्य था। जब पांडव जुए का खेल हार गए और तेरह वर्ष वनवास में रहे, तब अभिमन्यु द्वारका में रहा जहाँ उसकी शिक्षा और प्रशिक्षण यादवों के प्रेमपूर्ण सानिध्य में जारी रहे।

संजय ने युद्ध के तेरहवें दिन की घटनाओं का वर्णन करते हुए धृतराष्ट्र से कहा, 'श्रीकृष्ण में और पाँचों पांडवों में जो सर्वश्रेष्ठ गुण विद्यमान हैं, वे

सभी गुण अभिमन्यु में एकत्रित हुए दिखाई देते हैं। उसने युधिष्ठिर का तेज, श्रीकृष्ण का उत्तम चरित्र, भीम का साहस, अर्जुन का रूप, पराक्रम और प्रज्ञता तथा नकुल और सहदेव की विनम्रता को आत्मसात कर लिया है।'[14]

युद्ध के तेरहवें दिन द्रोणाचार्य ने चक्रव्यूह का निर्माण किया। केवल अर्जुन, श्रीकृष्ण और श्रीकृष्ण के पुत्र प्रद्युम्न को ही पता था कि इस तरह के सैन्यव्यूह में किस प्रकार प्रवेश करना है और कैसे बाहर निकलना है। यही कारण है कि सुशर्मा और उसके भाइयों को उस प्रातः अर्जुन को चुनौती देने और उसे युद्धभूमि से दूर ले जाने का कार्य सौंपा गया था। श्रीकृष्ण का पुत्र प्रद्युम्न कुरुक्षेत्र में नहीं था। द्रोण आश्वस्त थे कि वह उस दिन युधिष्ठिर को जीवित पकड़ लेंगे।

परन्तु एक योद्धा और था–अभिमन्यु, जो चक्रव्यूह में प्रवेश करना जानता था। अर्जुन ने उसे चक्रव्यूह में प्रवेश करने का तरीका सिखाया था। लेकिन उसे अभी सीखना था कि संकट में होने पर चक्रव्यूह से बाहर कैसे निकलना है। युधिष्ठिर ने अभिमन्यु से नेतृत्व करने के लिए कहा और वचन दिया कि जैसे भी वह मार्ग बनाएगा अन्य योद्धा ठीक उसके पीछे चलेंगे।

अभिमन्यु आगे बढ़ा और व्यूह में प्रवेश करने का मार्ग खोजने लगा। मगर अन्य योद्धाओं को जयद्रथ ने रोक लिया। उसे वरदान मिला था कि वह अर्जुन को छोड़कर हर किसी पर एक दिन के लिए अजेय बन जायेगा। आवेश और क्रोध से भरे अभिमन्यु ने अपने मार्ग में आने वाली हर बाधा को नष्ट करना शुरू कर दिया। उसके बाणों के घात से कौरव सैनिक तेजी से गिरने लगे। दुर्योधन, कर्ण, अश्वत्थामा, दु:शासन और अन्य योद्धाओं ने अभिमन्यु नामक प्रलय को रोकने का प्रयास किया लेकिन सब व्यर्थ गया। कई योद्धा गंभीर रूप से घायल हो गए। कई लोग अचेत हो गए। भयंकर विनाश हुआ। अभिमन्यु कौरव सेनाओं पर आग के गोले की तरह टूट पड़ा और व्यूह की एक-एक परत तोड़ने लगा। अभिमन्यु की बाणवर्षा से हताहत हुए योद्धाओं में दुर्योधन का पुत्र लक्ष्मण, कर्ण का भाई और कोसल नरेश बृहदबल सहित कई अन्य शामिल थे।

अभिमन्यु के आक्रमण से शकुनि इतना व्यथित हो गया कि उसने दुर्योधन को चेतावनी दी, 'यदि हम एक-एक करके लड़ते रहे तो वह आज हम सभी को समाप्त कर देगा। इससे पहले कि वह ऐसा करे, चलो हम सब

मिलकर उस पर आक्रमण करें और उसे मार डालें।'[15] अभिमन्यु के बाणों से पीड़ित होकर कर्ण ने द्रोण से उसे रोकने का तरीका खोजने के लिए कहा, 'उसके बाण असहनीय है। मैं यहाँ केवल इसलिए खड़ा हूँ क्योंकि युद्धभूमि से भागना क्षत्रिय का धर्म नहीं है।'[16]

द्रोणाचार्य भी अभिमन्यु के युद्धकौशल और उत्साह की प्रशंसा किए बिना नहीं रह सके और उन्होंने विस्मय से कहा, 'आह! इसकी बाण छोड़ने की गति तो देखो! बाणों का संधान करते और उन्हें छोड़ते समय उसके धनुष का केवल मंडलमात्र ही दिखता है। उसका कोई छिद्र भी प्रकट नहीं हो रहा। मुझे आज अभिमन्यु और अर्जुन में कोई अंतर नहीं दिखता है।'[17] कर्ण की ओर मुड़कर द्रोण ने सलाह दी, 'अभिमन्यु का कवच अभेद्य है और तुम अभिमन्यु के वक्ष को निशाना लगाकर उसे घायल नहीं कर पाओगे। लेकिन यदि तुम मनोयोग से बाण चलाओ तो उसके धनुष को तोड़ा जा सकता है। तुम उसके रथ की बागडोरों एवं पहियों को तोड़ सकते हो और उसके घोड़ों को भी मार सकते हो। जब तक अभिमन्यु के हाथ में धनुष है तब तक आज देवता भी उसे पराजित नहीं पाएँगे। इसलिए जो तुम कर सकते हो वह करो।'[18]

द्रोणाचार्य के ऐसे वचनों को सुनकर कौरव सावधान हो गये। एक साथ मिलकर उन्होंने युवा अभिमन्यु पर एक प्राणघातक आक्रमण किया। कर्ण ने उसका धनुष काटा, कृतवर्मा ने उसके घोड़ों को मार डाला और कृपाचार्य ने उसका रथ तोड़ दिया। अभिमन्यु अपने रथ से निशस्त्र होकर गिर पड़ा। उस स्थिति में छः कौरव योद्धाओं ने एक ही बार में उस पर बाणों की बौछार कर दी। लेकिन अभिमन्यु अविचल रहा। उसने अपनी तलवार और ढाल निकाली और हवा में छलाँग लगाई। द्रोणाचार्य ने तेजी से उसकी तलवार तोड़ दी और कर्ण ने उसकी ढाल को चकनाचूर कर दिया। अभिमन्यु का शरीर बाणों से ढक गया। उसके वस्त्र पूरी तरह से उसके रक्त में भीग गये। उस पीड़ादायक अवस्था में पूर्णतः सचेत सुभद्रा के इस पुत्र अभिमन्यु ने लड़ाई को जारी रखी। उसने अपने रथ का पहिया उठाया और द्रोणाचार्य की ओर दौड़ा। रथ पर सवार कौरव योद्धाओं ने उस पहिए को भी नष्ट कर दिया। तब अभिमन्यु ने अपनी गदा उठाई। एक झटके से उसने अश्वत्थामा के घोड़ों को मार डाला। दूसरे आघात के साथ उसने गांधार के राजकुमार कलिकेय के रथ का विध्वंस कर दिया और अगले आघात के साथ उसने दु:शासन के पुत्र के रथ और घोड़ों को नष्ट कर दिया। इससे क्रुद्ध, दौशासनी ने अपनी

गदा बाहर निकाली और पहले से ही घायल अभिमन्यु पर आक्रमण कर दिया। लेकिन वह वीरता के साथ लड़ा। एक-दूसरे के साथ लड़ते हुए वे दोनों भूमि पर गिर गए। दौशासनी ने तीव्र गति से उठकर अभिमन्यु के सिर पर गदा का एक घातक प्रहार किया।

अभिमन्यु गिर गया और फिर कभी नहीं उठा। प्रकृति भी स्तब्ध थी। अभिमन्यु की हत्या कुरुक्षेत्र की सबसे भयानक और घृणित घटनाओं में से एक थी। सभी नियमों का उल्लंघन किया गया था, सभी धर्मों को दरकिनार कर दिया गया था। अभिमन्यु की मृत्यु ने कौरवों के अंत को और निकट ला दिया। श्रीकृष्ण और अर्जुन किसी भी अपराधी को इस कुकृत्य को नहीं भूलने देने वाले थे।

घटोत्कच

वारणाव्रत से भागने के बाद पांडव और कुंती जिस वन में छिपे, वह हिडिम्ब नामक एक नरभक्षी राक्षस का निवास स्थान भी था। वन में मनुष्यों की सुगंध को सूँघकर उसने अपनी बहन हिडिम्बा को उनका शिकार करने के लिए भेजा। हिडिम्बा मनुष्यों की तलाश में आई। उसकी दृष्टि लंबे-चौड़े भीम पर पड़ी। वह उसके शरीर की शक्ति का आभास कर पा रही थी। यौवन के तेज से भीम का मुख चमक रहा था। उसका शरीर सुडौल था। हिडिम्बा भीम पर मोहित हो गयी। उसने विचार किया, 'केवल यही मेरे लिए उपयुक्त पति हो सकता है। मैं अपने भाई के भोजन के लिए इसे नहीं मारूँगी।' वह भीम के पास गई और उसे अपने भाई हिडिम्ब के बारे में सावधान किया। लज्जा से मुस्कुराते हुए हिडिम्बा ने भीम के प्रति अपनी इच्छा व्यक्त करते हुए कहा, 'जब से मेरी दृष्टि आपके ऊपर पड़ी है तब से कामदेव ने मेरे तन और मन को मथ दिया है। मैं आपको देखकर अब किसी दूसरे को अपना पति नहीं बनाना चाहती।'

हिडिम्बा को लौटने में इतना समय क्यों लग गया है, यह सोचकर हिडिम्ब उसे खोजने के लिए निकल पड़ा। हिडिम्बा को सुंदर वस्त्र धारण कर भीम से बात करते हुए देखकर उसने अनुमान लगाया कि वह उसे लुभाने की कोशिश कर रही है। हिडिम्बा द्वारा अपनी अवज्ञा पर क्रोधित हिडिम्ब ने उसे मारने के लिए छलाँग लगाई। भीम ने उसे रोक दिया और दोनों दो विशालकाय हाथियों की तरह आपस में भिड़ गए। हिडिम्ब मारा गया। तब

तक उनके द्वंद के शोर ने अन्य भाइयों और कुंती को जगा दिया था। हिडिम्बा ने कुंती को प्रणाम किया और घटना का पूरा वृतांत सुनाने के बाद भीम से विवाह करने की अनुमति माँगी। युधिष्ठिर और कुंती ने एक शर्त के साथ सहमति व्यक्त की, 'तुम दिन में उसके साथ इच्छानुसार समय बिता सकती हो लेकिन रात्रि में तुम उसे हमारे पास वापस आने दोगी।'

हिडिम्बा और भीम ने सहर्ष कुछ महीने एक साथ बिताए। उनके मिलन से एक विशालकाय और स्वस्थ पुत्र का जन्म हुआ। वह एक घड़े की तरह गंजे सिर के साथ जन्मा था, इसलिए हिडिम्बा ने उसका नाम घटोत्कच रखा।[19] भीम का यह पुत्र सबसे बड़ा उप-पांडव था। राक्षस जनजाति की माता के गर्भ से जन्म होने के कारण वह दूसरे मनुष्य शिशुओं की तुलना में बहुत तीव्र गति से बड़ा हुआ। वह बहुत ही सभ्य और आज्ञाकारी बालक था। सभी पांडव भाई और कुंती उससे बहुत स्नेह करते थे। एक समय पर हिडिम्बा को आभास हुआ कि भीम को जाने देने का समय आ गया है। उसका मार्ग नियत था। घटोत्कच ने अपने पिता, चाचा और दादी का आशीर्वाद माँगा और वचन दिया कि जब भी उन्हें उसकी आवश्यकता होगी वह पांडवों की सेवा में तुरंत उपस्थित होगा।

पांडवों को धृतराष्ट्र से खांडवप्रस्थ मिला और उन्होंने उसे इंद्रप्रस्थ में रूपांतरित कर दिया। युधिष्ठिर और अन्य भाइयों के न्यायपूर्ण और लोक-केंद्रित प्रशासन के कारण इंद्रप्रस्थ की समृद्धि बढ़ती गयी। एक दिन युधिष्ठिर ने राजसूय यज्ञ करने का निर्णय लिया। इसके अंतर्गत चारों भाइयों ने एक-एक दिशा चुनी और राजाओं को अपने अधीन करने और उनसे कर लेने की विजय यात्रा अपने हाथ में ली।

सहदेव दक्षिण की ओर गया। उसने अपने दूतों को भेजकर पंड्या, द्रविड़, केरल, आंध्र और कलिंग सहित दक्षिण के सभी राज्यों पर विजय प्राप्त की, किन्तु अभी वह लंका नहीं पहुँच पाया था। इसके लिए समुद्र को पार करना आवश्यक था। सहदेव ने घटोत्कच को बुलाया और उसे लंका में दूत के रूप में भेजा।[20] घटोत्कच ने तुरंत आदेश का पालन किया। वह उस स्थान पर भी गया जहाँ से श्रीराम ने लंका तक पहुँचने के लिए पुल का निर्माण किया था। उसने श्रीराम के पराक्रम के बारे में सोचते हुए रामसेतु को विस्मय से देखा और लंका में प्रवेश किया। अपना परिचय देने पर लंका के

राजा द्वारा उसका गर्मजोशी से स्वागत किया गया और उन्होंने युधिष्ठिर के लिए घटोत्कच को अनेक अनमोल उपहार दिए।[21]

राजसूय यज्ञ हुआ लेकिन यह पांडवों के लिए एक उलझन सिद्ध हुआ। जुए के खेल की घटना इसके कुछ ही देर बाद हुई। पांडवों ने सब कुछ खो दिया और तेरह वर्ष के वनवास के लिए भेज दिए गए। जीवन सरल नहीं था लेकिन ऋषियों के मार्गदर्शन में उन्होंने समय का सदुपयोग किया। युद्ध की संभावना से दिव्य अस्त्र-शस्त्र अर्जित करने के लिए अर्जुन इंद्रलोक चला गया। अन्य पांडव द्रौपदी के साथ वन में ही रहे और ऋषि लोमश के परामर्श पर वे तीर्थयात्रा पर गए।

उत्तराखंड और गंगा के किनारे स्थित धार्मिक स्थलों की यात्रा करने के बाद पांडवों ने गंधमादन पर्वत की ओर रुख किया। यह एक लंबी और कठिन यात्रा थी। यात्रा के दौरान द्रौपदी थकान से अचेत हो गई। वह और नहीं चल पा रही थी। एक बार फिर घटोत्कच को बुलाया गया। वह अपने मित्रों के साथ आया और द्रौपदी, पांडवों और अन्य ऋषियों को अपने कंधों पर उठाकर गंधमादन पर्वत पर स्थित बद्रीका आश्रम तक ले गए। घटोत्कच और उसके मित्र पांडवों के वनवास के इन दिनों के दौरान निरंतर उनके साथ रहे।

युद्ध में राक्षस जनजातियों को विशेष रूप से भयानक माना जाता था क्योंकि उनके पास मायावी शक्तियाँ थीं जो सूर्यास्त के बाद और भी प्रखर हो जाती थी। दोनों पक्षों के पास लड़ने वाले राक्षस योद्धा थे। घटोत्कच, उसका पुत्र अंजनपर्वा और उसके लोग पांडव पक्ष में थे। अलम्बुष, अलायुध और उनकी सेनाएँ कौरव पक्ष में थीं। घटोत्कच पहले दिन से ही पांडवों के दूसरे पुत्रों के साथ रणभूमि में था। कौशल, पराक्रम और वीरता में वह भीम से कम नहीं था, बल्कि कभी-कभी उससे भी उत्कृष्ट था।[22] भीम ने कौरव सेना के लिए मृत्यु की घंटी बजा दी थी। लेकिन दो बार जब भीम संकट में था तब घटोत्कच ने उसकी रक्षा की थी।

युद्ध के चौथे दिन शक्तिशाली हाथी सवार योद्धा, प्राग्ज्योतिष के राजा भगदत्त ने भीम को अचेत कर दिया था। घटोत्कच और कुछ अन्य राक्षस योद्धा हाथियों पर सवार होकर राजा भगदत्त और उसके सैनिकों पर टूट पड़े। हाथी से हाथी और पुरुष से पुरुष टकरा रहे थे। भीष्म के कारण उस दिन

कौरव और राजा भगदत्त की रक्षा हुई। इस समय घटोत्कच का सामना करना बुद्धिमानी नहीं होगी, यह समझकर उन्होंने उस दिन के युद्ध समाप्ति की घोषणा 'सूर्यास्त होने को है' कहकर कर दी।[23]

घटोत्कच अपनी मृत्यु के क्षण तक कौरव सेना को कुचलता रहा। युद्ध का चौदहवाँ दिन महत्वपूर्ण था, उस दिन अर्जुन ने जयद्रथ का वध किया था। लेकिन चौदहवें दिन का सबसे महान योद्धा घटोत्कच था। उस दिन घटोत्कच के पराक्रम ने ही युद्ध में विजय को पांडवों के समीप कर दिया था।

चौदहवें दिन घटोत्कच का पहला मुख्य शिकार भयानक राक्षस अलम्बुष था। कई बाणों से घायल करने के बाद घटोत्कच ने अलम्बुष के रथ पर छलाँग लगा दी। घटोत्कच ने अलम्बुष को उठाया और भूमि पर जोर से पटकने से पहले कुछ क्षणों के लिए चारों ओर घुमाया। राक्षस इस प्रहार से नहीं बच सका और मर गया।[24]

उस दिन उसका दूसरा प्रमुख शिकार एक और शक्तिशाली राक्षस अलायुध था, जो बकासुर का भाई था। वह वृकोदर (भीम का दूसरा नाम) द्वारा मारे गए दो अन्य शक्तिशाली राक्षसों हिडिम्ब और किमीर का सम्बंधी भी था। भीम के साथ हिडिम्बा के विवाह होने से अलायुध और भी क्रुद्ध था। वह कुरुक्षेत्र में भीम का वध करके अपने साथियों की हत्या का प्रतिशोध लेने की प्रतिज्ञा लेकर युद्ध में भाग ले रहा था।

घटोत्कच को कर्ण और उसकी सेना पर प्रलय ढाने से रोकने के लिए दुर्योधन ने अलायुध का आह्वान किया। जब घटोत्कच पर अलायुध प्रहार करने वाला था तब भीम ने उस पर प्रतिघात कर दिया। वह भी भीम से लड़ने के अवसर की ही प्रतीक्षा कर रहा था। उसने भीम पर शक्तिशाली अस्त्र-शस्त्रों से प्रहार किया। भीम ने प्रतिकार किया लेकिन अलायुध भीम पर हावी हो रहा था। अपने पिता को संकट में देखकर घटोत्कच ने अपना ध्यान कर्ण से कुछ देर के लिए हटाकर अलायुध की ओर कर लिया।

घटोत्कच और अलायुध भयानक द्वंदयुद्ध में भीड़ गए। दोनों गदा, बाण, शूल आदि अनेक प्रकार के अस्त्र-शस्त्रों से लड़ रहे थे। दोनों के पास मायावी शक्तियाँ भी थी। उनके अस्त्र-शस्त्र के टकराव की भयानक गर्जना दूसरे सैनिकों में भय उत्पन्न कर रही थी। जब अस्त्र-शस्त्रों से बात नहीं बनी, तब दोनों ने एक-दूसरे के केश पकड़ लिए और हाथों से प्रहार करने लगे। अलम्बुष की तरह ही घटोत्कच ने अलायुध को भी ऊपर उठाया और

भूमि पर पटक दिया और अलायुध जैसे अजेय योद्धा का एक ही झटके में खात्मा हो गया।[25]

उस सांयकाल घटोत्कच ने अश्वत्थामा के हाथों अपने पुत्र अंजनपर्वा की मृत्यु को देखा।[26] लेकिन चौदहवें दिन की सबसे महत्वपूर्ण घटना अभी घटित होनी बाकी थी।

जयद्रथ की मृत्यु के बाद कौरव सदमे में थे। देर रात तक युद्ध चलता रहा। दुर्योधन की वेदना को सहन करने में असमर्थ, कर्ण ने पांडव सेना को समाप्त करने का दृढ़ संकल्प किया था। उसने पांडव सेना को ध्वस्त करना शुरू किया। उस समय कर्ण को रोक पाना असंभव-सा लग रहा था। अर्जुन उसे रोक सकता था लेकिन श्रीकृष्ण नहीं चाहते थे कि उनका युद्ध अभी हो। कर्ण के पास घातक और अमोघ वैजयंती अस्त्र था। दूसरा एकमात्र सक्षम योद्धा जो कर्ण का सामना कर सकता था, वह घटोत्कच था। राक्षस होने के नाते वह रात में और भी अच्छे से लड़ सकता था।

घटोत्कच ने कार्यभार संभाला और सौ घोड़ों द्वारा खींचे जाने वाले आठ पहियों वाले अपने विशाल रथ में आरूढ़ होकर सीधे कर्ण की ओर बढ़ गया। उसकी लंबी और पर्वत जैसी दिखने वाली विशाल काया साधारण मनुष्यों के रोंगटे खड़े करने के लिए पर्याप्त थी। दुर्योधन ने घटोत्कच को कर्ण के पास पहुँचने से रोकने के लिए कई योद्धाओं को भेजा, लेकिन घटोत्कच अजेय था वह किसी से नहीं रुक रहा था। उसके मार्ग में आने वालों को कुचलते हुए घटोत्कच ने कर्ण पर आक्रमण किया और कर्ण ने भी बलपूर्वक प्रतिकार किया। दोनों ऐसे लड़ रहे थे मानो दो शक्तिशाली हाथी आपस में भिड़ रहे हों। उनके बीच भयंकर लड़ाई हुई और आधी रात के बाद भी जारी रही। उन दोनों के कवच फट चुके थे और वे बुरी तरह से घायल हो गए थे।

घटोत्कच को नियंत्रण में करने के लिए जब कर्ण बुरी तरह विफल हो गया और उसका कोई भी अस्त्र-शस्त्र काम नहीं आया तब उसने अपने दिव्य अस्त्रों का उपयोग करने का निर्णय किया। घटोत्कच ने भी गर्जना करते हुए अपनी मायावी शक्तियों का उपयोग किया। उसकी दहाड़ इतनी भयावह थी कि हाथी भी काँपने लगे। अपने प्राण बचाने के लिए कौरव सेनाएँ इधर-उधर भाग रही थीं। केवल कर्ण ही अविचल होकर खड़ा था। उनके द्वंदयुद्ध की क्रूरता बढ़ती ही जा रही थी। युद्ध के एक मोड़ पर कर्ण ने घटोत्कच के

सारथी के साथ-साथ उसके सभी घोड़ों को मार दिया। घटोत्कच अदृश्य हो गया और अपनी मायावी शक्तियों का उपयोग करके कर्ण को भ्रमित करने आकाश से उल्का जैसी चट्टानें गिराने लगा। अपने एक आयुध से उसने कर्ण के चारों घोड़ों को मार डाला।

कर्ण अपने अधिकांश दिव्य अस्त्रों का उपयोग कर चुका था। कौरव बहुत भयभीत और व्यथित हो रहे थे। उन्होंने कर्ण से आग्रह किया कि वह इंद्र से प्राप्त इंद्रास्त्र का उपयोग करे और भीम के सबसे बड़े पुत्र घटोत्कच को समाप्त कर दे। ऐसा न हो कि वह पूरी कौरव सेना का ही विनाश कर दे। उन्होंने आग्रह किया, 'यदि हम अगला दिन देखने के लिए जीवित रहे तो ही हम अर्जुन और भीम से लड़ पाएँगे।' घटोत्कच पर अपने सभी दिव्य अस्त्रों को निष्प्रभावी होते देखकर पहले से ही क्रुद्ध कर्ण ने कौरवों की पुकार सुनी और घटोत्कच पर वैजयंती अस्त्र चला दिया। इंद्र के वचनानुसार इंद्रास्त्र घातक था। इससे घटोत्कच का वक्ष विदीर्ण हो गया। यह जानते हुए कि वह इस प्रहार से नहीं बचेगा, घटोत्कच ने आश्चर्यजनक कर्म किया। उसने अंतिम बार अपनी शक्तियों का उपयोग करके अपने शरीर का विस्तार किया और कौरव सेनाओं पर गिर गया। घटोत्कच की मृत्यु हो गई, परन्तु मरते-मरते भी उसने दुर्योधन की एक अक्षौहिणी सेना को नष्ट कर दिया।[27]

चित्र: घटोत्कच-कर्ण युद्ध, बाली, लेखक द्वारा लिया गया फोटो

घटोत्कच की मृत्यु का समाचार सुनकर युधिष्ठिर अपने आँसू नहीं रोक सके। दु:ख के कारण वह युद्धभूमि पर लौटने में असक्षम हो रहे थे। श्रीकृष्ण ने उन्हें सांत्वना दी और शोक संताप छोड़कर लड़ने के लिए कहा। युद्ध अभी समाप्त नहीं हुआ था। अपने आँसू पोंछते हुए युधिष्ठिर ने उत्तर दिया, 'जो

मनुष्य अपने ऊपर किए गए उपकार को भूल जाता है, वह हत्यारे के समान पापी होता है। घटोत्कच सदैव हमारे आदेश का पालन करता था। उसने हमारे वनवास के कठिन समय में हमारी सहायता की थी। जब अर्जुन इंद्र से दिव्य अस्त्र-शस्त्र लेने गया था, तब घटोत्कच स्वेच्छा से आकर हमारे साथ रहा था। वह द्रौपदी को अपनी पीठ पर उठाकर गंधमादन पर्वत तक लाया था। वह पूरी तरह से मेरे प्रति समर्पित था। मैं भी उससे उतना ही प्रेम करता था जितना मैं सहदेव से करता हूँ। हम सब वहीं थे लेकिन घटोत्कच को कर्ण के हाथों मारे जाने से बचाने के लिए कुछ भी नहीं कर सके।'[28]

युधिष्ठिर अचानक खड़े हुए और बोले, 'यदि हमारे लिए अपने शत्रुओं को मारना न्याय-संगत है तो जो लोग सर्वप्रथम मरने योग्य हैं वे कर्ण और द्रोण हैं। वे अभिमन्यु के भी अपराधी हैं। जयद्रथ तो केवल छोटा-सा खिलाड़ी था और अब कर्ण द्वारा घटोत्कच का भी वध हो गया। कर्ण और द्रोण ही मेरी सेना को सबसे अधिक हानि पहुँचा रहे हैं। तथापि अर्जुन ने कर्ण के स्थान पर जयद्रथ को मार दिया। अब मैं कर्ण को स्वयं मारूँगा।' ऐसा कहते हुए, वह युद्धभूमि की ओर चल दिए, लेकिन व्यास मुनि ने उन्हें रोक लिया।[29] युधिष्ठिर रुक गये पर घटोत्कच की मृत्यु का दुःख उन्हें अभी भी संताप दे रहा था।

द्रौपदेय

इंद्रप्रस्थ के गुजारे हुए वर्ष पांडवों और द्रौपदी के जीवन की सुख-समृद्धि के कुछ दिन थे। इन वर्षों के दौरान ही द्रौपदी ने अपने प्रत्येक पति से एक-एक करके पाँच पुत्रों को जन्म दिया। द्रोपदेयों में सबसे बड़े, युधिष्ठिर के पुत्र का नाम प्रतिविंध्य रखा गया—वह जो युद्ध में विंध्य पर्वत के समान अविचल था।[30] भीम के पुत्र का नाम सुतसोम था जो सूर्य और चंद्रमा के समान तेजस्वी था और वह भीम द्वारा एक हजार सोम यज्ञ करने के बाद जन्मा था।[31] अर्जुन के पुत्र का नाम श्रुतकीर्ति था, क्योंकि वह अर्जुन की ख्याति-प्राप्त बारह वर्ष की तीर्थयात्रा से लौटने के बाद जन्मा था।[32] श्रुतकीर्ती अर्जुन का सबसे छोटा पुत्र था। इस प्रकार अर्जुन के चार पुत्र क्रमशः इरावन, बब्रूवाहन, अभिमन्यु और श्रुतकीर्ति थे।

नकुल के पुत्र शतानीक का नाम कुरुवंश के एक पराक्रमी पूर्वज के नाम पर रखा गया था।[33] सहदेव के पुत्र का जन्म अग्नि देवता के कृत्तिका नक्षत्र में हुआ था इसलिए उसका नाम श्रुतकर्मा रखा गया था।[34]

द्रोपदेयों ने अपने बाल्यकाल का बड़ा भाग अपने मातृपक्ष के संबंधियों और श्रीकृष्ण की देखभाल में, कांपिल्य और द्वारका में व्यतीत किया था। सत्यभामा ने द्रौपदी को उसके पुत्रों के कुशलक्षेम के बारे में आश्वस्त करते हुए कहा, 'आपके पुत्र सुखी हैं और द्वारका में उनकी बड़े प्रेम से देखभाल की जाती है। सुभद्रा, रुक्मिणी, श्रीकृष्ण और द्वारका के यादव आपके पुत्रों पर अपना प्रेम लुटाते हैं। पाँचों बालकों ने अपनी शिक्षा पूरी कर ली है और युद्ध कौशल में निपुण हो गए हैं। चिंता करने की कोई आवश्यकता नहीं।'

जब भीष्म पांडव पक्ष के योद्धाओं का आंकलन कर रहे थे, तब उन्होंने द्रौपदी के पाँचों पुत्रों का 'महारथी'[35] के रूप में उल्लेख किया था, जिसका अर्थ है कि वे अच्छी तरह से प्रशिक्षित और कुशल योद्धा थे।

द्रौपदेय मुख्य रूप से अभिमन्यु के साथ एक सहायक दल के रूप में लड़े। उन्होंने संकट में पड़ने पर अभिमन्यु और अन्य योद्धाओं की रक्षा की। उन्होंने कई अवसरों पर अभिमन्यु का सहयोग करने में महत्वपूर्ण भूमिका निभाई। उन्होंने युद्ध के छठे दिन दुर्योधन के आक्रमण को रोका।[36] युद्ध के सत्रहवें दिन वे दुर्जय अश्वत्थामा के साथ लड़े। उन्होंने द्वंदयुद्ध में बड़ा पुरुषार्थ अर्जित किया। युद्ध के अट्ठारह दिनों में वे बहुत सारे प्रतिष्ठित और पराक्रमी कौरव योद्धाओं के विरुद्ध लड़े। कुछ योद्धाओं के विरुद्ध वे जीते और कुछ के विरुद्ध उन्हें पीछे हटना पड़ा। लेकिन कभी भी युवा द्रौपदेय विचलित नहीं हुए। वे अंतिम दिन तक युद्धभूमि में टिके रहे। उनके प्रमुख द्वंदों का विवरण निम्नलिखित हैं:

1. प्रतिविंध्य[37] ने शकुनि, अलम्बुष, अश्वत्थामा, दु:शासन और चित्र के विरुद्ध युद्ध लड़ा। युद्ध के ग्यारहवें दिन जब उसे द्रोणाचार्य पर आक्रमण करने से रोका गया तो उसने अश्वत्थामा के साथ द्वंदयुद्ध किया। युद्ध के सोलहवें दिन एक भयानक युद्ध में उसने चित्र को मार डाला। धनुष और बाण से लेकर गदा और भाले तक हर प्रकार का अस्त्र-शस्त्र द्वंदयुद्ध में उपयोग किया गया था। चित्र को मारने के बाद प्रतिविंध्य ने उसकी सेना पर आक्रमण किया। बड़ी संख्या में सैनिक मारे गए और जो भाग्यशाली थे वे भाग गए।
2. सुतसोम[38] ने विकर्ण, विविंशति और शकुनि से युद्ध किया। युद्ध के छठे दिन उसने श्रुतकर्मा को दुर्योधन के भाई दुर्मुख के हाथों मरने से

बचाया। दुर्मुख ने श्रुतकर्मा का रथ तोड़ दिया, लेकिन वह निर्भय होकर भूमि पर खड़े होकर लड़ता रहा। सुतसोम ने शीघ्रता से आकर अपने छोटे भाई को अपने रथ पर खींच लिया।

3. दुर्मुख के अतिरिक्त, श्रुतकर्मा[39] ने काम्बोज के राजा सुदक्षिण के साथ युद्ध किया। युद्ध के ग्यारहवें दिन उसका सामना दुर्योधन के भाई चित्रसेन के पुत्र से हुआ। युद्ध के चौदहवें दिन श्रुतकर्मा ने सोमदत्त के पुत्र और भुतिश्रवा के भाई शल को मार डाला। शल को मारने में पाँचों भाइयों की भूमिका थी। उन्होंने पहले एक-एक करके शल का प्रतिकार किया और उसे शक्तिहीन कर दिया। श्रुतकर्मा ने अंततः उसका सिर काट दिया। श्रुतकीर्ति ने शल के घोड़ों को मार डाला, शतानीक ने उसके सारथी को मारा, सुतसोम ने उसका धनुष काटा और प्रतिविंध्य ने उसका ध्वज काटा। सोलहवें दिन सहदेव के पुत्र श्रुतकर्मा ने अभीरों के राजा चित्रसेन का वध कर उसकी सेना का नाश कर दिया। श्रुतकीर्ति ने इस उपलब्धि में उसका सहयोग किया। युद्ध के सत्रहवें दिन देवावृध के पुत्र का श्रुतकर्मा ने वध किया।
4. शतानीक[40] ने दुर्योधन, अश्वत्थामा और वृषसेन के भाइयों जयत्सेन, चित्रसेन, दुष्कर्ण और श्रुतकर्मा से युद्ध किया। युद्ध के ग्यारहवें दिन जब भूतकर्म ने उसे द्रोणाचार्य पर आक्रमण करने से रोकने की कोशिश की तब उसने भूतकर्म को मार डाला। युद्ध के चौदहवें दिन शतानीक ने पांडवों की सेना का गठन करने में दृष्टद्युम्न की सहायता की। युद्ध के सत्रहवें दिन उसने कलिंग के युवा राजकुमार को मार डाला।
5. श्रुतकीर्ति[41] का सामना युद्ध के छठे दिन जयत्सेन से हुआ था। युद्ध के ग्यारहवें दिन द्रोणचार्य पर आक्रमण करते हुए उसने दुःशासन के पुत्र के साथ युद्ध किया। वह द्रौपदेयों में सबसे छोटा था परन्तु युद्ध में उसने अपनी भूमिका वीरता से निभाई।

दुर्योधन के धराशायी होने के साथ ही युद्ध समाप्ति की घोषणा हो गयी। कुरुक्षेत्र में लड़ने वाले पांडवों के पुत्रों में से केवल द्रौपदेय ही अट्ठारह दिनों तक जीवित रहे। श्रीकृष्ण के सुझाव के अनुसार, उस रात पांडवों ने कौरव शिविर में विश्राम किया। द्रौपदी के पुत्रों और उनके साथ पांचाल के जीवित योद्धाओं धृष्टद्युम्न और शिखंडी ने अपने (पांडव पक्ष) शिविर में ही विश्राम

किया। कई बंधु-बांधव युद्ध में मारे गए थे, लेकिन इस सांत्वना ने उन्हें कुछ शांति से सोने दिया कि कम से कम अगली सुबह नहीं लड़ना पड़ेगा।

कौरव हार गए थे। उनके तीन योद्धा अश्वत्थामा, कृतवर्मा और कृपाचार्य अभी भी जीवित थे। दुर्योधन भी मृत्यु शय्या पर था। जलाशय के पास कीचड़ में पड़े रक्त में भीगे हुए, अपनी मृत्यु की प्रतीक्षा कर रहे और सदा गर्व के साथ रहने वाले दुर्योधन की दशा अत्यंत हृदय विदारक थी। अश्वत्थामा अपने मित्र की दुर्दशा देखकर दुःखी हो गया। दुर्योधन में बहुत अवगुण थे परन्तु वह मित्रता बनाए रखना जानता था। वह अपने मित्रों के लिए सदैव उदार रहता था।

अश्वत्थामा ने कहा, 'उन्होंने तुम्हारे साथ जो कुछ किया उसका प्रतिशोध लेने के लिए मैं आज सभी पांडवों और पांचालों को मारने की प्रतिज्ञा करता हूँ।' हस्तिनापुर के मरणासन्न युवराज के लिए यह वचन शांतिदायक थे। उसने अश्वत्थामा को कौरवों का सेनापति नियुक्त किया।[42] वैसे तो नेतृत्व करने के लिए कोई कौरव या सहयोगी नहीं बचे थे, परन्तु इस कार्य से दुर्योधन ने अश्वत्थामा के प्रति अपनी कृतज्ञता ही जताई। तीनों योद्धा अपने शिविर में वापस नहीं गए। उन्होंने वन में रात बिताने का निर्णय किया। कृपाचार्य और कृतवर्मा एक वृक्ष के पास भूमि पर सो गए।

अपने मित्र की हार का प्रतिशोध कैसे ले, यह विचार करते हुए अश्वत्थामा जाग रहा था। उसने सोचा, 'पांडवों को युद्ध में मारने का विकल्प मेरे पास नहीं है, लेकिन मैं प्रतिज्ञाबद्ध हूँ। युद्ध के सामान्य नियमों का पालन करना बुद्धिमानी नहीं होगी। मैं इस तरह अपने अंत को ही आमंत्रित करूँगा।' तभी उसकी दृष्टि पास के ही एक वृक्ष पर पड़ी। कौवों का एक झुंड उसकी एक शाखा पर बैठे-बैठे सो रहा था। अचानक एक उल्लू कहीं से आया और उसने असावधान कौवों पर धावा बोल दिया। उल्लू द्वारा अचानक किये धावे के कारण अधिकांश कौवे उसका आसानी से शिकार बन गए। अश्वत्थामा एकदम उछला। वह जान गया था कि उसका प्रतिशोध कैसा होगा।[43]

अपनी कार्ययोजना तय करने के बाद अश्वत्थामा ने कृपाचार्य और कृतवर्मा को जगाया और उन्हें प्रतिशोध लेने की अपनी योजना बताई। कृपाचार्य ने उसे रोकने का प्रयास किया। कृपाचार्य ने कहा, 'दुर्योधन को वही मिला जिसके वह लायक था। सभी विद्वतापूर्ण परामर्शों की अनदेखी करते हुए आवेग और लोभ से प्रेरित होकर उसने अपने साथ अन्य सभी को युद्ध

के इस विचारहीन और क्रूर कार्य में डुबो दिया। जिस कष्ट का हम सामना कर रहे हैं वह भी हमारे अपने कर्मों के कारण है। यह भली-भाँति जानते हुए कि दुर्योधन विनाश के मार्ग पर है हमने उसका अनुसरण किया। चलो हम हस्तिनापुर जाकर धृतराष्ट्र, गांधारी और विदुर का परामर्श लें।'

अश्वत्थामा सुनने की मनोदशा में नहीं था। क्रोध ने उसके विवेक को नष्ट कर दिया था। 'मैंने आज रात ही अपने शिविरों में निंद्रालीन पांडवों और पांचालों को मारने का निर्णय किया है। युद्ध के दौरान पांडवों ने छल का सहारा लिया है। उन्होंने मेरे पिता द्रोण, कर्ण और दुर्योधन को भी छल से मारा। मैं कुछ भी गलत नहीं करूँगा,' ऐसा कहते हुए अश्वत्थामा अपने रथ की ओर भागा। कृपाचार्य और कृतवर्मा ने उसका अनुसरण किया। वे तीनों एक साथ पांडवों के शिविर की ओर बढ़े।[44]

यह मानते हुए शिविर में चारों ओर शांति छाई हुई थी कि युद्ध समाप्त हो गया है। सभी सैनिक और सेवक भी गहरी निद्रा में लीन थे। अश्वत्थामा ने चुपके से शिविर में प्रवेश किया और जो भी उसकी तलवार के सामने आया उसे मारना शुरू कर दिया। जैसे कौवे उल्लू के धावे पर चकित हो गए थे, ठीक उसी तरह शिविर में उपस्थित योद्धा भी भयभीत हो गए थे। इससे पहले कि उन्हें पता चलता कि उनके साथ यह क्या हो रहा है, उनकी गर्दन अश्वत्थामा की तलवार से कट चुकी होती थी। उसने धृष्टद्युम्न, उत्तमौज, युधामन्यु और उनके सेवकों को मार डाला। कुछ लोग जो भागने में सफल रहे उन्हें प्रवेश द्वार पर प्रतीक्षा कर रहे कृतवर्मा और कृपाचार्य ने मार दिया।

कोलाहल के कारण शिखंडी और द्रौपदी के पुत्र एक झटके से जाग गए। वे अपने शिविरों से बाहर आए और अश्वत्थामा पर बाण बरसाने लगे, परन्तु अश्वत्थामा को रोकना असंभव था। ऐसे लग रहा था जैसे वह साक्षात विनाश के देवता द्वारा प्रेरित किया गया था। एक के बाद एक द्रौपदेय और शिखंडी उसकी तलवार से मारे गए। कदाचित जितने उसने युद्ध में भी नहीं मारे थे, उससे भी अधिक लोगों को उस रात अश्वत्थामा ने नष्ट कर दिया।[45] अपने हृदय की संतुष्टि तक पांडव पक्ष के लोगों को मारने के बाद वह शिविर से बाहर आ गया। वे तीनों उस जलाशय की ओर भागे जहाँ दुर्योधन पड़ा था। पांडव शिविर के विध्वंस का समाचार सुनकर दुर्योधन बहुत प्रसन्न हुआ और इसके तुरंत बाद उसका देहांत हो गया।

जब संजय ने अश्वत्थामा द्वारा पांडव शिविर में किए भयानक विनाश का वर्णन किया, धृतराष्ट्र आश्चर्यचकित थे। उन्होंने संजय से पूछा, 'यदि अश्वत्थामा मेरे पुत्र की जीत चाहता था तो उसने ऐसा युद्ध के दौरान क्यों नहीं किया? उसने विरोधियों को नष्ट करने के लिए मेरे पुत्र के मरने की प्रतीक्षा क्यों की?' इस पर संजय ने उत्तर दिया, 'अर्जुन, श्रीकृष्ण और सात्यकि से अश्वत्थामा बहुत डरता था। यदि अर्जुन आसपास भी होता तो अश्वत्थामा कभी भी सफल नहीं हो पाता।'[46]

अश्वत्थामा यहीं नहीं रुका। उसने पांडवों पर ब्रह्मास्त्र का उपयोग करने का प्रयास किया, जिसमें विफल रहने पर उसने उस घातक अस्त्र को उत्तरा के गर्भ पर छोड़ दिया। वह इसमें भी सफल नहीं हो पाया। अश्वत्थामा को अपने अपराध का दंड मिला और ऐसा दंड मिला जो मृत्यु से भी बदतर था। श्रीकृष्ण ने उसे माथे पर घाव के साथ, रोगग्रस्त, मवाद और रक्त की दुर्गंधपूर्ण अवस्था में तीन हजार वर्षों तक पृथ्वी पर अकेले विचारणे का श्राप दिया।[47]

श्वेत

उत्तर और श्वेत मत्स्यदेश के राजा विराट के पुत्र थे। अभिमन्यु की पत्नी उत्तरा उनकी बहन थी। उत्तर वह राजकुमार था जो विराट के युद्ध के दौरान अर्जुन का सारथी बना था। इन दोनों भाइयों ने युद्ध के दौरान पांडवों के पक्ष में भाग लिया था। उत्तर ने वीरता के साथ युद्ध लड़ा और दुर्भाग्यवश पहले ही दिन मद्र के राजा शल्य के हाथों वीरगति को प्राप्त हुआ। श्वेत ने उत्तर को मरते हुए देखा तो अपने भाई की मृत्यु का प्रतिशोध लेने के लिए शल्य पर प्राणघातक आक्रमण किया। शल्य के रथ पर श्वेत कूदने ही वाला था कि जयद्रथ और बृहदबल सहित सात योद्धाओं ने उस पर प्रतिघात कर दिया। इस सामूहिक आक्रमण का भी श्वेत ने वीरतापूर्वक प्रतिकार किया। एक ही क्षण में उसने अपने तीरों से उनके धनुष काट दिए। योद्धाओं ने दूसरे धनुष बाहर निकाले लेकिन इससे पहले कि उन्हें आभास होता, श्वेत ने तीरों की बौछार कर दी और उनके धनुषों के टुकड़े कर दिए। श्वेत ने उन्हें पीछे हटने के लिए विवश कर दिया और एक बार फिर से शल्य पर लक्ष्य साधा।

इस बार भीष्म और दुर्योधन के नेतृत्व में सेनाओं ने श्वेत और उसके सैनिकों पर आक्रमण किया। श्वेत ने अविचल उस दिन कई युवा राजकुमारों को मार डाला। उसने कुछ के सिर तो कुछ के अंगों को काट दिया। श्वेत

का आक्रमण इतना क्रूर था कि भीष्म इधर-उधर भागने लगे। यह देखते हुए भीष्म ने अपना आक्रमण उग्र कर दिया कि कोई अन्य योद्धा श्वेत को रोकने में सक्षम नहीं हो पा रहा है। वे दोनों अपने युद्धकौशल का प्रदर्शन करते हुए उन्मत हाथियों की तरह लड़े। भीष्म अनुभवी थे, लेकिन श्वेत भी अडिग था। युवा श्वेत भीष्म के लिए कठिन प्रतिद्वंदी सिद्ध हो रहा था। कुछ क्षण तो भीष्म के रथ के ध्वज को कटा हुआ देखकर कौरवों ने मान लिया कि श्वेत ने भीष्म का वध कर दिया है।

दुर्योधन ने भीष्म की रक्षा के लिए बाह्लीक, कृतवर्मा और शल्य जैसे योद्धाओं को भेजा। श्वेत ने उन्हें मार्ग में ही रोक दिया। भीष्म का शरीर भी उसके बाणों से छलनी हो गया था। फिर श्वेत ने भीष्म के रथ पर गदा फेंकी और घोड़ों के साथ-साथ रथ को भी चूर-चूर कर दिया। भीष्म शीघ्रता से दूसरे रथ पर आरूढ़ हो गए और इस बार उन्होंने श्वेत पर प्राणघातक आक्रमण किया। महान भीष्म के प्राणघातक आक्रमण का सामना करने में असमर्थ युवा श्वेत ने प्राण त्याग दिए। इस वीरगति के साथ श्वेत ने स्वयं को अमर कर लिया।[48]

विराट के एक और पुत्र शंख की मृत्यु युद्ध के छठे दिन हुई थी। जब वह अपने पिता की रक्षा के लिए आया तब द्रोणाचार्य द्वारा उसे मार दिया गया था।[49] कुरुक्षेत्र की विजय तुच्छ नहीं थी। इसका मूल्य असंख्य योद्धाओं का जीवन था।

20

युद्ध के बाद का हस्तिनापुर

युधिष्ठिर का विषाद

युद्ध अट्ठारह दिनों तक चला। पांडव विजयी हुए थे परन्तु इस विजय का उन्हें बहुत बड़ा मूल्य चुकाना पड़ा था। भारतवर्ष में कुछ ही ऐसे परिवार बचे थे जिन्होंने पिता, पुत्र, भाई या पति को नहीं खोया था। पाँचों पांडव बच गए थे, लेकिन उन्होंने अपने दादा, चचेरे भाई और गुरुजन सहित द्रौपदी, सुभद्रा, उलूपी और हिडिम्बा से उत्पन्न अपने सभी पुत्रों को खो दिया था।

इस विनाश में भाग लेने के भीषण अपराधबोध में जल रहे व्यथित युधिष्ठिर ने घोषणा की कि वह राज्य और धनसम्पत्ति नहीं चाहते। वह प्रायश्चित करते हुए अपना शेष जीवन वनवास में बिताना चाहते हैं। उन्होंने कहा, 'यदि हमने द्वारका में शरण लेकर और भिक्षा माँगकर जीवनयापन किया होता तो ऐसी आपदा हम पर नहीं आती। इस राज्य के लिए हमने उन सभी को मार डाला जो हमें प्रिय थे। हमने युवा पुत्रों को मार डाला, जो अभी तक अपने माता-पिता के प्रति अपने कर्त्तव्यों का निर्वहन नहीं कर पाए थे और जिन्होंने अपने जीवन के भोगों को नहीं भोगा था। हमने निश्चित रूप से पाप किया है। मैं अब यहाँ नहीं रह सकता। मुझे अपने पाप के लिए प्रायश्चित करना ही होगा। मैं सब कुछ छोड़कर वन में एक तपस्वी का जीवन यापन करूँगा।'[1]

दूसरे भाइयों ने उन्हें उनके दुःख से बाहर निकालने का प्रयास किया और उनसे अपने निर्णय पर पुनर्विचार करने का आग्रह किया। भीम ने कहा, 'इस समय वन में जाना राज्य के प्रति अपने उत्तरदायित्व से भागने के समान है।'[2]

अर्जुन ने युधिष्ठिर को प्रोत्साहित करते हुए कहा, 'पुरुषार्थ से अर्जित धन को नहीं फेंकना चाहिए, उसका उपयोग राज्य के कल्याण के लिए किया जाना चाहिए। आपके पास राज्य के माध्यम से भव्य यज्ञों का आयोजन करके

अपनी प्रजा के लिए आपके पास जो कुछ भी है उसका त्याग करने का अवसर है। एक राजा के लिए यही सबसे कल्याणकारी मार्ग है।'[3]

नकुल ने कहा, 'यह सोचना मूर्खता है कि घर छोड़कर वन में जाकर रहना कोई महान त्याग है। सच्चा त्यागी वह है जो अपने मन को वश में रखकर अपने परिवार और समाज के प्रति कर्त्तव्यों का सविवेक निर्वाह करता है।'[4] उसके बाद सहदेव ने कहा, 'वास्तविक सुख हमारे अहंकार एवं विषयासक्ति को छोड़ने और करने योग्य कार्य को करने में निहित है।' द्रौपदी, कुंती, श्रीकृष्ण और वेदव्यास ने भी युधिष्ठिर से अपने राजा के कर्त्तव्यों का पालन करने का आग्रह किया। उनका उत्तरदायित्व न केवल हस्तिनापुर की प्रजा के प्रति था, बल्कि उन सभी राज्यों के प्रति भी था जिन्होंने दोनों पक्षों की ओर से युद्ध में भाग लिया था।

युधिष्ठिर को अपने पूर्वजों की तरह राज्य पर राज करने के लिए प्रोत्साहित करने के साथ-साथ महर्षि वेदव्यास ने भारतवर्ष में शांति स्थापित करने के लिए एक उत्कृष्ट परामर्श दिया, 'अब तुम सभी राज्यों में जाओ और वहाँ जो कोई भी उनका उचित उत्तराधिकारी हो—भाई, पुत्र अथवा पौत्र—उसका राज्यभिषेक करो। यदि पुरुष उत्तराधिकारी नहीं हो तो उनकी पुत्रियों को राज्य पर अभिषिक्त कर दो और वहाँ की प्रजा और महिलाओं को सांत्वना दो। शोक और दुःख से निपटने और राज्य में शांति स्थापित करने में उनकी सहायता करो।'[5]

व्यास ने युधिष्ठिर को अपने शोक से बाहर आने और उचित समय आने पर अपने पूर्वजों की ही भाँति अश्वमेध और सर्वमेध जैसे यज्ञों का आयोजन करने के लिए प्रोत्साहित करते हुए कहा, 'जब तुम अपने सभी कर्त्तव्यों का निर्वहन करके अपने समाज, पूर्वजों और देवताओं के ऋण से उऋण हो जाओ, तब प्रसन्नता से वन में जा सकते हो।'[6]

अंततोगत्वा, युधिष्ठिर मान गए और उनका हस्तिनापुर के राजा के रूप में राज्यभिषेक किया गया। यज्ञ आयोजन करने का विचार उन्हें अच्छा लगा लेकिन इसके लिए राजकोष की आवश्यकता थी। चूँकि, युद्ध अभी-अभी ही हुआ था इसलिए राजकोष खाली था। वेदव्यास ने पांडवों को हिमालय में एक स्थान के बारे में बताया जहाँ अपार धन छुपाकर रखा हुआ था। यदि वे उस धन को खोजने और सुरक्षित करने में सफल हो पाए तो राजकोष को शीघ्र ही भरा जा सकता था।[7]

इक्षवाकु वंश के मरुत नामक राजा ने बहुत वर्ष पूर्व उस स्थान पर यज्ञ का आयोजन किया था। दान में बहुत सारी संपत्ति देने के बाद भी राजा के पास बहुत स्वर्ण बचा था। यह सोना उन्होंने उस स्थान पर संग्रहित किया। समय के साथ-साथ उनके उत्तराधिकारी उस स्थान और धन के बारे में भूल गए।[8] पांडवों ने हिमालय में उस स्थान पर जाकर खुदाई की और सोने, आभूषणों, बहुमूल्य रत्नों से भरे सोने के पात्रों को प्राप्त किया। उन्हें जितनी संपत्ति मिली वह भव्य अश्वमेध यज्ञ करने के लिए पर्याप्त थी।

अश्वमेध यज्ञ–दीक्षा

युद्ध की त्रासदियों के बावजूद परिक्षित के जन्म से पूरे हस्तिनापुर में हर्ष की लहर छा गई। पांडवों को हिमालय में अपार धन-सम्पदा मिली थी। युधिष्ठिर ने वेदव्यास और श्रीकृष्ण दोनों के सुझाव के अनुसार अश्वमेध यज्ञ के आयोजन की योजना बनानी शुरू कर दी। केवल वह राजा ही इसका अनुष्ठान करने योग्य था जिसके पास दान के लिए पर्याप्त धन हो और जिसके प्रति भारतवर्ष के अन्य राजाओं की अधीनता हो। राजसूय यज्ञ के समान ही दूसरे राजाओं को कूटनीति अथवा बल से यज्ञकर्ता राजा ने अपने प्रभुत्व में लाना अनिवार्य था। राजसूय की तरह ही इस यज्ञ में भी अतिथि, याचकगण, प्रजाजन और अधीन राजाओं को भोजन और धन के रूप में भारी मात्रा में दान देने की आवश्यकता थी। वास्तव में इसके पीछे का विचार युद्ध से प्रभावित प्रजाजनों के भौतिक आवश्यकताओं की देखभाल करना भी था।

दोनों यज्ञों के बीच एक बड़ा अंतर था। अश्वमेध यज्ञ में एक उत्कृष्ट नस्ल के घोड़े को छोड़ दिया जाता और पूरे एक वर्ष तक उसे स्वेच्छा से घूमने दिया जाता था। घोड़ा जिस राज्यों से होकर गुजरता था उस राज्य के राजा के पास दो विकल्प होते थे–पहला, यज्ञकर्ता राजा की संप्रभुता को स्वीकार करते हुए घोड़े को निर्बाध जाने दें; और दूसरा, घोड़े को पकड़ कर यज्ञकर्ता राजा के प्रभुत्व को चुनौती दें। यज्ञ पूर्ण करने के लिए यजमान राजा चुनौती देने वाले राजा को या तो हराना होता था या उसे मनाकर शांत करना होता था।

युधिष्ठिर के यज्ञ के लिए एक उत्कृष्ट नस्ल के घोड़े का चयन करके छोड़ा गया। अर्जुन को घोड़े का अनुसरण करने और निर्धारित अवधि के अंत तक उसे वापस लाने के लिए नियुक्त किया गया। युधिष्ठिर ने अर्जुन को

जाने से पहले निर्देश दिया, 'जहाँ तक संभव हो, अपने शब्दों से राजाओं को आश्वस्त करना। उनके साथ युद्ध न करना पड़े तुम ऐसी चेष्टा करना।'[9] अर्जुन एक विशाल सेना के साथ अभियान पर निकल गया। वह पहले राजाओं को शांतिपूर्वक मनाने की चेष्टा करता और उनसे तभी लड़ता जब वे समर्पण नहीं करते। विवश होने पर भी वह राजकुमारों और राजाओं को मारने से बचता। उन्हें अस्त्र-शस्त्रहीन, रथहीन अवस्था में छोड़कर अर्जुन युधिष्ठिर की अधीनता स्वीकार करवाने के बाद उन्हें जाने देता था।

दुःशाला का अनुरोध

यद्यपि अर्जुन किसी भी राज्य के साथ युद्ध की इच्छा नहीं रखता था फिर भी कुरुक्षेत्र के घावों को कुछ लोग पाले हुए थे। वे अर्जुन से युद्ध करने के इस अवसर की प्रतीक्षा कर रहे थे। त्रिगर्त, किरात और मलेच्छ राज्यों ने घोड़े को रोकने का प्रयास किया, लेकिन अर्जुन के हाथों पराजय मिली। कुरुक्षेत्र में भगदत्त की मृत्यु के बाद उनका पुत्र वज्रदत्त प्रागज्योतिष का राजा बना था। उसने अर्जुन को चुनौती देकर युद्ध किया। वज्रदत्त हार गया लेकिन अर्जुन ने उसे नहीं मारा। यज्ञ का निमंत्रण देकर और वज्रदत्त का समर्पण प्राप्त करके अर्जुन आगे बढ़ा। इसके बाद घोड़ा सिंधु देश की ओर मुड़ा।

अर्जुन ने अभिमन्यु की मृत्यु का प्रतिशोध लेने के लिए कुरुक्षेत्र युद्ध के चौदहवें दिन अपने जिस बहनोई जयद्रथ का वध किया था वह सिंधु देश का राजा था। जयद्रथ की मृत्यु के पश्चात उसके पुत्र सुरथ को राजा बनाया गया था। जयद्रथ वही था जिसने वनवास काल में द्रौपदी का अपहरण करने की चेष्टा की थी। हालांकि उस घटना के बाद पांडवों ने जयद्रथ को मारा नहीं था बल्कि उन्होंने उसका घोर अपमान किया था। तब से सैन्धवों (सिन्धु देश के लोग) के मन में पांडवों के प्रति घोर घृणा थी। इसलिए जब उन्हें घोड़े के सिंधु क्षेत्र में प्रवेश करने के बारे में पता चला तो सिंधु के योद्धाओं ने अर्जुन पर आक्रमण कर दिया। अर्जुन ने मुँहतोड़ प्रतिकार किया। वह अकेला ही सभी सिंधु योद्धाओं पर भारी था।

अर्जुन ने उन्हें पीछे हटने के लिए मनाने की चेष्टा की लेकिन सैंधव मरने के लिए उद्यत थे। जब उनके पक्ष के योद्धा धराशायी होने लगे, तब अर्जुन की चचेरी बहन अर्थात जयद्रथ की पत्नी दुःशाला अपने हाथों में एक शिशु लेकर रणभूमि पर दौड़ती हुई आई। उसने अर्जुन से अनुरोध किया कि

वह इस शिशु के लिए सैंधवों को क्षमा कर दे और किसी और योद्धा को न मारे। अर्जुन स्वयं किसी को नहीं मारना चाहता था। अब यह अनुरोध उसकी चचेरी बहन ने किया था। इसलिए उसने तुरंत अपना आक्रमण रोका और उस शिशु के बारे में पूछा। दु:शाला ने उसे बताया कि यह शिशु सुरथ का पुत्र और उसका पौत्र है। उसने अर्जुन को यह भी बताया कि सुरथ की मृत्यु उसी दिन आघात से हुई थी जब उसे अर्जुन के आक्रमण का समाचार मिला था।[10]

दु:शाला ने अपने पक्ष के लोगों से भी अनुरोध किया कि वे अपने आयुध छोड़ दें और पांडवों के साथ संधि करके शांति बनाएँ। यहाँ दु:शाला की सद्बुद्धि ने उस दिन सैंधवों को बचाया। अर्जुन ने दु:शाला को सांत्वना दी और उसे यज्ञ में आमंत्रित करके अगले गंतव्य की ओर चल दिया। घोड़े का अनुसरण करते-करते अर्जुन ने मणिपुर के राज्य में प्रवेश किया।[11]

अर्जुन को हराने वाला पुत्र

कई वर्ष पहले अर्जुन जब युधिष्ठिर और द्रौपदी की निजता भंग करने के बाद भारतवर्ष की अपनी बारह साल की यात्रा पर था, तब वह मणिपुर गया था। दक्षिण की ओर महेंद्रगिरि पर्वत को पार करते हुए तटीय मार्ग पर चलते हुए वह इस सुंदर राज्य में पहुँचा था। नगर में विचरण करते हुए उसने एक अत्यंत रूपवती युवती को देखा। पूछताछ करने पर उसे पता चला कि वह मणिपुर की राजकुमारी और वहाँ के राजा चित्रवाहन की पुत्री चित्रांगदा थी। अर्जुन ने राजा के पास जाकर अपना परिचय दिया। उसने विनम्रतापूर्वक राजा से उनकी पुत्री का हाथ माँगा। वह चित्रांगदा को अपनी पत्नी बनाना चाहता था।

चित्रवाहन ने शर्त के साथ अर्जुन का आग्रह स्वीकार कर लिया। उनके कुल की परंपरा के अनुसार, पुत्री से उत्पन्न हुआ पुत्र अपनी माता के घर में रहेगा और अंतत: राजसिंहासन का उत्तराधिकारी बनेगा। इसलिए उनके मिलन से जन्में बच्चे को माता के साथ ही मणिपुर में छोड़ना होगा। अर्जुन इससे सहमत हो गया। उसका और चित्रांगदा का विवाह हुआ और उनका एक पुत्र हुआ जिसका नाम बब्रूवाहन था। उसके जन्म के बाद अर्जुन अपनी यात्रा फिर से निकल पड़ा था।[12]

जब बभ्रूवाहन को अश्व के साथ मणिपुर में अपने पिता के आगमन के बारे में पता चला तो वह बहुत प्रसन्न हुआ। वह अपने मंत्रियों के साथ अर्जुन का स्वागत करने गया, लेकिन अर्जुन इससे प्रसन्न नहीं हुआ। उसने बभ्रूवाहन को फटकारते हुए कहा, 'क्या तुम भूल गए हो कि तुम एक क्षत्रिय हो? मैंने इस अश्व के साथ तुम्हारे राज्य में प्रवेश किया है। तुम्हें मेरे मार्ग को रोकना चाहिए और मेरे साथ युद्ध करना चाहिए। इसके स्थान पर तुम यहाँ मेरा स्वागत करने के लिए आये हो।' अर्जुन की दूसरी पत्नी और बभ्रूवाहन की सौतेली माँ उलूपी जो अर्जुन के साथ गई थी, उसने बभ्रूवाहन को उसके पिता के कठोर वचनों का अर्थ समझाया और परामर्श दिया, 'तुम्हारे पिता सर्वश्रेष्ठ क्षत्रिय कुल से आते हैं और यह देखना चाहते हैं कि तुम कितने सामर्थ्यशाली हो। तुम्हें इनसे युद्ध करना चाहिए। इससे उन्हें अत्यंत प्रसन्नता होगी।'

बभ्रूवाहन ने अपना कवच धारण किया, अपने धनुष और बाणों के तरकश को उठाया और अपने रथ पर चढ़ गया। उसने अपने सैनिकों को श्वेत अश्वमेधि अश्व को पकड़ने का आदेश दिया और अर्जुन को चुनौती दी। एक घमासान युद्ध शुरू हुआ। पिता-पुत्र ने एक-दूसरे पर तीक्ष्ण बाणों की झड़ी लगा दी। बभ्रूवाहन ने अपने कुछ उत्कृष्ट आयुधों और बाणों का उपयोग किया, जिससे उसके पिता बुरी तरह से घायल हो गए। बड़ी ही चतुराई और कुशलता से उसने अर्जुन द्वारा चलाए गए तीरों को काट दिया। पुत्र का ऐसा पराक्रम देखकर अर्जुन प्रसन्न हो उठा। 'हे चित्रांगदा सुत, तुम्हें शुभाशीष! तुम्हारी वीरता ने मुझे प्रभावित किया। अब देखो कि मैं तुम पर कैसे आक्रमण करता हूँ। सावधान!' ऐसा कहकर अर्जुन ने बभ्रूवाहन के घोड़ों को मार दिया और उसके रथ को नष्ट कर दिया। इससे क्रोधित होकर बभ्रूवाहन ने अत्यंत विषैले नोक वाले तीर मारे जिनसे अर्जुन का कवच बिंध गया और वक्ष विदीर्ण हो गया। अर्जुन अचेत होकर धरती पर गिर गया। बभ्रूवाहन स्वयं बुरी तरह घायल हो गया था। वह भी अचेत होकर भूमि पर गिर पड़ा।[13]

अपने पति और पुत्र को भूमि पर निष्प्राण पड़े देखकर चित्रांगदा व्याकुल हो गई। उसने उलूपी पर आरोप लगाते हुए कहा, 'तुमने पुत्र और पिता को आपस में लड़वाया! अब तुम अर्जुन को पुनर्जीवित करो अन्यथा मैं स्वयं को मार डालूँगी अथवा आत्महत्या कर लूँगी!' शीघ्र ही, बभ्रूवाहन चेतनावस्था में आ गया, लेकिन अर्जुन अभी भी अचेत पड़ा था। बभ्रूवाहन बहुत दुःखी हुआ। उसे लगा कि उसने अपने पिता की हत्या कर दी है। इससे बड़ा पाप

और क्या हो सकता है? बब्रूवाहन ने घोषणा की कि वह इस तरह का घोर पाप करने के बाद जीवित नहीं रह सकता। उसने आमरण उपवास करने का निश्चय किया।

उलूपी ने उन दोनों को सांत्वना दी। 'तुम्हारे पिता अजेय योद्धा हैं। साक्षात इंद्र भी इन्हें हरा नहीं सकते। मेरे पास एक संजीवनी मणि है जिसका उपयोग हम अपने घायल योद्धाओं को स्वस्थ करने के लिए करते हैं। इसे लो और अपने पिता के वक्ष स्थल पर रख दो।' उसने बब्रूवाहन को मणि सौंपते हुए कहा।

अर्जुन अपनी आँखों को मलते हुए ऐसे उठा मानों वह गहरी निद्रा से जागा हो।[14] मणिपुर में कुछ दिन प्रसन्नतापूर्वक बिताने के बाद, चित्रांगदा और बब्रूवाहन को हस्तिनापुर आने के लिए आमंत्रित करके अर्जुन अपने आगे के अभियान पर निकल गया।

यह अर्जुन के जीवन की युद्ध में सबसे पहली हार थी।

अश्व के मार्ग का पता लगाकर और दक्षिण के राज्यों से होते हुए और फिर ऊपर की यात्रा करते हुए सौराष्ट्र और द्वारका की यात्रा के बाद अर्जुन गांधार पहुँचा। हस्तिनापुर वापस जाने से पहले गांधार उसके कुछेक अंतिम गंतव्यों में से एक था। उस समय शकुनि के पुत्रों में से एक पुत्र गांधार का राजा था।

गांधार के लोगों को पांडवों से कोई प्रेम नहीं था। कुरुक्षेत्र में गांधार के अन्य योद्धाओं के साथ शकुनि की मृत्यु ने उन्हें आक्रोशित कर दिया था। उन्होंने अर्जुन और अश्व पर आक्रमण कर दिया। अर्जुन ने उपयुक्त प्रतिउत्तर दिया। फिर से, एक महिला गांधारों के बचाव के लिए आई। वह शकुनि की पत्नी थी। उसने गांधार के योद्धाओं से शांति बनाये रखने का अनुरोध किया और अर्जुन से अपने लोगों को क्षमा करने का आग्रह किया। अर्जुन ने अपनी मामी को नमन किया। गांधार के योद्धाओं ने आत्मसमर्पण कर दिया। शत्रु राज्य के साथ सम्बंधों को सामान्य करने की आशा से अर्जुन ने शकुनि के पुत्र को यज्ञ समारोह में हस्तिनापुर आने का आमंत्रण दिया।[15]

अर्जुन अश्वमेधी अश्व की सफलतापूर्वक रक्षा करते हुए हस्तिनापुर लौट आया। युधिष्ठिर का यज्ञ सम्पन्न हुआ। उन्होंने यज्ञ में पधारे पुरोहितों, ब्राह्मणों, प्रजाजनों और अतिथियों को बड़ी मात्रा में दान दिया। अतिथि अत्यंत प्रसन्न

हुए और वे युधिष्ठिर की उदारता और पांडवों की शूरवीरता का गुणगान करते हुए वापस चले गए।

यज्ञ के बाद के वर्ष राज्यों के पुनर्निर्माण में बीते। महाविनाशकारी युद्ध से रक्तरंजित भारतवर्ष की भूमि ने अंततः कुछ शांति का अनुभव किया। कलियुग अभी कुछ वर्ष दूर था।

21

युगांत

दारुक अत्यंत व्यथित दिख रहा था। वह अभी-अभी द्वारका से आया था और शीघ्रातिशीघ्र अर्जुन से मिलना चाहता था। दारुक श्रीकृष्ण का विश्वस्त मित्र और सारथी था। अर्जुन को देखकर सदा स्थिर रहने वाला दारुक टूट गया और उसने अर्जुन को बताया, 'एक भयानक त्रासदी ने यादवों को ग्रसित कर लिया है। यादव योद्धाओं ने एक-दूसरे को मार डाला है। सात्यकि, कृतवर्मा और श्रीकृष्ण के पुत्रों सहित सभी मर चुके हैं। महिलाओं और बच्चों को असहाय छोड़ दिया गया है। श्रीकृष्ण ने आपसे तुरंत आने का अनुरोध किया है', दारुक ने अपनी आवाज के कंपन और निराशा को नियंत्रित करने का प्रयास करते हुए कहा।

यह सुनकर अर्जुन हिल गया। उसे विश्वास नहीं हो रहा था। उसने दारुक से पूछा, 'यह कैसे संभव हो सकता है?' दारुक ने उसे यादवों के आपसी नरसंहार की दुखद दुर्घटना के विषय में विस्तार से बताया।[1]

बहुत समय पहले कुछ ऋषि द्वारका पधारे थे। श्रीकृष्ण और जांबावती के पुत्र साम्ब सहित कुछ यादव युवकों ने उनके साथ उपहास सोचा। वे साम्ब को एक गर्भवती महिला के वेश में ऋषियों के पास ले गए। 'यह स्त्री महातेजस्वी यादव बभ्रू की पत्नी है। इन्हें पुत्र पाने की तीव्र लालसा है। हे महर्षियों! कृपा करके हमारी जिज्ञासा का समाधान करिये कि इनके गर्भ से क्या उत्पन्न होगा?' ऋषि समझ गए कि उनके साथ उपहास किया जा रहा है। वे अत्यंत क्रोधित हुए। 'तुम गर्भवती होना चाहते हो? तथास्तु। तुम्हारे उदर से कल ही लोहे का एक मुसल उत्पन्न होगा और वह मुसल यादवों का विनाश करेगा,' ऋषियों ने साम्ब को श्राप दे दिया। यादव युवक डर गए। वे तुरन्त राज्य उग्रसेन और श्रीकृष्ण के पास गए और उन्हें घटना का वृतांत दिया।

ऋषियों का श्राप अमोघ था। अगले दिन साम्ब के उदर से लोहे का एक मुसल उत्पन्न हुआ। उग्रसेन ने उस मुसल को कुटवाकर चूर-चूर करवा दिया

और समुद्र में फेंकवा दिया था। ऋषियों के श्राप से भयभीत, यह सुनिश्चित करने के लिए कि यादव अपनी इंद्रियों पर नियंत्रण न खोएँ और कुछ भी मूर्खतापूर्ण कर्म न करें, द्वारका में मदिरा पर पूर्ण प्रतिबंध लगा दिया गया। राजाज्ञा से घोषणा करवाई गयी, 'यदि किसी व्यक्ति के पास मदिरा पायी गयी, तो उसे परिवार सहित सूली पर लटका दिया जाएगा।'

कुछ वर्ष शांतिपूर्वक बीते। कुरुक्षेत्र युद्ध के बाद यादव बहुत शक्तिशाली हो गए थे। सत्ता और शक्ति ने उन्हें घमंडी और भोगी बना दिया था। व्यक्तिगत सीमाओं को सहजता से भंग कर दिया गया था और सामाजिक जीवन से सदाचरण लुप्त हो चुका था। प्रकृति का व्यवहार भी यादवों की तरह अनियमित सा हो गया था। बिना ऋतु के ही रेत की भयानक आंधियाँ चलने लगी थी। सूर्योदय और सूर्यास्त के समय विकृत हो गए थे। द्वारका में अनेक प्रकार के अपशकुन निमित्त दृष्टिगोचर हो रहे थे।

एक दिन गहन विचारमग्न श्रीकृष्ण को गांधारी के वचनों का स्मरण हुआ। अपने पुत्रों की मृत्यु पर अपनी पुत्रवधुओं का विलाप सुनकर व्यथित गांधारी ने श्रीकृष्ण को संबोधित करते हुए कहा था, 'जैसे कौरवों ने कुरुक्षेत्र में स्वयं को नष्ट कर दिया है, आज से ठीक छत्तीस वर्ष बाद तुम भी अपने लोगों को एक-दूसरे को मारते हुए देखोगे।' श्रीकृष्ण को आभास हुआ कि छत्तीसवाँ वर्ष आ गया है। घटित निमित्तों से ऐसा प्रतीत हो रहा था जैसे गांधारी और ऋषियों का श्राप शीघ्र ही फलीभूत होने वाला है। श्रीकृष्ण काल नियति के खेल के बीच नहीं आने वाले थे।

एक दिन यादवों ने समुद्र के किनारे यात्रा पर जाने का निर्णय किया। खाने-पीने की पर्याप्त सामग्री साथ में रख ली गयी। आनंद में चूर यादवों ने समुद्र के किनारे अपना पड़ाव डाल दिया। नट और नर्तकियाँ नृत्य करने लगे। मदिरा पर लगे प्रतिबंध को भुला दिया गया। सात्यकि, कृतवर्मा, श्रीकृष्ण के पुत्र और अन्य सभी यादवों ने श्रीकृष्ण के सामने ही मदिरा का सेवन शुरू कर दिया। श्रीकृष्ण मूकदर्शक बने देखते रहे। सभी यादव मद में चूर हो चुके थे। अचानक सात्यकि उठ खड़ा हुआ। द्रौपदी के पुत्रों और पांचालों को नींद में मारे जाने के प्रसंग का स्मरण करते हुए वह कृतवर्मा पर क्रूर होने का आक्षेप करने लगा। कुछ यादवों ने सात्यकि के साथ सहमति व्यक्त की और कृतवर्मा को कटु वचन सुनाने लगे।

ऐसे में कृतवर्मा ने आक्रोश में उत्तर दिया, 'ऐसा वह कहता है जिसने निशस्त्र भूरिश्रवा को मार डाला था। क्या यह क्रूर नहीं था?' उनका

तर्क-वितर्क हिंसक हो गया। उस क्षण क्रोध और मद में भ्रमित सात्यकि ने कृतवर्मा का सिर काट दिया। यादव योद्धाओं के बीच घमासान हाथापाई हुई और सभी एक-दूसरे को मारते हुए स्वयं समाप्त हो गए। केवल श्रीकृष्ण, बलराम और बभ्रू ही जीवित रहे।

जब यादव एक-दूसरे से लड़ रहे थे, तब स्वयं बलराम मदिरा के नशे में पास के वन में चले गए और एक वृक्ष के नीचे ध्यान मुद्रा में बैठ गए। श्रीकृष्ण ने दारुक से हस्तिनापुर जाने और अर्जुन की सहायता लेने को कहा। उन्होंने बभ्रू से कहा कि वह स्त्रियों को वापस द्वारका ले जायें और उनके पिता वसुदेव को इस दुर्भाग्यपूर्ण घटना के बारे में सूचित करें। इससे पहले कि बभ्रू वहाँ से जाता, कहीं से फेंके गए लोहे के मुसल के प्रहार से बभ्रू मारा गया।[2]

श्रीकृष्ण स्वयं स्त्रियों को द्वारका वापस ले गए और वसुदेव को यदुवंश के विनाश के बारे में बताया। 'अर्जुन शीघ्र ही यहाँ आ जाएगा। वह सभी बचे हुए लोगों को हस्तिनापुर ले जाएगा। बिना देर किये सभी को यहाँ से चले जाना चाहिए। जिस तरह से महासागर में लहरें उठ रही हैं, उससे प्रतीत होता है कि द्वारका शीघ्र ही डूब जायेगी। मैं कौरवों के विनाश का साक्षी रहा हूँ। अब मैंने अपने लोगों को स्वयं को मारते हुए देखा है। मैं अब इस नगरी में नहीं रह सकता। मैं वन में जाकर बलराम के साथ तपस्या करूँगा,' ऐसा बोलकर श्रीकृष्ण चले गए।

श्रीकृष्ण जब तक बलराम के पास पहुँचे, तब तक बलराम देहत्याग कर चुके थे। श्रीकृष्ण और बलराम अविभाज्य थे। वे दोनों गोकुल में बिताए गए अपने बचपन के दिनों और मथुरा में संघर्षों से लेकर द्वारका के निर्माण और विनाश तक एक साथ थे। अब श्रीकृष्ण अकेले और थके हुए थे। वह एक-दूसरे वृक्ष के नीचे लेट गए मानों मृत्यु की राह देख रहे हो। अचानक एक व्याध का विषैला तीर श्रीकृष्ण के पैर के तलवे में घुस गया। शिकारी ने श्रीकृष्ण को मृग समझकर तीर मार दिया था।

उस विषैले तीर के घातक विष के कारण श्रीकृष्ण ने तुरंत प्राण त्याग दिए।[3] उनके देहत्याग के साथ द्वापरयुग का अंत हो गया और कलियुग का आरम्भ हो गया!

अर्जुन यथाशीघ्र द्वारका पहुँचा। उसका स्वागत महिलाओं के विलाप ने किया। यह वह द्वारका नहीं थी जिसे वह याद करता था। उसकी यादों का नगर भव्य, सुखी और हर्षमय था। अब यह नगर एक विधवा की तरह भयावह था जिसने अपना सब कुछ खो दिया था। अर्जुन का कंठ सूख रहा था और उसकी आँखें नम हो रही थी, लेकिन उसके हाथ में एक महत्वपूर्ण काम था। स्वयं को संभालते हुए वह अपने मामा वसुदेव से मिलने गया। पहले से ही वृद्ध वसुदेव अब और भी दुर्बल हो गए थे। उनकी आँखें उदासीन प्रतीत हो रही थीं, मानों उनकी जीने की कोई इच्छा नहीं बची थी। वसुदेव किसी तरह अर्जुन को श्रीकृष्ण का संदेश देने के लिए जीवित रहने में सफल रहे थे। उसने वसुदेव को आश्वासन दिया कि वह जीवित बचे हुए लोगों को हस्तिनापुर ले जाएगा। अपनी मनोव्यथा फिर से व्यक्त करते हुए अर्जुन बोला, 'श्रीकृष्ण, द्रौपदी और हम पाँच पांडव अलग-अलग शरीर परन्तु एक ही आत्मा हैं। हम एक-दूसरे के बिना जीने की कल्पना नहीं कर सकते। ऐसा प्रतीत होता है कि हमारा अंत भी निकट है।'[4]

उस रात्रि वसुदेव का निधन हो गया। अर्जुन ने उनका और दूसरे यादव योद्धाओं का अंतिम संस्कार किया। उसने श्रीकृष्ण और बलराम की खोज करने के लिए लोगों को भेजा। उनके शव वन में मिले। अर्जुन ने उनका अंतिम संस्कार भी किया। सातवें दिन वह सभी महिलाओं, बच्चों और अन्य जीवित बचे लोगों के साथ द्वारका से हस्तिनापुर के लिए रवाना हुआ। उनका दल नगर के मुख्य द्वार से बाहर निकला ही था कि श्रीकृष्ण की भविष्यवाणी को सार्थक करते हुए समुद्र ने उथल-पुथल करना शुरू कर दिया। उसकी लहरें यादवों की भव्य नगरी की भूमि पर अतिक्रमण करने के लिए दौड़ती हुई आयीं। कुछ ही समय में द्वारका नगरी पूरी तरह से जलमग्न हो गयी।

पर्वतों, जंगलों और विशाल नदियों को पार करते हुए अर्जुन पंचनद पहुँचा। दल ने रात्रि विश्राम के लिए वहाँ पड़ाव डाला। अभीर जाति के कुछ लुटेरों ने स्त्रियों और बच्चों वाले इस दल को देखा। दल को लूटने की मंशा से उन लुटेरों ने शिविर पर धावा बोल दिया। अर्जुन और साथ के सैनिकों ने उनके धावे का विरोध करने का प्रयास किया, परंतु तब एक अत्यंत अचंभित करने वाली घटना घटित हुई। अपने समय के सर्वश्रेष्ठ धनुर्धर अर्जुन को अपने गांडीव पर प्रत्यंचा चढ़ाने में कठिनाई हो रही थी। उसने अपने दिव्य अस्त्रों का उपयोग करने का निर्णय किया। लेकिन उनका उपयोग कैसे करना है,

उसे याद ही नहीं आ रहा था। अर्जुन ने फिर भी अपने बाण बरसाना शुरू कर दिया लेकिन कुछ ही क्षणों में उसका तरकश खाली हो गया। उसकी आँखों के सामने, लुटेरे कुछ महिलाओं को उठाकर ले गए और प्रतिकार करने वालों को मार डाला।

अर्जुन के लिए अत्यधिक लज्जास्पद क्षण था। अजेय समझे जाने वाला अर्जुन कुछ तुच्छ लुटेरों से हार गया था। अर्जुन की यह दूसरी हार थी। पहली हार उसके पुत्र बभ्रूवाहन के हाथों हुई थी। हालांकि, उस युद्ध में अर्जुन जीतने के लिए नहीं लड़ रहा था। अभीरों के विरुद्ध इस युद्ध में अर्जुन बुरी तरह विफल रहा, जो पहले कभी नहीं हुआ था। वह कुछ यादव स्त्रियों को खो चुका था, लेकिन उसने अभी भी हार नहीं मानी थी। कुछ स्त्रियाँ और बच्चे बच गए थे। अर्जुन उन्हें हस्तिनापुर ले गया और उन्हें उचित स्थानों पर बसाया।[5]

श्रीकृष्ण के खो जाने से अर्जुन के हृदय में अनंत शून्यता व्याप्त हो गयी थी। अभीरों के हाथों मिली हार ने उसे और भी व्यथित कर दिया था। उसे आभास हुआ कि उसकी शक्ति और कौशल क्षीण हो गए हैं। व्यथित और चिंतित अर्जुन अपने दादा वेदव्यास के दर्शन करने के लिए चला गया। उसकी दुर्दशा सुनकर व्यास ने मुस्कुराते हुए कहा, 'तुमने वह सब कुछ किया है जो तुम्हें पृथ्वी पर करने की आवश्यकता थी। अब तुम्हारे परलोक गमन और इस संसार को छोड़ने का उपयुक्त समय आ गया है।'[6]

ऐसा ही हुआ, युधिष्ठिर स्वयं निवृत्ति के बारे में सोच रहे थे। उन्हें आभास हो गया था कि महाप्रस्थान करने का समय आ गया है। चारों भाइयों और द्रौपदी ने इस पर सहमति व्यक्त की। युधिष्ठिर ने दूसरों को अपने उत्तरदायित्व सौंपना शुरू कर दिया। उन्होंने अभिमन्यु और उत्तरा के पुत्र परिक्षित को हस्तिनापुर का राजा बनाया और श्रीकृष्ण के पौत्र वज्र को इंद्रप्रस्थ का राजा नियुक्त किया। उन्होंने राज्य के समग्र प्रबंधन का भार युयुत्सु को सौंप दिया और अपने भाइयों और द्रौपदी के साथ हिमालय में अंतिम दिनों को बिताने की अपनी इच्छा की घोषणा की।[7]

पांडवों और द्रौपदी ने तेरह वर्ष वन में बिताने के लिए पचास वर्ष पहले राजसी जीवन के सभी भोग और विलासिताओं का त्याग करके हस्तिनापुर छोड़ दिया था। इस बार स्वेच्छा से सब कुछ छोड़कर और कभी वापस नहीं आने के लिए वे फिर से चल दिए।

भाग 3

कुछ रोचक जानकारी

22

महाभारत 'रचना' की कथा

धर्म, अर्थ, काम और मोक्ष के सम्बंध में जो ज्ञान इस ग्रंथ में है वही अन्यत्र भी है, लेकिन जो इसमें नहीं है वह कहीं भी नहीं है।

धर्मे चार्थे च कामे च मोक्षे च भरतर्षभ।
यदिहास्ति तदन्यत्र यन्नेहास्ति न कुत्रचित्।
(आदि पर्व 62.53)

इस प्रकार वैशम्पायन ने महाभारत की महिमा का गुणगान करते हुए जनमेजय से कहा।

यद्यपि महाभारत का मूल कौरवों और पांडवों का इतिहास है। इस सम्पूर्ण काव्य में वेदों और स्मृतियों का ज्ञान निहित है। आने वाली पीढ़ियों के लिए इतिहास के साथ-साथ भारतवर्ष का ज्ञान संरक्षित करने की व्यास मुनि की मंशा थी। उग्रश्रवा सौति ने महाभारत के इस संदर्भ को नैमिषारण्य में ऋषि शौनक और उनके शिष्यों को समझाया। उन्होंने उन्हें यह भी बताया कि उन्होंने महाभारत की रचना के बारे में क्या सुना था। यह कथा आदि पर्व के प्रथम अध्याय में आती है।[1]

कृष्णद्वैपायन व्यास ने अपने वंशजों और उनके पूर्वजों की इस कथा की रचना मन में ही कर ली थी, जिसमें सभी आवश्यक विवरण और कहानियाँ सम्मिलित थीं। श्लोकों की संख्या लाख के अंक को पार कर गई थी। काव्य को संरक्षित करने और प्रचार करने के लिए उचित कालक्रम अनुसार अंकन करना महत्वपूर्ण था। व्यास मुनि को एक कुशल लेखक खोजना था। इस प्रश्न पर विचार करते हुए वेदव्यास को साक्षात ब्रह्मदेव से गणेश जी का सहयोग लेने के लिए प्रेरणा मिली।

विघ्नहर्ता, बुद्धि के देव गणपति जी से श्रेष्ठ लेखक, व्यास मुनि के इस महान काव्य का कौन हो सकता था! व्यास जी अपने अनुरोध के साथ गणेश

जी के पास गए और बोले, 'हे गणनायक, आप मेरे द्वारा रचित इस भारत के इतिहास के लेखक बन जाईये। मैं आपको बोलकर लिखाता जाऊँगा। मैंने पहले से ही मन ही मन इसकी रचना कर ली है।'

गणेश जी सहमत हो गए लेकिन उन्होंने एक शर्त रखी। 'यदि आप यह सुनिश्चित करते हैं कि मेरी लेखनी क्षणभर के लिए भी नहीं रुकेगी, तो मैं आपका लेखक बन सकता हूँ।'

इस शर्त का अर्थ था कि व्यास मुनि को बिना रुके श्लोक बोलने होंगे। वेद व्यास इससे सहमत हो गए, लेकिन उन्होंने भी एक शर्त रखी।

'हे देव, आप जैसा चाहें वही होगा, लेकिन बिना समझे कुछ मत लिखियेगा।'

गणेश जी ने 'ओम' कहा और महाभारत के लेखन का शुभारंभ हो गया।

कभी-कभी, व्यास जटिल श्लोक बोल देते थे ताकि गणेश जी को समझने में समय लगे और इससे व्यास को सोचने के लिए कुछ समय मिल सके। व्यास ने ऐसे जटिल आठ हजार आठ सौ (8,800) श्लोकों की रचना की।[2]

महाभारत कहाँ लिखा गया?

महाभारत का दक्षिणात्त्य प्रतिपादन इस बात की जानकारी देता है कि इसकी रचना कहाँ हुई।[3]

पुण्येहिमवतः पादे मेध्येगिरिगुहालये।
विशोध्य देहं धर्मात्मा दर्भसंस्तरमाश्रितः॥
शुचिः सनियमो व्यासः शान्तात्मातपसि स्थितः।
भारतस्येतिहासस्य धर्मेणान्वीक्ष्य तां गतिम्॥

हिमालय पर्वत की पवित्र तलहटी की एक पर्वतीय गुफा में व्यास मुनि ने ध्यानयोग में स्थित होकर भारतवर्ष के इतिहास की रचना की।

भारत-तिब्बत सीमा क्षेत्र में विशाल हिमालय के बीच स्थित और बद्रीनाथ से कुछ किलोमीटर की दूरी पर उत्तराखंड के छोटे लेकिन अत्यंत सुरम्य गाँव माणा में यह स्थान खोजा गया है। आज भी माणा में दो गुफाएँ हैं—जिनमें से एक 'व्यास गुफा' के रूप में जानी जाती है और इससे लगभग सौ मीटर नीचे एक और गुफा है जिसे 'गणेश गुफा' के रूप में जाना जाता

है। आज भी दोनों गुफाएँ तीर्थयात्रियों और पर्यटकों के बीच समान रूप से लोकप्रिय हैं।

लोक कथाओं से यह भी सुना है कि पांडव और द्रौपदी परिक्षित का राज्याभिषेक करके स्वर्गलोक की यात्रा के दौरान माणा आए थे।

चित्र: व्यास गुफा, माणा, उत्तराखंड (लेखक द्वारा खींचा गया चित्र)

महाभारत की रचना कितने दिनों में हुई थी?

वैशम्पायन ने जनमेजय को बताया कि उसके पूर्वजों के इतिहास महाभारत की रचना करने में कृष्णद्वैपायन व्यास को तीन वर्ष लगे।

त्रिभिर्वर्षैः सदोत्थायी कृष्णद्वैपायनो मुनिः।
महाभारतमाख्यानं कृतवानिदमद्भुतम्॥
(आदि पर्व 62.52)

महाभारत के विविध नाम

महाभारत के तीन रूपों के बारे में बहुचर्चित कथन है–8,800 श्लोकों वाला जय कृष्णद्वैपायन व्यास द्वारा रचित मूल है, इसके बाद भारत है जिसे वैशम्पायन द्वारा 24,000 श्लोकों के रूप में सुनाया गया था और अंत में जिसे

हम महाभारत कहते हैं, वह उग्रश्रवा द्वारा 100,000 श्लोकों के रूप में सुनाया गया था। परन्तु आज तक जय और भारत की कोई अलग पाण्डुलिपियाँ नहीं मिली हैं जो उपरोक्त मत का समर्थन करती हैं।

संख्या 8,800 का उल्लेख महाभारत में किया गया है, लेकिन यह व्यास द्वारा बोले गए जटिल श्लोकों की गिनती है। 24 हजार की संख्या का उल्लेख भी है। यह पौराणिक कथाओं को छोड़कर 24,000 श्लोकों के संकलन को इंगित करता है, जिनकी रचना व्यास द्वारा की गयी थी और अपने पुत्र शुकदेव को सिखाया था। इसे भारत के रूप में जाना जाता था।[4]

मूलपाठ में बताया गया है कि 100,000 श्लोकों वाला महाभारत भी कृष्णद्वैपायन व्यास द्वारा स्वयं रचित है। नैमिषारण्य में ऋषि शौनक के आश्रम में एकत्र हुए ऋषियों द्वारा जब पूछा गया कि वह कहाँ से आ रहे हैं, तो उग्रश्रवा ने उत्तर दिया था, 'मैं राजा जनमेजय के सर्प सत्र से आ रहा हूँ, जहाँ वैशम्पायन द्वारा कृष्णद्वैपायन व्यास निर्मित महाभारत की कथाओं को सुनाया गया।[5]

आदि पर्व के बासठवें अध्याय में फिर से जनमेजय को कथा सुनाने से पहले वैशम्पायन ने उन्हें महाभारत के महत्व के बारे में बताते हुए कहा, 'इन 100,000 श्लोकों की रचना सत्यवती के पुत्र कृष्णद्वैपायन व्यास द्वारा की गई है। भरतवंशियों के जन्म वृतांत के वर्णन की इस महान कथा को महाभारत कहा जाता है।'[6]

वैशम्पायन आदि पर्व के उसी अध्याय 62 में जनमेजय से कहते हैं, 'जय नाम के इस इतिहास का श्रवण उन सभी को करना चाहिए जो विजय की इच्छा रखते हैं।' इससे ऐसा प्रतीत होता है कि जय भरतवंशियों के इस इतिहास अर्थात महाभारत का एक और नाम है।

उपरोक्त का तात्पर्य यह है कि उग्रश्रवा और वैशम्पायन द्वारा जोड़े गए संदर्भस्थापक श्लोक व्यास के 100,000 श्लोकों के अतिरिक्त हैं। इसकी संभावना है कि इतने वर्षों में श्लोकों में अनुवृद्धि (नए जुड़ना), संशोधन और विलोपन हुआ हो। लेकिन जय के भारत में और फिर महाभारत में विकास का सिद्धांत मूलपाठ के आधार पर संभव नहीं लगता है।

23

व्यूह: महाभारत में सैन्य संरचनायें

युद्ध में सेनाओं की आक्रामक अथवा रक्षात्मक संरचना जिसमें रथारूढ़, अश्वारोही और हाथी पर सवार योद्धाओं तथा पैदल सैनिकों का आयोजन रणनीति के अनुसार जाती है, उसे व्यूह कहा जाता है।

कुरुक्षेत्र में प्रत्येक रात्रि दोनों पक्ष दिन की घटनाओं पर विमर्श करते थे एवं अगले दिन के लिए रणनीति बनाते थे और व्यूह निर्माण पर चर्चा करते थे। उनके द्वारा निर्मित व्यूह[1] सारणी 23.1 में सारणीबद्ध किये गए हैं।

सारणी 23.1: युद्ध के अट्ठारह दिनों में दोनों सेनाओं द्वारा निर्मित व्यूह

दिन	पांडव	कौरव
1	वज्र व्यूह	सर्वतोमुखी व्यूह
2	क्रौंच व्यूह	कोई उल्लेख नहीं
3	अर्द्धचन्द्र व्यूह	गरुड़ व्यूह
4	अर्द्धचन्द्र व्यूह	व्याल व्यूह[2]
5	श्येन व्यूह	मकर व्यूह
6	मकर व्यूह	क्रौंच व्यूह
7	वज्र व्यूह	मंडल व्यूह
8	शृङ्गाटक व्यूह	महा व्यूह
9	दुर्जय महा व्यूह	सर्वतोभद्र व्यूह
10	किसी नाम का उल्लेख नहीं है (व्यूह का वर्णन दोनों पक्षों के लिए समान है, एक शिखंडी के नेतृत्व में और दूसरा भीष्म के)	
11	क्रौंच व्यूह	शकट व्यूह
12	मंडल अर्द्धव्यूह	सुपर्ण व्यूह
13	किसी नाम का उल्लेख नहीं है	चक्रव्यूह

14	धृष्टद्युम्न और शतानीक द्वारा निर्मित व्यूह–किसी नाम का उल्लेख नहीं है	चक्र शकट व्यूह
15	किसी नाम का उल्लेख नहीं है	द्रोण ने सेना को दो भागों में विभाजित किया था–किसी नाम का उल्लेख नहीं है
16	अर्द्धचन्द्र व्यूह	मकर व्यूह
17	किसी नाम का उल्लेख नहीं है	कर्ण ने बृहस्पति द्वारा निर्देशित कई शाखाओं की संरचना अथवा व्यूह बनाया–किसी नाम का उल्लेख नहीं
18	किसी नाम का उल्लेख नहीं है	शल्य ने सेना को कई भागों में विभाजित किया–किसी नाम का उल्लेख नहीं

कुछ चयनित व्यूह के उदाहरण

सर्वतोमुखी व्यूह

इस व्यूह में भीष्म, कृपा, द्रोण और अश्वत्थामा जैसे रथी योद्धा अग्रणी थे। उन्होंने व्यूह के मस्तक का निर्माण किया था। हाथी सवार योद्धा उस व्यूह के अंग थे और इसके दोनों पक्ष अश्वारोही सैनिकों द्वारा सुरक्षित थे। यह आक्रमणकारी जैसा प्रतीत होता था।

वज्र व्यूह

यह व्यूह इंद्र के वज्रास्त्र की आकृति का होता था। अर्जुन ने युद्ध के पहले दिन इसका निर्माण किया था, जिसका नेतृत्व भीम ने किया। उसके पीछे धृष्टद्युम्न द्वारा संरक्षित नकुल, सहदेव, अभिमन्यु और द्रौपदेय जैसे योद्धाओं की एक परत थी। उनके पीछे शिखंडी के नेतृत्व में सेना थी जो अर्जुन के संरक्षण में थी। अर्जुन के पीछे सात्यकि, उत्तमौजा और युधामन्यु थे। युधिष्ठिर गजराजों की सेना से घिरे व्यूह के केंद्र में थे, तत्पश्चात विराट और द्रुपद की सेनाएँ थीं। भीम से आगे लाखों पैदल सैनिकों की किलेबंदी थी। यह रक्षात्मक स्थिति थी।

क्रौंच व्यूह

क्रौंच बगुले की तरह एक लंबी चोंच वाला पक्षी होता है। दूसरे दिन जब पांडवों ने इस व्यूह का निर्माण किया, तब अर्जुन को इसकी चोंच पर नियुक्त किया गया था। द्रुपद और उनकी सेना इसके मस्तक पर खड़ी थी। कुंतीभोज और धृष्टकेतु ने अपनी सेनाओं के साथ इसके नेत्र बनाए। दशार्ण और किराट सहित दूसरी सेनाओं ने इस पक्षी रूपी व्यूह की गर्दन बनाई। भीम और धृष्टद्युम्न को क्रौंच के खुले पंखों के रूप में रखा गया था। उनके पीछे लाखों दूसरे योद्धा खड़े थे। निषाद योद्धाओं और अन्य सैनिकों से घिरे हुए युधिष्ठिर व्यूह के पीछे खड़े थे। इस व्यूह का प्रतिकार भीष्म के नेतृत्व में एक बहुत विशाल और बहुस्तरीय व्यूह द्वारा किया गया। इस व्यूह के नाम का उल्लेख मूलपाठ में स्पष्ट रूप से नहीं किया गया है।

युद्ध के छठे दिन भीष्म ने पांडवों के मकर व्यूह के प्रतिकार में अपने सैनिकों को क्रौंच व्यूह की रचना में खड़ा किया था। उस व्यूह में द्रोणाचार्य ने चोंच और अश्वत्थामा और कृपाचार्य ने आँखों का निर्माण किया। कृतवर्मा मस्तक पर, दुर्योधन गर्दन के भाग में और भगदत्त वक्षस्थल पर खड़ा था। अन्य योद्धा पंखों, उदर और पृष्ठ (पूँछ) भाग में तैनात थे।

गरुड़ व्यूह

युद्ध के तीसरे दिन भीष्म ने गरुड़ व्यूह का निर्माण किया जिसमें वह स्वयं चोंच पर थे। द्रोण और कृतवर्मा ने अपनी सेनाओं के साथ गरुड़ की आँखें बनाईं। अश्वत्थामा और कृपाचार्य उसके मस्तक पर खड़े थे। भूरिश्रवा, शल्य, भगदत्त और अन्य ने गरुड़ की गर्दन का निर्माण किया। दुर्योधन पीछे की ओर खड़ा था। कलिंग योद्धाओं ने अन्य योद्धाओं के साथ मिलकर दाएँ पंख का निर्माण किया और कोसल के बृहदबल ने बायाँ पंख बनाया था।

अर्द्धचंद्र व्यूह

कौरवों के गरुड़ व्यूह के प्रतिरोध में अर्जुन और धृष्टद्युम्न ने अर्द्धचंद्र व्यूह का निर्माण किया था। भीम ने इसके दाहिने नोक (सींग) का नेतृत्व किया। उसके बाद द्रुपद और विराट की सेनायें थी। दाईं ओर से केंद्र की ओर अनूप देश का राजा और भीम का घनिष्ठ मित्र नील[3], धृष्टकेतु और चेदी, काशी

और अन्य देशों के योद्धा खड़े थे। अर्जुन ने व्यूह के बाएँ सींग का नेतृत्व किया और उसके बाद घटोत्कच और कैकय के राजकुमार खड़े थे। बाईं ओर से केंद्र की ओर इरावन, अभिमन्यु और द्रौपदी के पाँचों पुत्र खड़े थे। अर्द्धचन्द्र व्यूह के केंद्र को शिखंडी, धृष्टद्युम्न और पांचाल के योद्धा ने दुर्जय बनाया हुआ था। धृष्टद्युम्न और हाथियों पर सवार योद्धाओं द्वारा संरक्षित सेना के बीच में युधिष्ठिर थे।

श्येन व्यूह

इस बाज अथवा शिकारा पक्षी की आकृति के व्यूह का निर्माण पांडवों द्वारा युद्ध के पाँचवें दिन किया गया था। भीम को व्यूह के मुख पर रखा गया था। शिखंडी और धृष्टद्युम्न ने पक्षी की आँखें बनाईं और अर्जुन उसके मस्तक पर खड़ा था। द्रुपद ने अपने अन्य पुत्रों के साथ इसका बायाँ पंख और कैकेय राजकुमारों ने दाएँ पंख का निर्माण किया। अभिमन्यु और द्रौपदेय पृष्ठभाग की ओर खड़े थे तथा नकुल और सहदेव से संरक्षित युधिष्ठिर भी वहीं खड़े थे।

मकर व्यूह

युद्ध के पाँचवें दिन भीष्म ने मगरमच्छ के आकार का व्यूह निर्मित किया। वह स्वयं उस व्यूह के मुख पर खड़े थे। अन्य योद्धाओं ने नियत स्थलों पर अपने स्थान ले लिये। पांडवों ने युद्ध के छठे दिन इस व्यूह का निर्माण किया था। इस व्यूह में अर्जुन और द्रुपद मगरमच्छ के मस्तक पर खड़े थे। नकुल और सहदेव ने इसके नेत्रों का निर्माण किया। भीम इसके मुख पर खड़ा हो गया। अभिमन्यु, घटोत्कच, द्रौपदेय, सात्यकि और युधिष्ठिर ने इसके ग्रीवा क्षेत्र में स्थान ग्रहण किया। विराट और धृष्टद्युम्न इसके उदर में खड़े थे। कैकेय राजकुमार मगरमच्छ के बाईं ओर खड़े थे जबकि धृष्टकेतु और चेकितान दाईं ओर खड़े थे। कुंतीभोज और शतानीक ने इसके अंगों का निर्माण किया और वहीं शिखंडी और इरावन व्यूह के पृष्ठभाग (पूँछ) पर खड़े थे।

मंडल व्यूह

युद्ध के सातवें दिन, भीष्म ने अभेद्य मंडल व्यूह का निर्माण किया, जिसमें सैनिकों को कई छोटे-छोटे और समान समूहों में व्यवस्थित किया गया था। हर हाथी के पीछे सात रथ थे। प्रत्येक रथ को सात अश्वारोहियों का संरक्षण

दिया गया था। प्रत्येक अश्वारोही योद्धा दस हजार धनुर्धरों और तलवारधारी सैनिकों का नेतृत्व कर रहा था। पांडवों ने वज्र व्यूह के साथ मंडल व्यूह का प्रतिकार किया।

महा व्यूह

युद्ध के आठवें दिन भीष्म ने महा व्यूह की रचना की।[4] यह व्यूह समुद्र के समान विशाल एवं भयंकर था। यह व्यूह जब चलता था तब सैनिक, घोड़े, हाथी आदि शक्तिशाली महासागर की लहरों के समान दिखते थे। भीष्म ने अवंती, माल्वा और दक्षिणी प्रांतों के योद्धाओं के साथ सामने से इसका नेतृत्व किया। द्रोणाचार्य ने पुलिंद और पारद के योद्धाओं के साथ उनका अनुसरण किया। द्रोण के पीछे कलिंग और पिशाच योद्धाओं के साथ शक्तिशाली भगदत्त था। उसके पीछे कोसल से बृहदबल, अश्वत्थामा और अंत में ऐसी कई सैन्य परतों के बाद दुर्योधन था। शेष बची विशाल कौरव सेना दुर्योधन को चारों ओर से घेरकर पीछे-पीछे चल रही थी।

शृङ्गाटक व्यूह

महा व्यूह का प्रतिकार करने के लिए धृष्टद्युम्न ने युद्ध के आठवें दिन तीन शिखरों वाले शृङ्गाटक व्यूह में पांडव सेना को खड़ा किया था। भीम और सात्यकि को उनके हजारों सैनिकों के साथ दोनों ओर के सींगों पर रखा गया था। अर्जुन मध्य भाग में था। नकुल और सहदेव के साथ अर्जुन के पीछे मध्य में युधिष्ठिर खड़े थे। अभिमन्यु, द्रौपदी के पाँचों पुत्र और विराट ने अन्य लोगों के साथ मिलकर व्यूह के पृष्ठ भाग को सुदृढ़ किया गया।

सर्वतोभद्र व्यूह

भीष्म ने युद्ध के नौवें दिन एक आयताकार व्यूह का निर्माण किया, जिसका नाम सर्वतोभद्र व्यूह था। उसमें भीष्म, कृपा, कृतवर्मा, शैब्य, शकुनि, जयद्रथ सहित दुर्योधन को छोड़कर शेष बचे हुए कौरव भाइयों को व्यूह के सबसे आगे वाले भाग में तैनात किया गया था। द्रोण, भूरिश्रवा, भगदत्त और शल्य ने दाहिनी ओर की रक्षा की। अश्वत्थामा, सोमदत्त, विन्द, अनुविन्द बाईं ओर तैनात थे। त्रिगर्तों से घिरा हुआ दुर्योधन व्यूह के मध्य में था। अलम्बुष और श्रुतायु को इसके पिछले छोर पर तैनात किया गया था।

शकट व्यूह

युद्ध के ग्यारहवें दिन और कौरवों के सेनापति के रूप में अपने पहले दिन द्रोणाचार्य ने सैनिकों को शकट व्यूह में तैनात किया। जिसके दाईं ओर जयद्रथ, कलिंग नरेश और विकर्ण थे और उनकी सहायता के लिए शकुनि अपने गांधार के प्रमुख घुड़सवार योद्धाओं के साथ खड़ा हुआ था। कृपा, कृतवर्मा, चित्रसेन, विविंशति और दु:शासन को बाईं ओर तैनात किया गया था जो काम्बोज, सुदक्षिण और दूसरे योद्धाओं द्वारा बाईं ओर घिरे हुए थे। कर्ण ने सैनिकों का नेतृत्व किया। उसके पीछे दुर्योधन खड़ा था, उसके बाद अम्बष्ठ, त्रिगर्त, सौवीर, शिबी और दूसरे योद्धा थे। उस दिन पांडवों ने फिर से क्रौंच व्यूह निर्मित किया था।

सुपर्ण व्यूह

युद्ध के बारहवें दिन द्रोण ने पक्षी की आकृति का सुपर्ण व्यूह बनाया। यह व्यूह पूर्व वर्णित गरुड़ व्यूह के समान है।

मंडल अर्द्धव्यूह

द्रोण के सुपर्ण व्यूह के प्रतिउत्तर में युधिष्ठिर ने मंडल अर्द्धव्यूह का निर्माण किया। यह व्यूह अर्द्धचंद्र व्यूह के समान है।

चक्रव्यूह

युधिष्ठिर को पकड़ने के लिए द्रोण ने युद्ध के तेरहवें दिन पहिए की आकृति का चक्रव्यूह निर्मित किया। इसमें सभी राजकुमारों और योद्धाओं को एक विशाल पहिये की तीलियों के सामान तैनात किया गया था। दुर्योधन का पुत्र लक्ष्मण आगे से सैनिकों का नेतृत्व कर रहा था। कर्ण और दु:शासन से घिरा दुर्योधन चक्र के मध्य में था। द्रोणाचार्य और जयद्रथ सामने के छोर की रक्षा कर रहे थे। जयद्रथ एक ओर से अश्वत्थामा से घिरा हुआ था, जबकि उसके दूसरे छोर में तीस कौरव भाई, शकुनि और भूरिश्रवा थे। अभिमन्यु इस चक्रव्यूह में घुस गया गया लेकिन बाहर नहीं निकल सका और मारा गया।

चक्र शकट व्यूह

जयद्रथ को अर्जुन से बचाने के लिए द्रोण ने अपने सैनिकों को चक्र शकट व्यूह में खड़ा किया। इसकी लंबाई बारह गव्यूति (लगभग 20-24 मील) और चौड़ाई पाँच गव्यूति (लगभग 8-10 मील) थी। इस व्यूह के भीतर अन्य व्यूह भी थे, जैसे कि पिछले भाग में पद्म गर्भव्यूह। पद्म व्यूह के बीच में उन्होंने एक और सुचिमुख नामक व्यूह बनाया था, जिसका अर्थ है सुई के मुख के आकार का व्यूह। सुचिमुख व्यूह में सबसे आगे कृतवर्मा था, उसके पीछे काम्बोजराज, जलसंध, दुर्योधन और कर्ण अपनी सेनाओं के साथ खड़े थे। चक्र शकट व्यूह के अग्रभाग की रक्षा के लिए एक लाख से अधिक सैनिकों को तैनात किया गया था। सुचिमुख के एक किनारे पर विशाल सेना द्वारा संरक्षित जयद्रथ खड़ा था। चक्र शकट व्यूह के मुख की रक्षा के स्वयं द्रोणाचार्य खड़े थे।

युद्ध के सत्रहवें दिन कर्ण ने सेना को कई पंखों वाली विशाल रचना में व्यवस्थित किया था। कर्ण की मृत्यु के बाद शल्य ने शेष बची हुई सेना को कई समूहों में विभाजित करके खड़ा किया। उस दिन युद्ध की रणनीति के अनुसार किसी भी पांडव योद्धा से अकेले नहीं लड़ना था। आक्रमण और रक्षा समूह में ही किया जाना था। इन व्यूह रचनाओं के लिए महाभारत में कोई नाम नहीं दिया गया है।

24

महाभारत युद्ध की प्राचीनता

महाभारत कब हुआ था? अथवा महाभारत का युद्ध कब हुआ था? यह कई वर्षों से बहुत सारे शोधकर्ताओं के लिए रुचि का प्रश्न रहा है। शोध की इस रुचि को महाभारत में ही दिए हुए अवलोकनों ने प्रेरित किया है। महर्षि वेदव्यास ने महाभारत में ही तारों, ग्रहों और नक्षत्रों की गति और स्थितियों को बहुत विस्तार से अंकित किया है, विशेषकर उद्योग पर्व में जब युद्ध अपरिहार्य हो गया था। इसमें 200 से अधिक ऐसे खगोलीय अवलोकन दिए गए हैं।

इस क्षेत्र में शोध को खगोलीय अथवा एस्ट्रोनॉमिकल सॉफ्टवेयर प्रोग्राम्स जैसे कि SkyGlobe, Voyager और Sky Gazer के कारण और अधिक प्रोत्साहन मिला है, जो अतीत में सदियों से गतिमान पृथ्वी और तारों एवं ग्रहों और नक्षत्रों की स्थिति को बहिर्वेशित (एक्स्ट्रापोलेट) कर सकते हैं। शोधकर्ताओं द्वारा प्रस्तावित युद्ध की तिथियाँ पहली सहस्राब्दी ईसा पूर्व से छठी सहस्राब्दी ईसा पूर्व तक हैं। अब और भी अधिक शक्तिशाली सॉफ्टवेयर कार्यक्रमों के साथ नवीनतम शोधों ने इस समय सीमा को और सीमित (कम) कर दिया है। विशुद्ध रूप से खगोलीय टिप्पणियों पर आधारित तिथियों के नवीनतम अनुमान या तो तीसरी सहस्राब्दी ईसा पूर्व या छठी सहस्राब्दी ईसा पूर्व में आते हैं।

छठी सहस्राब्दी ईसा पूर्व में पड़ने वाली तिथि के समर्थन में अभूतपूर्व टिप्पणियों में से एक 'जुड़वां तारे' कहलाने वाले अरुंधति वशिष्ठ (अल्कोर-मिजार) को लेकर हैं। आज हम अरुंधति को वशिष्ठ के पीछे-पीछे चलते देखते हैं। महाभारत में धृतराष्ट्र को एक विनाशकारी युद्ध का संकेत देने वाले अपशकुन के बारे में बताते हुए, वेदव्यास ने कहा था:

अरुंधति तयाप्येष वसिष्ठः पृष्ठतः कृतः॥

(भीष्म पर्व 2.31)

रोहिणीं पीडयन्नेष स्थितो राजञ्शनैश्चरः।
व्यावृत्तं लक्ष्म सोमस्य भविष्यति महद्भयम्॥
(भीष्म पर्व 2.32)

'अरुंधति ने वशिष्ठ को पीछे छोड़ दिया है। शनि रोहिणी नक्षत्र को पीड़ित कर रहा है और चंद्रमा का चिह्न अदृश्य अथवा मिट सा गया है।'

श्री नीलेश नीलकंठ ओक अपनी पुस्तक 'व्हेन डिड द महाभारत वॉर हैपन? द मिस्ट्री ऑफ अरुंधति' में बताते हैं कि वशिष्ठ के आगे अरुंधति के प्रकट होने की घटना 6500 ईसा पूर्व से 4500 ईसा पूर्व के बीच हुई थी। इसलिए यह अवधि कुरुक्षेत्र युद्ध की तिथि की ऊपरी और निचली सीमाएँ प्रदान करती है। अन्य अवलोकनों के आधार पर नीलेश ओक के अनुसार महाभारत युद्ध का वर्ष 5561 ईसा पूर्व में आता है।

खगोलीय अवलोकनों के आधार पर महाभारत युद्ध के लिए कुछ अन्य प्रख्यात शोधकर्ताओं द्वारा प्रस्तुत की गयी तिथियाँ इस प्रकार हैं–श्री पी.वी. वर्तक, 5561 ईसा पूर्व; श्री कोटा वेंकटचलम, 3138 ईसा पूर्व; श्री वेदवीर आर्य, 3162 ईसा पूर्व और श्री मनीष पंडित, 3067 ईसा पूर्व।

महाभारत युद्ध की एक सर्वमान्य तिथि पर अभी भी बहस चल रही है। शोध से पता चलता है कि खगोलीय रूप से युद्ध कम से कम 5,100 वर्ष पहले और श्री नीलेश ओक के अनुमानों से 7,600 वर्ष पहले हुआ था।

टिप्पणी: लेखिका 'डेटिंग' के विषय को लेकर किसी भी विशेषज्ञता का दावा नहीं करती है। विषय की उसकी समझ नीलेश ओक के काम पर आधारित है। अपनी पुस्तक 'व्हेन डिड द महाभारत वॉर हैपन? द मिस्ट्री ऑफ अरुंधति' में उन्होंने अपने परिक्षणों और मान्यताओं के साथ-साथ युद्ध पूर्व, युद्ध के समय और युद्ध के बाद की घटनाओं की तिथियों के कालक्रम का विस्तृत विवरण प्रस्तुत किया है।

सन्दर्भ

भूमिकाः धर्म क्या है?

1. श्री अरबिंद, एस्सेस ऑन गीता (पुडुचेरीः श्री अरबिंदो आश्रम पब्लिकेशन डिपार्टमेंट, 1977), पेज 171-2

भाग-1: संदर्भ स्थापना

1. जनमेजय का प्रतिशोध और महाभारत का कथन

1. शल्य पर्व 61.53
2. परिक्षीणे कु ले यस्माज्जातोऽयमभिमन्युजः।
   परिक्षिदिति नामास्य भवत्वित्यब्रवीत्तदा।। (अश्वमेधिक पर्व 70.11)
3. अनुशासन पर्व 48.10

2. भरत वंश की वंशावली

1. आदि पर्व 94.22
2. आदि पर्व 94.32 और 170.12
3. श्रीमद भागवद पुराण 10.68

3. महाभारत युद्ध का भौगोलिक विस्तार

1. उद्योग पर्व 19
2. उद्योग पर्व 51.4-5
3. उद्योग पर्व 55.31-33
4. सभा पर्व 25-28
5. सभा पर्व 28.1-3
6. सभा पर्व 29-30
7. सभा पर्व 32
8. सभा पर्व 31

4. संजय द्वारा कुरुक्षेत्र युद्ध का वर्णन

1. भीष्म पर्व 2
2. भीष्म पर्व 13
3. शल्य पर्व 1.14
4. कर्ण पर्व 2.1
5. भगवत गीता 1.1
6. शल्य पर्व 25
7. शल्य पर्व 29
8. शल्य पर्व 64, सौप्तिक पर्व

भाग 2: लोग, व्यक्तित्व और घटनायें

5. शकुंतला का साहस

1. आदि पर्व 70
2. आदि पर्व 71.16-18
3. आदि पर्व 72
4. आदि पर्व 73.1-21
5. आदि पर्व 74.1-16
6. आदि पर्व 74.21-32
7. आदि पर्व 74.33-72
8. आदि पर्व 74.73-81
9. आदि पर्व 74.82-108
10. आदि पर्व 74.109-114

6. व्यक्तित्व निर्माण

1. आदि पर्व 123
2. आदि पर्व 124
3. आदि पर्व 128.37
4. आदि पूर्व 127.63-65
5. आदि पूर्व 131.11, वन पर्व 302.9, 309.17
6. आदि पर्व 131.12
7. आदि पर्व 131.16-20

8. आदि पर्व 131.21-27
9. आदि 131 69-79, 132.1-9
10. आदि पर्व 132.11-22
11. आदि पर्व 131.61-65
12. आदि पर्व 137
13. वन पर्व 308-309
14. वशु के अर्थ है स्वर्ण/सोना; वशुसेन का रथ है स्वर्णमय शरीर वाला
15. आदि पर्व 131.12
16. शांति पर्व 2.9-13
17. शांति पर्व 2.14-15, उद्योग पर्व 62.2
18. शांति पर्व 3. 26-32

7. निषाद राजकुमार

1. आदि पर्व 131.59
2. द्रोण पर्व 181.20-21
3. अनुशासन पर्व 48.12
4. मनुस्मृति 10.8
5. आदि पर्व 63.58-61

8. कृष्णा

1. आदि पर्व 187.4
2. आदि पर्व 190.12-16
3. वन पर्व 233
4. सभा पर्व 52.48
5. सभा पर्व
6. सभा पर्व 59
7. सभा पर्व 66.4
8. सभा पर्व 68.44-48
9. सभा पर्व 67. 19-21
10. सभा पर्व 67.47-48
11. सभा पर्व 67.50-51

12. सभा पर्व 68.4–9
13. सभा पर्व 68.11–24
14. सभा पर्व 68.89
15. सभा पर्व 69.1–13
16. सभा पर्व 69.14–21
17. सभा पर्व 70.3–4
18. वन पर्व 28
19. वन पर्व 32.2
20. वन पर्व 32
21. वन पर्व 272
22. विराट पर्व 9
23. विराट पर्व 14, 15, 16, 22
24. उद्योग पर्व 74, 82
25. उद्योग पर्व 82
26. सौप्तिक पर्व 16
27. शांति पर्व 14
28. मौसल पर्व 7

9. सावित्री

1. वन पर्व 293.1–3
2. वन पर्व 293–297

10. हानिकारक मैत्री

1. आदि पर्व 1.110
2. आदि पर्व 136.24
3. आदि पर्व 203.13–25
4. सभा पर्व 67.25
5. सभा पर्व 68.26
6. सभा पर्व 68.35–38
7. सभा पर्व 71.1–5
8. सभा पर्व 71.10–12
9. सभा पर्व 71.13–14

10. वन पर्व 7
11. वन पर्व 247.13-14
12. वन पर्व 250
13. वन पर्व 251
14. वन पर्व 252
15. वन पर्व 302
16. वन पर्व 310
17. वन पर्व 309.13
18. वन पर्व 310.38
19. विराट पर्व 29 दक्षिणात्य
20. विराट पर्व 45.15
21. विराट पर्व 48
22. विराट पर्व 52.4
23. उद्योग पर्व 74
24. उद्योग पर्व 21
25. उद्योग पर्व 62
26. उद्योग पर्व 127
27. उद्योग पर्व 128
28. उद्योग पर्व 128
29. उद्योग पर्व 131
30. उद्योग पर्व 140
31. उद्योग पर्व 141
32. उद्योग पर्व 143
33. उद्योग पर्व 145
34. उद्योग पर्व 146
35. शांति पर्व 5
36. शांति पर्व 4
37. सभा पर्व 30.18-20
38. उद्योग पर्व 168.3-9
39. उद्योग पर्व 168.14-29
40. उद्योग पर्व 193

41. भीष्म पर्व 122
42. द्रोण पर्व 150
43. द्रोण पर्व 152
44. द्रोण पर्व 158.16-23
45. द्रोण पर्व 158.27-30
46. द्रोण पर्व 158.51-70
47. द्रोण पर्व 159.1-15
48. द्रोण पर्व 183.7
49. द्रोण पर्व 139, 145, 159
50. द्रोण पर्व 148.10, 147.70-71
51. द्रोण पर्व 139.94-96
52. द्रोण पर्व 148.11-21
53. कर्ण पर्व 31. 42-44
54. कर्ण पर्व 32
55. कर्ण पर्व 43-45
56. कर्ण पर्व 63
57. कर्ण पर्व 83
58. कर्ण पर्व 89-90
59. कर्ण पर्व 91
60. शल्य पर्व 31-32
61. शल्य पर्व 58
62. शल्य पर्व 60
63. शल्य पर्व 61.27-39
64. शल्य पर्व 61.39-49
65. शल्य पर्व 61. 50-53

11. कुरुक्षेत्र के कुछ टकराव

1. भीम के साथ: भीष्म पर्व 73, 79, 94; द्रोण पर्व 166; कर्ण पर्व 61, 77; शल्य पर्व 16, 58. शल्य पर्व: 58 भीम और दुर्योधन का अंतिम गदा युद्ध था। अर्जुन के साथ: द्रोण पर्व 103

2. भीम के साथ: द्रोण पर्व 129, 131, 132, 133, 134, 136, 137, 139; कर्ण पर्व 50. अर्जुन के साथ: द्रोण पर्व 139, 149, 159; कर्ण पर्व 91
3. द्रोण पर्व 147
4. द्रोण पर्व 32; कर्ण पर्व 30
5. द्रोण पर्व 40

12. वीरांगना माता

1. वन पर्व 303.19-21
2. वन पर्व 309.15
3. उद्योग पर्व 90.62-64
4. आदि पर्व 111
5. आदि पर्व 117.18
6. आदि पर्व 162
7. आदि पर्व 62
8. सभा पर्व 79.8
9. उद्योग पर्व 132.5-6
10. उद्योग पर्व 132.21-22
11. उद्योग पर्व 132.31-34
12. उद्योग पर्व 133.1-8
13. उद्योग पर्व 133.11-15
14. उद्योग पर्व 133.16-33, 30, 34
15. उद्योग पर्व 133.39
16. उद्योग पर्व 134.2-3
17. उद्योग पर्व 134.19, 20, 29, 30, 33
18. उद्योग पर्व 133.40, 43, 45
19. उद्योग पर्व 134.3-7
20. उद्योग पर्व 135.1-2, 5-8
21. उद्योग पर्व 135.19-21
22. उद्योग पर्व 137.10
23. उद्योग पर्व 137.14-16
24. उद्योग पर्व 137.18-20

25. स्त्री पर्व 27.7–29
26. आश्रमवासिक पर्व 16.10–16
27. आश्रमवासिक पर्व 16.26–28
28. आश्रमवासिक पर्व 17
29. आश्रमवासिक पर्व 37.31–32

13. पोषक मैत्री

1. उद्योग पर्व 1.13–15
2. उद्योग पर्व 25
3. उद्योग पर्व 59
4. आदि पर्व 224
5. वन पर्व 15
6. उद्योग पर्व 7.35–37
7. उद्योग पर्व 154.24–25
8. उद्योग पर्व 194
9. भगवत गीता अध्याय 1
10. भगवत गीता 18.63
11. उद्योग पर्व 172.19–21
12. उद्योग पर्व 193.11–12
13. भीष्म पर्व 50
14. भीष्म पर्व 106
15. भीष्म पर्व 107.77–84
16. भीष्म पर्व 108.56–59
17. भीष्म पर्व 119.60
18. द्रोण पर्व 12.20–24
19. द्रोण पर्व 73.46–47
20. द्रोण पर्व 75
21. द्रोण पर्व 79.20–25
22. द्रोण पर्व 91.1–34
23. द्रोण पर्व 94
24. द्रोण पर्व 146.68
25. द्रोण पर्व 146.105–117

26. द्रोण पर्व 146.121-130
27. द्रोण पर्व 173.46
28. द्रोण पर्व 184
29. कर्ण पर्व 60
30. कर्ण पर्व 67
31. कर्ण पर्व 68
32. कर्ण पर्व 69.11-14
33. कर्ण पर्व 69.16.27
34. कर्ण पर्व 69.46-53
35. कर्ण पर्व 69.35
36. कर्ण पर्व 69.58
37. कर्ण पर्व 69.82-87
38. कर्ण पर्व 70.1-21
39. कर्ण पर्व 70.25-28
40. कर्ण पर्व 70.30-40
41. भगवत गीता 18.78

14. अर्जुन के दस नाम

1. विराट पर्व 44

15. धर्म को बल का साथ

1. आदि पर्व 194
2. उद्योग पर्व 1-5, 73-81, 151
3. सभा पर्व 58.1-16
4. सभा पर्व 59.20-21
5. वन पर्व 36.36-37
6. वन पर्व 35
7. वन पर्व 52.26-31
8. वन पर्व 34
9. वन पर्व 36.5-20
10. वन पर्व 37.4-15
11. वन पर्व 258

12. वन पर्व 11
13. वन पर्व 146, 153, 154
14. वन पर्व 160
15. वन पर्व 157
16. वन पर्व 180
17. वन पर्व 312, 313, 314
18. विराट पर्व 4.9-53
19. विराट पर्व 5.31-34
20. विराट पर्व 13
21. विराट पर्व 16.43-44
22. विराट पर्व 22
23. विराट पर्व 68.36-55
24. भीष्म पर्व 43
25. द्रोण पर्व 190. 1-17
26. द्रोण पर्व 192.40-42
27. सभा पर्व 67.19-21

17. मोहांध

1. आदि पर्व 63.112
2. आदि पर्व 109
3. आदि पर्व 114
4. आदि पर्व 138
5. आदि पर्व 139
6. आदि पर्व 200.1-3
7. आदि पर्व 202
8. सभा पर्व 56
9. सभा पर्व 57
10. सभा पर्व 74
11. सभा पर्व 75
12. सभा पर्व 62.13-16
13. उद्योग पर्व 129

14. स्त्री पर्व 1
15. स्त्री पर्व 12
16. स्त्री पर्व 13
17. स्त्री पर्व 14
18. स्त्री पर्व 15
19. स्त्री पर्व 25
20. स्त्री पर्व 26

18. कौन मुक्त, कौन बंधनयुक्त?

1. आदि पर्व 100.90-102
2. उद्योग पर्व 175
3. उद्योग पर्व 177
4. उद्योग पर्व 178.42
5. आदि पर्व 103.10-11
6. सभा पर्व 69.15-19
7. उद्योग पर्व 172.19-21
8. शांति पर्व 55.14-22
9. शांति पर्व 56.42-46
10. शांति पर्व 56.26-31
11. शांति पर्व 57.5
12. शांति पर्व 57.13-14
13. शांति पर्व 80.25
14. शांति पर्व 80.32-41
15. शन्ति पर्व 86.20
16. शांति पर्व 133.16-17
17. सभा पर्व 64.16-17
18. वन पर्व 4.6-17
19. वन पर्व 4.18-21
20. उद्योग पर्व 33.13-14
21. उद्योग पर्व 35.77
22. उद्योग पर्व 33.16-29

23. उद्योग पर्व 33.30-39
24. उद्योग पर्व 33.59-60
25. उद्योग पर्व 33.69,33.72
26. उद्योग पर्व 33.78-83
27. उद्योग पर्व 33.84-85, 33.89-90
28. उद्योग पर्व 33.91-92,105
29. स्त्री पर्व 2
30. शान्ति पर्व 41.10
31. आश्रमवासिक पर्व 26
32. उद्योग पर्व 34.5
33. आदि पर्व 105.29, 106, 107

19. विलक्षण पुत्र

1. आदि पर्व 213.20
2. आदि पर्व 213.21-23
3. आदि पर्व 213.35
4. भीष्म पर्व 90.11-17
5. भीष्म पर्व 83.11-23
6. भीष्म पर्व 90.18-77
7. भीष्म पर्व 47
8. भीष्म पर्व 61.2-3
9. भीष्म पर्व 100.18
10. भीष्म पर्व 100.22-25
11. भीष्म पर्व 100.32-54
12. भीष्म पर्व 101.8-28
13. आदि पर्व 220.67
14. द्रोण पर्व 34.8-10
15. द्रोण पर्व 48.17
16. द्रोण पर्व 48.24
17. द्रोण पर्व 48.23
18. द्रोण पर्व 48.27-31
19. आदि पर्व 154.38

20. आदि पर्व 31.71–73
21. आदि पर्व 76
22. भीष्म पर्व 58.15
23. भीष्म पर्व 64
24. द्रोण पर्व 109
25. द्रोण पर्व 178
26. द्रोण पर्व 156.80–90
27. द्रोण पर्व 179
28. द्रोण पर्व 183.27–39
29. द्रोण पर्व 183.42–48
30. आदि पर्व 220.81
31. आदि पर्व 220.82
32. आदि पर्व 220.83
33. आदि पर्व 220.84
34. आदि पर्व 220.85
35. उद्योग पर्व 170.1
36. भीष्म पर्व 78.26–28
37. प्रतिविंध्य: भीष्म पर्व 45, 79, 100; द्रोण पर्व 25, 168; कर्ण पर्व 14
38. सुतसोम: भीष्म पर्व 45, 79; द्रोण पर्व 25; कर्ण पर्व 25
39. श्रुतकर्मा: भीष्म पर्व 45, 79; द्रोण पर्व 25, 108; कर्ण पर्व 14, 85
40. शतानीक: भीष्म पर्व 79; द्रोण पर्व 25, 88, 168; कर्ण पर्व 25, 85
41. श्रुतकीर्ति: भीष्म पर्व 79; द्रोण पर्व 25
42. शल्य पर्व 65.35–46
43. सौप्तिक पर्व 1
44. सौप्तिक पर्व 2–5
45. सौप्तिक पर्व 6–9
46. सौप्तिक पर्व 9
47. सौप्तिक पर्व 16.9–12

48. भीष्म पर्व 47-48
49. भीष्म पर्व 82.22

20. युद्ध के बाद का हस्तिनापुर

1. शांति पर्व 7
2. शांति पर्व 10
3. शांति पर्व 11
4. शांति पर्व 12
5. शांति पर्व 33.42-45
6. शांति पर्व 24.5-7
7. आश्वमेधिक पर्व 3
8. आश्वमेधिक पर्व 10
9. आश्वमेधिक पर्व 72.23
10. आश्वमेधिक पर्व 78
11. आश्वमेधिक पर्व 78
12. आदि पर्व 214,216
13. आश्वमेधिक पर्व 79
14. आश्वमेधिक पर्व 80
15. आश्वमेधिक पर्व 84

21. युगांत

1. मौसल पर्व 5
2. मौसल पर्व 4
3. मौसल पर्व 4
4. मौसल पर्व 7
5. मौसल पर्व 7
6. मौसल पर्व 8
7. महाप्रस्थानिक पर्व 1

भाग 3: कुछ रोचक जानकारी

22. महाभारत 'रचना' की कथा

1. आदि पर्व 1. 71-79

2. आदि पर्व 1.81
3. गीता प्रेस के संस्करण में, यह आदि पर्व के श्लोक 1.28 के बाद आता है।
4. आदि पर्व 1.102
5. कृष्णद्वैपायनप्रोक्ताः सुपुण्या विविधाः कथाः
कथिताश्चापि विधिवद्या वैशम्पायनेन वै।
श्रुत्वाऽहं ता विचित्रार्था महाभारतसंश्रिताः।।
यह श्लोक महाभारत के दक्षिणात्य भाग से आया है।
6. आदि पर्व 62.14 और आदि पर्व 62.39

23. व्यूहः महाभारत में सैन्य संरचनायें

1. भीष्म पर्व 17.38,19, 50, 51, 56, 60, 69, 75, 81, 87, 99,108; द्रोण पर्व 7, 20, 34, 87.22; कर्ण पर्व 11, 46, शल्य पर्व 8
2 संस्कृत में व्याल का अर्थ साँप या हाथी हो सकता है,अर्जुन को व्यूह एक विशाल मेघ के समान प्रतीत हुआ जिसे 'महामेघसम' लिखा गया है। (भीष्म पर्व 60.7)।
3. भीष्म पर्व 94.29, महाभारत में दो नीलों का उल्लेख है: एक माहिष्मती के राजा नील जो कौरवों की ओर से थे और दुसरे अनूप देश के राजा जो पांडवों के पक्ष में थे।
4. भीष्म पर्व 87, मूलपाठ अथवा ग्रन्थ में इस व्यूह का कोई विशेष नाम नहीं लिखा है। कुछ अन्य संदर्भ ग्रंथ और वेबसाईटों पर इसे ऊरमी व्यूह कहा गया है जिसका अर्थ है समुद्र की लहरें।

लेखिका के बारे में

अमी गणात्रा भारतीय प्रबंध संस्थान अहमदाबाद (आईआईएमए) और वीरमाता जीजाबाई तकनीकी संस्थान (वीजेटीआई), मुंबई की पूर्व छात्रा हैं। व्यावसायिक रणनीति और परामर्श विधा में पंद्रह वर्षों से अधिक के अनुभव के साथ अमी ने चार महाद्वीपों में रहते हुए कई क्षेत्रों में कार्य किया हैं। अपने व्यक्तिगत जीवन में, वह एक योग अभ्यासी और एक प्रमाणित योग प्रशिक्षिका हैं। वह संस्कृत और भारतीय ज्ञान प्रणालियों की छात्रा भी हैं। लोगों को मूल शास्त्र पढ़ने के लिए प्रोत्साहित करने की तीव्र इच्छा से प्रेरित होकर अमी सप्ताह के अंत में अध्ययन सत्र भी संचालित करती हैं जिसमें प्रतिभागी इतिहास और अध्यात्म की समझ पैदा करने के लिए शास्त्रों का अध्ययन करते हैं और चर्चा भी करते हैं। अमी को यात्रा करने में बहुत रुचि है और अपनी उत्सुकता के कारण उन्हें नए स्थानों और संस्कृतियों की खोज करने से गहन लगाव है। वह https://dharmorakshtirakshitah.wordpress.com पर भारतीय ज्ञान से संबंधित एवं अपने यात्रा सम्बंधी अनुभवों और चिंतन को साझा करती है।